「封建」・「郡県」再考※目次

「封建」・「郡県」再考

——東アジア社会体制論の深層——

総　論――封建郡県論の背景と展望――

張　翔・園田英弘

ここに今や歴史のかなたに消えていった概念がある。「封建」と「郡県」という、中国産で東アジアにおいて長きにわたって用いられてきた二つの概念である。本書のもととなった国際日本文化研究センターの共同研究会は、張翔（復旦大学）が研究代表者に、国際日本研究センターの園田英弘が幹事となってなされた。正式な共同研究のタイトルは『封建』・『郡県』論を巡った中国と日本における思想連環――漢字文化圏における他国認識と自国改革――」であった。

東アジアの伝統的概念であった「封建」と「郡県」という社会体制（あるいは統治機構）を表す大概念を、多角的に検討し、その論理的枠組や時代的要請による理論的発展の構造を解明しようとした。共同研究会で発表されたすべての報告のリストは、巻末に掲げてある。

東アジアでは、「封建」と「郡県」という視点から、長年にわたって自らの社会と歴史の大枠を分析してきた。一つの社会は、自己認識なしには運営できない。特に大変革期には、自国の現状認識のためにも他国の理解のためにも、また改革の方向を探るためにも、「封建」と「郡県」という概念は無視できない重要性を持った。現在から見れば不完全だと思われるかもしれない両概念が、これらが使われてきた社会と時代において、「望ましい」社会体制や政治哲学の模索のために、また現状分析や改革の方向性を示すために、どのような役割を果してきたのかを確認するために、私たちは一年間にわたり議論を戦わせてきたのである。現在から過去をストレートに批判するのではなく、過去の中に東アジア産の社会科学や政治思想や人間観の発展の可能性を探ろうとしたのである。

計画では、日本・中国・朝鮮における「封建」と「郡県」をめぐる議論を検討し、それらの相互の関連をも見極めようと思ったのであるが、朝鮮（主に李氏朝鮮朝）においては、そのような議論はほとんどなかったという報告がなされた。何故そのような議論がなされなかったかについては、今後の検討課題であろうが、その結果この論文集においては中国と日本の議論、さらにはそれらを足場にして、より普遍性を高める試みを志向したものに限定せざるを得なかった。さらに、日本と中国における議論の相互の関連性についても、予期した以上の成果を得ることは出来なかった。多分にそれは、中国では秦の統一王朝の成立から、最後の王朝である清朝の崩壊まで、中国は郡県制の国だと考えられてきたのに対して、日本では少なくとも、鎌倉幕府の成立から明治維新まで封建制が続いたという「認識」があったことと無関係ではないであろう。

中国における議論は、郡県制の存続を前提として、その制度的欠陥を封建制的要素でいかに補うかが議論の基調であった。一方、近世日本では逆に封建制の優越性を前提とした議論が中心となり郡県制への少々の配慮がなされたに過ぎなかった。このような日本と中国の反対方向への志向性が、「封建」・「郡県」をめぐる思想的影響関係を最小にしたものと思われる。両国は封建郡県論という同じ知的磁場にいながらも、それぞれでなされた議論が国という境界を越えた「往還」は、ほとんど見られなかった。更に、儒学の本国である中国から日本へは絶えず舶載の漢籍がもたらされたが、その逆の流れは見受けられなかったことが影響しているのであろう。封建郡県論が各国の国情を超えて、抽象化や比較を通しての概念の精緻化などが出来なかったのは、東アジアのこのような文明的風土性と深く関わっているのではなかろうか。

このような傾向は、明治時代における日本の政治的・経済的「成功」の後には、議論の方向が大きく変わり、「封建」・「郡県」という概念を駆使した興味深い日中間の対話がなされた。この両概念が歴史的地平から消え去る直前に、「封建」・「郡県」ルネッサンスともいうべき現象があったことは、注目すべきであろう。

しかしながら、この注目すべき時期は、同時に西洋産の新しい概念が、さまざまなルートで東アジアに流入してきた時期であり、従来以上に概念的混乱が進行した時期でもあった。その典型例が、「封建制度」の意味内容のドラスティックな変化であろう。一九世紀後半、近代西洋から入ってきた新しい用語・概念と混合され、次第にフューダリズムの訳語として東アジアでは意味内容を変えていった。二〇世紀の初頭になると、中国でも日本でも、マルクス主義歴史学の影響の下に、「封建社会」や「封建制度」は克服され、打倒されるべき普遍的歴史発展の一段階として捉えられる場合も多々見られた。このようにして、「郡県」は歴史的に置き去られ、「封建」は全くと言っていいように異なる概念になっていったのである。

封建郡県論が伝統的に議論の対象としてきた一番主な内容は、実は中央と地方との関係に限定されず、より豊富な政治思想的・文化的内容を有しているということは、今回の検討の中で十分に明らかになったように思われる。「封建」と「郡県」という言葉は、伝統的東アジアの自生的概念として、当時の人間の政治・社会体制への認識に対する思考の枠組を与え、また、現実の問題に取り組みながら、政治的思考と行動をなすための原動力を提供したのである。

このような問題意識のもとに、東アジア、特に中国と日本の双方の相互影響とその比較を視野に入れて、両概念の相違点と類似点がこの論文集で明らかにされることを企図しているのである。以下では、目次の順に従って、編者としての議論の整理を、出来るだけ簡潔に記しておきたい。ここに集められた論文間の関連を示すことが、編者たるものの最低限の責務だと考えるからである。

第一部　封建・郡県概念の普遍化の試み

ここには三つの論文が収められている。

水林の論文は、元来中国人が自国の国制を理解するために作り出してきた「封建」・「郡県」という概念が、「人類史全般」を理解する普遍的概念になりうるかを問うた力作である。この論文は、先行研究として滋賀秀三の『中国家族法の原理』（一九六七年）を上げ、そこで提出された「封建」を「邑を単位としまた基盤とする族制的な自立勢力の間の幾段階もの統合関係によって形成される秩序」、「郡県」を「官僚制的領域国家」とした定義の重要性を指摘する。水林は、この定義を出発点として、歴史的発展段階として自らの「学問的概念に加工」しようとする。中国で生じた「封建」から「郡県」への移行は、人類史が等しくたどった過程であるという。この破天荒な試みが成功しているかどうかコメントできる学問的素養がないのは残念だが、一種の思考実験に知的興奮を感じたということだけは記しておく。

中田論文も、水林論文と共通する問題意識に貫かれている。それは、「政治学に関して漢字文化の知的遺産がほとんど活かされてこなかった」という視点である。「封建」も「郡県」も君主制を前提に、君主制の望ましい統治の二つの類型として議論されてきたが、その中心的テーマの一つは、「中央」と「地方」の関係に関する二つの異なった立場の論争であった。「郡県」を「連邦」、「封建」を「反連邦」志向と見なし、アメリカ合衆国の歴史的プロセスを分析しているのも、非常に興味深い。東アジアは西欧的概念を使って常に分析される対象であったが、その逆転の発想こそは、この共同研究会が根本のところで目指していたものであった。今後、この二つのチャレンジングな試みが無視されることなく、さまざまな批判的検討を経て、新しい知のアリーナが形成されることを望みたい。

張論文では、伝統中国と近世日本の思想の検討を通じて、「天下」という観念と封建郡県論との関連を明らかにしようとした。封建郡県論の中心的論点の一つは、「天下」という観念が、どのような関連のもとに「公共性の判断基準」と政治的支配の正統化の根拠になっていたのかを問うている。それは封建郡県論の一つの核心的部分は、いずれの体制がより多く「公」性を担保出来るシステムであるかということに帰着する。たんなる中央と地方の支配に関する理論的問題だけでなく、政治的秩序とそれを支える規範、その規範を実際に学問的実践として教育し、優れた人材を規範の体現者としてどのように体制に中に取り込むのかといった、具体的問題群が封建郡県論には付随していると説く。すなわちそれは、政治的参加の範囲の問題であり、科挙制に典型的に見られたように、人材登用をどのようにシステム化するのかという課題であった。「郡県」の伝統中国も、「封建」の近世日本も、社会体制は異なっても、このような共通のテーマを論じてきた。さらに、近世日本におけるかつてないほどの儒学の普及につれて、儒学という文化資源が近世日本の封建制の変質へ導く理論の創出に貢献していたのである。

第二部　中国における封建・郡県論

これは、従来からもオーソドックスな思想史研究のテーマであり続けてきた。基本的には、中国の上古にあったとされる「封建」の時期を例外とすれば、最初の統一的王朝であった秦朝から、最後の王朝であった清朝まで、中国は郡県制を基本とした。しかし、王朝の危機の時代には、現実的な危機の克服策を模索するために、封建的要素をどのように加味するかが議論されてきたのである。

林論文は明末清初における封建・郡県論の「一つのピーク」をなす時期の代表的論客である顧炎武の郡県論を、同時期の論者の中に位置づけたものである。それは、清末の改革思想における地方自治論の源流というべきものをなしているとされる。封建への「復古」を説く議論やさまざまの折衷案がある中で、顧炎武の意見は郡県制を基本としながらも、「県令」の任用の改革を中心とし、出身地に任用しない「回避制」と、在任期間を三年以内にする「不久任制」の改革を目指していた。郡県制とは、在地的勢力と中央から派遣されてきた「官吏」が結びつき、中央権力の対抗勢力にならないようにする、不信の政治哲学を特色としていた。地方の実態を把握し、中央の政治的意思が社会の末端にまで届くためには、「民間勢力」を活用する以外にはない。顧炎武の改革論も「県令」の世襲や、もっと下位の「郷官」をビューロクラティックな行政機構に位置付けるべきだという、極めて現実的な改革案であったために、清末の思想にまで影響力を持つことが出来たのであろう。

封建・郡県論における一つの重要な視点は、前述したように「公」と「私」をめぐる議論である。本郷論文は、ともすれば二律背反と考えられてきた両者を「公共性」という観点から捉えなおそうとしたものである。「天下を公と為す」とは、「天下は一人の天下に非ず、天下の天下なり」と同様に、皇帝一人のものという意味ではなく、現在の表現を使えば「公共性」に着目したものだとされる。逆に、人々の家族道徳を重視する儒教の根本的考えは、個人の「私」が、次第に拡大して「公」になるのでなければならず、「有徳者君主思想」が重要であって、政治制度としての「封建」や「郡県」は第二義的意味しか持たないとされる。

杉山の論文は、清末の知識人たちの立憲体制をめぐる議論を、中国には立憲制は馴染まないとした章炳麟の『政聞社員大会破壊状』で展開された議論を中心に分析する。郡県制の中国は、「上下の意を通じ」させる封建制を長年にわたって体験していないので、たとえ立憲制が導入されても定着することはないとされる。それは、立憲制の導入に楽観的な康有為や梁啓超などの変法派についての、根本的批判である。封建・郡県論は社会体質論にもなれれば、歴史発展段階にもなれる非常に融通無碍の概念であるが、二千年余にわたって続いてきた中国の郡県制は、社会体質論に近くなっていく宿命を持っているのかもしれない。杉山の論考は、現代中国の実態も「郡県」という観点から見通そうとする含意が有るように見える。

佐藤論文は、「封建」と「郡県」の概念は、中国のほうがより強く西洋の社会科学的概念との葛藤を引き起こしたとする。そのため、その議論の蓄積は注目すべき内容を含んでいるとする。日本では西洋産の概念が十分に導入される前に、明治の変革を終えたのに対し、中国ではアヘン戦争の敗北から中華民国の成立まで、自国の変革の方向性をめぐって、長い試行錯誤の時代を体験せざるを得なかったからである。さらに、顧炎武などの明末以来の改革論が清末の改革意見に反映され、議論がいっそう重層化している。佐藤の議論は、このような中国の思想動向の鳥瞰的見取図を、われわれに与えている。「西学」と呼ばれた西洋の技術文明への着目と、キャッチ・アップの思想から、次第に制度改革論が台頭して、理念としての「封建」が立憲制導入の理論的根拠になっていく様の分析は、ダイナミックで興味深い。

第三部　日本における封建・郡県論

ここには、近世日本から明治時代までの思想の分析が含まれている。

オーソドックスな思想史研究の中に封建・郡県論を位置づけたのは、浅井清の『明治維新と郡県思想』であることはいうまでもない。浅井の著作以来、明治維新が「郡県思想」とどのような関係にあったかを究明した論文は、管見のかぎりではなかったように思われる。前田の論文は、浅井説の批判的検討をおこなったものである。浅井によって提出された、日本の「上古」を「郡県」とした文献はないという説を否定し、さらに蘭学者系統の学者による地理書の検討を通して、西洋諸国に郡県制の国があるという認識が、実はかなり古くからあったという新しい視点をも提出している。浅井以来、久しく放置されていた日本の「封建」・「郡県」の交代をめぐる思想研究は、この研究によって大きく前進した。今後は、前田論文が、この分野の議論の出発点になるであろう。

田尻論文は、仁斎と徂徠の「王道」論を比較しながら、近世中期の商品経済の台頭によって君臣間の関係や地域社会の人間関係が「希薄」化していく現実に、徂徠が中国の郡県制との比較のもとに、「万民土着」の世界を構想した必然性を多面的に明らかにする。それは、単純な「封建」強化策ではなく、徳川体制がその成功により都市化を引き起こし、「将軍支配の空隙の拡大」に対する危機意識の反映であった。しかし、それは翻ってみると、日本国中を「我物」とする、「郡県」と「封建」が入り混じった非分権的封建性の発想が前提になっていることを忘れてはならないという。幕藩体制という近世日本は、「封建」や「郡県」という概念で単純に割り切れない代物なのである。

中山論文は、オーソドックスな歴史学的概念である「中央集権的封建国家」という概念を再検討した朝尾直弘の「公儀領主制」の有効性を、確認する。それは、日本の「独自」の「封建制」（フューダリズム）であったとされるが、もう一歩進めるべきは「公儀」という日本産の概念を、この共同研究会で検討してきた東アジア産の「封建」や「郡県」という伝統的概念との関係をもっと究明すべきではなかったのか。

園田論文は、日本最初の原初的な議会であった公議所における封建・郡県論を検討し、郡県論者も封建論者もともに、「封建」と「郡県」を反対概念と考えておらず、明治初期の日本の政治体制の分析も変革の方向も「封建」・「郡県」概念の延長上に見出せなかったことを明らかにしている。また、急進的廃藩論者であった森有礼の思想構造を解明し、「郡県」は制度レベルの思考であり、「封建」は「人心」に密着したパーソナルなレベルの思考という、社会科学的には区別すべきものを、当時の多くの日本人は混同していることによる思想的混乱を指摘している。なお、日本の近世社会を英文で“feudal”と表現した最初の日本人は森であったろう（*On A Representative System Of Government For Japan* 一八八〇年代に書かれたものと推測されている）。彼はまさしく過渡期の知識人であった。

松田の論文は、伝統的な「封建」概念が、西欧で発達してきたとされるフューダリズムと近い存在だと考えられるにしたがって、封建制という概念を利用して日本を世界史の「一般法則」（いうまでもなく西欧中心主義的ではあるが）の中に「埋め込む装置」として機能したとする。福沢諭吉・田口卯吉・竹越三叉・山路愛山・徳富蘇峰などの明治の知識人は、日本の「封建制」（正確には、伝統概念のそれとフューダリズムの漢字表記を区別するのは困難だが）こそが「自治の精神」や「公共心」を作り上げたとされる。この、日本におけるマイナス・イメージからプラス・イメージへの封建概念の転換は、同時に中国・朝鮮には封建制が「欠如」していたため、停滞を余儀なくされているということを含意していた。

曽田論文は、このような「封建」についての評価の変化を大隈重信を中心に検討する。明治初期の最も急進的改革家であった大隈にとって、封建制は打倒すべき対象であった。しかし、日露戦争の「勝利」以降は、競争精神・立憲思想・国民意識などの「文明国」の基礎をなすものは、封建制という「日本の歴史の固有性」によってもたらされたと主張するようになっていく。当時、早稲田大学には多くの清朝からの留学生が来ており、大隈自身も中国に立憲制が導入されることに熱心だったが、封建制こそが立憲制の基礎的条件を用意することが出来るという大隈の考えから、郡県制の国の中国人留学生はなにを学ぶことが出来たであろうか。中国人の日本留学熱が短期で終わった一つの原因が、このような日本の固有性の象徴としての「封建」の強調のし過ぎにあったのかもしれない。固有性だけで、政治的・経済的・社会的「成功」を理由付けると、宿命論に陥りやすく、没歴史的な認識しか出来ないところに、根本的な問題が横たわっている。

以上、本書に掲載されている論文の相互の関係や全体の中での位置づけをおこなったが、最後に編者としての「願望」を述べておきたい。世界は多様だとは言い古された言葉だが、人文・社会科学の研究の世界で、世界の多様な歴史的体験を吸収し、多様な世界を十分に説明できる概念を発展させてきたであろうか。“feudalism”と「封建制」の異同をめぐる議論に典型的に見られたように、私たちは西欧で、西欧の歴史と社会を理解するために発展させられてきた概念と、その延長上に築き上げられてきた学的知識の体系のみで、この多様な世界を理解しようとしてこなかったであろうか。

私たちは偏狭な「東アジア」主義者になるつもりは、いささかもない。しかし異なる歴史的体験を経る中で生み出され、議論され続けてきた重要な概念や知的努力を、われわれの少し前の先駆者たちはあまりに無造作に放棄してきたのではなかろうか。本書は、何らかの結論を出すためのものではなく、問題提起の書物である。世界が本当に多様であるならば、それを理解する知的道具についても、多様な起源を持つ知的伝統の可能性にもっと関心を向けるべきではないだろうか。

I

封建・郡県概念の普遍化の試み

歴史学的概念としての〈封建制〉と〈郡県制〉
――「封建」「郡県」概念の普遍化の試み――

水林　彪

はじめに

本研究プロジェクトの目的の一つは、中国人が古来、自国の国制の歴史を考える際に用いてきた「封建」「郡県」の語が、広く人類史全般を begreifen するための普遍的概念として有効であるか否かを検討することであった。結論として、私は、有効であると考えるものである。「封建」と言えば、わが国の歴史家は、中国史における「封建」よりも、西欧における féodalité（feudalism）の訳語としての「封建」を想起し、中国的「封建」と西欧的 féodalité とは無関係なものとして観念していると思われるが、私は、この二概念には根本において通いあうものがあり、中国的「封建」と西欧的 féodalité のそれぞれを――そして日本における中世・近世の「封建制」も――、人類史を理解するための学問的普遍的概念としての〈封建制〉の特殊的諸形態として位置づけることが可能である、と考えるのである。そして、このことに連動して、「郡県」も、一般には「文明 civilisation」とよばれる時代の諸地域の国制のあり方を指示する歴史学的概念――〈官僚制的領域国家体制〉という意味での〈郡県制〉――へと彫琢することが可能なのではなかろうか。

以上のような結論に帰結する私の思考の出発点は、次のような滋賀秀三氏の文章であった。

中国はその長い歴史において、最も大局的に見て前後二回、社会体制の根本的変革を経験した。これを分期点として、中国史の全体を少なくともまず三つの時代に分けなければならない。第一は、中国において古来用語された意味での封建制から、郡県制への変革、すなわち、邑を単位としまた基盤とする族制的な自立勢力の間の幾段階もの統合関係によって形成される秩序から、官僚制的領域国家の出現、そしてやがては統一帝国への発展であり、その分期点は一応、春秋と戦国の境目に求められる。（中略）変革の第二は、一言でいえば中国の近代化の過程であり、その分期点は一応、最後の伝統的な王朝たる清朝の滅亡に求められる。（中略）かように見た上で、春秋以前の古い時代を上代、民国以後を近代、そして中間の長い時代を、他に適当な言葉もないままに、帝政時代と名づけておきたい。（滋賀67三〜四頁、傍点水林）

滋賀氏は、「近代」以前の数千年に及ぶ中国国制史を、中国人が古来用いてきた語をもって「封建」から「郡県」への転換として定式化した上で、「封建」を「邑を単位としまた基盤とする族制的な自立勢力の間の幾段階もの統合関係によって形成される秩序」、「郡県」(1)を「官僚制的領域国家」と説明し直したのであった。私が「封建」「郡県」のうちに、学問上の普遍的概念へと昇華していく可能性を見出すのは、右のように捉え直された「封建」「郡県」概念が、西欧や日本における国制史をも begreifen することを可能にする、と考えるからである。

以下本論では、まず中国史における「封建」から「郡県」への大転換の国制史的意義を検討することを通じて、これらを〈封建制〉および〈郡県制〉なる学問的概念に加工することを試み（一）、ついで、そのようにして獲得された二概念が、西欧の中世 féodalité から近代 société civile にいたる国制史を理解するために有益であること（二）、中国における「封建」から「郡県」への国制史と西欧における féodalité から société civile への国制史は、〈封建制〉から〈郡県制〉への普遍史的過程の、対蹠的類型的差違を示す二つの地域的特殊形態として理解できること（三）、などを論じ、さらに、以上のような認識を獲得した地点から研究史を省みてこれを批判的に吟味し（四）、最後に、〈封建制〉〈郡県制〉概念をもってわが国の国制史がどのように見えてくるかという問題に言及して、結びとしたい。

一　中国国制史における「封建」と「郡県」

(1)「封建」的国制と法

「邑を単位としまた基盤とする族制的な自立勢力の間の幾段階もの統合関係によって形成される秩序」すなわち〈封建制〉は、殷（紀元前二〇世紀頃）の頃に始まる。足立啓二氏によれば、その国制は次のようなものであった。

殷王権は広域的に影響力を実現した。（中略）しかし、その統合は緊密でも集中的でもなかった。殷王同様に地方にはそれに準ずる王墓が存在していた。特定の甲骨文字が、文脈にしたがって時に氏族を、時に彼らの居住する地名を、時に彼らを代表している個人を表現するようなかたちで、文献的にこうした地方的な政治単位を表現していた。彼らは職能をもって王権に参加する。そうした職能の中には、軍事行動などのような局面ごとの個別任務でなく、王とともに甲骨占いを実行する貞人などのように、一定の継続性をもって遂行される職務関係も既に存在していた。しかし統属は不安定であった。（足立98一一二頁）

殷に続く「西周による統合は、大きな一歩前進であった。初期に行われた封建は、軍事拠点を基軸に、支配地域を拡大したが、それらは周王室一族や有力氏族、あるいはその分族を計画的・強制的に遠方まで再配置するという内容を含んでいた」。とはいえ、「支配は未だ個別的・直接的な関係の総和としての性格を払拭していなかった」（足立98一一三頁）。

西周に続く春秋初期（紀元前七世紀頃）の国制は、次のようであった。

社会の基礎的単位としては、血縁的な氏や氏族が機能していた。（中略）収取は農耕の共同性を媒介として実現しており、軍事・政治も氏を単位としていた。その意味で春秋初期は氏族社会である。しかし氏族制社会とは、もともと強固な固定性を持った社会ではない。（中略）国全体の統合についても、彼ら支配氏族の間には元来強い統属関係が存在したわけではない。軍事・祭祀等の課題を緩やかに共有する集団であると評価される。（中略）諸侯は最も有力な氏族であることを基盤に領域内の支配力を持つものの、その領域内への権力は自己完結していない。重要な決断については、国の軍事力の担い手である国人の合意を調達することによって、初めて実行可能となる。国人を「朝」せしめ軍事行動・諸侯の後継者などへの承諾がとりつけられた。（足立98一一九頁以下）

以上は、殷周時代の国制が、邑を単位としまた基盤とする族制的な自立勢力の間における、きわめて緩やかな幾段階もの統合関係によって形成される秩序であったことを述べる足立啓二氏の所論であるが、宮崎市定氏の議論はさらに徹底している。周の「封建」について、氏は、「周の武王が東方を平定して、その親戚縁者を各地に封建した」という伝承が事実であったことを疑い、「私の考えでは、これは周民族の建てた都市国家の中に有力な都市が発生し、その間に同盟関係が成立してから後に創作された系譜である」と述べる。この時代の国制は、基本的に、「互いに独立して、何者にも隷属せず、何者をも隷属させない主権国」の連合であるということである（宮崎77九六〜九八頁、傍点水林）。

その同盟関係の形成の基本的方式は、呪術的な性質の確約的詛盟（将来あることを為しまたは為さざることを約すること）であった。「盟とは、犠牲の血を唇にぬるという呪術的儀式を通じて、自己を条件的に呪詛し、もって自己の言のまことなることを保障する行為」である。そして、

確約的詛盟は、多数当事者が一場に会し、犠牲をとり囲み、同一の盟辞をちかうという形をとる。それは多数当事者の合意の上に成立し、かつ合意を固める機能をもつ。（中略）左伝を一読すれば、当時、政局を収拾

し秩序を形成するための手段として、各種のレベルにおいて、如何にしばしば詛盟が用いられたのかの、鮮やかな印象を得ることができる。（中略）一時的な政局の収拾にとどまらず、永続的な法規範が盟約を通じて立てられることもあった。（滋賀68五二四頁以下）

「封建」を定義するところの、「族制的な自立勢力の間の幾段階もの統合関係」の実質は、右のような性質の盟関係であった。

右のことを、王権に即して述べるならば、「封建」制時代の王権は弱体であったということになる。宮崎氏は、周代「封建」制について、「王室はもちろん、魯や晋や斉などの諸国は何れも君主制を採用している。（中略）君主制とは言ってもそれは後世の君主制とは遥かに異なり、儒教で教えるような尊厳な君主とは程遠いものであった。孔子が編纂したと称せられる春秋の中に、君を弑したという記事が三六箇所あると言う。（中略）この時代まではまだ君主権が確立せず、その親戚、官僚との間に身分上大差がなく、その地位が甚だ不安定であった」（宮崎77一〇七頁以下）と指摘する。

（2）「郡県」的国制と法

以上の「封建」制に対して、「郡県」制（帝政）においては、次のような権力構造が確立した。

王者は単身で世を治めることができず、手足としての官僚を必要とする。そして多数の官僚をして誤りなく統治の目的に奉仕させるためには、彼等を一つの機構に組織し、一定の執務基準を与えて、これを統制することが必要であり、かような必要を満たすものが法であったのである。換言すれば、法とは、君主これを定め、官僚これを守り、人民はその反射的効果を享受するにすぎないものであった。（滋賀84七九頁）。

このように、「郡県」制的支配は官僚制による人民支配であった。「封建」制における王と臣下との関係は王族と血縁的氏族との集団的相互関係であり世襲的関係であったのに対し、「郡県」制においては、皇帝は、民間諸個人を、縁・金銭・能力・徳などを基準として官人に任用するのが原則であった。「封建」制下における臣下は、自律的に所領支配を行う豪族として自身の領地から富を徴収するが、「郡県」制における官人は、皇帝により、領土・人民に賦課する租税から給与が支給される存在であった（西嶋81二三頁以下、五三頁以下）。そして、「郡県」制時代の法は、皇帝が官人らに与えた執務規則となった。ここでの法は、もはや人々の盟約（契約）ではなく、皇帝の意思的命令である（滋賀74七頁。ただし、このような皇帝の意思的命令としての法は〈公法〉にのみ妥当することであり、〈私法〉に妥当しないことは後に三節で述べる）。

皇帝の意思的命令としての法の完成形態は、「律」（刑法）および「令」（行政法）であった。律は戦国時代秦国（前三世紀頃）に始まり、以後、諸王朝における編纂を経て、唐の貞観律（六三七年）および律疏（唐律の公権的注釈、六五三年）において完成の域に達した。唐律は、冒頭に総則としての名例を置き、各則として、衛禁・職制・戸婚・厩庫・擅興・賊盗・闘訟・詐偽・雑・捕亡・断獄を設ける。刑罰は笞杖徒流死（笞杖は棒で叩く刑、徒は労役刑、流は僻遠地における労役刑、死は絞または斬による殺害刑）の五刑に整理された。「封建」時代の刑罰が社会から罪人を排除し追放する性質のものであったのに対して、「郡県」時代の律の規定する刑罰は、これによって罪人を矯正しようとする国家的教育刑であった。各則は犯罪を定型化し、これと刑罰との一々対応の体系を創造する。首尾一貫した緻密な論理性を有し、均整の美さえ感じさせる作品である。国家行政を条文形式で体系的に記述する法典としての令は、西晋（三世紀中葉）において初めて、律と一対のものとして成立した（泰始律令）。以後、諸王朝において編纂が続いたこと、唐の貞観令などにおいて完成をみること、そこに合理的体系的思考の成熟が認められること、律と同様である（滋賀03）。かくして、律令の形成・完成過程は、「封建」の崩壊と「郡県」国家の形成・完成過程そのものであったことが知られる。

皇帝が官僚制機構を道具として人民を支配する様式は、直接的で領域的な支配であった。「封建」制においては、王が支配するのはこれに人的に臣従した豪族にとどまり、末端の人々（共同体成員）を直接に支配するのは地域の豪族であったが、「郡県」制において、皇帝は、人民を郡・県などの行政区画単位に編成し（領域的支配）、これを、官僚制機構によって、非身分制的に支配した。すべての田地を田簿に登録し、すべての人民を戸籍に付け、それらによって租税や賦役を徴収する、いわゆる一君万民支配である。

右のことは、「郡県」制においては、〈国家〉（官僚制的領域国家）と〈社会〉との二元的体制が成立したことを示している。中国人の日常語を用いるならば、「官」と「民」との二元秩序にほかならない。二つの層が分離独立して存在し、「官」僚となるものは「民」の世界から何らかの方法によってリクルートされるという関係であった。支配者たる地位の相続（身分制国家）ということが原理的に存在せず、それ故に民間の個人が、最も発達した形態では試験（科挙）によって官僚に選抜されるのであった。

〈国家〉と〈社会〉の分離に対応して、ここでは、〈公法〉と〈私法〉の分離がはっきりと確認される。このこともまた、滋賀氏が、著書『中国家族法の原理』において考察する家族法の対象を明確にするに際して、次のように述べたことであった。

本書は、家族法の名のもとに、もっぱら家族生活の私法的な側面をとらえようとした。したがって、家をめぐる公法上の諸制度――戸口の登録制度など――には深くは立ち入らない。家の公法的側面と私法的側面とを一応切りはなして論ずることができるのは、公権力が私法関係のうちに介入することが少なかったことによるのであり、これを旧中国社会の一つの特徴と見てよいように思う。また同じ理由から、封爵とその経済的裏づけたる食封のように、公法上の特権が同時に私家の一種の資産として相続される現象とその相続法の詳細にも立ち入らないこととする。それは上代の封建制度の遺制、しかも概していえば、皇族の処遇功臣の優遇という限られた目的のためにその名目だけを利用した制度であって、帝政時代の体制を大局的に見るとき、それが社会全体に対してもっていた意義は決して大きなものではなく、とくに宋代以後の近世ともなれば、殆んど取るに足らないものとなっていたということができる。（滋賀67八頁）

（3）「封建」から「郡県」への転換の社会的基礎

以上のような「封建」から「郡県」への転換の基礎には、「封建」の基盤をなしていたところの邑共同体の分解という事態が存在した。共同体を分解させていく究極の力は、商品経済であった。この点について、宮崎市定氏は、

古代帝国出現に至るまでの長い歴史の動きは、何によって最もよく象徴されるであろうか。私はそれは経済の発展であると答えたい。（中略）春秋戦国を通じて大きな都市には、特に市と名付けられる商業区域が設けられ、ここで商品の現物取引が行われた。富を得る近道は市において商品を買い占め、値上がりを待って売っては利益を重ねることであった。（宮崎77四四頁以下）

と述べている。すなわち商業資本主義の展開である。宮崎氏は、さらに、「銅山を経営し、奴隷と思われる労働者数百人を集めて精錬鋳造に従事した金持がある。これは既に手工業の域を越えて、資本主義に近い」（宮崎77四七頁）とも指摘する。これによって、戦国期中国には、すでに奴隷労働力を使役するタイプの産業資本主義（自由な賃労働力を使役する近代の資本主義ではない）さえ存在したことが知られる。そして、このような経済発展は、生産物（動産）のみならず土地をも取引の対象としてしまう経済社会を形成し、債権債務関係を通じての農民層の階層分解を惹起したのであった。寄生的な商人が富んで、生産者である農民が窮乏する。農民は窮乏の結果、彼らの作物を廉売し、高利の借金をし、結局は田宅を売って流亡し、その田宅は商人の手もとに集積されていった

（堀75一六～一七頁）。

戦前の華北農村調査は、当時の中国社会には厳密な意味での〈共同体〉がもはや存在しなかったことを明らかにしたが（旗田73）、かかる、共同体の不存在という事態は、少なくとも、「生産関係・社会関係の殆ど全体が…既に市場的契約的関係の中にあった」（寺田01八八頁）と言われる清代に遡るものであった。ほとんど全てが〈市場的契約的関係〉にあることと〈共同体〉が存在しないこととは、同義だからである。(2) そして、この市場的契約的関係の成立と共同体の崩壊は、先に引用した宮崎氏および堀氏の文章に示されるように、さらには、「非政治的な市場社会と統一的国家権力という大構図だけならば、中国では秦漢帝国…から存在する」（寺田01八六頁）という寺田浩明氏の指摘に示されるように、一挙に帝政が開始される紀元前にまで遡る事象であった。〈土地商品化社会〉の形成による〈共同体〉の崩壊は、物象化されきった市場経済社会をただちに生み出したわけではなかったけれども（特に六朝の貴族制時代）、共同体の崩壊傾向は否定しがたい事実であった（足立98五四頁以下）。

そうして、まさにこのことによって、狭矮な土着権力による自立的かつ自律的な地域支配体制が根底から揺るがされることとなり、権力が君主によって代表される国家へと集中される動きが生じたのである（中間権力の否定）。この運動の完成した暁に、中国では、「民」（社会）と「官」（国家）とが分離する二元制システムが形成された（秦漢帝国の成立）。「封建」から「郡県」への国制史的大転換は、〈土地商品化社会〉の形成による〈共同体〉の崩壊――わが国の古代史家にお馴染みの概念をもって表現するならば、〈未開〉（共同体社会）から〈文明〉（土地商品化社会）への転換――を基礎として生じた現象にほかならない。そして、「漢から清まで…巨視的に見るならば、最も基本的な部面において体制の一定の型が動くことがなかった」（滋賀67五頁）と言われることの基礎にあるものは、この〈土地商品化社会〉――〈共同体〉は崩壊したが、しかし〈近代産業資本主義社会〉に転成することはなかった社会――の長期持続性であったと思われる。

先に言及した「律令」は、以上のような、社会の〈文明化〉の所産であった。律令は、呪術が支配的な殷周時代の法の克服のなかから生まれた高度に合理的な思惟の産物であるが、このことは、社会そのものの経済史的意味での〈文明化〉――〈共同体〉から〈土地商品化社会〉への移行――を基礎としてはじめて可能となったと思われるのである。

(4) まとめ

以上の考察に基づき、私は、中国の「封建」の本質を、「共同体を基礎としこれを支配するところの、正当な暴力をなにがしかの程度において分有する族的諸勢力が、幾段階もの人的身分制的統合関係によって形成する重層的権力秩序」として把握し、これに普遍的学問的概念としての〈封建制〉という名称を与える。そして、「郡県」の本質を、「共同体を崩壊させた土地商品化社会の上に形成される正当な暴力の独占体としての国家――社

〈封建制〉と〈郡県制〉の比較

	〈封建制〉	〈郡県制〉
基礎となる社会関係	共同体	土地商品化社会
社会と国家	社会と国家の未分離	社会と国家の分離
権力構造	正当な暴力を分有する自立勢力の人的統合	正当な暴力を独占する国家の官僚制的支配
支配	人的身分制的支配	官僚制的領域的支配
法	特殊的地域的	普遍的全社会的
思惟	呪術の盛行	呪術の克服と合理的思惟
全体的時代概念	未開	文明

会と国家の分離した二元的秩序――が、官僚制機構によって、人民を領域的に区分し、支配する体制」として把握し、「郡県」を〈郡県制〉と記される一個の歴史学的概念にまで高めたいと思う（以上の両体制の特質を整理するならば、前頁の表のごとくになると思われる）。

二　西欧国制史における féodalité と société civile

（1）féodalité

西欧中世の国制は、まさしく、先に定義した意味における〈封建制〉そのものであった。このことは、たとえば、féodalité（封建制）の全体を論じたブロックの古典的著作（La société féodale『封建社会』）の目次を繙くだけでも、ある程度、察せられるように思われる。特に Tome 1-Partie 2 の標題にそのことが伺われよう。

（2） civilisation と société civile

中国が「封建」から「郡県」への転換という形で経験した国制の歴史は、西欧においては、féodalité から société civile への転換として存在した。以下、フランスを素材としてこの点について述べることにする。

Ⅰ 絶対主義的国制

a 新しい側面

中国における「封建」から「郡県」への転換の基礎に存在したところの、〈共同体〉の崩壊と〈土地商品化社会〉の形成の動きは、フランスにおいては、一五世紀の頃に始まり、一七世紀の末から一八世紀にかけての時期に本格化する歴史過程であった。一七世紀末におけるルイ一四世の絶対王権の形成という形態での国民国家の端緒的形成（正当な暴力の独占）は、この国家の領土全域を舞台として、国民経済が端緒的に形成されてきたことの一つの帰結であった。そのような経済社会の成立は、たとえば、ケネー『経済表』（一七五八年）に示される。これは、社会の富が一国内の地主・借地農・商工業者の間で流通し、市場経済が領域国家単位で再生産される構造を定式化したものであった。

法的には、ドマの Les lois civiles dans leur ordre naturel（『自然的秩序における市民法』一六八九～九四年）が一つの画期をなした。これは、フランス全土に普遍的に妥当すべき、société civile（市民社会）の法としての lois civiles（市民社会の法、民法）の体系的叙述である。それはつまるところ、土地取引（および土地相続）の法体系と言いうるものであった。それから約百年を遡る一六世紀に各地で編纂された『慣習法典』が、それぞれの地域において妥当すべき――その意味で特殊な――、共同体と土地支配とイエの法を記述していたことを想起するならば、法の次元では、一六世紀から一七世紀にかけての時期に、フランス社会は、〈共同体〉時代から〈土地商品化社会〉時代への転換の歴史過程を経験したことが知られる。ドマの仕事は、一八世紀後期のポチエに受け継がれ、一八〇四年のCode civil（民法典）へと帰結することになった。

ドマは、Les lois civiles とともに、Le droit public, suite des lois civiles dans leur ordre naturel（『公権――自然的秩序における市民法続編――』一六九七年）を著した。絶対主義国家による公権力発動の態様を定式化した作品であり、中国「郡県」制国家の諸行政を体系化した律令と比較することができる。ドマのLe droit publicは四つの編からなるが、各編は、律令の体系と、おおよそ、次のような対応関係にあると言うことができよう。

ドマ『公権論』　唐律令
第一編　統治および国家の行政一般　唐令8祀令～33雑令（諸行政の体系）
第二編　公的職務にかかわる官吏等　唐令1官品令～7内外命婦職員令（官僚制機構）
第三編　重罪と軽罪　唐律全般（犯罪と刑罰）
第四編　司法秩序　唐律11捕亡律、12断獄律（警察・裁判手続）

それぞれが、それぞれの官僚制国家の機構と諸行政を体系的に記述したものであることにおいて共通し、かつ、内容的にも対応するところが大きいこと、明らかである。

b　古い側面

もっとも、ドマのLes lois civilesとLe droit publicとは、ルイ一四世時代を代表する学者の作品とはいえ一法律家の著作にすぎず、現実の国制としては、なお、身分制的な構造が頑強に存続していた。ドマに続いて、一八世紀後期には、一八〇四年のCode civilに最も大きな影響を与えたポチエの民法学が成立するが、そのポチエも、フランス全土に妥当すべき普遍法の体系化を試みる一方で、革命まで現行法として生きていたところの、オルレアン地方の『慣習法典』の註釈の仕事にも携わっていた。アンシャン・レジーム時代の官職が売買されるものであったことも、著名な事実である。絶対王権への正当な暴力の集中とともに、官僚制が形成されるのであるが、その官僚制も、身分制的特権と結合し、官職売買という形でステロ化する傾向が濃厚であった（Mousnier 1971）。
総じて、絶対主義時代は、依然として、état（身分）および corps（身分制的社団）が幾段階もの統合関係によって形成する重層的権力秩序として存在していた（Olivier-Martin 1938, Mousnier 1974）。état とは伝統的な聖職者・貴族・第三身分ないしその変形であり、corps とは ménage（家）、terroir（村域）・quartier（街区）、seigneurie（所領）・ville（市域）、pays（地域）、province（地方）などの自然生的結合関係の上に成立し、多かれ少なかれ personne morale（法人）としての性格を有するような社会集団のことである。当時の国家の行政区画ないし支配のための単位である feu（戸）、paroisse（教区）、seigneurie（所領）・ville（街区）、bailliage（バイイ管区）、parlement（高等法院管区）などは、右のような自然的結合関係としての corps の重層構造を基礎とするものであり、しがたって、国家による領域編成も一皮むけば、自然生的身分制的な corps の重層構造であった（二宮86―二八頁以下）。それ故、たとえば、パリ高等法院次席検事のセギエは、ルイ一六世に対する進言（一七七六年）において、次のように述べることができたのである。

陛下のすべての臣民は、王国にさまざまな état がありますのと同じように、多くの corps に分かれております。聖職者身分、貴族身分、最高諸院、下位諸法院、これら諸法廷に所属します官職保有者、大学、アカデミー、金融会社、貿易会社、これらすべてが、王国のあらゆる分野におきまして、活力に充ちた corps を構成しているのであります。それは恰も長い鎖の一つ一つの輪にも当たるべきものでありまして、その鎖の輪はまさしく陛下の御手の中に、国民という総体を構成するすべてのものの首長にして最高の統御者であられる陛下の御手の中にあるのであります。このような貴い鎖を打ち砕こうなどという考えは、耳にしただけでも身の毛がよだつでありましょう。商人や手工業者の共同体（ギルド）も、王国の全般的な安寧秩序に貢献するこの分かちがたい全体の一部をなすものと言わねばなりません。（二宮86―四七頁所引）

右のような国制は、先に定義した意味での〈封建制〉が変容を重ねたところに成立した最終形態と言うことが出来よう。すなわち、「共同体を基礎としこれを支配するところの、正当な暴力をなにがしかの程度において分有する族的諸勢力が、幾段階もの人的身分制的統合関係によって形成する重層的権力秩序」と定義された〈封建制〉の理念型に照らすならば、絶対主義的国制は、共同体が土地の商品化によってくずれかかっていること、正当な暴力が絶対王権に集中されてしまったこと、族的勢力に加えて様々の機能的団体が中間勢力の主要な形態となってきたこと、などの諸点において、〈封建制〉が変容し、崩壊しかかっている国制なのであるが、しかし、さりとて、「共同体を崩壊させた土地商品化社会の上に形成される正当な暴力の独占体としての国家――社会と国家の分離した二元的秩序――が、官僚制機構によって、人民を領域的に区分し、支配する体制」と定義した〈郡県制〉が確立しているわけではない。まさに過渡的形態であるが、本質的には、なお、中間的諸団体が「幾段階もの人的身分制的統合関係によって形成する重層的権力秩序」であり、〈封建制〉の最終形態としての〈身分制的社団国家体制〉であると言わねばならない。

三　市民革命と市民社会の確立

フランスの国制が〈封建制〉から〈郡県制〉への転換を完了するのは、大革命を契機としてであった。一七九一年のconstitution（憲法）は、前文で、

> もはや次のものは存在しない。すなわち、貴族（noblesse）、大貴族（pairie）、世襲的差別、位階による差別、封建制（régime féodale）、家産的裁判権（justices patrimoniales）、以上から生じたところの名義、名称および特権、騎士階層、人が貴族であることを証明することによって得られるところの、または、出生の区別を前提とするところの身分団体（corporation）または勲位（décoration）、職務を執行する公務員（fonctionnaires publics）の優越性以外の優越性。さらに、官職（office public）の売買、官職の世襲も存在しない。（中略）さらにまた、

職人・手工業者の宣誓組合（jurande）、同業組合（corporations de professions）も存在しない。

と規定し、身分制と身分制的社団（corps）のすべてを廃止し、〈封建制〉を廃棄した。そして、同憲法は、新しい統治システムすなわち〈郡県制〉の創設を次のように規定した。

王国は一つであり、分割することができない。その領土は八三の郡（département）に区分され、各郡は県（district）に、各県はカントン（canton）に区分される（第二編第一条）。

立法国民議会（assemblée nationale legislative）の代表者は、人口・直接税などに応じて、郡（département）に配分され（第三編第一章第一節第二条）、郡に上級行政庁、県に下級行政庁がおかれ、諸行政はこの〈郡（département）―県（district）〉ないし〈上級行政庁―下級行政庁〉の機構を通じて行われる仕組みであった（第三編第四章第二節）。第二編第八条は、「都市における集会（réunion）および農村におけるある一定地区のアロンディスモンにおける集会から生ずるところの地域的関係の観点において捉えられたフランスの市民（citoyens français）は、コミューンを形成する」と規定し、フランス国全体における領域区分（郡・県・カントン）とは別に、地域的観点から（sous le rapport des relations locales）のコミューン形成を承認してはいるものの、フランス国全体の次元においては、官僚制、国民の領域的区分、領域的行政が存在し、ここに〈郡県制〉が純粋な形で出現したのである。

三　中国「郡県」制と　西欧 société civile――〈郡県制〉の対蹠的二類型――

（1）対蹠的性格

以上、中国「郡県」制と西欧 société civile とは、本質的に同一の発展段階にある体制であることを述べたのであるが、しかし、二者の間には、一見して、右のように捉えることがためらわれるほどの異質性もまた、顕著であった。société civile の根本原理は、かの Déclaration des droits de l'homme et du citoyen（人および市民の権利の宣言、いわゆる人権宣言、一七八九年）に示された。そしてこの国制の基本原則は、「国民主権」であった。すなわち、一七九一年の憲法は王政を採用したけれども、王に主権を認めたわけではなく、「主権は国民Nation（国民）に帰属する」、「全ての権力は国民のみから発する」と規定したのであった（第三編第一条、第二条）。これに対して、中国「郡県」制は皇帝独裁体制であった。「夫れ敢えて法を議せざる者は衆庶なり。死を以て法を守る者は有司なり。時に因って法を変ずる者は賢主なり」とは法家の思想に由来するものであるが、事実上、皇帝主権を宣言するこの文章のうちに、帝政中国二千年にわたる国家のあり方——少なくともその基本的一面——が端的に示されていた（滋賀84七九頁）。

（2）対蹠性の根拠

以上のような西欧〈郡県制〉と中国のそれとの対蹠的性格は、何を根拠として生まれたのであろうか。結論をいえば、〈郡県制〉の形成の基礎をなしたところの、〈共同体〉の崩壊・〈土地商品化社会〉の形成に対して人々がとった態度の相違であった。著名な近代経済学者ヒックスは、経済史を市場の歴史として描いた著作の中で、

> 土地と労働とが組織された経済の基礎であることを、誰も疑わない。（中略）このことは、他の経済形態と同様に市場経済についても、妥当するのである。組織の一形態としての市場が、商人およびこれに続いて金融業者の創造物であって、農民や職人の作り出したものではないこと（あったとしても、同様の広がりをもつということは全くないこと）は、依然として真実である。日用品や金融の市場こそが市場システムの故郷なのであり、このシステムが土地と労働の市場の形成へと進むとき、それは、比較的に御し難い領域に浸透し、「植民地化」するのである。これは、市場原理が適合しないか、適合するのに必ずや困難をともなう領域であった。こうして、非常に古い時代に始まり、今日にまで続くところの抗争が生じたのである。（Hicks, 1969, p.101）

と述べたが、ここで指摘されたところの、市場に適さない二つのもののうち、どこでもまずは、土地の商品化が「抗争struggle」の種となり、かつ、その解決形態は民族によって様々だったのであって、西欧と中国におけるそれは、まさしくこの解決形態において対蹠的だったのである。

西欧において、土地商品化による共同体の崩壊という自然史的過程は、様々の共同体的および初期社会主義的な運動などによる抵抗がともなってはいたものの、後述する中国との関係では、比較的に容易に土地商品化が受容された、といえるように思われる。しかし、土地商品化受容には、この事態を法によって厳格に規律するという志向がともなっていた。学識法および法典としてのlois civiles（市民社会の法、民法）やCode civil（民法典）の形成は、まさしくその表現にほかならない。単なる動産の商品化だけでは、lois civilesやCode civilが生まれることはなかった。土地という、本来商品化に親しまない自然物が市場に組み入れられはじめたとき、そこに生じた深刻な矛盾が、lois civilesの定立の動きを惹起したのである（水林00）。その完成形態である一八〇四年のCode civilは、人の法・所有の法・所有を取得する法、の三編から構成されるが、全二二八三箇条からなるこの大法典が最も重要な社会的関係として表象していたのは、土地取引にほかならないのであり、〈共同体〉の崩壊と〈土地商品化社会〉の形成という現実をふまえ、土地を「所有」する「人」の土地支配と、「人」が土地を「譲渡」ないし「取得」する仕方を厳格に規律すること、このことがCode civilの眼目なのであった。

これに対し、八世紀末唐代までの中国歴代諸王朝は、土地商品化による共同体の崩壊という自然史的過程の進行に対して、若干の例外を除いて一貫して否定的であり、土地商品化を抑止すること、土地商品化を原因とする農民層分解によって零落する零細農民を救済すること、に意を用いていた。そして、そのような政策の追求のなかから、たとえば北魏（五世紀）や唐（七〜八世紀）の均田制政策が誕生したのであった。これは、土地の自由取引を抑止し、文字通り、人々に均しい土地を保証しようとするものであった。その際、西周時代（紀元前一一〜八世紀）に実際に存在したと後年の人々が観念したところの井田制とよばれる共同体の在り方がモデルとして意識された。均田制とは、土地商品化社会の形成を基礎として成立した「郡県」制国家が、原生的な共同体が崩壊したという現実を受けとめつつ、儒家によって周代に存在したものとして描かれてきた井田制的共同体を模範として、人々が土地を平等に所有する体制を、国家政策によって、国家的規模において実現しようとした体制なのであった。「郡県」中国が生み出した法が律令であったということも、右のことと深くかかわっていた。「郡県」国家は土地均分体制を実現するために社会に対して強権的に介入する専制的な行政国家となったために、その法は、社会を強力に紀律化するための刑法（律）と行政法（田令や官制規定を中心とする令）を基本とするものとなったのである（堀75、小口74、なお水林04、05も参照されたい[3]）。

(3) 共通性——普遍主義的精神構造——

以上のように、西欧と中国とは対蹠的性質の〈郡県制〉を形成したのであるが、しかし、まさに〈郡県制〉という一点において本質的に同一の国制であった。このことに注目することは、わが国の国制史を視野におさめようとするとき、きわめて重要であるように思われる。ここでは、特に、西欧においても中国においても、〈郡県制〉においては、精神の普遍主義が確立したことに注目しておきたい。そのことを端的に示すものは、自然法思想である。

『百科全書』や Code civil を起草したポルタリスの自然法思想は、次のようなものであった。すなわち、①自然界と人間界とを支配する超越者たる raison（理）ないし Dieu（神）が存在する。②この超越者は、自然界には自然法則を、人間界には事物の nature（本性）によって基礎づけられた普遍的で至高の raison としての lois naturelles（自然法）を与えた。そして、かかる lois naturelles（自然法）を、立法者は lois positives（実定法）に具現化する。学識法としての lois civiles や Code civil は、lois naturelles を具現化したものである。③ Dieu は、また、人々に対して、真理を知るための自然的能力たる raison（理性）を与えた。かかる raison を備えた人間は、raison としての lois naturelles およびその実定化された lois positives を認識し、実践することができる（Portalis）。

極めて印象深く思われることは、中国における自然法思想の一つの完成形態を示す宋学（朱子学）が、以上のような近代フランスの啓蒙思想・自然法思想の思惟様式と、酷似しているように思われることである（このことは、中国思想史研究者の間では広く共有されているといわれる。妹尾98二三八頁参照）。朱子学も、①まず、自然界と人間界をともに創造する究極の超越者として「理」（「天理」）の存在を想定する（所以然）。②そして、かかる「理」は分かれて「陰陽」となり、さらに分かれて五行となり、さらに分化をとげて万物となる、とされる。このような万物形成の次第によって、万物には「理」が内在することになる。五倫の秩序（人間関係の総体）における仁義礼智などの規範は、「理」が人間界において自らをそうあらしめようとするものである（所当然）。③所以然の「理」は、また、人に内在して「性」（「性理」）となり（本然）、仁義礼智が人の本性として内在することになる、とされる。それ故、「理」を「性」として備えた万人は、「理」の現実態としての仁義礼智を実践することができる。

lois naturelles の実定化されたものが lois civiles（市民社会の法、民法）であったとすれば、「天道」の実定化されたものは「礼」であった。「礼」は「名」「分」などの一連の諸概念とともに定義される。共同体を基礎とする「封建」制が崩れ始め、新しい社会の胎動が始まった春秋時代に、そのことを目の当たりにした孔子は、政治の要諦として「名を正す」ことを挙げた。父子・夫婦・君臣などの相対する二者の相互の「名」を確定し、そこにそれぞれの「名」に相応しく行動すべき規範すなわち「分」を明らかにしようとする。その「分」にかなった行動の具体的、可視的なものが「礼」にほかならない。そして、「夫れ礼は、先王以て天の道を承け、以て人の情を治む」（『礼記』）と述べられたように、「礼」は自然法（天道）を実定化したものと観念された。それ故、「礼」は権力者の命令から生ずるものではない。事物の自然のうちに根拠を有するものである。したがって、それは、諸個人や個々の集団の個別的事情（たとえば家風、土地柄）によって左右されるものではありえず、普遍的な原理として意識されたものである（滋賀74七頁以下）。

このような普遍主義は、法の領域でもはっきりと認められた。律令がそのような性質の高度に論理的な体系的法典であることは前記の通りであるが、ここでは、特に宋代以降の私法のあり方に注目しておきたい。土地商品化社会の不断の進展は、ついに、宋代（一〇世紀以降）にいたって、「個々の家々の生存の基礎が、国家権力との関係としてではなく」すなわち、均田制のような国家の政策によってではなく、「まずは個家相互の市場的な結びつきの中に求められる」ような社会を現出し、「そして明代後半・一六世紀以降、最も主要な生産関係である地主・小作人関係までもが、それまでの疑似家族的な庇護関係の枠から最終的に離れ、基本的な社会関係のすべてが自立を目指す小さな個体的家相互の協同と競争の関係として処理される状態が出現する」ようになるのであるが（寺田01一〇一頁）、このような民間社会を律する私法は、西欧とは別の形態ではあるが、普遍主義的なものであった。「郡県」中国の実定法には普遍主義的規範として見るべきものはなかったが、人々の法意識のうちに、そのことがはっきりと認められた。

滋賀秀三氏は、この問題を考察するにあたり、まずは、「郡県」中国の実定法にほとんど見るべきもののなかったことの指摘から筆を起こした。すなわち、著書『中国家族法の原理』が対象とする「法」について、「本書は、法を記述することを課題としながら、何らかの形の実定法だけを法と見ているのではない」と述べ、実定法に相当する制定法、判決、慣習について、これらが満足な法体系を提示するものではなかったことについて、次のように語った。まず、制定法について。

歴代王朝の立法を主要な資料の一つとして取上げるけれども、そこから成文私法の体系を構成しようと試みるのではない。旧中国の国家法は主として刑法と公法とから成っていた。私法的な事柄もいくらかは規定されていないではない――そして私法のうちでも家族法は比較的多く取上げられている部類に属する――けれども、法体系の基礎に、官僚機構を組織・統制し、人民を取締って、公の秩序を維持し善良な風俗を育成するという目的が基本理念として横たわっている。したがって、事柄は私法的であってもその規定の立て方はやはりこの目的によって性格づけられており、私権を画定し保護するという私法固有の理念を展開せしめてはいない。散在する個々の規定を寄せ集めてみても、満足な私法の体系は出来上らない。強いて解釈を試みることも無意味である。(滋賀67一一頁)

第二に、具体的紛争を裁決する判決もまた、それによって実定的な判例法を帰納することができるような性質のものではなかった。

国家の立法の有無にかかわらず、民事的な紛争は現実にたえず発生し、地方官の法廷にまでもたらされた。その裁判において与えられた判語は、立法の簡単な文言に比してはるかに豊富かつ現実的な内容を有し、かけがえのない資料価値をもつ。しかしこれとても、そこから実定的な判例法を帰納することができるような性質のものではない。そもそも判語とは、文に長じた名士が、生涯の経歴を或る時期に地方官として在任した機会に、訴訟を処理して書き与えた判決文が、その文章としての作品価値のゆえに集録されて伝わるものであって、伝存は偶然的であり、かつ個々の判語相互の間に論理的な関連がない。このことは訴訟制度のあり方のしからしめるところでもあった。(中略)民事的な紛争は、当事者を妥協せしめて当面の事件に平和をもたらすことを主眼として裁かれ、他の類似の事件にも適用せらるべき、一般的な権利義務の法則を確立するという見地から処理されなかった。(滋賀67一一～一二頁)

民事的な紛争に対する裁判の性格については、寺田浩明氏の次のような指摘も参考になろう。すなわち、「激しく利益主張を行なう膨大な個家相互の競争状態を前にしつつも、ここでは国家は、実体法的なルールに基づく利益主張の保護者・実現者としてではなく、むしろそれらすべての個体的利益主張を超越した位置に足場を据え、全体的共存状態の価値の体現者として、直接にその場の規範を自らの口を通じて語りだすことにその正当性の基礎を置いていた」という指摘である（寺田01一〇一頁）。このような紛争解決形態は、西欧法の用語にしたがうならば、「裁判」（相争う当事者の主張の理非についての判定）というよりも「行政」であり、〈行政の一環としての裁判〉であった（滋賀84）。

第三に、「郡県」中国には、厳密な意味での慣習法というものも存在しなかった。

実定的な意味での慣習法が成立していたかというと、これまた否といわなくてはならない。国家の制定法と並んで民間の慣習が法の一類型でありうると見ること自体が、旧中国においてはなじみのない考方であった。それは、さきにも述べたように、公と私、官と民の機構的な分離が顕著であったことの、一つの現われでもある。確かに、「情」「理」などの語で表現される自然的な条理、また「礼」とよばれる正統的な行動様式――それらを裁判官は教養として当然に体得している――は、法廷においても尊重され大きな機能を果たしていたけれども、当事者の属する限定された社会（たとえば地域社会）の多少とも特殊な細目的内容の慣習――その存在について立証を要するような慣習――が、裁判規範として援用せられるという現象はたえて見られないといってよい。普遍的な礼と法とが価値の基準とされ、局地的な土俗については、寛容の見地から配慮がなされることはあっても、規範的意義が認識されることなく、しがたって、慣習法書のごときものが編纂されたりすることもなかった。（滋賀67一二～一三頁）

かくして、今日、我々が「実定法」の名のもとで観念する法源は、「郡県」中国においては、ことごとく、全く法源と意識されないか、少なくとも第一次的に価値ある法源としては意識されなかったのであった。しかし、滋賀氏は、「私法の分野に満足な実定法の体系がなかったからとて、社会生活そのものが私法的な論理を意識することなしに営まれていたのではない」というように議論を反転させ、次のように、普遍的自然法の存在を語り出す。

本文を通じて明らかにするように、家族生活というような、どちらかといえば、法よりも情誼が支配しやすいと思われる分野において、むしろ驚くほどはっきりと、各人にとって何が彼に認められた権利であるかが、人々の意識のうちにおいて定まっており、それに基づいて事が処理されていた。かように、実定法の存在をまつまでもなく、その意味では自然的に人々の意識のうちに刻まれて生き生きと働いている法的な論理を、法意識とよんでおきたい。これをまた自然法と言いかえてもよい。もとより、客観的に人類に普遍妥当の自然法という意味ではなく、旧中国社会という歴史的環境のなかに生きた人々にとって、主観的に天地自然の理と認められたところのもの、という意味の自然法である。（滋賀67 一三頁）

以上のような意味において、「郡県」中国は、普遍的な自然法の支配する世界であった。西欧 société civile のそれとは内容と形態を異にはするけれども、普遍主義と自然法という一点において、通い合うものが存在する。そして、それは、厳密な意味での「文明」(civilisation) といいうる社会——この語をもって、中国古代や西欧近代とともに、南欧古典古代、中近東イスラム、古代インドなどが想起されるべきである——に共通する現象であったと思われる。

四　研究史批判

以上、中国における「封建」から「郡県」への国制史的大変動と、西欧における féodalité から société civile へのそれとは——現象形態を著しく異にしつつも——、本質的には同一の事態として理解することができること、いずれもが、〈封建制〉から〈郡県制〉への転換として捉え得るのであり、まさしくこのことによって、中国における「封建」「郡県」は、人類史を理解する普遍的学問的概念に昇華されうる観念であることを述べた。

しかし、このような歴史把握は、これまで提起されたことがないといってよいので、長く学界を支配してきた歴史理論とどのように関係するのかについて、最小限のことは述べておく必要があろう。ここで、「長く学界を支配してきた歴史理論」として念頭においているのは、マルクス主義的な世界史の基本法則論ないしこれに大きな影響をうけたいわゆる大塚・高橋史学の歴史理論のことである。これらは、西欧における中世から近代に至る歴史を、「封建制から資本主義への移行」として把握し（大塚・高橋史学）、世界史を〈奴隷制→農奴制（封建制）→資本主義〉の単線的継起的発展（マルクス主義的世界史の基本法則）として理解してきたが、私見は、かかる歴史論とどうかかわるのか。

第一に、マルクス主義における「封建制」と私の〈封建制〉の関係について。「封建制」概念は生産者とこれを直接に支配する者との関係を問うものであり、特にそこでの経済的関係を問題とする概念であって、「農奴制」とほとんど同義であった。したがって、「封建制」（「農奴制」）概念は、〈封建制〉概念における「共同体を基礎としこれを支配するところの、正当な暴力をなにがしかの程度において分有する族的諸勢力」という部分にかかわる。

農奴制は、右のような在地の支配関係の一つの形態として理解することができるものであった。農奴制は、土地（生産手段）を保有する自立農民を在地の支配者が、商品交換の論理による経済的支配ではなく、最終的には経済外的強制力（武力）によって生産物（労働あるいは貨幣形態の場合もある）を収取することを中核的内容とする支配関係であるが、これは、「共同体を基礎としこれを支配するところの、正当な暴力をなにがしかの程度において分有する族的諸勢力」と「共同体」とが取り結びうる諸関係のうちの一つの形態にほかならない。経済史的な「封建制」（「農奴制」）概念は、全体制的概念としての〈封建制〉に包摂される関係にある。

第二に、マルクス主義における「資本主義」と私の〈郡県制〉との関係について。いうまでもなく、「資本主義」は経済的概念であるのに対して、〈郡県制〉は国制的概念であり、次元を異にする。しかし、〈封建制〉から〈郡県制〉への移行の基礎には、中国においても西欧においても、等しく〈共同体〉から〈土地商品化社会〉への移行という事態が存在したということを媒介として、マルクス主義における「封建制」(「農奴制」)から「資本主義」への移行と、私見における〈封建制〉(共同体)から〈郡県制〉(土地商品化社会)への移行との関係が問題となろう。

マルクス主義における「封建制(共同体)」から「資本主義」への移行という歴史把握は、「もはや封建制ではないが、しかし、まだ資本主義ではない」ところの土地商品化社会をそのものとして概念化していないことにおいて、重大な欠陥があるように思われる。マルクス主義ないしこれに影響を受けた諸文献においては、私の言う土地商品化社会を資本主義の準備段階として(いわゆる資本の本源的蓄積段階)、あるいは、資本主義社会そのものであるかのように記述する例が圧倒的であり、そうすることによって、〈封建制→土地商品化社会→資本主義〉の三段階把握ではなく、土地商品化社会を資本主義に包摂して、〈封建制→資本主義〉の二段階把握とするのであるが、これは、段階と質を異にする土地商品化社会と資本主義とを一つに括ってしまう、「無理やりの抽象」にほかならない。このことは、「資本主義」——前期的商業資本ではなく、産業資本主義の意味での資本主義——は、土地が商品化された社会を指示する概念ではなく、労働力が商品化され、労働市場が確立した社会を指示する概念であることを想起することによって、明らかであろう。フランスを例にとれば、土地商品化社会は、一五世紀の頃に形成されはじめ、一七世紀末には土地取引法としての民法が学識法として成立するほどに成熟し、最終的には、一八世紀末の大革命と一九世紀初頭における民法典の成立を契機として確立したのであった。しかし、それはまだ資本主義社会ではなかった。フランスにおいて、労働力商品化社会が形成され始めるのは民法典成立以降の時期のことであり、それが体制的に成立するのは、一九世紀も中葉を過ぎてからのことであった。

要するに、西欧における経済史は、〈封建制（共同体）→資本主義〉の二段階把握ではなく、少なくとも〈封建制（共同体）→土地商品化社会→資本主義〉の三段階把握でなければならず、〈封建制〉から〈郡県制〉への国制史的大転換は、〈共同体〉から〈土地商品化社会〉への経済的社会構成の大転換を基礎として生じたと捉える必要があるのである。ちなみに、〈土地商品化社会〉という規定は、労働力商品化社会としての資本主義との対において、商品化されたものに着目してなされたものであるが、生産の現場に眼をむけ、そのあり方に即して概念化するならば、かつて述べたように、〈市民オイコス〉と規定するのが適当であろう（水林97）。〈オイコス〉とは、自給的生産と〈W-G-W〉形態の商品生産売買（使用価値物の獲得を目的とする商品交換）を特徴とする生産体の謂であり、〈G-W-G'〉形態の商品生産売買（利潤追求を目的とする商品交換）を特徴とする〈資本〉と対立する概念である。(4)〈オイコス〉に〈市民〉の語を冠したのは、単に〈オイコス〉と言えば、土地はもとより生産物の商品化もドミナントではないところの、〈封建制〉時代における領主的ないし農民的〈オイコス〉をも含みうるので、これと区別し、生産物はもとより生産手段（土地）までもが商品化した時代の〈オイコス〉に特定するためにほかならない。

第三に、マルクス主義における〈奴隷制→封建制（農奴制）〉の歴史把握との関連について。著名なマルクス『経済学批判』の「序言」において言及されている「奴隷制」は古典古代世界におけるそれにほかならないが、これは、人間そのものを商品化し、かかる人間商品を使役して〈G-W-G'〉の利潤追求を目的とする古代奴隷制資本主義であったと思われる。先に、宮崎市定氏が、春秋戦国時代の中国にも奴隷制資本主義が形成されていたことを指摘していることを紹介したが、古典古代世界においてきわめて盛んであった商業資本主義を生産点において支えていたのは、奴隷制資本主義であったと思われる（このタイプの奴隷制ないし資本主義は、たとえば一九世紀アメリカにおいても、黒人奴隷を使役する資本主義として現出したものであった）。そして、このような奴隷制資本主義は、土地商品化社会でもあった。ギリシャ・ローマ世界にも、歴史の始原には〈共同体〉時代が存在したが、この〈共同体〉は、中国の場合と同様に、すでに紀元前に分解しはじめ、古典古代世界は〈土地商品化社会〉として構築され、まさにこのことを基礎として、ローマでは、今日まで強く影響を及ぼしているところの、商品取引法としての古代ローマ法が形成されたのであった。しがたって、私見によれば、古典古代奴隷制社会は、〈封建制〉以前の段階の社会ではなく、西欧 société civile や中国帝政時代（郡県制時代）と同一の範疇に属する段階の社会とみなければならない。南欧世界は、〈封建制〉から〈郡県制〉への移行を、すでに「王政」から「共和制」への移行という形で経験していたのである。

一般に、奴隷制と規定されるものには、様々な形態がある。①古典古代や一九世紀アメリカを典型とする資本主義的奴隷制、②〈封建制〉時代の領主や富裕農民のオイコスにおける家内奴隷制（しばしば家父長制として概念化される。家産制として概念化される農奴制と両立する奴隷制である）、③共同体成員が自立家族経営を営みえず、共同体に埋没している事態を概念化したところに成立した総体的奴隷制（石母田71）、などである。歴史の論理的順序としては、〈③→②→①〉となるであろう。そして、③および②は、私見にいう〈封建制〉の時代の奴隷制であり、①は〈郡県制〉時代のそれである。

結びにかえて――日本国制史における〈封建制〉と〈郡県制〉――

〈封建制〉〈郡県制〉概念によって、わが国の国制史を観察した場合、そこにどのような日本史像が浮かび上がってくるのか。この問題について、若干の展望を述べて、本稿の結びとしたい。

結論として、わが国の国制は、わずか百数十年前まで、きわめて長期間、〈封建制〉であり続けた。三世紀中葉にヤマト王権（前方後円墳体制）が成立して以降、一九世紀後期に幕藩体制が瓦解するにいたるまで、一貫して、本稿が定義した意味での〈封建制〉が成立していた。

このように述べるとき、少なくとも二つの問題が発生するであろう。一つは、三世紀半ばヤマト王権時代から一二世紀京都王朝時代にいたる古代の国制を〈封建制〉と規定することについてである。わが国について「封建制」という場合、通常は、広くとっても、鎌倉幕府から江戸幕府までの時代がそれとして思い浮かべられ、古代の国制を封建制概念によって理解しようとする学説は、少なくとも現在は見られないからである。しかしながら、〈封建制〉を先のように定義するならば――そして、その定義は少しも「力づくの抽象」ではない――、別稿において詳細に論ずるように（水林06）、ヤマト王権（前方後円墳体制）時代以降の古代も、外見的には郡県制が成立したかにみえる律令国家体制も含めて、一貫して、〈封建制〉時代と規定することができるである。むろん、このことは、ヤマト王権から幕藩体制に至るまでの約千五百年間に、変化がなかったことを意味するものではない。しかし、その間にいかなる発展があったにせよ、巨視的にみるならば、国制の基幹的部分において、先に定義したような一定の型――〈郡県制〉に対立する〈封建制〉的国制――の動くことのなかったことが重要なのである。

今一つの問題は、幕藩体制を〈封建制〉に含めうるか否かという問題である。江戸および明治の人々は、幕藩体制をおおむね「封建」と観念し、江戸から明治への国制の転換を「封建」から「郡県」への転換と理解していた（石井86第六章）。しかし、ここでの問題は、そのような当時の人々の意識ではなく、幕藩体制について、先の〈封建制〉定義が妥当するかという問題である。特に、幕藩体制に、「正当な暴力をなにがしかの程度において分有する族的諸勢力」の存在を認めうるかが問題となろう。この国制においては、武士の自律的権力は剝奪・解体され、権力は高度に幕府ないし藩へと集中せしめられていたからである（水林82）。しかし、幕藩体制は〈封建制〉と規定しうる体制であった。武士の自律的権力は大きく制約されたものの、腰に二本の刀をさす戦闘者であったことに変わりはなく、彼等は族的結合の一歴史形態としてのイエを形成し、国制はかかるイエの連鎖的秩序として存在し、そして社会の基底には村共同体が頑強に存続していたからである（水林87）。

かくして、わが国の歴史の一大特質は、長く〈封建制〉の時代が持続し、〈封建制〉から〈郡県制〉への転換が最近の出来事であったということであるが――西欧に遅れることわずか百年余であるが、中国に遅れること二千年余に及ぶ――、それにもまして重大なことは、わが国における〈封建制〉から〈郡県制〉への転換が、内発的事件ではなく、外的に強制されたものであったことである。すなわち、国制史的大転換が、〈共同体〉から〈土地商品化社会〉への自然史的移行・発展を基礎としてではなく、黒船の一撃によってなされたために、〈郡県制〉の近現代にも〈共同体〉的関係が広範に残存し、かつ、非共同体的社会関係にも〈共同体〉的心情が転移するという現象が生じ、このことが、今日の日本社会のあり方をも根底から規定しているように思われることである。

ここで想起するのは、「人権」という普遍的価値が真の意味で個々具体的に主張され支援されることの困難さを日本的な人間関係としての「世間」の存在――「社会」の不在――との関係で説いた阿部謹也氏の議論や（阿部99）、何が「道理」であるかを考えることによってではなく、「次々と成りゆく時の勢い」によって世の中が浮動してゆく日本社会の現状――我が国における「封建」から「郡県」への転換過程がその典型であった（石井86三二七頁以下）――を批判した丸山眞男氏の議論である（丸山72）。これらの指摘に共通するのは、日本社会における特殊主義《パティキュラリズム》の跋扈と普遍主義《ユニヴァーサリズム》の窒息状態であるが、このような現象の根底には、右に述べたようなわが国の国制史の特質が横たわっているように思われる。戦争と平和、経済の膨張と環境の破壊、利潤追求の暴走と貧困・飢餓の発生など、全地球規模において難問が山積し、「人類は二二世紀を迎えうるか」という問が切実に提出される危機的世界の真っ只中にあって、今、特殊主義を乗り越え、普遍主義的精神を形成することが客観的には求められているのであるが、この国において、それを阻む伝統の壁はきわめて分厚いといわねばならない。

そのようなことどもを想起しつつ、私は、〈封建制〉〈郡県制〉概念を、過去を認識するためだけの単なる静観的概念ではなくして、現在を反省的に思考し、未来に向けての規範を醸成しうる実践的概念として提起したかったのである。

（1）「郡県」の「郡」と「県」は地方行政区画を意味し、隋以降――唐代の一時期を除いて――「州県」となるが、領域国家体制という意味では何ら変化はないので、中国史学の慣例にならい、帝政中国の領域国家体制の名称は「郡県」をもって代表させることにする。

（2）〈共同体〉なる概念を、本稿では、次のように定義しておく。すなわち、「財（生産物）の移転において、商品交換という形態が支配的ではなく――財の移転の主要な形態は贈答的交換または行政的分配である――、その結果として土地の商品化という事態が未成熟な段階において、人々が形成する地縁的団体」。

（3）中国と西欧の〈郡県制〉の対蹠的性格を土地商品化による共同体の崩壊現象への対応形態の差違に求める本文の議論は、さらに、そのような対応形態の差違は何を根拠に生じてきたのかという問題を提起する。そして、この問に対する解答の方向性を示したものとして、次に引用する滋賀秀三氏の文章が注目される。

［中国法制史研究の過程で］わたくしの関心は、ヨーロッパと中国（さしあたり帝制中国）における訴訟の構造ないし訴訟観の基本的な相違が中核となって、両者における法のあり方全般にわたる対極的ともいうべき相違を生み出しているのではないかという点に集約するようになっていった。それは東西法文化の対比という視点である。そうすると直ちに問題となるのは、何故ないし如何にして中国における法なり訴訟なりはこの形のものとならざるを得なかったのかということであり、これを問い進めると、その謎は帝制を生み出す過程としての中国上代史のなかに秘められていると考えざるを得なくなる。上代と帝制時代の体制の違いはもちろんそれとして踏まえながら、帝制中国という一定の型をもった法と訴訟をうみだすに至る諸要因が上代史のなかに型の定まらないままにすでに胚胎していたのではないかと問うて見ることが必要なのではないか。（滋賀89二頁以下）

これによれば、西欧と中国の〈郡県制〉の質的相違は、西欧と中国の〈封建制〉の質的相違に淵源するということになろう。その具体的究明は、専門家の研究をまたねばならない。

（4）かかる〈オイコス〉と〈資本〉の概念対は、アリストテレスに遡る。岩波文庫版『政治学』の翻訳によれば、ここでいう〈オイコス〉は「家政術」として現われる。

「先ず初めに家政について語らねばならない。（中略）完全な家は奴隷と自由人から出来ている。（中略）家の最初で最小の部分といえば、主人と奴隷、夫と妻、父と子である」（三七頁）。「日々の用のために自然に即して構成せられた共同体が家であって、その成員たちをカロンダスは〝食卓を共にするもの〟と呼び、クレテのエピメニデスは〝飯櫃を同じうするもの〟と呼んでいる」（三三頁）。「家政術とは使用することである」（四八頁）。

このように「家政術」は何よりも消費に即して定義されるが、当然に、その前提には生産すなわち「獲得術」が存在する。

「所有財産は家の一部であり、そして獲得術は家政術の一部である（何故なら必需品がなければ善く生きるどころか、生きることさえ出来ないからである）、そして一定の限界をもった術が、もしその仕事を完成しようとすれば、それ自身に固有な道具をもっていなければならぬように、家政術も固有な道具をもっていなければならない。しかし道具には生のないものと生をもったものとの二つがある。（中略）家政術にとって、所有物もまた生活のための道具であり、所有財産はもろもろの道具の総量であり、奴隷は生ある所有物である」（三八頁）。

以上のような「最初の共同体（すなわち家）においては」、「この共同体に属する人々は何でも同じものを共同でもっていたので」、「交換術の働きを容れる余地がなかった」のであるが、やがて、「交換術」が発生する（五二頁）。

「後の共同体の人々はいくつかの独立な家に別れていたので、それぞれ多くの異ったものをもっていた、そしてそれらの異ったものを必要とするところに従って、今日なお野蛮な民族の多くがやっているように物々交換によって自分のものと交換しなければならなかった。ここに物々交換というのは、有用なものがそのまま有用なものと取り換えられるだけで、それ以上には出ないからである。（中略）だからかような交換術は自然に反したものでもなく、取財術の一種でもない。何故なら、それは合自然的な生活の自立自足にとって足らぬものを充すためにのみ成立したのだからである」（五二頁）。

このように定義される「交換術」は使用価値獲得を目的とする〈W-G-W〉型交換にほかならない。しかし、このような「交換術」から、やがて、「然るべき道理によってかの取財術が生じてきた」のであった。

「というのは、欠けているものを輸入し、余分に持っているものを輸出することによって、相互扶助が今までよりも国と国との間で行われるようになったとき、必然に貨幣の使用が工夫されるに至ったからである。（中略）貨幣が案出されると、やがて必要やむを得ざる交換から別種の取財術が生じてきた、すなわち商人的なものがそれである。（中略）商人術は財を作るもの、それもあらゆる仕方によってではなくて、ただ財の交換によってのみ作るものである。そうしてこれは貨幣に関係するものだと思われている、何故なら貨幣は交換の出発点であり、目的点でもあるからである。そしてさらに、この種の取財術から生ずる富には限がないのである。何故なら医術が健康を限りなく求め、またその他の術が何れもそれぞれの目的を限りなく求めるのと同じことで、この種の取財術の目的にも限りがない。（中略）財の獲得者は皆貨幣を無限に殖やす」（五二～四頁）。

このような「商人術」は〈G–W–G'〉であり〈資本〉である。かくして、商人は財産を「無限に殖やさなければならぬと絶えず思う」のであるが、アリストテレスによれば、「この気持のもっと深い原因は善く生きることではなくて、ただ生きることに熱中するところにある」のであり、したがって、「商人術」は「間違った種類の富」なのであった（五四～五頁）。

「取財術には二種あって、そのうち一つは商人術で、他の一つは家政術の一部であり、後者は必要欠くべからざるもので、賞讃せらるべきものであるが、前者は交換的なもので、非難せられて然るべきものである（何故ならそれは自然に合致したものではなくて、人間が相互から財を得るものだからである）、したがって、憎んで最も当然なのは高利貸である。それは彼の財が貨幣そのものから得られるのであって、貨幣がそのことのために作られた当のもの［交換の過程］から得られるのではないということによる。何故なら貨幣は交換のために作られたものであるが、利子は貨幣を一層多くするものだからである。したがって、これは取財術のうちでは実は最も自然に反したものである」（五七頁）。

以上をまとめれば、次のようになろう。

アリストテレスにおける「術」概念と〈オイコス〉〈商品交換〉〈資本〉概念の対応

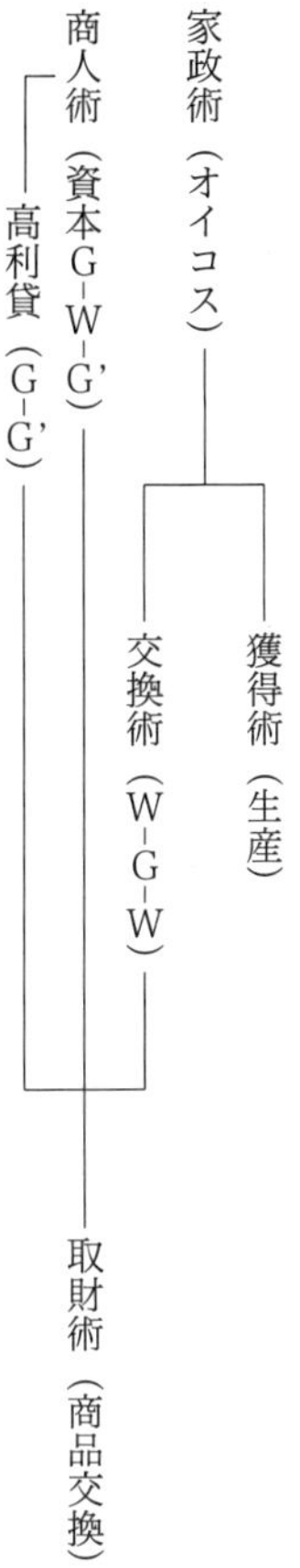

【参考文献】

足立啓二98『専制国家史論――中国史から世界史へ――』柏書房、一九九八年
阿部謹也99『日本社会で生きるということ』朝日新聞社、一九九九年
石井紫郎86『日本人の国家生活』東京大学出版会、一九八六年
石母田正71『日本の古代国家』(『石母田正著作集』第三巻、岩波書店、一九八九年)
小口彦太74「中国土地所有法史序説」(『比較法学』九巻一号)
滋賀秀三67『中国家族法の原理』創文社、一九六七年
――68「中国上代の刑罰についての一考察――誓と盟を手がかりとして」(同『中国法制史論集　法典と刑罰』創文社、二〇〇三年)
――74「中国法の基本的性格」(同右書)
――84『清代中国の法と裁判』創文社、一九八四年
――89「左伝に現われる訴訟事例の解説」(『国家学会雑誌』一〇二巻一・二号)
――03「法典編纂の歴史」(同『中国法制史論集　法典と刑罰』)
妹尾達彦98「帝国の宇宙論」(水林彪ほか編『王権のコスモロジー』弘文堂、一九九八年)
寺田浩明01「近代法秩序と清代民事法秩序」(石井三記ほか編『近代法の再定位』創文社、二〇〇一年)
西嶋定生81『中国古代の社会と経済』東京大学出版会、一九八一年
二宮宏之86『全体を見る眼と歴史家たち』木鐸社、一九八六年
野田良之54『フランス法概論』有斐閣、一九五四年
旗田巍73『中国村落と共同体理論』岩波書店、一九七三年
堀敏一75『均田制の研究』岩波書店、一九七五年
丸山眞男72「歴史意識の古層」(『丸山眞男集』第一〇巻、一九九六年)
水林彪82「近世の法と国制研究序説――紀州を素材として――」(1)〜(6)(『国家学会雑誌』九〇巻一・二号、同五・六号、九一巻五・六号、九二巻一一・一二号、九四巻九・一〇号、九五巻一・二号、一九七七〜八二年)
――87『封建制の再編と日本的社会の確立』山川出版社、一九八七年
――91「封建制概念とアジアの封建制」(『歴史学研究』六一八号、一九九一年)

――92ａ「国制の比較史研究のための枠組について」（鈴木正幸・水林彪・渡辺信一郎・小路田泰直編『比較国制史研究序説』柏書房）。
――92ｂ「比較国制史・文明史論対話」（同右書）
――94「日本近世団体論――婚姻・離婚法の比較法史的考察を素材として――」（『日本史研究』三七九号、一九九四年）
――97「西欧近現代法史像の再構成」（『法の科学』二六号、一九九七年）
――00「ナポレオン法典における civil と commercial」（清水誠先生古稀記念論文集『市民法学の課題と展望』日本評論社、二〇〇〇年）
――01「文明化」（『歴史学事典』弘文堂、二〇〇一年）
――04「西欧法の普遍性と特殊性――比較法史学的考察――」（『比較法研究』六五号、二〇〇四年）
――05「土地所有秩序の変革と「近代法」」（『日本史講座』8、東京大学出版会、二〇〇五年）
――06「律令天皇制の形成・構造・展開」（同『天皇制史論』岩波書店、二〇〇六年出版予定）
宮崎市定77『中国史』上、岩波全書、一九七七年

Bloch, Marc, La société féodale, Edition Albin Michel, 1939（新村猛訳『封建社会』みすず書房）
Godechot, Jacque, Les constitutions de la France depuis 1789, Garnier-Flammarion, 1970
Hicks, John, The theory of economic history, Oxford University Press, 1969
Mousnier, Roland, La vénalité des offices, P.U.F., 1971
――――, Les institutions de la France sous la monarchie absolue 1598–1789, tome 1, P.U.F., 1974
Olivier-Martin, L'organisation corporative de la France d'ancien régime, Librairie du Recuil Sirey, 1938
Portalis, Discours préliminaire prononcé lors de la présentation du projet de la commission du gouvernement, in: Fenet, Recuil complet des travaux préparatoires du code civil, tome 1.（野田良之訳『民法典序論』）

政治学からみた「封建」と「郡県」
――概念の限定のために――

中田喜万

はじめに

「封建」「郡県」の概念は、はたして過去の遺物として片づければよいのだろうか。本稿では、まず漢語の「封建」「郡県」を、みずから秩序像を分析する道具として実験的に用いてみる（第一節）。そのような試みは、ただちに想像されるとおり相当の困難を抱え込む作業であるが、工夫次第で決して不可能ではない。問題は、「封建」「郡県」の概念それ自体に内在するというよりも、むしろその取り扱い方にあるように思われる。いかなる点に注意すればこの概念を活用できるのか。いかなる瑕疵が議論を無駄にしてしまうのか。それらを考えることを通じて、「封建」「郡県」論の特質や制約の解明を目指す（第二節）。これによって、政治学に関して漢字文化の知的遺産がほとんど活かされてこなかった事情の一端が明らかになると期待される。

ここで最初に「封建」「郡県」の厳密な定義を問うことはしない。なるほど、科学的認識のため明確に弁別された概念を用いるべきだというのは正論であるが、他面、試行錯誤の経験を積むことによって帰納的に概念が鍛えあげられることもあろう、と思われるからである。概念構成それ自体が確定していないところで、「封建」と「郡県」のいずれが優れているか、という論争に関与することもない。

当面の理解を得るためには、例えば、

御政体に封建、郡県の二つあり。其封建とは往時《むかし》徳川幕府《とくがわでんか》の時の如く、国々に諸侯《だいみやう》を封《ほう》し、その地の政事は皆其領主地頭に委ね　朝廷よりは御構ひなきをいふ。又郡県とは現今《とうじ》の如く、天下一統皆　朝廷の御領にして、所々に県庁を設け年限ありて県令を任じ其国政を執行《とりおこな》ふをいふ。（青木輔清・編述『新撰　農家重宝記』東京、錦森堂、一八八〇年、巻之一。ふり仮名も原文による）

というような曖昧[1]な説明でも済ませることができよう。徳川時代が「封建」であり、明治時代とは「郡県」に変革したものであるとする説に、争いは無い。

なお、表題で政治学と自称したところのものは、まったく現代の政治理論ではなく、古典的な作品の極々表面をなぞるにすぎない。それでも今日かえりみるに足る重要な問題が含まれていると思われる。

一　「封建」「郡県」論からみる政治学　――「連合共和国」の概念を例として――

「封建」「郡県」の概念を、西洋近代の政治学の国家論に適用すると、どうなるか。一例としてモンテスキューの共和政論、そしてこれをふまえた『ザ・フェデラリスト』の連邦制論を採り上げてみよう。

まず、モンテスキュー『法の精神』[2]第一部において、人民が全体として、または複数の家が最高権力をもつこと（前者が民主政、後者が貴族政）が、共和政体（民主政と貴族政の両者を包括する）の本性 nature とされる（第二編第一章）。また、この政体を動かす原理として、公民の政治的な徳 vertu politique（祖国と平等および質素への愛）が要求される（第三編第一～四章、第五編第一～四章、また「著者のことわり」）。

これにもとづき、共和政にふさわしい国家の規模が論じられる（第八編第一六章）。

共和国が小さな領土しかもたないということは、その本性から出てくる。そうでなければ、それはほとんど存続しえない。……大きな共和国においては、共同の善が無数の考慮の犠牲にされ、例外に服し、偶然に依存する。小さな共和国においては、公共の善はよりよく感じられ、よりよく知られ、各公民のより近くにある。ここでは濫用がはびこることがより少なく、したがって、濫用がかばわれることもより少ない。（岩波文庫版、二四二頁）

国家の領土が広いと政治的な徳が機能しない。よって共和政を実現できない。巨大な共有財産を公民に委ねれば、大抵その横領が生じる。そして人は祖国を捨てて自分ばかりを恃むことになる。これを避けるには、「公共の善」がより身近に感じられて徳が維持される小ささに、国家の規模を抑えなければならない、というのである。

事実、古代都市国家「スパルタをあれほど長く存続させたものは、スパルタがどの戦争の後も依然としてもとの領土のままにとどまったことである。スパルタの唯一の目的は自由であった。その自由の唯一の利点は栄光であった」（同所）という。

国家の規模に関するこのモンテスキューの命題は、しかし一八世紀末、革命以降の国家構築において深刻な問題となった。

何より深刻だったのは、国土が無限に広がるアメリカにおいてであった。一七八七年九月にまとめられた連邦憲法案を各邦 State で批准させ、いっそう統合を進めようとする「連邦派」federalist の主張にとって、重大な障碍の一つが、やはり共和国の適正規模の問題だった。

この問題を迂回する手段となったのが、アメリカの諸邦（一七八九年四月連邦憲法発効以降については「州」と訳される）States と、連邦 Union, federal との間に成立した、一つの国家 nation とみるにはいささか奇妙な関係である。諸州は形式上、独立国家のようでもあり地方自治体のようでもある。連邦憲法第四条第四節では「合州国は、この連邦内の各州に共和政体を保障しなければならない……」と定められた。翻訳の問題に限っていえば、連合諸邦 United States につき憲法発効以降の訳語は、「合衆国」というよりも「合州国」とするほうが直訳的にみえる

（それにもかかわらず「合衆国」のほうが定着したことに関する事情は、本稿第二節でふれる）。

共和政と連邦をめぐる論争は、『ザ・フェデラリスト』に収められた諸論文の中から窺われる。[3]

連邦派の主張は以下のようであった。第六篇「連邦間の戦争の危険」（ハミルトン）では、連邦が解体するならば、邦と邦との関係は、ヨーロッパの主権国家間の関係と異ならないという。隣接している主権国家同士は、それが君主政体であれ共和政体であれ、和平を持続させる傾向が弱い。連邦すれば「すべての邦が隣邦を犠牲にして自邦の拡大を図ろうとする秘められた嫉妬心を消滅させる」（マーブル僧院長）から適切だ、などと論じる。また第九篇「連邦共和国の利点」でハミルトンは、

強固な連邦は、国内の内紛や暴動に対する防壁として、各邦の治安と自由にとってこのうえない重要なものとなるであろう。ギリシアとイタリアの小共和国の歴史は、それらがたえず分裂へと掻きたてられ、頻発する革命により、専制と無秩序という両極端の間をたえまなく行きつ戻りつしていた……（岩波文庫版、四三頁）

などと述べて、分裂、戦乱の不毛さに注意を喚起し（第一八篇でも同様）、後述のようにモンテスキューを引用する。共和国の規模を連邦制によって大きくすべき理由には、対外的独立の他、内部の派閥形成による弊害を局所的なものに抑える効果も挙げられた（第一〇篇、マディソン）。政治学の教科書等でしばしば参照されるこの議論は、ただし、ヒュームのそれにもとづく。[4]

ところで、この連邦派とその反対者との議論を、試みに「封建」「郡県」で説明してみてはどうだろう。限られた歴史的経験から、古来「封建」「郡県」は君主政としか関連づけられたことはなかった。ここではその前提条件から君主政の存在を外して、中央―地方関係の側面に純化してとらえてみる。中央、地方政府のそれぞれが君主政か共和政かといった政体の区分（それは元首をいかに理解するかにも由る）は捨象する。そこで、かりに軍隊編成権や課税権など中央政府への権限委譲をもくろむ連邦派を「郡県」への志向に準えてみると、連邦に集結しない

ならば右記のように内紛などの弊害が生じるという連邦派の主張は、「封建」にみられがちな尾大不掉の弊害の指摘としてとらえられることになる。

他方、反連邦派の議論はどのように理解できるだろうか。

彼らは、モンテスキューの「共和国は小さな領土しかもたない」という命題をふりかざせばよかった。大きな領土を有する国家を構築したところで、そこで共和政を実現させることはできない。君主政にすれば大きな領土でも可能になるが、イギリス君主政と袂を分かったばかりなのに、またぞろ新たな君主政を導入することは認めがたい（第三九篇で連邦派マディソンも「共和政的形体以外の政治形体をもってしては、アメリカ人民の精神に一致せず、アメリカ革命の基本的原理にも合致しない」と認めていた。一七七頁）。よって従来の各邦Stateごとに政治を営むしかないのだ、と考える。共和政の論理として、それなりに筋の通った主張であろう。統一してイギリスと対抗すべき国際情勢からの要請を度外視してでも、小さな規模に分かれてこそ（スパルタのように）公民の徳が維持できると考えるわけである。

これを「封建」の語彙で考えてみる。連邦派＝「郡県」とすれば、その反射で反連邦派は「封建」志向に準えられるべきことになる。このことは、共和政と「封建」との間に戦士または武士を介在させると、あながち牽強付会でもなくなると思われる。全く異なる文脈で扱われる徳の問題に、共通点を見出すことができる。スパルタ・モデルの戦士的な徳と共通する要素が、例えば、所領に土着することによってこそ徳が涵養され、質素や勇武が保たれるはずだという、日本の武士に対して提起された土着論に見出される。そしてこの土着論は、「郡県」よりも「封建」を評価する立場と共鳴する。

そもそも関ケ原の戦い以降の徳川の世は、「六十州の中、当時（＝今日）封建の国郡にあらざるはなし」（新井白石『藩翰譜』凡例）という同時代認識があった(5)。荻生徂徠も、日本は現在「封建」であると認め、これを称揚する。

「封建の世」とは、大体は身分が固定していて、「郡県の世」のように立身出世を考えることがなく、「人の心定り落着候世にて候。法度も粗く候て、只上下の恩義にて治まり、廉恥を養ふ事を先といたし候。諸侯も大夫も、皆わが物に致し候て国郡を治め候事にて御座候」、すなわち所領を「わが物」として大事にするだろうから、「郡県」制において三年交代のため短期的業績に関心が向くのとは異なる、とした（『徂来先生答問書』上巻）[6]。『論語』里仁編の「子曰、君子懐徳、小人懐土、君子懐刑、小人懐恵」を、通常は「君子」と「小人」の対比として「子曰く、君子は徳を懐《おも》ひ、小人は土《ど》を懐ふ。君子は刑を懐ひ、小人は恵を懐ふ」と読むところ、徂徠は二句ずつが因果関係で連なっているとして、「子曰く、君子、徳を懐へば、小人は土を懐ふ。君子、刑を懐へば、小人は恵を懐ふ」と解する（『論語徴』当該章）[7]。すなわち為政編の「子曰、道之以政、斉之以刑、民免而無恥、道之以徳、斉之以礼、有恥且格」と近似した内容となって、「懐土」がむしろ好ましく評価される。この点に関連して、近世武士が「封建」であるにもかかわらず領地から離れて城下に集住していることに、徂徠は批判的であった。批判の理由として彼があげたのは、都市での消費生活が奢侈・惰弱に向かいやすいことなどとともに、年貢を負担する農民への共感を養いがたいことであった（『政談』巻之二）[8]。

加えて、州が小さな領土であるべきことは、「封建」によって異なる理由づけができる。すなわち、封土、所領はできるだけ小さくしないと、戦乱の危険があると考えられる。新井白石『読史余論』では、足利義満や豊臣太閤が「功ある者に国多くさき与へ」たことを、世俗から称賛されることであったにもかかわらず、批判した。

小人は恵を懐ひ、土を懐ふ〔『論語』里仁編、前出〕習なれば、いかにもして禄厚く家富むと思ひ願ふは、世のつねなり。されど纔に六十余州の地を、或は十個国、或は五個国、七個国づゝ合せ領せしかば、其余功有者に与ふべき地とてもなく、〔足利〕義政将軍の代に至りて、太刀刀、又は書画器物に価を定て、それを以て賞せられき。天下の人争《いかで》か利に赴かざらん。かゝる深謀遠慮なき事、いかでか称するにたらん。豊臣太閤も、六十六州悉く割きあたへ、今はせんかたなくて、朝鮮をも奪取らんと思寄て、遂に世の乱を引起し、其家をも滅されき。[9]

ここでは共和政論のいわば下からの説明と異なり、「封建」される諸邦よりも上位にある中央政府を維持しようとする問題の立て方がなされる。しかし異なる接近法ながらも、「小さな領土」に抑えないと利欲によって秩序が崩れるという立場に、相応に説明を与えていると思われる。

さらに、自由の問題も「封建」から接近できる。例えば明治初期の永峰秀樹・訳、ギゾー『欧羅巴文明史』巻之四（奎章閣、一八七五年一月刊行）では「封建政体」が論じられる。そこで結論の一つとして「封建政体は人心の開発に功力ありて、志操をして高尚ならしめ、倫理を発明し且つ性情の隠れたるを能く明にせり」と指摘される。これは勿論、横の文字を縦にしたものであるが、同時に漢語の「封建」として読んでも、天子の不在などにつき留保を付す（訳者永峰秀樹は巻之四の冒頭に注記して、「上に帝王なく僅かに豪強なるもの……各恣に一地に割拠したる」欧洲の形状が、「周朝封建の末春秋戦国の世となりたるとき、もし上に周室なく又諸侯極めて幺小《えう》（＝弱小）にして其智識も開けず合従連衡等の事も知らず……」などと仮定した上で類似するにすぎない、とことわっている）ならば、ほとんど違和感がない（徂徠の語を借りれば、「封建」では「廉恥を養ふ事を先と」するはずだから）。その「封建政体」に見るべき成果のもう一つとして、「常に抗拒の権〔＝抵抗権 the right of resistance〕を高く唱へて人に知らしめ、又固く之を保守」したことが指摘される。「封建政下に行はるるものは私抗拒」に過ぎず、そのままでは戦乱のもとだが、これが公的に制度化されると人身の自由を保障することになる。それが、「文明開化」のために「封建政体」がなした貢献である、と『欧羅巴文明史』では評価される。[10]

自由民権運動に関しても同様の指摘がなされることがある。「封建世ノ精神」を愛すること（『愛国新誌』第一四・一五号）が進歩の制約になっただけではなく、むしろ「「封建的」であったからこそ抵抗のエネルギーとなった」側面がある、「封建」が政治過程において必ずしも反動的ではなかった、と丸山眞男は論じる。[11] そもそも五箇条の誓文も、土佐藩士、福岡孝弟の原案段階では、神祇に誓うというより天皇と諸大名の「会盟」を期待したものであって、その第一条が「列侯会議を興し……」であったことはよく知られている。まさしく「封建」を前提にしたものだったのである。なお、近代中国でも章炳麟が、代議制とは封建制を継承ないし変形したものであると（ただし批判的に）、断じた。[12]

これらは漢語の「封建」と西洋的封建制との弁別に注意した議論でないから、ここで課題とするような、漢語によって西洋近代国家を逆にとらえなおす作業と、趣旨を異にする。ただ、「封建制度を廃止し郡県制度を採用することは、此〔立憲政治の〕理想に向って進む所以である」[13]などと立憲主義を一方的に「郡県」とだけ結びつけてしまっては欠け落ちるものが大きい、とはいえよう。

また「封建」に則する利点の一つとして、ヨーロッパの観念のうちに《土地を所有することが自由に関わる》とするものがあることを説明しやすい。例えばバーデンの自由主義者、カール・ヴェルカー K. Th. Welcker は、土地を有しているかいないかが、市民ないし公民 Bürger として完全かどうかの基準になると考えた。[14]『国家事典』Das Staats-Lexikon（一八三四～四三年）の「貴族」Adel の項目において、土地を所有する完全公民 Vollbürger と土地を所有しない従属的な不完全公民 Halbbürger とを区別する。

……国制がすべて土地所有によって基礎づけられており、また、土地所有が、死刑または身体刑に処せられることを欲しない自由なドイツ人にとって、公民的自立を現実に保証し、一切の法的義務を履行せしめ、全体が法的安全を保障しあう関係を実現するものであったために、土地所有者だけが……完全公民として、政治的自由を実際に行使したのである。

彼ら土地を所有する完全公民こそが共和政的な共同統治権に関与したとする。

ここで完全公民は世襲貴族の身分と考えられていない（「完全公民の法と名誉の、無産の自由人ないし従属民に対する優越性がいかに大きかったとしても、この優越性が閉鎖的な世襲貴族身分を基礎づけることはなかった」）。したがって、この一点だけをとっても「封建」の土地領有でとらえられるものではない。

とはいえ、「封建」の方でも、顧炎武のように、その属性から世襲を切り離す余地もある（本書・林論文参照）。むしろ、共和政が世襲でなく「徳」（または能力）によって土地所有を正当化したとすれば、もし共和政における君主の不在の点を捨象し、いったん「徳」の内容およびパブリックと「公」の差異の問題を措くとすると、宋代のある学者の「封建論」に共通する論理を見出せる。「封建は道なり。郡県は利なり。封建は公なり。郡県は私なり。……古の封建たるや功を主とせず。亦た親を主とせず。徳を主とするのみ。徳厚き者は其の封、大なり。徳薄き者は其の封、小なり」（劉敞『公是集』巻四〇）。これに照らせば、「官」とかオフィシャルなこととかが「公」やパブリックを保証するのではない。それは権力者の「私」であるにすぎない。

決して精確ではないものの、このように「官」＝「郡県」よりも「封建」こそが「公」であると考えると、西洋思想史における公共性をより理解しやすくなるのではないか。その際「封建」では「徳」の厚薄が貴族の存在を説明する。共和政（貴族を含む）の公民も不平等なものである。もしも君主無き「封建」が想定できるとすれば、両者は近い。

さて、アメリカで反連邦派の主張を受けて連邦派はいかに切り返したか。ハミルトンの議論に戻ると、モンテスキューの共和政論について、「しばしば小さな領土という点を強調して引用されている著者〔モンテスキュー〕の真意は、連合の多くの加盟する邦の規模を小さくすることを強調しているのであって、別に加盟邦すべてがひとつの連合政体のもとに包含されることに反対しているのではない」と解釈する（『ザ・フェデラリスト』第九篇。

四七頁。太字は原文大文字）。「小さな領土」論でも、「連合confederation」することによって大きくなる余地があるというのである（ただしハミルトンは余計な言質をとられることを恐れたのだろう、「連合」と「統合consolidation」との間を区別する問題には深入りしない。その点で、「連合」は両派の間で玉虫色である。マディソンが第三九篇で、新憲法には連合的〈federal〉性格と国家的〈national〉性格の両方が見出せると分析し、この憲法が両者の結合だと論じている。一八一〜一八八頁）。

それどころか、ハミルトンは、モンテスキューが「連合共和国」を好意的にとらえていると指摘し、詳しく引用する（四八頁〜）。「連合共和国」は「外からの武力に対抗できるし、内部の腐敗を招くことなく自立できる」。また「この政体は小共和国から成り立っているので、それは、それぞれの共和国の内政上の幸福を享受し、対外関係については、連合によって、大きな君主国の利点をすべてもっている」（『法の精神』第九編第一章）。ここでモンテスキューが特に防衛力を念頭においているように、前に引用した連邦憲法第四条第四節（各州に共和政体を保障する）も、連邦が各州を軍事的に保護することに連ねて規定されている。これによって、イギリスにも対抗できるわけである。

この「連合共和国」の概念は、反連邦の共和政↓「封建」、連邦（と自称する統合）↓「郡県」と考えれば、フェデラリストとは、顧炎武の「封建の意を郡県の中に寓する」ならぬ、「郡県の意を封建の中に寓する」こと――荻生徂徠らが実質的には提案していたように――に当たるだろう。「封建」と「郡県」の両方を組み合わせることによって豊かな認識が可能となると思われる。

連合、連邦を組むことは特段アメリカに限った問題ではない。本来君主政のイギリスも複数の国nationの連合王国として成立したし、領邦国家が統一されてできた近代ドイツも全体主義の時期を除けば州Landの単位を尊重してきた。

ただしフランスは若干事情を異にする。フランス革命期にも、君主政が否定されると、これとの相違点として《共和政とは執行権が分割された divisé 統治である》ことが主張され、その方途として、一つには複数の人間による合議制 collégialité、そしてもう一つに、ここで問題である連邦制 fédéralisme（「連邦」を主張する目的がアメリカの場合と逆向きで分権化）の導入が試みられた[15]。一七九三年憲法制定の際、ジロンド派の構想の中には、パリへの集権を批判し、スイスやアメリカのような連邦共和国を形成しようという意見が含まれていた。しかし現実にはジャコバン主義のもと、革命政権を防衛するため中央集権が強化されて地方の反抗を抑えこんだ。その状況下で連邦制を主張しても、中央への反乱でなければ、たかだか地方自治のことしか意味しないことになった[16]。したがって革命以降はおよそ「郡県」に相当する。

連邦制が忌避された理由の一つに、これが西洋史のいわゆる封建制、フュダリテ féodalité と結び付けられて理解されたことが挙げられる。当時の警句に「封建的政府にもし哲学者がいたなら、彼らはこの政府がその胎内に合州国の憲法をもつと予言したことだろう」というものがあったという[17]。

たしかに連邦制にはフュダルな主従関係と類似した面があろう。近代国家の主権の単一さに矛盾する制度であるから。まして国家と個人との間の中間団体を極力排除しようとする革命の運動の中では容認しがたい。

では、フュダリテであることは漢語の「封建」に当たるのだろうか。そうともいえる。事実、栗本鋤雲は、フランス国民国家の成立過程を「封建」から「郡県」への変化としてとらえた（本書・前田論文参照）。この場合、アメリカのフェデラリストは「郡県」志向で、フランスのフェデラリスムは「封建」志向だと仕分けすることになる。

しかし、そもそもフュダリテが「封建」であるとは限らない。常備軍と官僚制を擁した絶対王政について考えてみると、なるほど官職が売買の対象になった（そして国家財政の重要な収入源となった）が、それは裏返して言えば、特権貴族が王朝に寄生して存立したことでもある。フランス旧体制の貴族（貴族位を与える官職は濫造された）は、ヨーロッパ諸国の中で最も土地所有との関わりが弱かった、とも指摘される。[18] これは「封建」よりも「郡県」に近いあり方だろう。一方、フュダリテという語が一般に普及したのは一八世紀であり、革命以降、旧体制を批判するのに多く用いられた[19]ことを考え合わせると、絶対王政はまさにフュダリテであるともいえる。そうすると、フュダリテであって「郡県」とすべきものがあると考えられる。

これによれば、フュダリテよりも中央集権的な程度にとどまるフランスのフェデラリスムもまた「郡県」に属する事柄なのかもしれない。この場合、アメリカの反連邦派に見出されうるような「封建」の主張がフランスでは抜け落ちてしまったことになる。

アメリカの状況を見やりながら、フランスの連邦制を模索した者もいる。例えばバンジャマン・コンスタンである。大革命期の集権論者の多くが考えていた、市町村の行政に住民が従わないのではないかという危惧は、彼によれば妥当しない。その論拠の一つとして、当初アメリカ独立戦争が法的命令によらず、各邦の自発的同意によって進められたにもかかわらず、その忠誠心はヨーロッパ各国のそれよりも深いものがあったという例をあげる。コンスタンは、この例を具体的な手本にするわけではない。しかし、フランスで「これまで知られてきた連邦制とは異なる連邦制を大いにわが国の内政に採り入れなければならないことを、私は躊躇なく言おう」。彼の考えるような連邦制を成功させてこそ、穏健で長持ちする愛国心をもてるのだという。「地域に根ざした愛国心が、今日ではとりわけ、唯一の本当の愛国心である」。そして「地域の慣習への愛着は、私欲を離れた、高貴で敬虔なあらゆる感情に由来する」と指摘する（以上、『政治学原理』第一二章「市町村の権力、地方の権限、そして新たな様式の連邦制について」）。[20]

住み慣れた市町村や州の名誉を重んじる心が、一足飛びの愛国心よりも、徳に関わると考えるわけである。地元への愛着とか高貴さとか、既に見た問題がここにも現れる。しかし、フランス的でないそのフェデラリスムを、何と表現したらよいのだろうか。

政治学上、共和政や連邦制といった基本的事項についてすら、主要国の間で問題状況に隔たりがあり、同じような言葉でも含意を異にする。この差異を説明しようとするとき、別の言葉によるとして、しかしそれが出自を同じくするもの（つまり西洋語）の間では、再び説明を加えなければならない。ことによると言葉を共有しあうもの同士で、説明の連鎖を無限につなげる煩瑣に陥る惧れがある。これを回避するには、全く異なる文化圏に属した言葉を利用し、比較を通じ、その概念同士のズレを利用することで、当該事項を説明することが有益な場合もあろう。コンスタンも比較文化の視点を有していれば議論を一層展開できたのではないか、「封建」「郡県」がそうした比較の視座の一つになる可能性はなかろうか、という夢想も、一概に無駄とはいえまい。

例えば井上毅は、地方行政制度の歴史上の沿革を以下のように説明する。「専制の政治」が一変して「封建」となり、さらに「封建」が一変して「立憲の国」となることは何れの国も同一であるが、「封建」が「立憲」となる際、二とおりの移り方があった。第一には、「廃藩置県をして封建の有様をたゝきこはして、而して郡県の制度にした」変革、第二には「廃藩置県の変革を行はずに封建をあぢよく（＝すらりと）はがして、封建大名の大きいのは、或は連邦となり、其の小さいのは貴族となって、中古の有様を一変して当時の有様に移って来た」ものである。第一の仕方によった国には、日本の他、強いていえば、フランスも含まれる。第二の仕方によった国として、主にドイツを念頭に置く。後者につき、「中古の州の地理上の区画が其のまゝ存して変らない。既に州の地理上の区画が存して居るときは、州に向って自治の制を施すは、歴史上より来る必要、又は便宜であらう。而して町村と同じく幾分か天然に基づくものと考へられる」という。これに対して前者、「廃藩置県を以て封建の制度を一変した国に於ては、中古の藩又は国の区画及制度は全く廃滅に帰し、而して郡県は即ち一般行政の区画に成立たものに相違ない。然るに此の郡県に強て自治制を行ふは、人作の自治にして天然の自治ではない」と、井上毅は論じる。「郡県」の日本において「人作の自治」を行う以上、「封建」のドイツのような大きな権限を地方に認めるわけにはいかない、と判断するわけである。(21) 結論の是非はともあれ、「封建」「郡県」を用いることで、西洋近代の国家論を相対化して独自の判断をすることができた。

とはいえ、近現代を通じて、漢語によって西洋近代を説明する営みは、その逆の作業のおびただしさに対して、極めて少ない。ここでの論考も読者に奇妙滑稽な印象を与えたに違いない。しかし翻って考えれば、なぜそれほど珍しい営みでしかないのだろうか。「封建」「郡県」概念を放置してしまった過去の検証が必要となる。

二 「封建」「郡県」論の可能性と制約

(1) 「合衆国」の陥穽

「封建」「郡県」を政治認識の手段として、もっと積極的に利用できたのではないか、などと過去を責め立てても仕方がない。ただ、どれだけの可能性と制約をもつ観念だったのか、確認しておくことは後世の政治学の教訓になる。その確認の手だても色々あるだろうが、ここでは再び「合衆国」を題材にしてみる。

前節でふれたアメリカ「合衆国と合州国」の問題に関しては、斎藤毅『明治のことば　文明開化と日本語』(22) 第三章が極めて詳しい。さしあたり、およそ同書に従って論述を進めたい。

まず「合衆国」の語は清国で用いられ始めた。最初期の例として米清間の望厦条約（一八四四年）や、魏源『海国図志』百巻本（一八五二年）に収載された、ポルトガル人の瑪吉士（マルケス）『外国地理備考』（一八四七年）、アメリカ人宣教師の裨理哲（リチャード・ウェイ）『地球図説』（一八四八年）、福建巡撫の徐継畬『瀛寰志略』（一八四八年）などがあげられる。

その際、「合衆国」の意味が問題となるが、君主政でなく大統領を選挙することに関心が向くことからすると、およそRepublic（ロプシャイト『英華字典』〈一八六六〜六九年〉によると「衆政之国」「公共之政」などと訳された）を指示していたようである。『辞源』（一九一五年）によれば、アメリカ共和党Republican Partyのことを指して「合衆党」と表記した。

中国発のこのような情報は日本にもたらされ、「合衆国」が、日本で造語された「共和国」（箕作省吾『坤輿図識』一八四五年）などと併用される。

早くも杉田玄端『地学正宗』（一八四八年自序）で「合衆議定」に「ピュブリーキ」とふり仮名を付けている。その他、代表的なものだけを挙げると、福沢諭吉は『西洋事情二編』巻之一（一八七〇年）で、「抑も衆庶会議、合衆政治の旨は、国民を以て国権の基と為し、人々身自から其身を支配するを以て大綱領と為すもの」と、「合衆政治」を共和政または民主政のことのように説明する。『世界国尽』（一八六九年）では「政府の体裁」三種類を紹介し「第三を共和政治、或は合衆政治といふ。国中の人民申し合わせにて政事を捌くものなり」と、「共和」と「合衆」の名を併用していた。内田正雄『輿地誌略』（大学南校・刊、一八七〇年）は、政体分類の第五、「合衆政治」に「リパブリック」とふり仮名した。同書では、イギリスの清教徒革命につき「戦乱の後、王を廃し之を殺し終に一たび合衆政治となる。格朗空《コロムエル》を以て大頭領（ママ）に任ぜり」、またフランスにつき「政体は歴代君主専治（＝絶対王政）の王国なりしが、八十年前の大乱より合衆共治となり或は帝国となり治革常ならず」などと表記する。いずれも共和政と置換可能である。永峰秀樹・訳、ギゾー『欧羅巴文明史』巻之九（一八七六年）では「レピュブリック、フランセー」に注記して「仏蘭西合衆国の義」とある。連邦制的要素が少なかったフランスでも共和国の意味で「合衆国」と訳された用例があることは、「合衆国」が共和国と単純に同義である決定的証拠のようにみえる。

ところが、『輿地誌略』中には、「英国は原来、大貌列顛《グレートブリテン》及び愛爾蘭《アイルランド》の合衆国と名づけ」たと記した箇所がある。王国イギリスが「合衆国」即ち共和国というのは違和感を覚える（君主政でも commonwealth というとしても）。はたして、そこにはわざわざ「両部の合併したるを以て云ふ。合衆政治の意と混ずる勿れ」と注記がある。ここでの「合衆国」は共和国の意味ではなく、むしろ連合王国 United Kingdom のことなのであろう。そうすると、「合衆政治」が共和政を指すのに対して、「合衆国」には連邦制を含めて大まかに国家連合のことを指す場合があったと考えざるを得ない。事実『輿地誌略』では、スペインからオランダが独立した際の説明で「和蘭北部の七州同盟合衆して西班牙と戦ひ〈一五七九〉、遂に独立国となり……」と述べられ、これに注記して「当時和蘭合衆国と称するは聯邦の如にて、全国一定の統領あるに非ず」と明言されている。加藤弘之『鄰艸』で、一州ごとの「小政府」（統領と公会）と別に、「合衆全国に関係すべき事に至りては華盛頓〔＝首都ワシントン〕に大政府を置」く（大統領と大公会）(23)というときの「合衆全国」も、共和国というより連邦の意味であろう。

一八八六年、井上哲次郎ら『哲学字彙』が Republic を「合衆政治の国」と訳したのに対し、同年、ヘボン J. C. Hepburn『和英語林集成』第三版では「合衆」に United; Confederate を対応させた。後者のような用法での「合衆国」に注目することで、斎藤毅『明治のことば』では結論的に、the United States の訳語に「合衆国」を用いても必ずしも間違いではあるまい、ことさら「合州国」などと改める必要はない、とする(24)。

「合衆国」が誤訳ではない、という斎藤毅氏の結論は、そのとおりだろう。事実アメリカは「聯邦国」「兼摂邦国」などとも称されたのであるから、連邦制の情報は相応に得られていた。特に『瀛寰志略』には、

〔ワシントンが〕既に国を定め、兵柄を謝し田に帰らんと欲す。衆、舎《や》むるを肯《がえん》ぜず。堅く推し立て国主と為す。頓〔＝華盛頓＝ワシントン〕乃ち衆議に与かりて曰く、「国を得て子孫に伝ふる、是れ私なり。牧民〔＝地方長官〕の任、宜しく有徳者を択びて之と為すべし」と。仍《よ》りて各部の旧、分かれて建ちて国を為す。毎国、

正統領〔president〕一、副統領〔vice president〕之を佐《たす》く。……退位の統領、依然として斉民と歯し、異なる所無し。各国正統領の中、又た一総統領を推す。専ら会盟戦伐の事を主とし、各国皆な命を聴く。其の推択の法は、各国の統領を推択すると同じ。亦た四年を以て任満と為す。再び任ぜらるれば則ち八年。

というようなことも紹介されている。各州（「各部」）が「分建」し、それぞれ「統領」を選出し、さらに一人、連邦の「総統領」を推挙するわけである（連邦大統領選挙制度につき若干不正確）。『瀛寰志略』は和刻本が出された（一八六一年）。その知識が「合衆国」という際にも考慮に入れられて当然である。

しかしながら、恐らく問題はその先にある。というのも、連邦共和国について情報として得ることと、その重要度を認識することとは別だからである。『瀛寰志略』では、折角の連邦制の情報も、世襲を否定し民主的に大統領を選挙することへの関心の中に、埋没してしまっているように見える。前の引用箇所もそうであるが、他に「按ずるに、華盛頓は異人〔＝すぐれた人〕なり。……乃ち位号を僭せず、子孫に伝へずして、創《はじ》めて推挙の法を為《つく》る。天下を公と為し、駸駸乎として三代の遺意たるに幾《ちか》し」とも述べられている。共和政を強調する中で連邦制がかすんでしまう。

同じ「合衆」の名の下に、前節で瞥見したような連邦と共和政との間にある緊張への理解が欠落してしまった、という面もあるかもしれない。単に複数の何かが互いに協力して運営するとだけとらえたとしたら、両者の緊張への理解どころか、共和政そのものへの理解として表面的であろう。

たしかに連邦制に関する認識もあった。「王政復古」以前であれば、津田真道「日本国総制度」（「方今我日本国の形勢洋人之所謂合邦之姿〔＝連邦制〕に類似仕候」と説く）[25]や西周「議題草案」（「方今封建之治、我が同宗臣属之藩屏〔＝徳川家門および譜代〕全域之半に居候天下を以て千載之久、天禄永終之家〔＝天皇家〕に附し、頓に郡県之制に復し口分職田之法を興さんと欲候は、三歳之児童も万々一可無之を存候」[26]と、高をくくる）の立憲国家構想に含まれるような連邦制的要素が、すこぶる現実味をもっていただろう。しかし惜しいことに、明治の変革の過程で埋もれてしまう。

加藤弘之の例もあげておかなければならない。その『立憲政体略』（一八六八年）では「万民共治」＝民主共和政体を説明する際、「但し此の如き〔直接民主政の〕制度は雅典〔＝アテネ〕の如き極小国にあらざれば施すべからず」と注意した。共和政が小さな規模でしか成立しないこと、それを大きくしようとすれば立憲主義が必要であること、その例としてアメリカ〔「花旗国《メリケン》」〕やスイスがあることを、それなりに解説している。ここで「封建」との関連を考察する。

○此政体を立る各国多くは元来自主の数邦を合して一国となせるものなるが故に、其数邦は上下同治〔＝立憲君主政〕の国の州県の如き者にはあらず。各邦必ず亦政府ありて邦内の政は都て此政府にて施行し、惟全国に関係する事は全国の大政府にて施行す。蓋し封建の制度と大に相類する所ありて、大政府は朝廷の如く自主の各邦は諸侯の如し。是故に封建の国にて立憲政体を建てんには、上下同治の制度よりは反りて此政体の制度取る所多からん[27]。

ここでの加藤の認識に、およそ非の打ちどころはない。

立憲主義を安易に形式的な法治主義の側面でとらえようとすると、その「立憲」は「封建」よりも「郡県」に近くみえてしまう。加藤はそのような《立憲＝郡県》の図式を受け容れない。『鄰艸』では、「西洋各国皆郡県にして此〔「上下分権」＝立憲君主〕政体を用るものなれば、今郡県の清朝にて之を用るは適当せることとなるべけれども、若し三代の時の如き〔実際は近世日本のような〕封建の世に之を用ひては其利害如何なるべきや」との問に対して、答えて曰く「僕が考る所にては、縦ひ封建にても郡県にても此政体を能く用ることを知れば、決して之れが為めに害を生ずることはなかるべし」とする。もし「封建の世」ならば、諸侯の領地の大小や戸口の多少に応じてそれぞれ公会官員を出させ、これを集めて会議させれば上下の人心が和すると期待されるという[28]。

しかし、折角このように議論を設定しておきながら、加藤はその問題をいっそう深めて考えるよりも、「封建」から「郡県」へ、急速に変化する時代に対応して立論を改めてゆく。なるほど新たな事態への敏感な反応は否定すべきことではない。その上でなお、その事態が既存の思考様式とどのような関係にあるのか、考え続ける余地があったのではなかろうか。

(2) 歴史学と政治学の間

明治期に「郡県」と「封建」の得失を論じた例もそれなりにある。当時著された日本史論の中に多く見られる。その一つ、小中村義象《よしかた》(29)『大政三遷史』(東京、吉川半七、一八八八年)では、「郡県政治」が衰退した原因として、

第一、百官奢侈に耽り文弱に流れし事

第二、兵馬の権を放擲せし事

第三、外戚の権の強くなりし事

を挙げている(同書、二九~三九頁)。

このうち第一と第二とでは同じく、武事は外敵に向かって国家を保護し、また武勇の精神を養うべき重要な要素であるのに、律令国家の公卿らはそれをうち棄てて、文弱遊惰にばかり陥り、学問も些末にばかり流れたと説く。さらにその原因は、外国の燦然たる文物を導入しようと、ひたすら表面のみ取り繕って文明国になろうとしたことにあったと考える。ここで明らかに著者小中村義象は、律令国家に明治国家の欧化政策を重ね合わせて論じている。

第三に、大化の改新の功臣たる藤原氏が王家の外戚となって、その血縁いかんで官吏への登用が決まってしまうようになったこと、それによって人望を失い孤立の政府となってしまったことを説く。その間、地方の豪族武

士は各々党派を立てて、武器を備え、武勇の気を涵養していた。文弱紳士の政権は、これを野鄙の業と侮りながら、いつしか人心が我を離反して彼に帰服したことを知らなかったのであるという。ここも不平士族の反乱などが念頭にあるかもしれない。

別の箇所では、建武の中興で成立した公家政府の欠陥として、『神皇正統記』や『太平記』をふまえて、媚び諂う者でないと恩恵にあずかれなかったことも指摘している（同書、五一頁）。これも「郡県政治」の問題点に含まれるであろう。

他方、「封建」が崩れて「王政復古」に至った原因として、激論の成果や外人の来航よりも、水戸学をはじめとした「我国の歴史学、即名分を正しくする学士等の著書論説」によるところが大きいと、著者は主張する（同書、六三～六九頁）。歴史学が現実政治を動かしたと誇るわけである。

それは、近世後期の名分論の普及が「王政復古」という名の新体制に寄与した、という限りでは事実であろう（だからといって、近世中期以降に形成された観点を安直に遡及させてしまうことは大きな問題であるが、ここでは論じない）。ここで問題にすべきなのは、歴史学と政策論とで、用いる概念に乖離が生じてしまうのではないか、ということである。

すなわち歴史家は、「王政」にともなうらしい「郡県」と、「王政」をゆるがせにするらしい「封建」の交替で、曲がりなりにも説明する。廃藩置県のときに機能した(30)概念そのままで済ませられる。しかしその概念は以後、現実に活かされなくなるから、歴史叙述と現状認識の関係が不明になってしまう。恐らく、小中村義象が歴史学の側で「郡県政治」の概念を用いたとき、文弱遊惰の問題は官僚制の繁文縟礼批判として、外戚の問題は縁故人事批判として、比喩的に現状批判の道具にするつもりだったのであろう。とはいえ、政論家と伍して当時の新たな国家構想に影響を与えるほどの含意は見出せない。

政策提言をする中には、「封建」の含意を現実に活かそうとした人物もいた。小中村義象と親しかった井上毅は、明治国家を支えるべき（それにしては頼りない）華族階級の養成と維持のため、「封建」の考え方を参照した。もっとも、旧来の観念そのままに華族を土着させよ、というのにはむしろ反対であった。なるほど華族を土着させれば、「華族をして質朴の風に帰ら」せ、「華族の住む所、土地の潤利をなす」かもしれない。しかし、「田舎で華族が「旧態に慣れ無事に安じ世間活潑の刺戟をうけずして変じて頑愚の人とな」っては、迅速な進歩の妨げになってしまう。華族の子弟の教育にも支障がでる。また地方に在住する多数の士族に影響されて中央政府の方針と異なる目的を抱くことになろうし、士族の困窮を救済するためにその財産を蕩尽してしまうだろう。実際の政策として考えても、既に領地の替わりに金禄公債証書を交付した以上、後戻りできない。土地売買も自由にしてしまった。また新たに土地を賜与するのは無理として、これに代わって華族の財産を保護する特典を与えるとしても、今度は士族も同様の特典を要求するに違いなく、予想を超える困難をきたす。このような理由で「華族土着」に反対した上で、井上毅が「四、五年内に断行すべき」政策として提示したのは、華族の金禄公債を資本金にした第十五国立銀行を保護して「華族永遠の財産たらしむ」こと、および「各家金禄公債の幾分を以て家伝財産となし売買幷差押を許さず」とすることであった。[31]

体制変革の説明の仕方にならって、「封建」よりも「郡県」の語を好んだ人物もいる。[32] しかし「封建」にせよ「郡県」にせよ、旧来の概念との関連を放置して西洋文明の摂取につとめはじめたのが大勢といってよいだろう。

歴史学と政治学の乖離は、一面で学問の専門化、科学化として評価されようが、必ずしも賢明なことばかりとはいえまい。何故ならば、政治が現実を意図的に変化させる営みであるとすれば、過去の現実について検証を経ないままにその営みを進めても、みずから知的蓄積を得ることはないからである。これは理論を鍛えなおす機会を損なう政治学にとって不幸であるとともに、分析視角について外から刺戟を得られない歴史学にとっても不幸であろう。両者の対話は、無くては済まされない。

日本など非西洋地域の場合、その歴史とこれに由来する秩序像は、勿論西洋のそれと異なる。したがって、西洋の政治観を受容する際には、その根底にある西洋の歴史まで配慮しつつ、他方で受容したそれを自分の側の歴史的背景の中に根づかせる必要がある。つまり、外来の政治学的概念が日本史などの説明でも有効であることを示す必要がある（すべて対応させるのでなく、比較によって両者の異同を明らかにすることである）。そうでなければ、公共性も討論も裁判も地方自治も、みずから工夫する手がかりを得ずに、常に外来の完成品を自分の経験と切断したところで模倣する他に選択肢をもたないことになる。中から外に発信することもできない。外向きの国家学が輸入に血道をあげ、内向きの国史学が考証に引きこもる。

加えて近代日本の政治学ないし国家学の場合、輸入する相手である西洋近代のそれが、ちょうど歴史との対話を離れて専門化し始めた時代であったことも不幸であった。その道を究めれば究めるほど、専門に固定した視点から離れられない。このままでは洋学者の末裔と和学者の末裔とが平行線をたどってしまい、こぼれ落ちるものがでてくる。あえて異分野交流する必要があった。

しかもそれは、双方向的であるほうが望ましい。通常考えられるのは一方向的な理論の受容である。史料に固着する歴史学と、理論信仰の政治学との間で対話を成り立たせるため、理論を史料によって実証する作業が要請される。これも有益なことである。しかし、それだけでは、「一般理論が国情に適うか否か」という問題設定の中で常に思考せざるを得ないから、一般理論からはみ出した分は、最終的に常に日本の特殊性として処理せざるを得ない。問題設定自体を問い直すのであれば、出来合いの理論の中で思考をめぐらすだけでは限りがある。そのとき、「封建」「郡県」など、史料に付随した概念をそこからはぎとって、新たな現実に応用してみることは豊かな知的資源となるはずである。政治学の見方を歴史学の中で練り上げるとともに、歴史学の見方を政治学の中で練り上げることが、両者に新たな可能性を切り拓く。

(3)「封建」「郡県」論を展開する条件

ところで、異分野交流には稚拙な単純化がつきものである。本稿の最後に、この危険について二点だけ考えておきたい。

一つには、概念を過度に抽象化すべきでない点である。「封建」「郡県」をその他の様々な観念と混同し、例えば集権か分権かの一般論に解消して概念の目盛りを粗くすれば、どんな対象でも「封建」「郡県」の名で同様に測ることができようが、これでは不毛である。特段「封建」「郡県」の観念を用いる意味がないからである。

とりわけ避けなければならない混同は、この「封建」と近代歴史学にいわゆる封建制との間のそれである[33]。西周が「Feudal System.（籍制）即ち封建なり。此封建は和漢西洋皆同じことなり」（『百学連環』第二編下[34]）と同定したのは、単純な一視同仁ではなかった。これに続けて、世襲の際に女系や養子を認めるか否かにもふれた上で、

> 籍制のことは、柳子厚（宗元）の封建論なるものは最も適当せる所にて、其論に邑より県、県より州、州より天下に至ると言へり。其論中封建は聖人の意にあらずと言ひしは一の誤りなるべし。
> 郡県の起りは東西の差別ありて、漢土の郡県は秦の始皇の天下を私するところより起り、西洋の郡県は天下を公になさんと欲するより起るところなり。（同所）

と、「和漢西洋」の差異にも着目していた。しかし、最初の同定だけが一人歩きしてしまうと、有意義な成果を得るどころか、むしろ理解のためにも妨げになる[35]。この点は、つとに福沢諭吉の指摘がある。

> 蓋し封建の文字を外国の語に訳するに当り、止を得ずフヒューダル・システム（Feudal System）の字を用ふるが故に、外国人等が日本の封建制度と聞けば、動もすれば其訳字に誘はれて往古欧洲に行はれたる封建の思

想を催ほす者なきにあらず。誠に堪へ難き次第にして、東西古今の両制度を比較するときは、其文不文、固より年を同ふして語る可らず。……翻訳の文字の為めに事実を誤ることなきやう、特に外国人の注意を乞ふものなり。(「日本国会縁起」一八八九年二月一四日『時事新報』論説)(36)

「封建」と「フヒューダル・システム」とは、いったん別のものとして考えられなければならない。その上で、相互比較によって差異と共通点とが認識されればよいのであって、ことさら「封建」「郡県」を今日に活かそうなどというのでなくても、誤解を避けるために必要な手順である。

もう一つには、やはり旧来の観念そのままでなく、その内包を豊かにする工夫が必要であろう。なぜならば、「封建」と「郡県」と、一見概念が二つあるようだが、実は一つのものでしかない。両者の関係は、「封建」でなければ「郡県」に属し、「郡県」でなければ「封建」に属するとされるのであって、判断基準は同一のものでしかないからである。しかも、「封建」と「郡県」の境界となる基準は絶対のものでなく、より「封建」か、より「郡県」か、の相対的な関係である。ある制度は見方によって「封建」にもなるし「郡県」にもなる。二者択一の選択肢ではない。したがって、「封建」「郡県」はよく応用できる割に切れ味の悪い道具であるとの印象がぬぐえない。

単に「封建」と「郡県」の相対的特徴を吟味するだけでなく、概念として明確な輪郭をもたせなければならない。下位範疇、あるいは隣接した範疇を充実させる必要がある。そのためには恐らく、「封建」「郡県」を派生させたところの古代中国のあり方にまで遡って思考の素材を探す他ない。例えば、連邦制を解するためには、もとより「封建」「郡県」だけでは対応できないのだから、それ以外の、例えば中国の戦国時代の「合従連衡」などにも言及することになるだろう。

また「封建」「郡県」だけでは、前節でもあえて無視したように、代表制をとらえられない。とらえられないのはやむを得ない。代表の観念以前に、意思決定手続一般に関する議論が欠落しているのだから。「封建」「郡県」論は、国制全体を射程に収めるものではなく、所詮領域統治の形態をいうに過ぎない。そうであるとすれば、「封建」「郡県」だけでなく、「井田」や「学校」、さらに軍隊のあり方などを考え合わせないと、古代中国と異なる現実に向かって分析手段として応用しようとしても、道具が不足する。「封建の意を郡県の中に寓する」などといっただけでは、具体的な方策が定まらない。

ところで、『ザ・フェデラリスト』第一四篇「連邦共和国の実現可能性」でマディソンは、共和政と民主政とを混同する「誤謬」を指摘している。彼によれば、なるほど民主政では人民が直接会して統治を行うから狭い地域に限定されざるを得ないが、共和政では人民の代表や代理が会して統治を担当するから広い領域に拡大できるという。代表制の観念を共和政の方に結びつけるわけである。古典古代をふまえた従来の著述家は、民主政にしか適用できない経験知を共和政に援用してしまったから、誤って小さな領土などと論じてしまったことになる。

共和政に代表制の概念を添えて議論が展開されたように、「封建」「郡県」も下層の範疇を充実させることで多彩な制度構想を提案できたかもしれない。いずれにせよ、歴史にかえって、埋もれた観念を再発見して吟味することが、正攻法である。非西洋文化圏でも、外来の完成品に頼るばかりでなく、なおかつ直近の伝統だけに固執しない営みが、その知的蓄積に必要であったと思われる。

(1) 大名らを所領に封じたのは徳川政権であるにもかかわらず、ここでいう「朝廷」とは、文脈から、王室・公家《こうけ》のことを指すと考えられる。理論的整合性はつめられていない。
(2) モンテスキュー『法の精神』野田良之・稲本洋之助・上原行雄・田中治男・三辺博之・横田地弘・訳、岩波文庫、上巻、一九八九年。
(3) A・ハミルトン／J・ジェイ／J・マディソン『ザ・フェデラリスト』斎藤眞・武則忠見・訳、福村出版、一九九一年、および斎藤眞・中野勝郎・編訳、岩波文庫、一九九九年。ここには連邦制の他、代表制や権力分立などの大きな問題が含まれるが、本稿では触れられない。テキストの文脈につき、斎藤眞『アメリカ革命史研究　自由と統合』東京大学出版会、一九九二年、第六章および第八章。

（4）犬塚元『デイヴィッド・ヒュームの政治学』東京大学出版会、二〇〇四年、一二三頁～。

（5）今泉定介・編『新井白石全集』第一、吉川半七、一九〇五年、所収。そのような同時代認識が形式上成り立つからといって、その「封建」らしさをつめてゆけば、古代中国と近世日本の間の齟齬が顕わになって、例えば誰が「王」か、などの難問を惹き起こすことにも注意が必要である。渡辺浩『近世日本社会と宋学』東京大学出版会、一九八五年、三四頁～。

（6）島田虔次・編『荻生徂徠全集』第一巻、みすず書房、一九七三年、四三四頁。

（7）同所における徂徠の解説は、「君上、賢を懐へば、則ち民その土に安んず。その心、政刑に在らざるがゆゑなり。民の軽がろしく郷を去るは、虐政の致す所なり。徳政は他なし、民を安んずるのみ。……民の恩恵を思ふは、恩恵なきがゆゑなり。虐政の効なり」（小川環樹・訳注『論語徴1』平凡社東洋文庫、一九九四年、一六〇頁～）。

（8）吉川幸次郎ほか編『日本思想大系三六　荻生徂徠』岩波書店、一九七三年、二九五～三〇二頁。渡辺浩「アンシャン・レジームと明治革命　――トクヴィルをてがかりに――」（『思想』岩波書店、二〇〇五年第一一号）五八頁～では、徂徠『政談』における武士土着論とトクヴィル『旧体制と革命』における「心の不在地主制」論との類似が指摘される。なお、近世日本思想史上の「封建」「郡県」論につき、石井紫郎『日本人の国家生活』東京大学出版会、一九八六年、第六章。同書によれば、徂徠が「封建」それ自体に重心を置いたわけではなく、必要の限り「郡県」的諸制度をも数多く提唱した点も注意しなければならない。また武士土着論は、「封建」論と交錯しながらも、「封建」論の中に回収されずに独自の展開をみせる。ケイト・W・ナカイ「武士土着論の系譜」（『岩波講座　日本通史』第一三巻、一九九四年）参照。

（9）新井白石『読史余論』村岡典嗣・校訂、岩波文庫、一九三六年、二二五頁～。

（10）田中彰・宮地正人・編『日本近代思想大系一三　歴史認識』岩波書店、一九九一年、一二八頁～。

（11）丸山眞男「忠誠と反逆」（初出一九六〇年）、強調傍点は原文、『丸山眞男集』第八巻、岩波書店、一九九六年、二一七～二二〇頁、また二〇六頁。

（12）西順蔵・近藤邦康・編訳『章炳麟集　～清末の民族革命思想』岩波文庫、一九九〇年、四一一頁。本書・杉山論文参照。

(13) 浅井清『明治維新と郡県思想』巌松堂書店、一九三九年、八七頁。

(14) 以下、村上淳一『ゲルマン法史における自由と誠実』東京大学出版会、一九八〇年、第五節による。なお、ヴェルカー『国家事典』は連邦国家を高く評価するが、とりわけ北アメリカで実現したそれを「完全で自然な、熟考されたもの、至高の原則と重大な要請を充たすもの」だと称揚する。村上淳一『ドイツ現代法の基層』東京大学出版会、一九九〇年、第Ⅴ章「ナショナリズムとフェデラリズム　―ドイツ人の近代―」(初出一九八七年)、一三二頁。

(15) 古城毅「フランス革命期の共和政論」(『国家学会雑誌』第一一七巻五・六号、二〇〇四年) 一五六頁。

(16) 辻村みよ子『フランス革命の憲法原理』日本評論社、一九八九年、一五七、二四九頁。

(17) F・フュレ、M・オズーフ編『フランス革命事典　1事件』河野健二、阪上孝、富永茂樹監訳、みすずライブラリー、一九九八年(原書一九九二年)、「連邦主義」三〇九頁。

(18) 同『フランス革命事典　5思想Ⅰ』二〇〇〇年、「貴族政」一〇八〜一一三頁。

(19) 同『フランス革命事典　6思想Ⅱ』二〇〇〇年、「封建制」一四九頁〜。

(20) Benjamin Constant, *Principes de politique*, Œuvres complètes IX, 2 (Tübingen: Max Niemeyer Verlag, 2001), pp.784-786. この点につき、村山健太郎氏(憲法学)の御教示を得た。

(21) 井上毅「自治制に関する演説」明治二一年一二月、『井上毅伝　史料篇第五』国学院大学図書館、一九七五年、三九〇頁〜。ただし、ここで井上は、「郡県」の国家においても、町村には「天然の自治」を認めた。「私は町村自治の賛成者であって、而して府県自治の反対者である」(同書、三八七頁)。坂井雄吉「明治地方制度とフランス」、日本政治学会・編『年報政治学一九八四　近代日本政治における中央と地方』岩波書店、一九八五年、参照。

(22) 講談社学術文庫、二〇〇五年(原著、講談社、一九七七年。原著の副題は「東から西への架け橋」)。また、共和政に関して同書、第四章「王なくして支配さるる国」も参照。

(23) 加藤弘之『鄰艸』、明治文化研究会・編『明治文化全集　政治篇』日本評論社、一九二九年、八頁。

(24) ここで念頭にあるのは、本多勝一『アメリカ合州国』朝日新聞社、一九七〇年などである。

(25) 江村栄一・編『日本近代思想大系九　憲法構想』岩波書店、一九八九年、三四頁。

(26) 田中彰・編『日本近代思想大系一　開国』岩波書店、一九九一年、三〇六頁。

(27) 加藤弘之『立憲政体略』、前掲『明治文化全集　政治篇』一二頁〜。

(28) 同『鄰艸』一一頁。河原宏「「郡県」の観念と近代「中央」観の形成」(前掲『年報政治学一九八四』所収)で、「ここには伝統と近代、二つの思考範疇の交差をあきらかに読みとることができる」と評されている(七〇頁)。

(29) 熊本・細川家来、池辺軍次の次男。一八八二年、小中村清矩の養子となり、国文学者、歴史家。井上毅の憲法・皇室典範起草作業のとき相談相手となる。のち一八九七年、池辺家に復す。

(30) 森有礼の提起を受けての『公議所日誌』明治二年五月の議論(『明治文化全集　憲政篇』一九二八年、六三〜六九頁)に見られるように、まさに「封建」「郡県」が政策を考える基準として機能していた時期であった。

(31) 井上毅「華族財産処分意見案」明治一六年四月一七日、「華族土着意見」同月、「華族財産意見(華族財産并土着の事に付再陳意見)」同年五月、『井上毅伝　史料篇第一』国学院大学図書館、一九六六年、三四五〜三四八頁、三五三〜三五四頁。のち十五銀行が一九二七年の金融恐慌で経営困難に陥ることを考えると、この提案にも先見の明があった。

(32) 特に「郡県」の語を好んだ例として、田口卯吉が挙げられる。河野有理「田口卯吉の夢——「郡県」の商業と「自愛」の秩序」(『国家学会雑誌』第一一九巻三・四号、二〇〇六年)参照。明治後期まで「郡県」論を用いた例としては、竹越与三郎の「郡県殖民地」という表現も含めることができよう(竹越与三郎『比較殖民制度』読売新聞社、一九〇六年、一三三頁)。

(33) すでに津田左右吉「訳語から起る誤解」(『津田左右吉全集』第二一巻、岩波書店、一九六五年、六五頁〜)で指摘されたことである。

(34) 大久保利謙・編『西周全集』第四巻、宗高書房、一九八一年、二三一頁。

(35) 柳父章氏の説く「カセット効果」に相当するだろう。柳父章『翻訳語成立事情』岩波新書、一九八二年、三六頁など。

(36) 慶応義塾・編『福沢諭吉全集』第一二巻、岩波書店、一九六〇年、二七頁。松沢弘陽『近代日本の形成と西洋経験』岩波書店、一九九三年、第V章第三節、三三八頁、また三八六頁〜(注43)参照。同書は、福沢がこのように西洋のアジア観を相対化することで自前の文明論を「始造」しようとしたことを指摘する。

「天下公共」と封建郡県論

――東アジア思想の連鎖における伝統中国と近世日本――

張　翔

はじめに

東アジアにおける封建郡県論は、従来は「天下公共」という言葉に関連して論じられている。古代中国で天下、つまり天と君主と人民と国土の関係は、一つの均衡と秩序のある世界であり、文化的、道徳的な価値の実現されるべき世界であった。(1)そういう意味で、封建郡県論には、ただ政治体制としての中央と地方との関係にとどまらず、(2)より広範な社会・文化等の内容も含まれているはずである。したがって、体制的に両者は違う意味合いを持っているが、歴史から見て中国でも日本でも、そういう表面的比較や体制の選択を越えて、二つの体制の相互の補いあいと融通とが図かられていたように思われる。その理由や原因を次のようにまず確認しておきたい。

（1）中国と日本の間では、互いの比較や自他認識のため、その概念用語が頻繁に使われていたことである。例えば、頼山陽（一七八〇～一八三二）は「蓋我国之俗。有下異二於漢土一者上。故帝王一姓。無二叛民得レ志者一。然将相方鎮。迭起司レ権。其勢数変数成。故前郡県。而後封建。与二漢土之古今一相反。而因二其勢一而制二為之一者。亦各有二得失之可一レ言(3)」と述べ、中国と日本の伝統社会・政治体制の違いをはっきりと指摘した。明末の朱舜水（一六〇〇～八二）や清末の梁啓超（一八七三～一九二九）も日本に渡ってその違いをはっきり認識していた。(4)

（2）総じて伝統中国においても伝統日本においても儒学的な理念の立場から言えば、封建制を是認する議論のほうが多かった。しかし、現実にある郡県制または封建制を全面的に否定し、別の体制にとって代わるという立場はあまり取られていなかった。むしろ、現存する体制を温存しながら、もう一つの体制からその長所を取り入れるという立場をとったケースが比較的多かった。すなわち、歴史的に、封建制と郡県制が二者択一的に決め付けられていない。なぜかというと、それにも次のような原因があると考えられる。

①すでに一つの制度ができあがった以上、現実的な関係や絡みから見れば、にわかに変えれば、かえって予測できない災いがおこるという認識がかなり働いていたのではなかろうか。中国の王莽（前四五～後二三）が周代の「井田制」などを復活しようとしたが、無残に失敗したのが大きな教訓となり、昔の制度の復活がいかに不可能かが認識され、往々にして「勢」という言葉で説明され、処理されてしまう傾向があった。したがって朱子（一一三〇～一二〇〇）は「封建井田、乃聖王之制、公㆓天下之法㆒、豈敢以為㆑不㆑然。但在㆓今日㆒恐難㆑下㆑手。設使強做得㆑成、亦恐意外別生㆓弊病㆒、反不㆑如㆑前、則難㆓収拾㆒耳[5]」と述べている。山鹿素行（一六二二～八五）も「今天下を俄に封建にせん郡県にせんと云ふことは、却つて乱を招くにひとし。故に封建・郡県ともに用ひて其の良法を敷くにあり。（中略）悉く封建にせんと云ふも、ことごとく郡県にせんと云ふも、皆偏説也[6]」とした。

②両方それぞれの長所もあり、短所もあり、どちらに偏ってもならず、それぞれの長所を取り入れるべきという認識に至った。したがって、いかに封建制が三代の理想的な制度とされても、大半の論者は敢えて今の制度を変えて、別の制度を選択しようとしなかった。例えば、清の学者李塨（一六五九～一七三三）は次のように主張している。「封建之利、在㆘藩屏㆓天子㆒、分㆒㆑理其政事㆒、勢可㆗以長久㆖。害在㆔世守、強弑逆戦、争不㆑可㆑制、而生民罹㆓其毒㆒。郡県之利、在㆔守令権軽易㆑制、無㆓叛乱之憂㆒。害在㆘不㆑能㆑任㆑事、姦宄可㆓以横行㆒、権臣可㆓以専擅㆒、天子孤㆒㆑立於上㆒、而莫㆗之救㆖。是二者皆各有㆓其利害㆒。歴代之故轍昭然、凡持㆓一偏之得失㆒以為㆑言者、皆非也。然則王者将㆑何従。曰、兼㆓収二者之利㆒而辟㆓其害㆒、使㆓其害去而利独存㆒、斯可㆓以為㆑治矣[7]」。

③昔から封建郡県論は主に制度を中心に議論されてきた。しかし、儒学にとって、「道」と比べれば、制度は副次的なものにすぎず、逆にその制度の中の人間の在り方、あるいは制度と人間とのかかわり方が、問題となってきた。中国の顧炎武（一六一三〜八二）もそうであったように、[8] ほとんど同じ時期の山鹿素行も「予が所謂は、唯だ人の徳功有無に従つて、或は封建し或は郡県を行ふに足れりと也。封建を行ふに郡県を行ふ心を用ひ、郡県を行ふに封建の心を用ふるにあり[9]」と述べ、明治初期の西村茂樹も「天下を治むるには、必ず本末あり。道は本にして、制度は末なり、仁義忠厚は道なり、封建郡県は制度なり、（中略）然れば国の治乱盛衰は、制度に由て然るに非ず、別に然る所以の者、其間に存する顕然たり[10]」と主張している。

（3）　東アジアの場合、現存している体制に代わって、ほかの政治体制をとるべきとはっきりと主張する者は少なかったが、一方、体制内部の改革においては、期せずして封建と郡県という違う立場から現状批判・改革のため対照されたり、引用されたり、更に体制の進むべき方向として提示されたりすることがよくあった。そのため、近代に向かう場合、特に東アジアの近代は西洋からの圧力によって進められる中で、それは自他国認識の参照枠組みや準拠ともなり、また更にそういう模索が近代への一つの助走路という働きをもしていた。もちろん時にはそういう認識への阻害となる場合も避けられなかったはずである。小論ではこれについて次節以下やや詳しく検討する。

そもそも歴史上の封建郡県論は、その是非・当否を常に「天下公共」という基準によって判断されていたが、その基準の解釈が歴史的に変わったりすることで、いつもその時に生きる人間が直面する問題や危機を乗り越えようという願望や理想に結び付けられて論じられてきた。結局は体制の中の人間の在り方にもつながっていたのである。それらは東アジア思想の連鎖の中[11]で語られ、展開されていったが、しかし、中国と日本の伝統社会には大きな相違があった以上、それぞれの社会に対する影響も役割も違ってくるはずである。[12]そこで、一元論的歴史発展段階説は必ずしもその問題への解明にはならないように思われる。そのために、これまでの研究では必ずしもはっきりされていなかった問題点を、もう一度検討したいと思った次第である。[13]

以上述べてきた問題意識をもとに、次のようないくつかの側面に分けて考えてみることにする。

一、天下を一人で独占すべきか、それともある一部の人間に分有すべきか、または天下の人々と共有すべきか、という問題。

二、君臣関係は個人的（パーソナル）な関係であるべきか、それとも、一つの普遍的規範に基づいて相対化されるべきものであるか、という問題。

三、「士」が天下秩序の形成にどう参与していくか、そして政策の形成は少人数で決められるべきか、それとも公に論じるべきか、という問題、などである。

一　天下――独占・分有・共有

天下公共に関しては、その天下を一人で独占すべきか、それともある部分の人々に分有すべきか、または天下の人々と共有すべきか、あるいは君主とその下の官僚たちにただその天下を管理し、運営するために一時的に預けられるものであるべきか、などの問題に答えなければならない。

伝統中国の場合、戦国時代の戦乱を収拾して、全土を統一し成立した秦始皇帝の中央集権的官僚帝国体制は長く儒学者により批判され続けていた。その主な理由は、始皇帝がもとより諸侯及びその卿大夫に分有されている土地と人民をすべて自分の手に入れ、自分に服従する官僚らによって掌握したからである。すなわち、各諸侯に分有されていたもの＝天下を「私」したからであった。そこには「一姓」により「私」有されたために、倒れても誰も助けに来てくれない、という教訓も含まれていた[14]。

そこには一つの暗黙な前提がある。すなわち、諸侯も天子と同じくらい、その土地と人民を所有する権利を持っているということである。言い換えれば、諸侯が天子と同格なものだということである[15]。もちろん卿大夫になると、状況がかなり違ってくる。世襲する場合と世襲しない場合の二つのケースがあったと言える[16]。すなわち、少なくとも伝統中国の封建制の場合、土地や人民を所有する人間には（より正確にいえば宗族集団には）、誰にも正当な理由がなければ奪えない権利があると言える。だから、罪を犯しても、その宗廟はその人の息子か親戚による相続が認められるわけである[17]。

したがって、「文王に学ぶならば、大国ならば五年、小国ならば七年で、必ず天下に政を為すであろう[18]」と言ったように、孟子にとっては諸侯も天子も同格だというだけでなく、諸侯がその賢・徳のため「禅譲」や「革命」によって天下を代わりに管理しても、また天子になっても、実に理に適うというわけである。明末清初の王夫之（一六一九～九二）もそれについて「三代以上、諸侯有レ道、天下帰レ之、則為二天子一、天子無レ道、天下叛レ之、退為二諸侯[19]一」、そして、「古之諸侯、雖二至小弱一、然皆、上古以来、世有二其土一、不下以二天子之革命一為中廃興上、非二大無道一、弗レ能レ滅也。（中略）故天子者、亦諸侯之長耳[20]」と説明している。

もとより、秦の始皇帝について言われる「私天下」という言葉に対して、ほかに二つの言葉があった。それは、唐尭・虞舜・夏禹の禅譲の「公天下」また「官天下」というものと、その後夏禹が自分の子の啓に天子の位を相続させたことに始まる世襲制を内容とする「家天下」であった。しかし、諸侯及び卿大夫などに分有されれば、それは「公天下」となりうるかどうかは、それもまた問題である。

まず、『礼記』「礼運」の叙述から検討しよう。最初の段階は、「大道之行也、天下為レ公。選レ賢与レ能、講信修睦、故人不三独親二其親一、不三独子二其子一、使二老有レ所レ終、壮有レ所レ用、幼有レ所レ長、矜寡孤独廃疾者、皆有レ所レ養。男有レ分、女有レ帰。貨悪三其棄二於地一也、不三必蔵二於己一、力悪三其不レ出二於身一也、不二必為一レ己。是故謀閉而不興、盗窃乱賊而不レ作、故外戸而不レ閉、是謂二大同一。そして、その次の段階は、「今大道既隠、天下為レ家、各親二其親一、各子二其子一、貨力為レ己、大人世及以為レ礼、城郭溝池以為レ固、礼義以為レ紀、以正二君臣一、以篤二父子一、以睦二兄弟一、以和二夫婦一、以設二制度一、以立二田里一、以賢二勇知一、以レ功為レ己。故謀用レ是作、而兵由レ此起。禹、湯、文、武、成王、周公、由レ此其選也。此六君子者、未レ有下不レ謹二於礼一者上也。以著二其義一、以考二其信一、著二有過一、刑レ仁講レ譲、示二民有一レ常。如有二不レ由レ此者一、在レ執者去、衆以為レ殃、是謂二小康一」[21]。

ここの「公」について、後漢の鄭玄（一二七～二〇〇）が「公猶レ共也。禅レ位授レ聖、不レ家レ之睦親也」と注し、また唐の孔穎達（五七四～六四八）も「天下為レ公、謂二天子位一也。為レ公、謂丁揖譲而授二聖徳一、不丙私伝乙子孫甲、即廃二朱均一而用二舜禹一是也。選レ賢与レ能者、曏明不三私伝二天位一、此明不レ世二諸侯一也。国不二伝世一、唯選レ賢与レ能也」と注している。したがって、ここの「天下之公」という言葉は少なくともその時においては全く天子の位の移転の仕方に関連していたと言える。

この中国の古典については、特に最初のところの非家族的な表現は儒学らしくなく、却って老荘の道教に近いなど、いろいろな意見があるが[22]、一応は古典儒学に合致するところも多く存在するし、また後の儒学者によっても高く称揚されていたので、儒学の一つの流れと見て差し支えなかろう。更に、天子の交替について、その世襲制（すなわち「世及」――父子の継承は「世」で、兄弟のそれは「及」という）が「家天下」として、「官天下」・「公天下」に対置されたわけであった。

そのような「天子」の後継者の選び方について、戦国時代にできたといわれる『呂氏春秋』において、「天下非二一人之天下一也、天下之天下也」[23]とされ、また、「尭有二子十人一、不レ与二其子一而授レ舜、舜有二子九人一、不レ与二其子一而授レ禹、至公也」[24]とも言われ、高く評価されていた。前漢の劉向も「昔尭之治二天下一、挙二天下一而伝二之他人一、至無レ欲也、択レ賢而与二之其位一、至公也」[25]とそれを賛美した。

問題は、唐尭、虞舜はともに天子の位を子に与えず、賢に与えたとして、まさに「公天下」という模範であるが、夏禹が自分の子の啓に与えたということを見れば、まさに「家天下」の始まりであるといえよう。そのことがどのように説明されるかは、大問題になってくるはずである。そこで、孟子は次のように述べて、それも必ずしも「私」ではなく、かえって天意にかなう行動として正当化したわけである。

使二之主一レ祭而百神享レ之、是天受レ之。使二之主一レ事而事治、百姓安レ之、是民受レ之也。天与レ之、人与レ之、故曰、天子不レ能下以二天下一与上レ人。舜相レ尭二十有八載、非三人之所二能為一也、天也。尭崩、三年之喪畢、舜避二尭之子於南河之南一。天下諸侯朝覲者、不レ之二尭之子一而之レ舜、訟獄者、不レ之二尭之子一而之レ舜、謳歌者、不レ謳二歌尭之子一而謳二歌舜一、故曰、天也。夫然後之二中国一、践二天子位一焉。[26]

これで、いわゆる三代の「禅譲」の美法は、夏禹が天子の地位を自分の子に与えたことにより終焉を告げられたわけであるが、しかし、孟子に言わせれば、それも簡単に「家天下」として否定されるものでもない。というのは、もし継承者の人望が高ければ、他に賢者を求めなくとも天意に適うものだからである。ましてや、その天意も、けっきょくは民意でしかないわけであるから。[27]

一方、孟子は「貴戚之卿」と「異姓之卿」とを区別している。前者は「君に大過あるとき則ち諫む、反覆しても聴かれざる時則ち位を易う」とし、また後者は「君に過ある時則ち諫む、反覆しても聴かれざる時則ち去る」としている。[28]

ここで明らかになるように、孟子は、諸侯がもし悪行の果て、どうにもならない場合は、彼の同姓の親戚、すなわち「貴戚の卿」に取り替えられることが可能だ、と主張している。もちろん、「異姓の卿」がその権利を持つことは認められないわけである。そこに天子の「位」の場合、易姓革命も認められるのとは違う原理が働いていると見られる。今まで天子の位置について「世襲」（一つの姓、あるいは一族による独占）を次善として、止むを得ず容認していたが、「諸侯」の場合は、逆にはっきりと認めていたわけである。そういう意味で、孟子も大体において、天下分有に賛成していると言える。

かつて、江戸初期福岡藩主の黒田長政（一五六八〜一六二三）が次のような遺言を残した。「子孫に至り、不義放逸を専として、諌を聞入ず、自由を働き掟を守らず、みだりに財宝を費すものあらば、家老中申合せ、其者を退け、子孫の内より人柄を撰びて主君とし、国家を相続せしむべし。此趣は家老中能（相）心得、銘々子孫へも申伝へ置べき事肝要なり」[29]。伝統的封建制の原理からいえば、それは筋の通ったことかもしれない[30]。しかし、秦始皇帝から始まった中央集権主義的郡県制が非難されて、その後、漢代で暫く「諸侯分封」が行われたが、結局これらの諸侯の反乱によって終止符が打たれた。中国中古の政治理論において、それまで天子と同じレベルの諸侯は勿論だが、天子の存否も民意（その民意とは漠然としたもので、ただ世論や風聞として存在していたもの）によって問われるという古い封建時代の考え方もかなり等閑視されてきた。天子の継承は実に民意と直接関係ないところ、例えば「五行終始」などの順序によって決まることになってきた。したがって董仲舒（前一七九頃〜前一〇四頃）は『春秋繁露』で「王者亦天之子也、天以二天下一予二尭舜一、尭舜受二命於天一而王二天下一、猶子安敢擅以下所三重受二於天一者上予二他人一也」、「惟天子受二命於天一、天下受二命於天子一」[31]と述べ、また後漢の班彪（三〜五四）も「帝王之祚、必有二明聖顕懿之徳、豊功厚利積累之業一、然後精誠通二於神明一、流沢加二於生民一。故能為下鬼神所二福饗一、天下所中帰往上。（中略）不レ知二神器有レ命、不レ可下以二智力一求上也。（中略）況乎天子之貴、四海之富、神明之祚、可二得而妄処一哉」[32]と力説している。

更に唐の柳宗元（七七三〜八一九）は、より広い視野から郡県制を是とする考え方を打ち出した。彼はまず「彼封建者、更二古聖王尭、舜、禹、湯、文、武一、而莫二能去一レ之。蓋非レ不レ欲レ去レ之也、勢不可也[33]」と述べ、固定的な歴史認識を否定し、「勢」、すなわち封建制から郡県制へと変遷する歴史的過程を客観的運勢（＝流れ）の結果として説明しようとしている。

柳宗元は、封建制の原型たる周王朝と、最初の郡県制の設立者たる秦王朝に対して、「政治」と「制度」との二面に分け、前者を「制度」の過失、後者を「政治」の過失とそれぞれ指摘し、更に、封建制支持論の立場から出される幾つか理由に対して反論する。

封建制支持論の最も有力な理由の一つで、すなわち「封建者、必私二其土一、子二其人一、適二其俗一、修二其理一、施レ化易也。守宰者、苟其心、思レ遷二其秩一而已、何能理乎」という考え方に対して、「周之事跡、断可レ見矣。列侯驕盈、黷レ貨事レ戎、大凡乱国多、理国寡、侯伯不レ得レ変二其政一、天子不レ得レ変二其君一、私レ土、子レ人者、百不レ有レ一」とはっきりと否定し、続いて「漢興、天子之政行レ於郡一、不レ行二於国一、制二其守宰一、不レ制二其侯王一。侯王雖レ乱、不レ可レ変也。国人雖レ病、不レ可レ除也。及二夫大逆不道一、然後掩捕而遷レ之、勒レ兵而夷レ之耳。大逆未レ彰、姦レ利浚レ財、怙レ勢作レ威、大刻二於民一者、無二如レ之何一。及二夫郡邑一、可レ謂二理且安一矣。（中略）有レ罪得二以黜一、有レ能得二以賞一、朝拝而不レ道、夕斥レ之矣、夕受而不レ法、朝斥レ之矣[34]」と述べる。ここに「郡」すなわち「郡県」において「天子」の公平な政治が、「国」すなわち「封国」の「侯王」の存在によって却って阻害されたと決めつけた。

さらに「夫不レ得レ已、非二公之大者一也、私二其力於己一也。（中略）秦之所二以革一レ之者、其為レ制、公之大者也、其情私也、私二其一己之威一也、私三其尽臣二畜於我一也。然而公二天下一之端自レ秦始[35]」と述べる。ここで、儒学者らに神聖視されている「三代の治」は「非公之大者也、私其力於己也」として斥けられた結末となった。悪名高き秦に対して、「心・情」と「制度」の二つに分けて、「心・情」こそ「私二其一己之威一也、私三其尽臣二畜於我一也」ではあるが、「制度」の面から見れば、むしろ「公之大者」、「公天下之端」として敢えて高い評価を与えている。

ここで注意すべき点は、柳宗元は明らかに上古から伝えられてきた、天下を道徳も才能も優れている人間に譲り、または共に天下を治めるという「公天下」概念を大胆に切り替えてしまうところである。ここでは、いわゆる「聖賢」が世の中で役立つかどうかが判断の基準となり、昔の「高賢」という伝統を継承しながら「郡県制」の一つの特徴でもある「科挙制」的な原理を肯定しようとしている。

しかし、柳宗元の考え方には、関心のほとんどが王朝内部、特に中央朝廷と地方諸侯との関係、天下統治と政権移転の世襲制と選挙制などの問題に集中されていて、中央王朝と底辺にいる民衆との関係という問題は、それほど重要視されていないことがはっきり見えるであろう。そこには近代性（もしあったとしたら）につながらない一つの重要な限界があったかもしれない。

王夫之も「郡県者、非二天子之利一也、国祚所二以不レ長也、而為二天下一計二利害一、不レ如二封建之滋一也多矣。嗚呼、秦以下私二天下一之心上、而罷レ侯置レ守、而天仮二其私一以行二其大公一」[36]と述べ、全く柳宗元に賛成していた。また更にリアルに伝統中国社会の激しい競争世界の実像を描き出していた。「三代之盛、大権在二天子一也。已而在二諸侯一矣、已而在二大夫一矣、已而在二陪臣一矣、浸以下移而在二庶人一矣。郡県之天下、諸侯無レ士、大夫不レ世、天子与二庶人一密邇、自二宰執一以至二守令一、所二為尊一者、栄富而已、其他未レ有レ尊也」[37]。そして、「封建廃而権下移、天子之下至二於庶人一、無二堂陛之差一也、於レ是乎庶人可レ凌二蹴乎天子一、而盗賊起」[38]とする。

ここに重大な指摘が含まれている。というのは、もともと天子と諸侯、あるいは卿大夫それぞれ持ち分けている天下を治める地位や権力が、中間にいる諸侯や卿士大夫層が実権を失い没落することにより、天子に一方的に集中されるように見えるが、実際は一番下の民が天子の官吏を蹴落としたり、さらに場合によっては、天子の位を脅かして奪い取るという可能性が出てくるということである。中国史上の農民戦争、およびその後の中国革命は、日本とは比べものにならないほどの激しさがあったが、両国の体制の相違の秘密がそこにあったと言えるかもしれない。しかし、それで、天子と諸侯などが分有していた天下を、結局下層の庶民が共有することに関連させていくことは、果たして不可能ではなくなろう。

「封建・郡県」の問題は、日本の中世ではあまり議論されなかったが、近世に入って江戸時代初期の兵学者・儒学者である山鹿素行が比較的に早くそれを取り上げた[39]。

彼はこの問題について、「案ずるに、封建・郡県の両事、先儒皆以公私論之、未尽其実也。凡そ人をえらんで其の賢徳才能万民の司ならんものを得ることは、尤も難得こと也。然るに天下を私すべからずと云つて、不徳不才の輩を大国の主とさだめんこと、其の国の人民を苦しめ土地封域を害するにあらずや。（中略）不論其人して、専ら封建を聖人の心也、大公也といはんは甚だあやまれり」と述べ、更に「古の聖王封建親戚して天下の藩屏とし、大臣を封侯せしむることは、世に賢徳の人多くして国を治め民を懐ふに利多きを以て、天下の大なるを上一人として支配せしめんこと大憂なれば、乃ち親戚重臣の賢徳あるを封建して分憂の職たらしむ。然れども国制・城制皆其ののりを定めて、後世不徳の封君つぐに至りて国家の害なからんことをのこし玉へり。末世に及んでは君君たらざるゆゑに臣亦臣たらず、如何ぞ天下の国郡悉く封建して其の失政なきがごとき賢知の人を可得乎[40]」と言ったように、かなり「郡県制」に傾いていると言える。

もちろん、彼は「封建」「郡県」の長所を取り入れるべきだと主張していた。しかし「予曰はく、天下を以て不私と云ふは、封建・郡県にはよらず、唯だ賢を択み徳を尊びて是れをして民に臨ましむる。是れ公天下にする也[41]」という考え方は、柳宗元の考え方と近似し、「封建賛成」と主張する近世の大多数の人と違うといえる。

日本近世社会が、封建社会として主従制と身分的世襲制を社会組織の基本原理としていたことは、言うまでもない[42]。例えば、幕府御用の林家の塾長も勤めていた佐藤一斎（一七七二～一八五九）が次のように述べている。「夏后氏而来。人君皆伝二於子一矣。是世二其禄一也。人君既自世二其禄一、而使二人臣独不レ得レ世二其禄一者、斯不三亦為二自私一乎。故世禄之法、天下之公也」[43]。佐藤一斎は、君主が世襲であるならば、その臣下が世襲できないのはおかしいことで、それこそ「私」であって、その君主も臣下も同じように世襲するよう認められるべきと主張するわけである。

ただ近世日本の場合、吉田松陰（一八三〇～五九）のように、日本の政治・文化の自立性・傑出性をも主張しながら、儒学的原理から現実を改革する正当性やエネルギーを取り込もうとしていた[44]。例えば、彼は次のように論じている。

凡漢土の流は皇天下民を降して、是が君師なければ治まらす故に、必ず億兆の中に択て是を命す。尭舜湯武の如き其人なり。故に其人職に称はす、億兆を治むること能はされは、天亦必是を廃す。桀紂幽厲の如き其人なり。故に天の命する所を以て天の廃する所を討つ。何ぞ放伐に疑はんや。

伝統中国の儒学的論説を認めながら、日本のことについては「本邦は則ち然らす。天日の嗣永く天壌と無窮なる者にて、この大八洲は、天日の開きタマヘル所にして、日嗣の永く守りたまヘル者なり。故に億兆の人宜く日嗣と休戚を同ふして、復た他念あるへからす。若夫征夷大将軍の類は、天朝の命する所にして其職に称ふ者のみ是に居ること得、故に征夷をして足利氏の曠職の如きならしめは、直に是を廃するも可なり。是漢土君師の義と甚相類す。然れとも湯武の如きは、義に依り賊を討す、命を天に承くと称す、本邦に在ては然らす。（中略）故に此章を読む者、審に弁を致さされは、適に以て奸賊の心を啓くに足るのみ」[45]とする。

更に、孟子の有名な「民為レ貴、社稷次レ之、君為レ軽」という見方について、次のように説明している。「此義人君自ら戒むる所なり。蓋し人君の天職は天民を治ることなり。民の為の君なれは、民なけれは君にも及はす。

故に民を貴とし、君を軽とす。是等の処は篤と味ふへし。異国の事は姑く置く、吾国は（中略）国土山川草木人民皆皇祖以来保守護持し玉ふ者なり。故に天下より視れは人君程尊き者はなし、人君より視れは人民程貴き者はなし。此君民は開闢以来一日も相離れ得る者に非す。故に君あれは民あり、君なけれは民なし。又民あれは君あり、民なけれは君なし。此義を弁せすして、此章を読まは、毛唐の口真似して、天下は一人の天下に非す、天下の天下なりなとと罵り、国体を忘却するに至る。惧るへきの甚しき也(46)」。そこで、儒学の原理たるものを異国の事情として処理し、「天下は一人の天下」として、彼の重視する日本的独自性を守り抜いた。

一方、幕末の福井藩主で後に明治政府の議定などを歴任した松平慶永（一八二八〜九〇）は、孟子の言葉につよく共感を示し、次のように述べている。「孟軻氏曰、民為レ貴、社稷次レ之、君為レ軽。余常疑二此言一矣。何則、君居二尊貴之位一、民居二卑賤之地一、上下之分判然。然則君貴民軽、何故軻言然乎。夫天造草昧之時、惟有レ人而已。此時君民未レ判、相集而起居飲二食乎一処一。起居飲食則必有レ争焉、有レ争則不レ可レ不レ治レ之。治レ之者属レ賢、受レ制者属レ愚、賢愚自判、而上下之分自立焉。是為レ君民判之権輿也。以レ此観レ之、則有レ民而後有レ君矣。非二有レ君而後立一レ民必矣。夫君無レ民則不レ有二君之名一矣、土地無レ民則不レ為二土地之用一矣、社稷無レ民則不レ能レ守レ之矣。土地社稷人君、皆為二民所一レ有也、故軻以レ民為レ貴、君為レ軽、不二亦宜一乎。後世人君不レ知二此義一、以二土地人民一為二我有一、不レ知二牧而教一レ之、徒飽食暖衣逸居耳、豈不二慨嘆之至一哉。願欲下法二古聖愛レ民如レ傷遺意一、而以修中君職上矣。君職者何、在二牧民一矣(47)」。ここには、孟子の考え方に賛成を述べながら、実は孟子も「民有」とはっきり主張しなかったと述べ、天下が天下の天下という天下共有の考え方に傾いていることが見られる。

松平慶永の考え方において無視できないのは、彼が人間社会の始まりを国学、水戸学のような伝統的神話に基づかず、ある意味で儒学的道徳主義・能力主義的な論理で述べているところである。彼が「民為貴説」という文章でこう述べている。「天地涪判、生二一男一女一、万物又随而産、自レ此人物次第蕃殖。然当時未レ有二天子諸侯一、皆同等之民。夫有レ民有レ物、必不レ能レ無レ争、而民有レ賢又有二不肖一、賢者能断二曲直一、不肖者聴二賢者之命一、其争始熄、此人君之所二由立一也。（中略）夫士比レ民賢且智、故為レ士。大夫比レ士又優、故為二大夫一。諸侯比二大夫一其徳又大、故為二諸侯一。天子之徳天下莫レ尚レ焉、故践二至尊之位一。[48] この二つ文章の作成年月は不明であるが、「君職」の中で提出された「民有」という言葉が「民為貴説」の中では消えている。[49] 幕末・明治の激動時期を通して彼の考え方には儒学の色合いが濃厚に残っていた。

近代へ向かって、公天下は少しずつ変わっていた。中国では、その最も重要な点は公天下のレベル、すなわち天下を分有する、否ある意味で天下を共にする人間の地位が、天子や諸侯また士大夫からだんだんと下層に及ぶにつれて、その範囲もだんだんと広がっていったといえよう。溝口氏が「天下の公は、為政層の道義、原理ではなくなり、民の私の調和的な集積、すなわち天下の民の間相互の道義、原理となった」[50] と指摘したとおり、その場合には、顧炎武のように「天下の私を合して以て天下の公を成す」[51] という言葉と響きあう主張がはっきりと現れている。すなわちそれはただ抽象的、原理的「公」でもなく、皇帝や諸侯の分け合いの範囲での「公」でもなく、今まで全く無視されてきた無数と言えるほどの個々の「私」により「公」は構成されてくるのだという主張である。

しかし、近代日本の場合、外圧に対抗するため「一君万民」というスローガンが示されたように、国家権力の集中に傾いていた。[52] そこで、「天下は一人の天下」というものが前面に出てきて、将軍だけでなく、大名らも今まで領有していた土地人民を「私有に非ざる」という理由で明治新政府に返上せざるを得なかった。[53] 明治新政府の中央集権主義に対して、徳川幕藩体制につながりを持った人々は、今度は「封建制=地方自治制」として改めて反旗を翻すに至った。[54]

二　君・臣関係とルール

天下は「天子」や「諸侯」のものとなるが、天下を治めるにはそれだけでは不十分である。したがって、天下の「公」には、天下を天下の士に開放し、士の助けによって治めなければならないということは当然含まれてる。その具体的な内容は、まずは「師道」への尊敬、次に「賢才の抜擢」、最後に普遍的ルールによって君臣関係を相対化することに集約できよう。

伝統中国の場合は、儒学における「師道」の主張にはっきり見られる。「天佑二下民一、作二之君一、作二之師一」[55]、そして、「古之聖王、未レ有二不レ尊レ師者一也。尊レ師則不レ論二其貴賤貧富一矣」[56]などの内容から見て、「君道」のほかに、「師道」も重要視されていたことがよくわかる。したがって、朱子が「若二吾夫子一、則雖レ不レ得二其位一、而所下以継二往聖一、開中来学上、其功反有レ賢二於堯舜一者」[57]と述べ、「天子」の位のない孔子を、「道学」を継承し広めるという意味において、「堯舜」よりも高く評価していた。それはもちろんある意味で儒者の理想であったが、儒学における統治者である「君」に対する一つの教戒や規制として、全く意味がないわけではなかろう[58]。

近世日本の場合、荻生徂徠（一六六六〜一七二八）は次のように主張している。「古は天子に師氏・保氏の官あり、諸侯に師儒の官あり。春秋戦国の時にも、諸侯に師友と云ことあり。後世に至ても、師保の官あり。太子に賓客あり、諸王に友あり。其故は古の聖人歯・徳・爵の三達尊と云ことを立て玉ひて、朝廷の礼は爵位を以貴賤の分を厳にし、学校の礼は、天子の太子にても、国人と歯を以て座をくみ玉ひ、天子と云へども、就て問ふと云礼ありて、物を問玉ふ時は、召て問はずして、其家に行幸して問玉ふを、礼と定め、学問の上に、貴賤の爵位を立るをば、非礼と定め玉ふ。（中略）かくの如くならねば、師に師の権なき故に、教の益なきによりて、聖人のかくは立玉ふなり」[59]。これは明らかに、政治的権威とは別個に学問・教育の権威、具体的に学問と知識の研鑽・伝授や人材育成・選抜という権威を立てようとするものだと言えよう[60]。

大坂の商人山片蟠桃（一七四八～一八二一）は封建制を大いに賛美しているが、一方、彼は次のように述べている。「近来（中略）諸侯中に勝手方よくなりたるもの少からず、賢者を挙るときは公卿を師とす、今世にては此師となる賢者は、官職の役には立ぬものなり、たとひ広く求るとも、学者の中に公卿の位に登て国家の益になる人は少かるべし、然によく学びたる人を師として、一家中を学ばしめ、庠序学校ををさめて、諸吏みな道を志あれば忠孝仁義の政を行ひ、国中よく治まるべしと云のみ」[61]。そして、「科挙の法及び及第賢良方正孝廉茂才直諫の類は、漢にありて良法とす、天下の賢を挙て用る此上あるべからず、然るに唐宋以来このこと、悪法のみ出来て無用のこと也、然るに今の法は亦いかんともすべからず、せめては賢者を挙て、旗本役の諸役人ぐらゐには用ひたきものなり」[62]と。科挙制を全面的には賛成していなかったが、近世日本においてある程度の適用をも考えたりしていた。

次に、天下の秩序を維持するため、賢才を求め抜擢することも、一つの共通的現象と傾向である。孔子が「先有レ司、赦二小過一、挙二賢才一」[63]と言い、孟子も「貴レ徳而尊レ士、賢者在レ位、能者在レ職」[64]と言い、「周礼」を回復すべく主張しながらも、「徳」と「才」に対する評価と挙用を求めている。

もちろん郡県制が現実化してきた過程に、君主からすれば、賢才の抜擢や科挙制によって、天下の英雄を自分の手に入れることで、自分の敵になって脅かす事態が多少避けられることになると期待していた。唐の太宗は、かつて科挙制を通った進士らを見て「天下の英雄」を自分の手に入れたと喜んでいた[65]。

中国だけでなく、近世日本においても、特に儒学者の中では、世襲制に対していろいろな場面で批判が行われていた。一八世紀中期から儒学が広まると同時に、そういう議論は段々と広まってきたといえよう[66]。そして伝統中国の議論に近似した考え方も少しずつ日本の近世で発生するようになった。その考え方の背後には儒学教育への熱意の発露、また中国の科挙制における「人材選抜」の原則に対する理解などが見られる。

近世後期佐賀藩の儒学者で、後に幕府に登用された古賀精里（一七五〇～一八一七）はこの点について、屈折した表現でそういった考え方を示している。

「本邦士夫世二其禄一、達者生而達、窮者至レ死而窮。故窮者有レ所レ得、不レ能二達而行一レ之、徒窮焉而已矣。達者有レ所レ行、無レ所レ得二於窮一、妄行而已矣。其勢至二於窮一者自棄二於卑汚一、達者自安二於庸惰一。於レ是乎古今人不二相及一、若二天淵然一。非二天之生レ材爾殊一、勢使二之然一也」[67]。そして、「但世禄之臣、沐二祖先之余沢一。不三復知二創業之艱難一、勤倹変而為二侈怠一、朴直散而為二巧詐一。郷挙里選、既無二其法一、明経進士、制亦蔑レ焉。於レ是補官充職、必取二諸世禄之家一、以二其昏昏一、使二人昭昭一、豈非二事之難者一乎」[68]と。彼は中国の科挙制によって、真の学問追求は衰退したと批判する[69]一方、幕藩体制の身分制度に不満を表しながら、儒者の不遇を嘆いている。

吉田松陰は、かつて荻生徂徠の「聖人」論を無視してこう論じている。「学問の道、人の禽獣に異る所以を知るより要なるはなし。其異る所は、五倫五常を得ると失ふとより外はなし。是を失ふを庶民として、勤めて是を得るを君子とし、従容として自ら存する者を聖人とす。衆人と云とも勤励すれは君子となり。其功の熟するに至ては、即ち聖人なり、禽獣に陥ると聖人君子に升るとの分は、所以異の三字にあり、親切熟思すへし」[70]。そして、「賢を悦ふは其名徳文行を悦ふのみに過ぎす。賢を養ふは廩粟庖肉相継て是を餽るに過ぎす。賢を尊ふに至ては、己に其名徳文行を悦ひ、又廩粟庖肉相継て是を餽り、更に与に天位を共にし、与に天職を治め、与に天禄を食む、是なり。世の人君是を行ふ者実に少し。然とも是亦自ら反して其難きを知るへし。（中略）故に人主を諌むるに賢を養ひ賢を尊ふを以てせんと欲せは、宜しく己れ先つ聖賢の言行すへし。身修りて後国治まると云ひ、大人君心の非を格すと云、皆此義なり」[71]という考え方において無視できないのは、学問道徳によって君子、更には聖人にもなるという儒学の基本原理による大胆な表明である。[72]

最後に、君臣のパーソナルな依存関係からの脱出、また普遍的ルールによって君臣関係を相対するという傾向が次第に出てくる。

中国の春秋戦国時代、すでに歴史的流れとして郡県制に傾いていた。当時の儒者たちがいくら昔の「周礼」の体制にもどれと叫んでも、なかなかその流れに対抗できなくなっていた。その一つの例として、孔子も「所謂大臣者、以レ道事レ君、不レ可二則止一」(73)と言い、荀子は「従レ道、不レ従レ君」(74)、孟子も「古之賢王、好レ善而忘レ勢。古之賢士、何独不レ然、楽二其道一而忘二人之勢一。故王公不レ致レ敬尽レ礼、則不レ得二亟見一レ之。見且猶不レ得レ亟、而況得而臣レ之乎」(75)と主張していた。中国最初の君臣関係は、かなり隷属的関係を表しながらも、一方では師友の誼ともいうべき古風なものも表しており、後に君を補佐する官僚として、また「君臣は義を以て合う者なり」(76)と認識されるに至った(77)。

もちろん一方では、中国でも日本でも、いかなる場合においても、臣が君に忠誠を尽さなければならないという感情論的主張は厳としてあった。放伐も革命も絶対許されるものではなく、君主の権威も神聖不可侵の存在とされていた。例えば、北宋の有名な学者の司馬光（一〇一九～八六）は次のように主張している。「卿となる者、貴戚、異姓無く、皆な人臣なり。人臣の義、君に諫めて聴ざれば、之を去っても可なり、之に死んでも可なり。之が若き何んぞ、其れ貴戚の故を以て、敢えて位を易えて処すか」(78)。これは孟子の「異姓の卿」「貴戚の卿」という説に対して厳しい批判であった。

しかし、明末清初の黄宗羲（一六一〇～九五）は、明末の戦乱を通して自分なりの君臣論を展開している。彼は「臣道」について「縁夫天下之大、非三一人所二能治一、而分二治之一以二群工一。故我之出而仕也、為二天下一、非レ為レ君也。為二万民一、非レ為二一姓一也。吾以二天下万民一起見、非二其道一、即君以二形声一強レ我、未二之敢従一也、況於二無形無声一乎。非二其道一、即立二身於朝一、未二之敢許一也、況於レ殺二其身一乎。不レ然、而以二君之一身一姓一起見、君有二無形無声之嗜欲㆒、吾従而視㆑之聴㆑之、此宦官宮妾之心也、君為㆑己死而為㆑己亡、吾従而死㆑之亡㆑之、此其私暱者之事也。是乃臣不臣之弁也[79]」と述べ、伝統中国の君主専制主義に対して痛烈な批判を行い、一方で臣の独立した人格、また天下の公共利益が君の利益と一致しない場合は、君臣の関係に拘りなく、臣の自由な判断と自由な行動をはっきり認めていた。

近世日本の場合、中国の状況とはかなり違っている[80]。そういった普遍的なルールに準じる君臣関係は、パーソナルな人間関係を重視する武士社会には簡単に適しているわけはない。例えば、水戸藩主の徳川斉昭（一八〇〇〜六〇）は、天皇・将軍より眼前の君父の方が重要だとはっきり主張し、封建的パーソナル関係を強調している。彼は言う、「扨又人々天祖・東照宮の御恩を報んとて悪しく心得違ひ、眼前の君父をもさし置、ただちに天朝・公辺へ忠を尽さむと思はば、却て僭乱の罪のがるまじく候。（中略）天祖・東照宮の御恩を報んとならば、先君先祖の恩を報んと心懸候外、有之間敷候。先君先祖の恩を報んとならば、眼前の君父に忠孝を尽し候外、有之間敷候[81]」。しかし、それにもかかわらず、早くも熊沢蕃山（一六一九〜九一）は次のように主張している。「士といふものは、小身にて徳行のひろきものなれば、上下通用の位にて、上は天子・諸侯・卿・大夫の師と成、下は農・工・商を教へ治るものにて、秀れば諸侯・公卿ともなり、くだれば庶人ともなり、才徳ありながら隠居して庶人と同じく居を処士といへり。大道を任じて志大なるものは士なり。公卿・諸侯の本地なる故に、賢なれば公卿・諸侯もくだつて士を敬し給ぬ。（中略）公・侯は士の賢をうやまひ給ひ、士は公・卿の位をうやまひ、たがひに相敬するの義なり。志同して心を友とする時は、双方の尊卑相忘る義もあり[82]」。熊沢蕃山の主張には、幕藩体制における身分制的主従制的原理を、儒学の原理に基づいて批判するというニュアンスがはっきり示されていると言えよう。

また広瀬淡窓のように、教育の現場で、年齢や成績によって上級武士と下級武士の身分をなくそうとしている動きもある。広瀬は次のように痛切に論じている。

公子よりして大身の子たるもの、学校に於て歩士・歩卒の子と列を同し、長幼を以て相譲る時は、自然と尊倨の態は除くべし。従者二人にすぎず、途中人を避けしむるの事なき時は、誇張の態は除くべし。途中より学校まで衆人に面をみせ、且応対進退せば、秘閉の態あることをえず。学校中専学業の高下を以て席順を定むる時は、門地の論は無用なり。書を読で古今に通ぜば、因循の弊、文盲の害は自免るべし。(中略) 今述たる処の如きは聊も難儀のことはあらず、只一種の傲慢の心を除くまでのことなり。

上級武士の子弟の教育に大変苦心していたのである。また、武士の君臣関係について、こう述べている。

譬ば茶の湯をするもの、貴賤の別ちなく同間に入、人の飲あましたる茶を飲む。其時は大名も臣下も打混ずることなれども、曾て恥る心なし。又碁を囲む時、君たる人いかほど負ること嫌の人も、臣下に向て二手一時にするといふことはなし。都てのこと其業をするからは、其法に従ずしては何の詮もなく、又楽にもならぬものなり。然るに学問の事のみは古法に従はず、或は教る人を下坐にをき、朋友にも長幼を論ぜず、家格を中立る抔、碁を囲に、己れ独は二手一時にするといふ様なる類のことなり。(中略) 且千の利休が定めたる慰みごとの法は、己れが身を屈しても固く之を守り、歴代聖人之定玉へる人倫の大法は、我を張りて之を守らず、何ぞ其れ軽重を顚倒するの甚しきや。是は儒者共より其事を申立てざるが不念なり。

そして「とかく人君は論語に、『君使臣以礼すれば、臣事君以忠』といへることを心得玉ふべきなり」[83]と結論づけた。そこには儒学的原理から君臣関係を捉え、一つの封建的上下関係とかかわりのない人間関係を求めようとする姿が見える。

水林彪はかつて「近世の歴史を観念の歴史に即してみるとならば、それは総じて『理』『天』という超越的規範の観念が衰退し、逆に『法』『権』という生の権力の権力の観念が前面に躍り出てくる過程である」[84]と鋭く指摘していた。ただ、幕末になると、状況は段々違ってきた。一方、横井小楠のように身分制に対してアンチテーゼを提出する者も出てくる。「士農工商及医其職異なりといへ共苟も道を学ぶものは皆士なり。士にして志家職にあり、士と云べけんや。家職を卑として勉ざるは分を知らざるなり。思はずんばあるべからず[85]」。そして、佐久間象山も「兎に角、君臣は義を以て合ひ候大倫に御座候故に、臣の君に事うまつり候には、義の一字を重んじ、道合へば服従し奉り、不可なる時は去ると申覚悟を以て、一日も苛且のご奉公は仕らず[86]」と述べるように、儒学の「君臣義合」という考え方に傾いていた。幕末から明治へ向かう過程において、武士の伝統的君臣関係からの逸脱や新しいルールによる再編成への方向もはっきりと現れてきた[87]。

水戸学の代表的人物会沢安（一七八二～一八六三）は、「天皇の万世一系」を強く称揚する一方、「人臣去就説」という一文を書いて、君臣関係についてそれまで考えられなかった見方を示した[88]。「人臣進退の義を知んと欲せば、先づ道の大本より是を論ずべし。聖人の道は天道なり」。そして、「臣は君に手伝ひて民を治る役人にして、其君一身の使ひものに非ず」「是を其君一己の私に従ふものと思ふは天職を私するなり。（中略）孟子に『民為貴、社稷次之、君為軽』と云へるも、君臣共に皆民の世話やきのために天より設けたる役人なるゆへ、民を本とすることを云しなり。聖人の道を知んと欲せば、唯天に本づきて見るべきなり[89]」と述べながら、更に、「道を以て君に事へながら、所詮我君に道を行はしむること我力らにあたはずと見たらば、辞退せざるは不忠なり。故に孟子も『有官守者、不得其職則去、有言責者、不得其言則去』と云り。（中略）其職に申し付るは是を用るためなり。君の是を用ひざるは、用に不立と思ふ故なり。用に不立とも罪もなければ、殺すことも追払ふこともならず。用に不立と思ふものを抱おくは無益なり。無益のものを抱置ては、又別に挙げたき人有ても、禄位不足して是を挙ることもならず。人臣、是を知て自ら退くは、君臣の礼譲なり[90]」と述べている。

ただ彼の考え方では、「君臣」というのは幕藩体制の内部を主に指していて、来たるべき「一君万民」の「君」

を指していないことも確かである。次のように述べている内容からそれを確認することができよう。

「或云。禄を辞して退くは可なり。他国に往て二君に事るは如何あるべきや」という質問に対して、「天地の間、各各その職分ありて閑人なきこと天道なり。故に士農工商を四民と云て、士に生れ付たるものは、君の手伝ひをして民を治ること、その天職なり。（中略）我国に居て民を治めがたきと見たラバ又他国の君に手伝ひて民を治ること、士に生れ付たる天職を空くせざるなり。（中略）孔子の時は周の天下にて、天下の民皆周の厚恩を蒙りたれば、他国に往て道を行ても皆周の厚恩を報る事なり。（中略）神州は開闢以来、天照皇大神の恩波に浴し、その神胤歴々として今に現存ましまして他姓を交へざる国なれば、恩義厚薄、他邦と大に異なるべし。其厚恩を受て生れ付たるものは、それだけ厚く報ひ奉るべき事、是亦天道かと存じ奉るなり」(91)。

ここには新しい傾向性が見て取れる。それはすなわち、固より封建体制のもとで、最も強固でパーソナルな主従制が、否定し難いほど衰えはじめたということである。それぞれの藩主に対する忠誠の対象の移転が、はっきり見られるようになった(92)。しかし、その主な根拠は、西洋よりも伝統儒学から得ていたといったほうがより正確ではなかろうか。幕末封建制の衰退に伴い、明治の中央集権主義つまり郡県制への移行は、必ずしも西洋だけの影響によったものではないであろう(93)。

吉田松陰も、中国の周の制度に依拠しながら、幕末の現状をかなり厳しく見つめている。「抑周室の制、其詳を知り難しと云とも、吾常に周制に就て感する所あり。其天子公侯伯子男を五等とし、君卿大夫上士中士下士を六等とす。周制毎事斯の如し。籍田の礼葬月の数の類、惣て皆然り。其意蓋し謂らく、天子と云は公侯より一等を尊するのみ、君と云は卿大夫より一等を高くするのみ、故に三代の時は人君敢て高崇を以て人に矜伐せす、恭謙にして下を待つ礼あり。是を以て国家和睦なり。春秋戦国の間、人君の威徳日に薄く、臣下日に驕り、終に田氏斉を簒ひ、韓魏趙晋を奪ふ如きに至り、其終り君臣の礼全く廃す、故に秦興て天子となり、君臣の大分を定む、積弊を一時に改め、愉快を目前に取ると云とも、是よりして三代の美意絶て存せす、以て今に至る。惜むへきの甚しきなり」と伝統中国の歴史を顧みながら、君臣の懸隔を益々拡大したことに対して批判していた。更に日本のことに及ぶ。「本朝の如きは君臣の義固より外国の比に非すと云とも、天子は誠の雲上人にて、人間の種にはあらぬ如く心得るは、古道曾て然るに非す。王朝の衰へてより茲に至り、又茲に至りてより王朝益々衰ふるなり。此義詳に明主の前に陳する者あらは、必す超然として古道に進む者あらん。然とも是亦卒爾に説かたし、卒爾に説て卒爾に聞く時は、却て権奸の口実となし、乱臣賊子跡を本朝に踵くに至らん。是誠に恐るへし」。ここには日本古代の天皇制を中心とする郡県制への指向がはっきり見える。

そして「友也者友二其徳一也」という孟子の言葉について、「此一句是全章の骨子にして、遂に百乗之家小国の君大国の君より天子に至る迄、匹夫を友とするを論するなり。今の王公貴人誰か此章を読さらん、而して其能く匹夫を友とする、吾未た是を聞かす。享保正徳の際、諸侯駕を枉け陋巷の賢者を顧みられたること、猶或はこれあるよし。今は則其風断々乎として地を掃へり」[94]と述べた。

また、彼は孟子の「貴戚の卿」と「異姓の卿」の議論について、次のように論じる。「則易位と則去と皆大権にて、殊に我国今日に在て論すへきことには非れとも、(中略)要之大臣たる者は、貴戚異姓に限らず、国家を憂ふること如此なるへし。而して易位と去とは皆権也。若し其常経を論せは、諫めて死するあるのみ。然とも易と去と死と此三臣あらは、国家亦恃むへし。如何せん世の暗君庸主、此臣の恃むへきを知らすして、特に是を忌憚するを知るのみ。明主は然らす、此様の臣を培養して後世に遺し、永く国家の鎮とする也」。また「簒弑の端を開く、聖賢の言に非す。宜しく削り去るへしと云、如何。且君如何にして臣如何ならは、位を易へて可なりや」という質問に対し「孟子曾て言あり、伊尹の志あれは可なりと、一語已に尽せり」[95]と答えた。伊尹はいわゆる「湯武革命」の商湯を補佐して夏桀を倒した大変な賢臣であったから、吉田においては君臣の絆というより「国家」

（この場合は藩府であろう）の利益の方が先とされ、またそれまでの日本の伝統的武士のただ「君に死す」というしきたりに対し、孟子の「君の位を易える」「君の元から去る」という二つの選択を「権」としながらも、敢えて加味した。時代の変化を先取りしたといえよう。

現状改革の場で、幕末の改革者は、遠い昔から異国の儒学より得た栄養を十分に吸収・蓄積した素養を土台として、基本的に封建制を破壊する方向を指向していることも否定できないであろう。もちろん当時、直接西洋から、また魏源の『海国図志』を通じて西洋のいろいろな知識も得てはいるが、佐久間象山や横井小楠らが主張したように、それは主に三代の原理に通じるもの、「東洋の道徳」に資するもの、あるいは「聖人の功用」に似通うものとしか考えられなかったと言えよう。(96)

三　天下秩序の形成への参加と公議

天下公共には、「士」として天下秩序を形成することへの積極性と参加、また政策の形成や政治方向性が公に議論されるべきだということも含まれているわけである。中国や朝鮮の場合、郡県制の成熟は、科挙制という官吏の選抜制度の成熟につれて知識人官僚層も厚さを増してきたし、またそういう士大夫層が政治的議論・政治的批判の風潮を形作った。そしてその場合、必ずある普遍的原理に基づいて、そのような政治的批判を敢行した。そして近世日本の場合は、まず儒学教育の受け入れによって武士層、特に下級武士層が頻繁に政治を議論するようになって、その延長上に幕末の社会変革につながるような議論が出てきたということも考えられる。それは内外苦境を乗り越えるため、封建制に常に見られる意見の分散を集中する方法でもあり、更に新しい方向を決める際の重要な一つの基準でもあった。

伝統中国の場合、確かに士大夫が政治的議論に参加し、「輿論」の形成にかなり主体的に参与していた。また、諫議や皇帝の日常言行を記録するという史官制度も敷かれていた。例えば、唐の太宗が大臣と交わした次のような会話からそれが窺える。

貞観十四年、太宗謂二房玄齢一曰「朕毎観二前代史書一、彰レ善癉レ悪、足レ為二将来規戒一。不レ知自レ古当代国史、何因不三令二帝王親見一レ之」。対曰「国史既善悪必書、庶三幾人主不レ為二非法一。止応畏レ有レ忤レ旨、故不レ得レ見也」[97]。

特に明末清初の血火の試練を受けた知識人らは、君主専制主義への批判を激しく敢行している。例えば、黄宗義は次のように述べている。「天子之所レ是未二必是一、天子之所レ非未二必非一、天子亦遂不三敢自為二非是一、而公二其非是於学校一。是故養レ士為二学校之一事一、而学校不下僅為二様式一而設上也」[98]。清王朝になると、厳しい鎮圧の元、そういう政治的批判は一応沈静化したかに見えたが、清末になると再び盛り返されてきた。

近世日本の場合、儒学経典による自己検証という反省的契機を得て、武士の儒学素養の高度化に伴う政治的意欲や発言力も高まってきたといえよう。幕末期に入ると、処士横議という風潮が広まって、明治維新につながっていくわけであるが、それは、東アジアにおける思想的文脈と無関係ではないように思われる。儒学に賛成するのも、反対するのも儒学的政治議論から思想の衝撃を受けていたに違いない。

かつて中世の激しい戦いの中で全国制覇を遂げた徳川幕府は、戦国の武家法を吸収しながら「武家諸法度」を作り出した。その中の原則の一つは、各藩間のつながりを切断することであった。「自レ今以後、国人之外、不レ可三交置二他国者一事（略）。凡因レ国其風是異。或以二自国之密事一告二他国一、或以二他国之密事一告二自国一、佞媚之萌也」[99]。幕末期のイギリス公使オールコック（一八〇九〜九七）は、それについて次のように記している。「厳格な法規は大名たちが互いに訪問し合うことすら禁じている。このことは、ある日閣老たちが私に、謁見室に並んで座っている大名たちについて、わざわざはっきりといってくれたことである。大名たちは、互いに友人であり、同僚でありながら、お互いに同士の家のしきいをまたぐことは許されていないのである」[100]。

武家諸法度の基本精神について、広瀬淡窓もかなり痛烈な批判をしている。「諸事秘密閉固することなり。目見の時、人君の面を見ことを許さず、又言をもかけ玉わぬこと、一概に尊倨のみに非ず、秘閉より起れり。（中略）君と下民との間近く互に相知る時は、奸臣ありても其中に於て邪計を行ふこと成り難し。故に君を勧めて務めて自閉蔵せしめ、下民との間を隔る様にするなり。（中略）但し今時は臣下たる者、一々姦計を存るにも非ざれども、文盲なる僻に、大名は是非かくある可しと心得たる者もあり。畢竟人君に不利なることなり。また家老以下も其風を見習ひ、同列にも容易に対面せず、諸事掩ひ蔵すを主とす」。また、外部に対しては、「国中の事さへ如此なれば、隣国に対しては尚更なり。今時何方も武士を他国に出すことを忌嫌ふ。是は国の虚実を他方に明さんかと云ふ心遣なり。今時天下混一して同く一君に奉ずるの時なれば、戦国割拠の時に比す可からず。（中略）夫士大夫は四方の事に任ずる身なれば、間暇ならば日本国中をも遊歴させ、世上の様子を見聞させたるこそ、事ある時の用に立つべきことなり」(101)。

古賀精里は、幕府の専属儒者らしく、広くさまざまな人びとと交友している。彼の記事によると、「人之居㆓侯国㆒、目之所㆑睹、耳之所㆑聞、廉者之所㆑辞、貪者之所㆑取、仕者之所㆔以為㆓得失辱栄㆒、不㆑過㆓一二百里之間㆒而已。朋友相与飲食徴逐、無㆓異人㆒焉。横口之所㆑論㆓朝野利病、米塩瑣屑㆒、無㆓異談㆒焉。畜㆑妻長㆑子、生㆓於斯㆒、死㆓於斯㆒、固其分之所㆑限、不㆑願㆓乎外㆒、以安焉可也」と、幕藩体制のもとで、各地方社会の人間がかなり狭い世界の中に閉じ込められる状況を如実に語り、「如㆓道術之士㆒、則有㆓不㆑然者㆒焉。貽㆑書往来、命㆑駕相訪、蹤跡不㆑局㆓於封疆之域㆒、而議論馳㆓騁於宇宙之間㆒、是吾党之適而流俗不㆓得而与㆒也。癸丑冬、豊州中津侯臣大江君将㆑之㆓瓊浦㆒、経㆓由敝邑㆒、儼然臨焉。蓋余嘗識㆓君於京師之寓㆒、距㆑今二十年矣。観㆓其弁益雄、其学益博、文辞益富、而所業之医、益行㆓於其郷㆒。心窃異㆑之、相留一夕、見㆓異人㆒而聞㆓異談㆒、亦寒郷之奇逢也。然君子之道、豈尚㆑異云乎。其所㆑異則流俗、而所㆑同則道術也。故曰、一致而百慮、殊㆑途而同㆑帰、聖賢修己治人之道、以及㆓百家医卜之事㆒、莫㆑

不三各有二一是之帰二」[102]と、学問の流派にしても、職業にしても、かなり違っていることを意識しながら、その共通点を探るべく、互いの交流や友情に障害にならないよう、彼なりに対処していることがよく窺える[103]。

かつて遠山茂樹は、幕末の水戸学について「水戸学の著述のなかで、封事といった類の藩主への建言のもつ比重は大きい。しかもその建言は、藩主の心得を説き藩政の改革を述べながら、同時に幕政、また日本全体の政治への批判に通ずるものがあったのが、特色である。諸藩の志士は、水戸学の著書を通して、自藩という枠を超えた全国的視野の眼をひらかれたし、水戸藩の学者の言を借りて、彼らの『分』を超えた幕政批判の主張を公にできた」と評価し、更に「儒学的名分論の思考の特徴について、『君臣上下、華夷内外、是非善悪の一定の型にはまった抽象的理念をもって、複雑な現実を割り切り、これに超越的な規準に基づく価値判断を下すにあった。そこでは生きた具体的な現実をすなおに観察し、現実の動きを内在的に理解しようとする態度は見られなかった』と私は書いた（遠山著『明治維新』五九頁）。津田左右吉博士の名著『文学に現はれたる我が国民思想の研究・平民文学の時代』に学んでの判断である。だが幕末水戸学にあって、名分論をもって、現実政治からえた深刻な危機意識を押し殺してしまわなかった、いわば両者が互に働きかけあう関係にあったことが注目される[104]」とも反省している。

日本の独自性を強く主張している吉田松陰は、官吏の黜陟について「凡古は黜陟賞罰、衆論の公を取る[105]」と主張するだけでなく、謚号のことについて、「謚の事吾固より是を疑ふ。何となれは秦の始皇帝か云如く、子として父を議し、臣として君を議するの道なれは、忠孝の訓に害あるか如し」と述べ、最初、秦始皇帝の謚号を廃することに賛成した[106]。しかし、よく考えた末、彼は次のように結論を出した。「然れとも謚法廃する時は公道従て廃す、人主何の戒むる所あらんや。吾反復之を考て初て其説を得たり。蓋し謚法は周に起る周公の制作に出る所なり。周公は（中略）文王武王成王と一体の人なり。是を以て三王の心を以て己か心とし、謚法を制し、後世子孫天下諸侯に号令し今より後死喪の事あらは子父に私することなく、臣君に私することなく公義を明にし謚号を論すへし。三王及ひ吾身に於て少も忌諱することなく、天下後世の模範とすへし。是を以て後世臣子敢て君父を妄議するに非す、乃ち周公の法を挙して周旋するのみ。如是にして公道初て天下に行はる。周公猶以て足らすとす。是に於て故に左史事を記し、右史言を記する法を立、君臣の挙動言語逐一其実を記して毫も回避することなし。是に於て公道益々行る。周公の後世を憂思すること至れり尽せりと云へし。而して後世公道日々廃し、事々私意に出つ謚法先つ廃し、史法又廃す。有志の士をして慨然堪さらしむ。今此弊を挽回せんと欲するも臣子に在て議し難き者あり、苟も英主起て三王周公の心を存し先つ謚法を復し、又史法を復し、務て公道を扶せは何事か是に尚へん。嗚呼、公道の廃する名教澌絶し、人心晦盲するに至る。豈懼れさらんや[107]」。更に「孔子の春秋、天下の邪正を定め百王の大法たることは、論を待たさることなり。其他列国皆史官ありて、時事を記することを掌とる。皆世教に於て大に裨益あり。其後歴代皆史官を廃せす。特に宋の制度の如き、宰相にて史館を兼、時政記と云て、榻前にて議論する所の詞を書し、起居注と云て、柱下にて見聞する所の実を書す。是を日暦と云。本邦にても古より史官あり、近世幕府列藩皆記録あり。然とも本邦古よりの通習として事を秘密する故、外人妄に其記を見ることを得す。是大に惜むへきなり。凡そ史に二益あり。一つは時事を直書して少しも忌諱することなけれは、官吏畏避する所ありて悪をなさす。勧励する所ありて善を勤む。二つは学者記録を見ることを得れは時事の得失、措置の善悪を熟知し、他日官に当るの資となること多し。願くは史局を開き良史を撰ひ、春秋の遺意を尋ね一書を編輯し、遍く官吏学者に見せ度事なり[108]」と述べる。こういった大胆な主張は、伝統儒学から来ていることは間違いなかろう。

儒者の三島毅（一八三〇～一九一九）が幕末の激動を目の前にしながら、こう述べている。「あの時分が嘉永から安政に移る（中略）頃であります。亜米利加のベルリが来て、それから目が覚めて彼是と外国の事を議論をするそろそろ初まりの世の中で、所が今は政治家といふものがありますが、其時分政治を談ずるといふ者は、唯漢学書生斗りで士族も遊惰で本当に学問をせぬ者が多い。商人や百姓といふ者は学問をせぬ事に極つて居る。それでお上の為され次第、其中に学問をして政治を論ずる者は漢学書生で、書生が天下国家を論ずるといふ時世であつた。それで其時分は文章が大に流行つた。学者で文章を書かぬと、学者でない様に言つたから、吉田先生も随分文章に骨を折られた[109]」。そして、「それから二度目にベルリが横浜へ来た。（中略）其時分は洋学の先生もあるが洋学は大概お医者さんといふ者で、国家の事に関係せぬ事になつて居る。外国に接するにも漢学者で、林大学頭が一番に応接に出た[110]」。幕末期における儒学者の政治的積極性と立身出世への衝動とを見事に描いていると言えよう。それは明治時代に入ると、伊藤博文が「士人年少稍や才気ある者は、相競ふて政談の徒とならんとす。蓋し現今の書生は、大抵漢学生徒の種子に出づ。漢学生徒往々口を開けば輒ち政理を説き臂を攘けて天下の事を説づ[111]」というほど自由民権運動にも脈々と続いていった[112]。

かつて、尾藤正英は近世日本の公論の尊重における儒学の影響について次のように反論した。「その『天』の観念を生み、儒学の思想的権威が日本よりはるかに強かった中国において、必ずしも日本の場合と同様な『公論』尊重の風潮が政治上に重要な役割を果たしたとはみられないことが注目される。とすれば私たちは、この風潮を生み出した要因を、日本近世の社会構造やそれを支えていた意識の中に、探求することを試みなくてはならない」と主張し、その主な要因を近世日本の封建体制の構造と日本伝統的「合議制」に求めた[113]。確かに、近世日本の公論尊重の社会的風潮についての説明はかなり納得できるが、一方これまで検討してきたように、東アジアにおける、特に儒学を中心に形成された政治議論の強い影響も無視できない。「士」の天下秩序の形成や公論に参加するという正当性の意識や倫理的衝動が、当時の人々の儒学的思索の中で多く見られることは、よくそれを物語っているると言えよう。ただ、中国にも日本にもある程度言えることかもしれないが、そういう段階では、大体においてただ議論して「お上」の諮問に応じるだけのもので、更に一歩進めて一般民衆による民主政治につながっていけるかどうかについて、われわれはもっと探求すべきであろう。

ペリー提督が率いる黒船がもたらした衝撃や幕藩体制自身の矛盾は、当時の日本各藩の発言力を増強し、下級武士を刺激し、幕末に向けて徐々に天下公議・公論の風潮を促しつつあった。[114] そこでは、西洋からの影響は無視できないながらも、当時活躍していた武士の政治的意識は儒学的素養を基本としていたことも疑い得ないことであろう。それ故に、歴史的流れとして、また改革の論理的な結果として、郡県制への移行という表現を採るしかなかったのであろう。

おわりに

封建と郡県の是非・当否について伝統中国における議論は歴史的に古くて長い。しかし、そういう議論はよく「天下公共」と関連しながら、問題提起されていた。即ち伝統中国の知識人には、この二つの体制のどっちが良いか、どっちが悪いかという問題より、それぞれいかに短所を補いながら、長所を伸ばしていくか、というところに重点が置かれていった。したがって、封建制が良いとされても、決してそれに戻ることなく、却ってそれによって現体制は常に批判したり、補強したりされていた。

そして、近世日本においては、多くの儒者が日本こそ封建制に恵まれ、「三代」という儒教風の理想郷であると自負していた。しかし、小論において粗削りながら検討してきたように、表面上郡県制を拒否しながらも、現状を打破すべく、多面性をもつ儒学思想の中から封建制の原理・原則に反するものをも取り入れざるを得なかった。それは期せずして近代日本の郡県制へと合流していった。

もちろん、伝統中国と近世日本の政治・社会体制には大きな違いがあったし、[115] 現状もかなり流動的で、また多様な要素も働いていた。しかし、双方ともに漢字文化という共通する表示符号があり、程度と範囲が違っても「儒学」という知的共同基盤があったからこそ、互いに「自他」の「異同」を認めながら、それぞれの伝統的文化資源への再認識と反省、またそれによる自己改革への指向などが、社会体制が内外的な危機に瀕する際、常に現われたのである。もし東アジアの近代化が西洋の圧力のもとで進められたとしても、以上のような東アジアの文化的前提条件も無視できないはずであろう。

(1) 安部健夫『中国人の天下観念：政治思想史的試論』(ハーバード・燕京・同志社東方文化講座委員会、一九五六年)、西順蔵『中国思想論集』(筑摩書房、一九六九年)、溝口雄三他『中国思想文化事典』(東京大学出版会、二〇〇一年)などを参照。

(2) 増淵龍夫、溝口雄三諸氏による中国近世・近代における「封建＝地方自治説」という問題提起は実に意義大きいが、小論においては、近世日本の「封建的」体制から「郡県的、中央集権的」体制への移行過程が中心に検討されるため、おのずから問題への視角も違ってくる。

(3) 『通議』巻一「論勢」(『頼山陽全書』全集中、頼山陽先生遺蹟顕彰会、一九三二年)。

(4) 朱舜水が「此国に来り、はじめて封建の世の風儀といへるものを親く見て、誠に三代の聖人の法こそ有りがたく覚ゆれ」と語ったという。雨森芳洲「たはれぐさ」(上)を参照。そして、梁啓超もかつて中国とヨーロッパ・日本との間における封建制の時期と壊滅の仕方の違いについて論じていた(「中国専制政治進化史論」第二章附論「中国封建之制与欧洲日本比較」一九〇二年、『飲氷室文集』第一冊)。

(5) 『朱子語類』巻一〇八「論治道」。

(6) 『山鹿語類』巻第九(『山鹿素行全集』思想編五巻、岩波書店、一九四一年)一三四頁。

(7) 『平書訂』巻二「分土第二」。

(8) 本論文集の林論文を参照。

(9) 前掲『山鹿語類』巻第九、一三五頁。

(10) 「郡県議」明治二年(『西村茂樹全集』一巻、思文閣出版、一九七六年)三七二頁。

(11) 思想の連鎖については、山室信一の『思想課題としてのアジア』（岩波書店、二〇〇一年）など一連の成果から示唆を受けた。

(12) 渡辺浩の次の指摘は示唆に富む。「徳川日本において、一見単純自明な中国古代の『封建制』への形式的比定さえ、一面で儒教受容の好前提をなしながら、他面容易ならざる紛議の発端をなしたことは既に明らかであろう。もっとも少なくとも初めの段階ではこれは一種の擬似問題状況といえるかもしれない。現実の中の矛盾は理論闘争の形をとったというよりは、直接には漢語的表記が問われたことの示すように、矛盾はむしろ外来の思想と現実との間にあったからである。しかし、そうでありながらも、正にその矛盾が、日本の儒者達に舶来『学問』の直輸入に安住することを許さず、それぞれの背景から独自にそれを応用し修正しつつ論争することを促したのである。しかも恐らくそれが、やがて現実の側の変質をもたらす一要因となったのである」（『近世日本社会と宋学』東京大学出版会、一九八五年、三九頁）。

(13) 今まで日本の学界では、伝統中国の封建郡県論から近世日本に大きな影響を及ぼしていたと詳しく論じられているが、浅井清は『明治維新と郡県思想』（岩松堂書店、一九三九年）で近代日本の郡県制への移行における西洋の影響を中心に考えており、また、石井紫郎が『近世武家思想』（岩波書店『日本思想大系』二七巻の「解説」、のちに『日本人の国家生活』東京大学出版会、一九八六年、に収録）で、それを日本政治や体制の自生的変動を中心に捉えている。何れも示唆に富み、筆者も教わるところ大であったが、古い儒学の影響も、明治維新という近代日本への始動に対して一つの推進力となったことを閑却された面は否定できない。

(14) 魏の曹冏（字元首、三世紀前期頃）は「昔夏殷周、歴レ世数十、而秦二世而亡、何則三代之君与二天下一共二其民一、故天下同二其憂一。秦王独制二其民一、故傾危而莫レ救」（「六代論」）と解釈していた。

(15) 「天子とは、帝の適長子であり、（中略）ところで、天子という名が、爵姓中の最も長兄、乃至、始祖帝爵の諸子中の適長子という意味であるならば、この天子に対して諸侯が称せられた名は、子爵、乃至、始祖帝爵の諸子であろう。（中略）天子と諸侯とにおけるこういう関係は、当然のこととして、天子と諸侯とにおける兄弟関係の成立を予想せしめるものであろう」（『山田統著作集』四巻、明治書院、一九八二年、四〇四～五頁）。

(16) 王国維が卿大夫の世襲制を否定していたが（「殷周制度論」、『観堂集林』二冊、中華書局、一九八四年、に収録）、ほかの学者は逆にこれを認めている。ただ、主な傾向としては、春秋戦国時代が時代が下がるにつれて、卿大夫の世襲制がなくなっていたと言える。瞿同祖『中国封建社会』（初版一九三六年、上海世紀出版集団、二〇〇五年）、侯志義『采邑考』（西北大学出版社、一九八九年）、何懐宏『世襲社会及其解体』（三聯書店、一九九六年）などを参照。

(17) 「衛人討二寗氏之党一、故石悪出二奔晋一。衛人立二其従子圃一、以守二石氏之祀一」（『左伝』襄公二八年）。
(18) 『孟子』「離婁上」。
(19) 『読通鑑論』巻六「光武三」。
(20) 同右、巻二九「五代中」。
(21) 『礼記』「礼運」。
(22) 公権『中国政治思想史』（一九四〇年代出版、遼寧教育出版社、一九九八年）二章六節で、それについて紹介している。
(23) 『呂氏春秋』巻一「貴公」。
(24) 同右「去私」。
(25) 『新序』「節士第七」。
(26) 『孟子』「万章上」。
(27) 張分田が「古代思想家は確かに一般的に賢能への禅譲の『官天下』と子に世襲させる『家天下』とを区別し、その高下を論じていたが、しかし、その『公天下』と『家天下』とを直接に対立させ、それらを二つ違う政治制度と見なしている人は少なかった」と指摘した（『中国帝王観念』中国人民大学出版社、二〇〇四年、四二一頁）。しかし、一方、牟宗三は「家天下」がまだまだ私心によるもので、「公天下」の民主政治とは程遠いとし、儒者の理想がむしろ後者にあると指摘していた（増訂新版『政道与治道』新版序、台湾学生書局、一九八〇年）。
(28) 『孟子』「万章下」。
(29) 「黒田長政遺言」（『近世武家思想』、『日本思想大系』二七巻、岩波書店、三三一頁）。
(30) そういう意味で、近世日本の場合、大名の「押込」の政治的行動の中、儒学の「公共性理念」が働いていると指摘されている（笠谷和比古『主君「押込」の構造――近世大名と家臣団』平凡社、一九八八年）。土地と領民は名目上、主君たる大名によって所有されているが、実はその個人に所有されず、その一族に所有されるという考え方が大きく働いているとも考えられよう。
(31) 『春秋繁露』巻七「尭舜不二擅移一、湯武不二専殺一」第二五。
(32) 「王命論」（『漢書』巻一〇一上）。
(33) 「封建論」。
(34) 同右。

(35) 同右。
(36) 『読通鑑論』巻一「秦始皇一」。
(37) 同右、巻七「安帝七」。
(38) 同右、巻八「霊帝九」。
(39) 小沢栄一『近世史学思想史研究』吉川弘文館、一九七四年、四五〇頁。
(40) 『謫居童問』三三（『山鹿素行全集』思想編一二巻、岩波書店、一九四〇年）三五八頁。
(41) 『山鹿語類』巻九（『山鹿素行全集』思想編五巻）一三六頁。
(42) また、階層的「職分制」としても捉えられえる。石井紫郎『近世武家思想』（『日本思想大系』二七巻、岩波書店）の「解説」（のち『日本人の国家生活』東京大学出版会、一九八六年、に収録）を参考されたい。
(43) 「言志録」（『全集』一一巻）二七六頁。
(44) 同書で、吉田松陰が「……近世西洋究理学を修する者、孔子も日食を知らさるとて、聖人を誹り、天動地静の説を以て周易を議し、又儒を学ふ者も、是等を以て聖人の恥とするに至る。其誹るも恥るも皆瑣事小節にして、其道に於て軽重なきは同しき也」（『講孟劄記』巻之四）と述べている。
(45) 『講孟劄記』巻之一。
(46) 同右、巻之四。
(47) 「君職」（『春岳遺稿』巻一、松平家蔵版、明治三四年）七〜八頁。
(48) 「民為貴説」、同右、三七〜八頁。
(49) 「民為貴説」の中で、「英人」の言葉が引用されているから、明治以後の文章と考えてよいが、前にあった「民有」という言葉がなぜ消えたかは、明治以後の天皇制の確立の過程とあわせて考えるべきであろう。
(50) 『中国の公と私』研文出版、一九九五年、五六頁。
(51) 『日知録』巻三。
(52) 丸山真男『日本政治思想史研究』（東京大学出版会、一九五二年）第三章を参照されたい。
(53) 石井紫郎が「封建制と幕藩体制」（『日本人の国家生活』東京大学出版会、一九八六年）の中でそれについて詳しく論じている。
(54) 拙論「田口卯吉における市民社会像」（広島史学研究会『史学研究』一七三号）、「文明開化のコース：福沢諭吉と田口卯吉」（同、一八〇号）でそれについて部分的に触れている。

(55) 『尚書』「泰誓上」。

(56) 『呂氏春秋』「勧学」。

(57) 『中庸集注』「章句序」。

(58) 鄭家棟『断裂の中の伝統』（中国社会科学出版社、二〇〇一年）第三章でそれについて論じられている。

(59) 「太平策」（『荻生徂徠』、日本思想大系三六巻、岩波書店、一九七三年）四五六頁。

(60) 荻生徂徠の封建郡県論については本郷隆盛「荻生徂徠の封建論」（『日本思想史学』二三号）を参考されたい。

(61) 『夢の代』巻五「制度」。

(62) 同右。

(63) 『論語』「子路」。

(64) 『孟子』「公孫丑上」。

(65) 「貞観初放レ榜日、上私幸二端門一、見下進士於二榜下一綴行而出上、喜謂二侍臣一曰：天下英雄、入二吾彀中一矣」（王定保『唐摭言』巻一五）。

(66) 岩倉具視は「鎌倉依頼の武士はうまを駆り刀槍を提くるの戦闘者たるに過きさりしも徳川中葉以後は文学大に開け地方に学校あらさるなく士族たるもの身文武の業を修むるを以て常識とし其子弟学問に就かさるものは幾んと希なり」と述べる（『岩倉公実記』皇后宮職御蔵版、明治三九年、下巻、六四四頁）。また子安宣邦が「日本近世におけるこの時期（一八世紀後期〜一九世紀前期）は儒学を軸とする知識・教養の形成が当時の支配階級であった武士社会のかなり広い範囲にわたって行われていった時期である」（「儒教にとっての近代——日本の場合——」、季刊『日本思想史』四一号、一九九三年、九頁）と指摘している。したがって、かつて石井紫郎が「近世日本にはいわゆる業績主義・能力主義と身分（「筋目」）主義とが併存し、微妙にバランスをとっている（『近世武家思想』解説、岩波書店。一九七四年、五〇三頁）と指摘したが、江戸中期以降、能力主義の考え方は、多く儒学に依拠していたことも疑えないだろう。

(67) 「賀松尾生釈褐序」（『精里全書』、『近世儒家文集集成』一五巻、ぺりかん社）二〇七頁。

(68) 「贈大槻生序」同右、二二八頁。

(69) 例えば、彼は次のように述べる。「彼漢魏以下之学、豈皆得二其正一耶。及二其設レ科取レ士、則巧文麗辞、博覧雄弁、若レ不レ可二企及一。而或以二講道之学一、為二射利之資一、無レ補二倫理一、適以傷レ之」（「川窪学舎記」同右、二六二頁）。

(70)『講孟劄記』巻之一。
(71)同右、巻之三。
(72)近世日本の荻生徂徠の聖人観については、日本学界の研究蓄積に学びながら、拙論「幕藩体制の危機と儒学」(復旦大学日本研究センター『日本研究集林』一九九九年一号)で簡略に論じている。
(73)『論語』「先進」。
(74)『荀子』「子道」。
(75)『孟子』「尽心上」。
(76)朱子『論語集注』「八佾」。
(77)溝口雄三他『中国思想文化事典』(東京大学出版会、二〇〇一年)の「君臣」条目。
(78)「疑孟・斉宣王問卿」(『温公文集』集六四)。
(79)『明夷待訪録』「原君」。
(80)尾藤正英『日本封建思想史研究』(青木書店)、渡辺浩『近世日本社会と宋学』(東京大学出版会、一九八五年)、また中国と日本との社会史的比較研究においては、小林一美「中華世界帝国と封建体制——家産相続制度からみた国家・社会の比較——」(中村義編『新しい東アジア像の研究』三省堂、一九九五年、収録)など参照。
(81)「告志篇」(『水戸学』、日本思想大系五三巻、岩波書店、一九七三年)二一二頁。
(82)『集義和書』巻第八「義論之一」(『熊沢蕃山』日本思想大系三〇巻、岩波書店、一九七一年)一四六頁。
(83)「迂言」(『近世政道論』、『日本思想大系』三八巻、岩波書店、一九七六年)三二四～五頁。
(84)「近世の法と国制研究序説(一)」(『国家学会雑誌』九〇—一・二)一六頁。
(85)「内藤泰吉に告ぐる語」(嘉永三年八月、山崎正董編『横井小楠 遺稿篇』明治書院、一九三八年)七二五頁。
(86)「藩政改革に関する建白」文久二年。
(87)園田英弘『西洋化の構造』(思文閣出版、一九九三年)を参照。
(88)それは何時ごろの作品についてはは定かではないが、ただ編集者の一人の瀬谷義彦が会沢の晩年の作と推測した(『水戸学』日本思想大系五三巻、岩波書店、一九七三年、五〇四頁)。
(89)同右、三五四～五頁。
(90)同右、三五六頁。

(91) 同右、三五九〜六〇頁。しかし、ここで興味深いのは彼のこの見方は吉田松陰の「孔孟生国を離れて、他国に事へ給ふこと済まぬことなり。凡君と父とは其の義一なり。我君を愚也、昏なりとして、生国を去て他国に往き、君を求るは、我父を頑愚として家を出て隣家の翁を父とするに斉し。孔孟此義を失ひたまふこと、如何にも弁すへき様なし」(『講孟劄記』巻之一)という批判を否定しているところである。

(92) この点について、緻密な分析を行われた丸山真男『日本政治思想史研究』(東京大学出版会、一九五二年)第三章を参照。

(93) これについて、本論文集の執筆者の一人の前田勉の結論と筆者の意見との間一致しない点がある。前田氏の論文を参照されたい。

(94) 『講孟劄記』巻之三。

(95) 同右。

(96) 横井小楠について、平石直昭「主体・天理・天帝――横井小楠の政治思想」(東京大学社会科学研究所『社会科学研究』二五巻六号)、源了圓「横井小楠における『公共』の思想とその公共哲学への寄与」(『日本における公と私』、『公共哲学』3、東京大学出版会、二〇〇二年)、苅部直「『利欲世界』と『公共之政』――横井小楠と元田永孚」(『国家学会雑誌』一〇四巻一・二号)、「『不思議の世界』の公共哲学」(『二一世紀公共哲学の地平』、『公共哲学』一〇巻、東京大学出版会、二〇〇二年)などを参考されたい。

(97) 『貞観政要』「文史第二十八」。

(98) 『明夷待訪録』「学校」。

(99) 「武家諸法度」(慶長二〇年、『近世武家思想』岩波書店、一九七四年)四五四頁。

(100) 『大君の都――幕末日本滞在記』、岩波文庫、一九六五年、四一頁。またそれについて、三谷太一郎が「幕末日本における公共観念の転換」で鮮やかに分析を行った(前掲『二一世紀公共哲学の地平』)。

(101) 「迂言」(『近世政道論』、『日本思想大系』三八巻、岩波書店、一九七六年)二八五〜六頁。

(102) 「送大江国手序」(『精里全書』、『近世儒家文集集成』一五巻)二一八頁。

(103) ハーバマスは、かつて近世ヨーロッパの都市において「文芸」を中心に始められた社会・政治の議論へと展開していった過程を鮮やかに描き出したが、この古賀精里の儒学・医学を中心に展開された議論の輪も同じような現象だと言えるかもしれない。ただ、ハーバマスが対象としているのは近世ヨーロッパにおいて経済的力を身につけてきた市民階層であったから、両者の類比にはかなり注意と慎重さが必要であろう。同著『公共性の構造転換』(未来社、一九七三年)を参考されたい。

(104)『日本思想大系』五三巻『水戸学』月報三二、四頁。

(105)『講孟劄記』巻之一。

(106)秦始皇帝が「如レ此則子議レ父、臣議レ君也。甚無レ謂」といって謚を廃止した(『史記』「秦始皇紀」を参照)。

(107)『講孟劄記』巻之三。

(108)同右、巻之一。

(109)「追頌演説」(明治四一年、帝國教育會『吉田松陰』弘道館、明治四二年)五二頁。

(110)同右、五六~七頁。

(111)「教育議」明治一二年(『明治思想集』Ⅰ、筑摩書房、一九七六年)二六七頁。

(112)自由民権運動の代表的思想家の一人の中江兆民と儒学との思想的かかわりを論じている松本三之介の「中江兆民における伝統と近代」という論文(『明治思想における伝統と近代』東京大学出版会、一九九六年)を参照。

(113)同著『江戸時代とは何か』岩波書店、一九九二年、一八八頁。

(114)島田虔次は却って儒学と「民主制」とのつながりを強調していた(「尭舜民主政?」、木村英一博士頌寿記念会『中国哲学史の展望と模索』創文社、一九七六年)。その学界における討論について、渡辺浩「西洋の近代と儒学」(『東アジアの王権と思想』東京大学出版会、一九九七年)を参照。

(115)周代後期の中国と近代日本とを比べれば、多くの類似性もあった。例えばそれぞれの国、「藩」の内部にはかなり「郡県制」の要素が見られるし、また「知行制」でなく「穀禄」=「扶持米」も共通の現象であった

II

中国における封建・郡県論

顧炎武「郡県論」の位置

林　文孝

はじめに

「封建・郡県」の議論領域において、顧炎武（一六一三〜八二）の「郡県論」（『亭林文集』巻一）が重要な位置を占めることは疑いない。じっさい、各種の先行研究がこの論の重要性を特筆大書してきた。そこでの位置づけのしかたは、大まかにいえば二つある。一つは、中国における「封建・郡県」論の一つのピークをなす明末清初の議論の典型例というもの、もう一つは、清末改革思想における「地方自治論」の一源泉というものである。[1]

ここではおもに前者の位置づけの再確認を課題とする。ただ、典型例だといえるとしても、それはどのような意味においてなのかを、同時代的な文脈に置き直すことによって明確化したい。そのために、この時期に「封建・郡県」論のかたちで取り上げられたいくつかの問題に即して、他の論者との比較を試みることにする。

この作業は、顧炎武を典型例とする明末清初の議論を、「封建・郡県」論の全体的連環のうちに位置づけることにもつながるであろう。「封建・郡県」という概念を運用することで何を問題としたのかは、中国の中でも時代によって異なりうるし、他地域とではまた異なるに違いない。そうした相違を超えて「封建・郡県」概念の再構成を模索することが、本書の課題の一つであるとすれば、本稿はそのための素材提供を志すものである。

まず、明末清初の著名な経世思想家を中心に、「封建」への距離の取り方を指標として議論の分布の粗い見取り図を描くとともに、顧炎武の暫定的な位置を定める。次に、顧炎武「郡県論」の主張の概要を示す。そこには、地方行政と対外防衛という二つの問題意識が有機的に結合した姿を見ることができるだろう。そして、この二つの問題は同時に、明末清初「封建・郡県」論の焦点でもある。それぞれの問題に即して他の論者と顧炎武とを比較するのが本稿の中心部分である。その上で、顧炎武の議論が明末清初の「封建・郡県」論に占める位置を概括するとともに、明末清初の議論の全体的特徴にも言及したい。

一　明末清初「封建・郡県」論の布置

明末清初期は、中国における「封建・郡県」論の一つのピークである。当時の思想界は、王朝交替という激動を経験したことも一因となって、政治上・経済上の現実的課題への関心が突出していた。いわば、経世思想家の時代であった。彼らの課題の一つが統治体制の問題であり、多くは「封建・郡県」の枠組みを用いて論じられた。彼らにとって、「郡県」とは現行の統治体制を意味し、「封建」とは上古に存在した別種の統治体制を意味する。そして、「封建・郡県」論は、たんに両者の得失のみならず、封建から郡県への移行は理想的な制度からの後退か、歴史的必然かという論点も加わったかたちで、すでに伝統的な論題であった。明末清初期の論者についても、郡県と封建に対してどのような距離を取ったかが、さしあたりの分類基準として有効である。(2)

一方の極として、封建への全面的復古を唱える立場がある。すなわち、郡県制の全面否定である。呂留良（一六二九～八三）、顔元（一六三五～一七〇四）がこれに該当する。『留書』封建における黄宗羲（一六一〇～九五）もこの立場である。

もう一方の極として、郡県制の必然性を承認し、封建への復古を否定する立場がある。王夫之（一六一九～九二）はこの立場だといってよい。加えて、顔元の高弟・李塨（一六五九～一七三三）も、表現の上ではここに分類してよい。

これらの極端に対して、中間的な意見が比較的厚く分布していると見られる。すなわち、封建制への全面復古ではないが、封建的要素を部分的に復活させることにより現状を改革せんとする意見である。

この中には、少なくとも二つの立場を区別することができる。一つは、郡県制と封建制を併用すべきだという立場である。もう一つは、郡県制を基本としつつ、その運用において封建的要素を導入すべきだという立場である。前者を郡県との並立的復活論、後者を郡県制の修正論と、かりに名づけよう。前者としては黄宗羲『明夷待訪録』方鎮の議論が代表的であり、王源（一六四八～一七一〇）と魏禧（一六二四～八一）の議論も数え入れることができる。これに対して、後者の代表例こそ、本論で中心的に取り上げる顧炎武である。陸世儀（一六一一～七二）もまたこの立場である。

以上が封建復活論と反封建論とを両極とする当時の議論の大まかな布置である。ただし、これはさしあたりの分類にすぎない。二つの理由を挙げよう。

一つは、議論の実質に立ち入っていないことである。たとえば、ある論者が封建的要素として論じている問題を、他の論者はそのように扱わない。また、ある論点に関しては、上記の分類を横断して共通の認識が成立している。いうなれば、議論の外貌と実質との間にはねじれが存在する。あとで見るように、反封建論者・李塨の主張は、実質的には顧炎武と非常に近く、郡県制の修正論といってよい(3)。すなわち、顧炎武が「封建」的要素として主張した内容を、李塨は「封建」と表現していないのである。

以上のことは、それぞれの論者が「封建」ということでどのようなことを問題化していたかを、論点ごとに突き合わせる必要があることを意味する。このことから、さきの分類が暫定的であることの第二の理由が導かれる。すなわち、「封建・郡県」への明示的な態度表明だけに着目するとき、同時代的な文脈の中での位置づけがかえって見失われる可能性がある。「封建・郡県」の枠組みでの議論が見られない非「封建・郡県」論者をも広く検討の対象とする必要があるだろう。本稿では唐甄（一六三〇～一七〇四）のみをその例として加えることにする。

では、こうした細分化した比較が可能となるように留意しながら、顧炎武「郡県論」がどのような論点を内包していたのかを見ていきたい。

二　顧炎武「郡県論」の概要

ここでは、まず顧炎武「郡県論」の骨子を提示する。次いで、その骨子に個別の論点を関連づけていく。最後に、顧炎武の議論がどの点で「封建」的であるのかを、個別論点を封建的要素と郡県的要素に整理するかたちで確認する。

「郡県論」の主張を一言で要約するならば、「封建の意を郡県の中に寓する」（「郡県論一」）というに尽きる。顧炎武の前提として、封建から郡県への変化は必然と考えられているから、あくまでも基本は郡県制である。ただし、一方には、現行の郡県制は弊害が大きくなっているという情勢認識があり、これにもとづいて封建的要素の導入が主張されている。

では、郡県制の弊害とはどのようなものか。「郡県論一」が指摘するのは、地方官が任地の民のために職務に打ち込めないことである。かえって事なかれ主義が蔓延しており、民の困窮、国の衰弱を将来している。この弊害の原因は、君主が官僚たちを信頼しておらず、コントロールが厳重すぎることである。この点、古の封建制は「公心を以て天下の人を待」するものであった。ここでの「公」とは、天下を人々と共同で統治する態度のことをいう。そして、封土の分与に、後世の郡県制とは異なる信任の関係を認めている。

「郡県論」の問題意識はこのようなものであり、そこから各種の改革主張が導かれている。その骨子は、次のようにまとめられるであろう。すなわち、民政を実効的なものとするために、地方官への過剰なコントロールを排除するとともに、地方行政をより地域に密着させる、ということである。

まず、過剰なコントロールを排除するために提起された論点としては、監察体制の簡素化が挙げられる。すなわち、任期一年の御史が巡察するのみとし、各種の常駐監督官はすべて廃止する（「郡県論二」）。したがって、県より上級の地方行政単位は郡のみとなる。これにより、上級への煩雑な対応がなくなるかわりに、治民の実効を挙げたかどうかだけが評定の基準となる（「郡県論三」）。

人事や財政に関する県の権限を強化する主張も、コントロールを軽減する措置としてとらえることができる。すなわち、県の行政組織の人事に関しては、中央の吏部の関与は丞（次官）までにとどめ（「郡県論二」）、各県の税収からの中央への納付は、必要経費に一定の余裕を見て控除してもなお余りがある場合のみとされる（「郡県論七」）。

次に、地方行政をより地域に密着させる方策は、県令の任用体制の改革に集約されるといってよい。すなわち、県令は本県千里以内の人を用いること、三年ごとの勤務評定を一二年目までクリアした場合は終身職とすること、さらには、その者が老齢や病気により交代する場合、子弟もしくは他人を推挙せしめることである（「郡県論二」）。最後の論点は、世襲をも可能にするということであり、顧炎武の議論でも最も「封建」的な要素である。

従来指摘されるとおり、この主張の標的が、回避制、不久任制による任用体制であることは明らかである。回避とは、地方官については出身地への任用を回避することであり、明代には南北間で回避するように厳格化されていた。不久任は、在任期間を長くとも三年にとどめようとすることである。両者はいずれも、官への不信が制度化されたものにほかならない。出身地における地縁・血縁、あるいは、在任期間中に形成される利害関係によって地方行政が私物化されることを警戒したものである。これに対して顧炎武は、こうした方策がかえって地方行政を空洞化させるとして、反対の主張を打ち出した。

県令の任用体制を改めることの効果は、どのような点に求められるのか。それは第一に、県令が自分の職務への明確な動機づけを得るところにある。顧炎武によれば、県令が任地の民を愛護することは自分のためである。それは県令の「私」なのではあるが、同時に民政の充実、天下の安定という全体目的（「公」）の実現でもある（「郡県論五」）。ここでは、回避制や不久任制が抑制しようとした「私」が、かえって「公」を実現させる動力として積極的に承認されている。こうした「私」的動機が成立する理由は、県令がその土地の風土をよく理解し、長期的に在任することを通じて、任地との一体的関係が形成されることに求められる。そして、子弟への世襲可能性は、この動機をさらに強化するであろう。

「私」的動機により達成される全体目的の中でも最も重要なのが、対外防衛である（「郡県論四、五」）。すなわち、県令はその任地を自分の土地と見なすため、外敵による蹂躙を許さず、死守しようと努める。これに対して、「官に定守無く、民に定奉無」き現行の郡県制では、盗賊・夷狄が「一州に至れば則ち一州破れ、一県に至れば則ち一県残《そこな》わる[4]」という状態に陥ってしまう（「郡県論四」）。

第二の効果は、胥吏の弊害の解消である。顧炎武の見るところ、実務担当者である胥吏たちの利害によって、地方行政は実質的に左右されている。その原因は、回避制と不久任制にある。地方官と任地との関係が薄いと、職務遂行を土着の胥吏に大幅に依存せざるを得ない。県令自身がその土地の事情に詳しく、かつ長期に在任するようにすれば、胥吏への統制が行き届くようになり、彼らが跋扈する余地はなくなるであろう（「郡県論八」）。

さて、県行政を地域に密着させるための方策としては、下級職員の任用に関する提言にも注目すべきである。すなわち、丞より以下、簿・尉・博士・駅丞・司倉・游徼・嗇夫に至るまですべて設置し、削減を許さない。簿以下については、県令が自主登用することとし、かつ本県の人を用いてよい（「郡県論二」）。これは、人事権の強化であるとともに、なるべく現地人を登用して行政スタッフを充実させることにより、周密な施政を実現させる意味がある。これについては、『日知録』巻八「郷亭之職」の第一条をあわせ参照するのがよい。そこでは、漢代に県の令長の下に三老・嗇夫・游徼を置いていたことを取り上げ、郷レベルまで周密な統治をはかる意図において、『周礼』地官に規定される職制とも合致することを指摘する。「故に古より今に及ぶまで、小官多き者は其の世盛んに、大官多き者は其の世衰う。興亡の途《みち》、此に由らざる罔《な》し」というのがその結論である。

以上、顧炎武「郡県論」での提言を要約的に見てきた。これを改めて「封建の意を郡県の中に寓する」という根本主張と関連づけたとき、何が「封建の意」であり、いかなる点で依然として「郡県」であるのかを、本節の最後に確認しておきたい。

「封建の意」の核心部分は、やはり、県令のあり方にかかわるであろう。監察体制を簡素化し、県令の権限を強化すること。回避をやめ、不久任をやめ、世襲さえも可能とすること。これらはいずれも、県令を任地と密着させ、その守護者たらしめるものである。行政スタッフの充実もまた、行政を地域に密着させる目的を共有する。

それに対して「郡県」的要素は、まず「県」を基本単位とした点に求められよう。そのサイズは「百里」とされる（「郡県論五」）。そのことにより、従来の封建論で懸念の的であった「尾大不掉」（尾が大きすぎて自由に操れない）の危険は抑止される。中央政府を脅かすほどの軍事勢力とはなり得ないからである（「郡県論四」）。また、県の上級たる郡については、太守の任期を三年と規定し、不久任制を採る（「郡県論二」）。

特筆すべきは、世襲可能な県令の地位についても、「郡県」的要素が併存していることである。すなわち、世襲の場合にも試験任用から始まり、以後、三年ごとの考績を経て一二年目に至らなければ終身在職は不可能である。また、任命権は中央の吏部が保持している。ここには、任命制、能力主義という郡県制の基本的特徴が貫徹しており、世襲の可能性はあくまでもその枠内でのことである。

こうした顧炎武の議論を同時代的文脈へと置き直し、その位置を測定しようとするならば、他の論者と共通の問題関心と思われる部分に焦点を当てて、それを軸に対比すべきである。そのために設定可能な第一の問題枠は、地方行政の問題である。そのさい、地方官のあり方が一つの中心的問題となることはいうまでもない。加えて、県もしくはより下位レベルの行政機構の問題が、もう一つの中心となるであろう。第二の問題枠は対外防衛である。防衛上の問題が封建論の伝統の上で大きなテーマであったことは疑いない。明末清初においては、とりわけこの問題が強く意識されてしかるべき背景があった。

以下、順次検討していこう。

三　地方行政論

(1)　地方官のあり方

地方官のあり方をめぐる顧炎武の主張には種々のモチーフが一体的に結びついているが、それらはいちおう独立の論点と見なすことも可能である。ここでは、権限の強化、反不久任・世襲可能という二つ（後者を分ければ三つ）の論点に即して、顧炎武の主張が同時代的にどの程度共有されるものであったかを見てみよう。[5]

まず、権限の強化という論点は、監察体制の簡素化と結びつく点も含めて、他の論者にも同様の主張が散見される。

陸世儀は「郡県の失、防制太《はなは》だ密に、権位太だ軽く、遷転太だ数《しばしば》なるに在り」（『思弁録輯要』巻一八）といい、反不久任の態度を含めて顧炎武と問題意識を共有している。そして、解決策として「今の郡県の制に循《したが》い、古の諸侯の爵を復し、其の事権を重くし、其の防制を寛くし、其の禄位を久しくし、封建の実有れども封建の名無く、封建の利有れども封建の害無し」（同上）というのも、「封建の意を郡県の中に寓する」顧炎武に近い。彼が主張する権限強化の内容も、「一邑の人才、自ら辟召を行うを得しめ、一邑の兵食、自ら調度を行うを得しむ」（同、巻一三）というとおり、人事・軍事・財政の各面にわたる。

王源の場合は、辺境地帯には同姓の藩王、内地には異姓の州牧を置き、両者ともその下に郡県を統括するという体制を構想している（李塨『平書訂』巻二引『平書』）[6]。すなわち、封建と郡県の併用である。そして、郡県のあり方については「郡県の害を去り、封建の利を兼ぬる」（同上）ことが企図され、その長官については「若し之に任ずること専らなれば、利興すべく、害除くべく、事を行うに便宜にして、顧忌無く掣肘無し。……又必ず久任して成功を責む」（同右）と主張される。やはり、過重な監督体制の排除と裁量範囲の拡大が、久任とならんで、郡県制の弊害を解決する封建的要素の眼目である。王源の主張に修正を試みた李塨も、「郡県にして権を重くし久任すれば即ち封建の利を兼ぬるは、是《ぜ》なり」（『平書訂』巻二）として、権限の強化と久任に関しては賛成である。

こうした主張は、「封建・郡県」論の枠内でのみなされたのではない。唐甄は、巡撫の存在がいたずらに官民を威圧するのみで上下を隔絶せしめるとして、その廃止を提言する（『潜書』卿牧）。また、反封建論者である王夫之も、天子から州牧・刺史、郡守、県令にいたる統属関係を中央統制と捉えてはならないと論じる。「故に天子の令、郡に行われず、州牧・刺史の令、県に行われず、郡守の令、民に行われざる、此をこれ一統と謂う」（『読通鑑論』巻一六）として、各級の統属関係は、直下のレベルにしか命令を下し得ないという意味で捉えるべきだという。こうした意見は、県令が各地の実情に応じた施政を行う自由度を得ることにつながるから、顧炎武らと同一の方向性をもつといえよう。

次に、反不久任・世襲可能の主張について。顧炎武の場合は二つの主張が連続的な関係にあるが、他の論者においてもそうだとは限らない。したがって、反不久任であるか否かと世襲を容認するか否かを分けて考えなければならない。

地方官が短期間で交代することを問題視したのは、すでに瞥見した陸世儀、王源、李塨だけにとどまらない。呂留良の場合には、「封建の郡県に変じてより、仕宦は伝舎を歴るが如くにして、胥吏は坐して子孫を長ぜしむ」（『四書講義』巻三九）というように、胥吏の問題と関連させる点で顧炎武と近い認識を示す。こうした課題に対処するのに、呂留良であれば世襲的封建体制の復活という解答を示すことになる。では、顧炎武に近い郡県制修正論者においてはどうだっただろうか。

地方官の久任を唱えた例から見てみよう。陸世儀の場合、「今当に其の法を定めて十年と為すべし」（『思弁録輯要』巻一八）という。守令は久任とすべしという王源の主張を承けた李塨は、基本の任期を九年とした上で、事情によって最長終身の在職を認める提案をしている（『平書訂』巻二）。両者の九年ないし一〇年という任期は、「三載にして考績し、三考して幽明を黜陟す」という『書経』舜典の記述の後半から導かれている。

こうした久任の考えは、「封建」という概念をとくに用いない唐甄にも共有されていた。彼は、一八の善政を県令の職責として列挙した後、三回の考績すなわち九年を経て善政の程度に応じて賞を与える（『潜書』達政）という。やはり九年をもって基本的な任期と考えている。地方官を久任とすべきだという主張は、かなりの広がりをもっていたと見られる。

これに対して、地方官の世襲にまで道を開こうとする顧炎武の論点は、どの程度共有されていたのか。

まず、名実ともに反封建論者というにふさわしい王夫之の議論を見よう。王夫之は、封建から郡県への移行を歴史的な必然とする論点を顧炎武と共有しつつ、すでに郡県の天下となった状況においてはいかなる「封建」的要素の復活も有害無益だとの主張を随所に行う。そのさい、最も強力に主張される理由の一つが、封建制の世襲原理がもはや維持不可能だということである。「古者《いにしえ》、諸侯は国を世《よよ》にし、而して後大夫之に縁りて以て官を世にするは、勢の必ず濫する所なり。士の子は恒に士為《た》り、農の子は恒に農為るも、天の才を生ずるや択ぶ無ければ、則ち士に頑有りて農に秀有り。秀は終に頑に屈すること能わずして、相乗じて以て興るは、又勢の必ず激する所なり」（『読通鑑論』巻二）。世襲の体制のもとでは、無能な上位者と才能ある下位者とのあいだにつねに矛盾が生じうる。この趨勢がもたらすものは、世襲制の崩壊と能力本位の社会体制への移行であった。

中間的な立場においても、世襲制を警戒する論調のほうが目立っている。

李塨の場合、議論の実質は顧炎武に近いにもかかわらず、反封建論の立場を堅持する。それは、「封建」の含意として世襲制を読みとっているからにほかならない。このことを端的に示すのが、『平書訂』巻二で三弟培との問答を記した部分である。ここで培は、同姓を封建して世襲せしめることを、人情に基づく安定した体制であると見る。対する李塨は、「且つ家事と国事と、同日にして語るべからざるなり」といい、子孫のためをはかることが至上の原理だとすれば「則ち黄農以来以て元会の終わりに至るまで、皆一姓をして蟬聯せしめて其の法始めて善し。此の理有らんや。此の心公か私か」と論じる。顧炎武が、子弟に地位を継がせたいという「私」的動機を重視したことを想起しよう。李塨にとっては、そうした「私」的要素は「公」たりえず、政治のレベルから排除すべきものであった。

陸世儀の場合、顧炎武よりも積極的に「封建」の概念を用いる。ところが、彼の「封建」的構想とは次のようなものだ。「故に吾謂えらく、郡邑の爵禄権位、当に悉く古の封建の如くにすべし。但だ当に伝子に易えて伝賢と為すべきのみ、と」（『思弁録輯要』巻一八）。彼の久任の主張はすでに確認したが、世襲については排除している。だとすれば、彼にとって「封建」の核心部分は世襲にはなく、爵位の授与とそれに対応する禄の給付（そのための禄田の設置）、および権限の強化に存したことになる。さらに、次項に述べる「分郷」の体制が、この構想を下支えするものとして位置づけられるだろう。

このように、顧炎武と主張内容の近い論者において、県令を世襲可能とする論点はあまり共有されていない。

郡県・封建の並立的主張の状況も瞥見しよう。王源は、同姓の藩王についても三年ごとの考績により更迭を可能とし、世襲とはしないよう主張する（『平書訂』巻二）。また、黄宗羲の場合、辺境に方鎮を設置することの眼目は、軍事・財政・人事の権限を強化して機動的な防衛を実現することにあり、世襲は「其の世を終うるまで兵民輯睦し、疆場《きょうえき》寧謐なる者」だけに許される（『明夷待訪録』方鎮）。すなわち、条件付きの世襲制である。

この時代の「封建・郡県」論では、「封建」批判の主たる標的が世襲にあり、封建的要素を導入しようとする場合にも、世襲については排除もしくは警戒されることが多かった。もちろん、封建復活論は世襲制を採るだろう。しかし、当時の論調では、世襲は「封建」の特長とは必ずしも見なされなかったようである。

総じて、県令をめぐる顧炎武の議論は、権限を強化し任期を長くして任地との関係を密にし、行政への意欲を高めようとする点で、同時代的な議論の傾向をよく代表する。ただ、世襲をも可能とし、それを梃子に民政充実への動機づけをはかる議論は独特のものである。とくに郡県制修正論の範囲内で世襲にまで踏み込むのは、あまり類例がない。

（2）「小官」

清末において「地方自治論」が台頭するとき、顧炎武の議論が頻繁に参照されたことはよく知られる。そのとき、論者がほぼ一致して注目した記述が、「小官多き者は其の世盛んに、大官多き者は其の世衰う」（『日知録』巻八「郷亭之職」）であった。

とはいえ、このくだりは、清末を待ってはじめて注目されたのではない。清初の時点で、すでに人口に膾炙していたもののようである。たとえば、康熙朝の李光地（一六四二～一七一八）は、「三代以下、三代に復する能わず、要《かなら》ず当に漢を以て則と為すべし。顧寧人曰く、小官多ければ則ち治まり、大官多ければ則ち乱ると。其の言甚だ確たり」（『榕村続語録』巻一八）といい、漢代にモデルを求めた現実的提言として高く評価する。また、李塨も『平書訂』巻三において、このくだりを含む『日知録』からの引用と、「分郷は乃ち小封建法なり」という陸世儀からの引用を並べ、郷官を官制上に位置づけようとする彼自身の主張を裏書きさせている。

顧炎武における「小官」の主張は、県の行政を郷のレベルまで徹底し、住民に密着させようとするものであり、「封建の意」の一側面といってよい。それは、李塨にとって、陸世儀の主張する「分郷」と同様のものとして受け止められた。陸世儀の議論は、当時の人々が「封建」をいうときに抱いていた具体的イメージの一端を示すであろう。そして、顧炎武の議論が最も共鳴を受けたポイントを理解するのに役立つであろう。

李塨が参照した陸世儀の語をより完全な形で引くならば、「分郷は是れ小封建法。今の県官と為りて王道を行わんと欲する者、必ず分郷より始めよ」（『思弁録輯要』巻一八）となる。そして、この分郷の具体的なプランは、以下のように示唆される。「予、嘗て治郷三約を作る。先ず地勢を按じて邑を分かちて数郷と為し、然る後其の民を什伍し、条分縷析して、皆郷約長に帰せしむ」（同右）。『治郷三約』(7)は、郷村秩序の再構築のために当時試みられていた諸施策、郷約・社学・社倉・保甲について、郷約を軸として貫通せしめる目的で構想されたものである。その自序にいう。「古者、成周の治、国を体し野を経《おさ》め、官を設け職を分かち、既已《すで》に天下を尽くして之を封建す。而して畿内の制は則ち又都鄙の法に詳らかなり。所謂王化は郷より起こるなり。是れ又畿内の地を率いて之を封建するなり」。

要するに、陸世儀の分郷の構想とは、『周礼』の理念に基づき、一県の内部をさらに郷に分け、整然たる組織化のもとに末端まで統治を浸透させることである。少なくとも陸世儀においては、中央・地方関係における「封建」は、地方行政内部における「小封建」を不可分のものとして伴っていた。「封建」という語の中核的イメージは、ここでは世襲にはなく、小単位にまで分割され階層化された行政機構が協働して統治を担う体制にある。

顧炎武の「小官」の主張も、陸世儀と同様『周礼』地官を参照していることはさきに見た。小単位の組織化にしても、行政スタッフの充実にしても、その目的は、教化や支配の周密化にあるといえる。こうした周密な支配体制が、当時の論者にとって「封建の意」の枢要な部分を占めていたことは確実である。そして、こうした周密化への指向が多くの論者に共有されていたことにより、顧炎武の主張に共感が集まったものと思われる。

こうした「小官」の主張と真っ向から対立しているのが王夫之である。彼は、北魏の太和九年(四八五)、五家に隣長、五隣に里長、五里に党長の三長を立てた一件を論評する。同じ史実を、顧炎武は『日知録』巻八「郷亭之職」で肯定的に評価するが、王夫之は、「故に周礼の制、之を一邑に行いて効あるも、之を天下に行いて未だ必ずしも効あらざる者、多し」(『読通鑑論』巻一六)として、むしろその弊害を強調する。なぜなら、こうした体制はあまりにも「繁密」であるし、天下に一律の制度を強要してもうまくいかないからである。民に長を立てることは必要だが、そのための法は「簡」なるものでなければならない。別の箇所ではこう述べる。「封建の天下は分かれて簡なり。簡なれば之を治むるに密を以てすべし。郡県の天下は合して繁なり。繁なれば必ず之を御するに簡を以てす」(『読通鑑論』巻一九)。郡県制の統一帝国においては、官僚機構がすでに繁雑であるから、基層社会への統制はむしろ粗放でなければならないというのである。

顧炎武の「小官」の主張は、統治の周密化という指向において当時の多くの論者と共通であったが、まさにその点で反封建論者・王夫之とは対立していた。

四　対外防衛論

「封建・郡県」論は、伝統的には「藩屏」としての有効性について問題とされることが多かった。すなわち、防衛の問題である。明末清初の「封建・郡県」論においては、前節に見たような県レベルの行政のあり方が広範に問題にされる一方、防衛体制をめぐる議論も相当の広がりを見せており、もう一つの焦点をなしている。そして、後者の問題意識の基盤には、明朝の瓦解、満洲族による中国征服に至る一連の経験があることはいうまでもない。とりわけ、「華夷の別」との関連で対外防衛への意識が先鋭化した状況が見られる。

顧炎武「郡県論」は、地方行政を論ずるなかに防衛体制の問題を包括している。県令を土着化させることによって防衛への意欲を高めようとする論点は、増淵龍夫が指摘するとおり、彼自身の経験した明末清初の動乱において地方官が防衛の任を全うせず、かえって土着の有力者が抵抗の主体となったという現実から発したものにちがいない(8)。

同様の問題が、『日知録』巻九「藩鎮」でも論じられる。唐代に、はじめは辺境に、ついで内地にも設置された節度使(藩鎮)は、軍事的権限に加えて財政・民政をも掌握していた。一般的には、唐を滅亡に追いやり分裂割拠を導いた元凶とされる。そして、宋の太祖はこのことに鑑み、諸将の兵権を解くことにより王朝の安泰を図ったといわれる。これに対して顧炎武は、こうした一般的理解を覆す資料を排列していく。そこでの論点を整理するならば、まず、内地の各州県に軍事・財政上の権限を付与すべきである。藩鎮のごとき世襲的要素を加味するならば、それは「郡県論」での主張にほぼ相当する。加えて、世襲的軍事勢力の配置は、とくに辺境地方において効果的である。いずれにしても、対外防衛の意識が前面に打ち出されていることは確実である。

こうした顧炎武の論点を念頭に置きつつ、当時の他の論者に目を転じよう。

まず、対外防衛を主要な動機として、中国全土の封建化を主張する立場が存在する。呂留良(9)、『留書』における黄宗羲(10)である。前者は「向使《もし》封建廃せざれば、則ち天下の国星羅碁布して各《おのおの》其の地に戦う。即《たと》い尾大跛扈の禍有りとも、亦楚弓を楚の得るのみ」(『四書講義』巻三二)といい、後者は「夫れ即い不幸にして天下を諸侯に失うとも、是れ猶中国の人を以て中国の地を治む。亦何ぞ禽獣を率いて人を食わしめ、夷狄の寝覆する所と為らんや」

（『留書』封建）というように、両者の認識はかなり近い。黄宗羲によれば、封建においては兵民一致[11]であり、君民関係も親密であって、国の総力を挙げて防衛に当たることができる。そして、こうした総力戦体制によって維持すべきものが、個々の王朝を超えた中華そのものであること、呂・黄両者に共通する。

同じく全土の封建化を主張する顔元の場合、その力点はひとまず王朝の存続にある。封建の意義は、そのための防衛機能に求められる（『存治編』封建）。ただし、彼の説く封建の利点は、王朝の存続を越えた民生上の配慮にも存する。すなわち、封建の下での王朝交替は、民を長期の戦乱に巻き込むことがない。呂留良や黄宗羲の場合に個々の王朝を超えた中華そのものが関心事であったのと類似した構図が、ここにも見える。

次に、封建と郡県との並立的主張を見よう。ここでも、辺境に封建的な勢力を配置しようという対外防衛重視論が目立つ。王源の場合は、辺境に同姓藩王を配置し、内地には州のもとに郡県制を布くよう主張する。それによって、「乃ち藩以て外を禦ぎて内地を翚《かた》くし、州以て藩を控えて京畿を翚くす」（『平書訂』巻二）というとおり、藩と州との二重の防衛体制が構築されることになる。

防衛のために配置された封建的勢力が中央政府にとって諸刃の剣であることは、「封建・郡県」論にとって古典的な問題である。この点で注目に値するのが、『明夷待訪録』方鎮における黄宗羲である。その基本主張は前節に見たとおりだが、加えて、方鎮の軍事的脅威を逆用し、中央政府の専横を掣肘させようとする論点がある。同じく並立的主張でも、魏禧の場合には、郡県と錯雑させつつ内地に同姓の王を封建するとの主張であり、その射程は王朝の存続にとどまる。すなわち、王朝危急のさいの求心力となることが諸王に求められている（『魏叔子文集外篇』巻三「封建一」）。

これらに対して、地方行政の改革に重点を置く郡県制修正論では、防衛の問題はどう位置づけられているのか。陸世儀の場合、県が兵権をもつことを想定している。加えて、「分郷」の体制において治安維持を担う保甲が、同時に地域防衛力ともなるであろう。李塨の場合、里から邑・郷・県・府・藩に至るピラミッド構造の官兵組織を構想しており、さらに郷兵が組織される（『擬太平策』巻四）。いずれも、郡県制の修正において同時に何らかの地域防衛力を付与しようとしており、内地の軍事化が志向されている。

内地の軍事化は、県よりも下位の単位によって支えられる。そして、封建としばしば併称される井田の主張、もしくは、井田に託して語られることの多い兵農一致の理念が、こうしたプランを正当化するために用いられる。顧炎武の場合、県における軍事化の具体像は不明確だが、やはり兵農一致の理念を重視していただろう。『日知録』巻九「辺県」に、宋代の辺県に自生的に結成された弓箭社の資料を掲げていう。「国家を有する者、能く閑暇の時に於いて此の兵を農に寓するの計を為せば、崇禎の末、有司に課責するに修練儲備の紛紛たるを以てせしが如きに至らざるべし」。地域防衛においては住民自身の郷土防衛意識をも調達するのが有効であり、そのためには兵農一致の体制が望ましかったであろう。

こうした議論状況に対して、王夫之は興味深い位置を占める。彼は辺境防衛の重要性を力説し、『黄書』古儀には封建に肯定的な意見さえ見られる。とくに、宋が辺境防衛を軽視したことが、その後数百年の中国に禍根を残したとする認識（『宋論』巻一二、『噩夢』第一一条など）は、顧炎武と一致する。しかし、彼の基本的な立場では、兵民は分離すべきであり（『噩夢』第四八、五三条）、軍事作戦は中央の統轄によるべきであり（同、第三七条）、軍費も必ず中央から支出すべきものとされた（同、第四四条）。顧炎武や黄宗羲に見られる、辺境地域を自立化させ土着的勢力に防衛を委ねるという発想はそこにはない。ましてや、内地に至るまで兵農一致で軍事化すべきだという考えとは対極に立つ。

内地の軍事化に反対する王夫之の意見を見よう。彼は、『周礼』を理念的モデルとする「郷団保甲」が「名は美にして実は大いに然らざる」ものだという。「周より以前、列国各自に軍を立て、大国は三軍、次国は二軍、小国は一軍なり。一国の隘《せま》き、従《よ》りて別に勇武の士を得て之を用うる無ければ、則ち農民に就きて尽く其の丁壮を用う。亦今の土司の其の狼玀（現在の壮族や彝族）を派して以て兵と為すが如し。蓋し以て隣国の兼并を防ぎ、而して或いは因って隣国を兼并す。其の事本より不道にして、民を毒すること深し。封建既に廃して天下安堵し、農工商賈各《おのおの》其の業に従いて、戈を荷ない死を致すの苦を免るべし。此、天地窮すれば則ち変じて而《しか》も久しかるべき者なり。奈何《いかん》ぞ更に其の民を争闘せしめんと欲せんや」（『噩夢』第一三条）。兵農一致体制を批判するのに土司の状況を参照するのが特徴的である。土司とは、明清時代に、少数民族居住地域に対して土着首長による世襲的支配を容認したものである。王夫之は中国西南部で抗清活動に従事した期間、土司の支配状況をつぶさに見たのであろう。それはいわば、封建が現前した姿であった[12]。そこでは、支配者が容易に民を徴発して兵となすことができる。封建から郡県への移行はこうした状況の克服を意味したのであり、もはや逆行してはならない歴史的変化であるとされた。そして、『周礼』的理念への批判という点で、前節に見た周密な統治体制への批判とも一体のものである。

　総じて、顧炎武が取り上げた対外防衛の問題は、同時代の論者においても広範に重視されている。そこには、辺境防衛と内地の軍事化という二つの焦点が認められる。顧炎武の場合には、両者をともに取り上げつつ、封建的要素の有効性を主張したものといえる。

五　顧炎武の位置、明末清初「封建・郡県」論の特徴

　顧炎武は結局、明末清初「封建・郡県」論においてどのような位置を占めるのだろうか。先取りしていえば、それはある意味での典型例である。だとすれば、顧炎武を典型例とする明末清初の「封建・郡県」論は、「封建・郡県」論の全体的連環においてどのような特徴をもつのだろうか。前節までの作業を承け、本節では以上のこと

を考察したい。

(1) 顧炎武の位置

顧炎武の議論は明末清初「封建・郡県」論の典型例である。そのゆえんは、地方行政の改革と対外防衛体制の確立という、当時の議論で「封建」が論じられるさいの焦点となった課題を有機的に統合し、それなりに周到な解決策を提示していることにある。

地方行政の改革に関しては、中央からの統制を弱め、地方官の権限を強化するとともに、その行政をより地域に密着させようとする方向性。その具体策として、任期の長期化への指向。また、現地の人を登用して行政スタッフを充実させ、統治を周密化しようとすること。これらは陸世儀や王源、李塨とほとんど共通である。防衛体制の問題に関しては、まず対外防衛を重視する問題意識そのものにおいて広範な一致が認められる。県令の土着化により防衛意欲を喚起しようとする発想は、封建復活論者に近いであろう。また、兵農一致への指向を多くの論者と共有していた。

ただ、顧炎武の議論が典型例だといえるにしても、そこには限定が必要である。いくつかの点で、その議論は当時の論調から逸脱しているか、もしくは他の論者に見られる問題意識を欠落させていると思われる。

第一に、県令を世襲可能とする論点である。顧炎武にとって世襲の可能性は、県令の行政を地域に密着させるための鍵であった。ところが、同じ目的を共有しながらも、他の論者にとって世襲は必要ではないか、むしろ忌避された。このことは、当時一般的に、世襲が封建的要素にとって不可欠とは考えられなかったことを意味するであろう。

第二に、「井田」と関連づけて論じられないことである。本稿では顧炎武を軸に比較したために取り上げる機会がなかったが、じつは、陸世儀も顔元も呂留良も、封建と不可分のものとして井田を説く。封建と井田を周代の制度としてセットで理想化することは、宋代以来よく見られた論調である。これに対して李塨の場合には、「封建は宜しく行うべからざるも、井田は必ず宜しく行うべきなり」（『平書訂』巻七）といい、「封建」とは切り離して井田制の復活を説く。黄宗羲も、「封建・郡県」の文脈外で田土再配分による井田理念の実現を構想している（『明夷待訪録』田制二）[13]。

顧炎武にも井田への関心がないわけではない。『日知録』巻三「言私其豵」では、「国を建て侯に親しみ、土を胙《たま》い氏を命じ、井を画し田を分かち、天下の私を合して以て天下の公を成す。此、王政を為す所以なり」といい、封建と井田をともに、人情の「私」をとおして「公」を実現しようとした王政のあり方を示すものと位置づける。「郡県論」における公私の関係づけがここにも認められる。しかし、彼は、「封建の意」の実現と同程度の具体性をもって井田的要素の復活を論じているわけではない。

こうした逸脱にもかかわらず、顧炎武の議論が大勢として、当時の「封建」に関する主張を代表しうることは疑いない。そして、注意に値するのは、顧炎武の取り上げたそれぞれの課題が、ひとり「封建」論の立場のみならず、より広範に共有されていたということである。地方行政の問題として顧炎武が取り上げた個々の課題は、「封建・郡県」の枠組みでは議論しない唐甄のような論者も含めて、広く共有されるものであったし、対外防衛の問題においては、反封建論者である王夫之とも問題意識の共通性が認められた。こうした意味で、顧炎武の位置は、明末清初「郡県・封建」論の典型例としてのみならず、当時の経世論的問題関心の結節点としても捉えることができるだろう。

（2）明末清初「封建・郡県」論の特徴

顧炎武によって代表される明末清初「封建・郡県」論を一言で規定するのは難しい。従来、この時期の封建論を地方自治論として捉えたり、あるいは「華夷の別」の表現として捉えたりする見方が行われている。しかし、それは、顧炎武において統合されている二つの側面をそれぞれ取り出して規定したものであり、他の論者が「封建」を論じるときの問題意識を正確に覆うものとはなり得ない。

たとえば、陸世儀の「封建」論は地方行政の問題が中心であり、その限りで顧炎武とかなりの一致を見せる。ところが、対外防衛についての問題意識は、少なくとも「封建」を論じる場面ではかなり希薄である。また、黄宗羲が「封建」を問題にするのは対外防衛の問題に限られる。彼の地方行政についての問題意識は、胥吏の問題などで顧炎武ともかなり一致するし、『明夷待訪録』学校では、郡県の学官を地方公議によって選出し、学校の大会において地方行政の是非を議論するといった、相当程度「自治」的な主張を行うのだが、そのことを「封建」と関係づける議論は見られない[14]。

そこで、岸本美緒の次の指摘に注目したい。「……ここで注意すべきは、中央権力強化論と民間勢力重視論との対抗は、民間団体の特権と国家主権とをめぐる統治権の争奪として理解されるべきではない、ということである。それは、両者のどちらが社会の安寧維持にとって有効か、という相対的な手段の優劣の問題として論議された[15]」。

この観点に立つと、地方行政とか対外防衛といったそれぞれの課題を焦点としつつ、民間勢力を活用するほうが有効に対処できると考えた人々が、何らかの「封建」的主張に訴えたと見ることができる。「封建」的主張の関心は、まず地方統治者や防衛担当者に向けられる。すなわち、彼らに権限を与え久任ないし土着とせよとの主張をとおして、その関心事を任地へと向け直そうとした。彼らが任地のために働くとき、本地人の登用等をとおして民間勢力にも大きく依存することになる。それによってこそ各地域の安寧秩序が達成され、全体的な安定をもたらすというのが、当時の「封建」論者の発想であろう[16]。

ただ、王夫之の反封建論の立場は、単純な中央権力強化論ともいえない。彼にとっては、「郡県」のほうが社会への統制は粗放であり、「封建」は統制の強化であった。「封建」的施策の一律的実施は、民間にすでに存在する権力関係を増幅し固定化する等の弊害をもたらすと考えられた（前掲『読通鑑論』巻一六）[17]。彼の議論は、対外防衛等においては中央権力の発動を要請しつつも、社会の末端に対しては権力抑制論の傾きをもつ。

以上に見てきたような明末清初の議論は、中国におけるそれまでの「封建・郡県」論を念頭に置いたとき、どのような特徴をもつのだろうか[18]。思いつくまま列挙しよう。

第一に、封建的主張における封建の対象として、宗室や開国功臣の比重が著しく低下している。従来、「封建」が考えられる場合には、ほとんどが宗室や開国の功臣を対象としていた。ところが、顧炎武や黄宗羲にはこうした主張は見られない[19]。この時期の「封建」的主張は、王朝との情誼的関係よりも、支配地域への密着を重視しているように思われる。

第二に、第一点とも関連するが、王朝の存続を必ずしも目的としていない。従来の「封建」論が封建諸侯の配置によって防衛しようとしたものは、中央政府である。しかし、この時期の議論では、封建的勢力が防衛すべきはまず何よりも自らの支配地域である。そして、そのことが全体的防衛に資するとしても、その視野に捉えられているのは、中華ないしは民生といった、王朝を超えた「全体」であった。

第三に、地方行政の問題が防衛と並ぶ焦点として前面に出ていることである。郡県制下の地方行政の弊害は、顧炎武が『日知録』に縷々資料を連ねるごとく、従来から意識されてはいた。しかし、そのための解決策が「封建」論というかたちで広範に結実するのは、この時期を待たねばならないように思われる。

第四に、地方行政の一環として、『周礼』の理念にもとづく周密な統治体制が提起されていることである。[20]兵農一致の体制があわせて主張されることも多かった。この点に関しては、こうした統治に参画しうるものとして、有力宗族等の土着勢力が現実に機能していたという社会的実態を合わせ考える必要があろう。

第五点として、一部の論者ではあるが、復活すべき「封建」的要素から世襲を除外していることである。陸世儀、王源、李塨がこれにあたる。彼らにとって、世襲を除外してもなお「封建の利」は実現可能だと考えられた。ここでの「郡県」対「封建」の対立は、地方官等の任地への密着性如何に帰するであろう。それはたしかに「相対的な手段の優劣の問題」（岸本前掲）であったといってよい。

こうした部分に明末清初「封建・郡県」論の新しさを見ることができるとすれば、その後の清末に至る展望のもとでは、どのような位置づけが可能であろうか。また、日本など、他地域の「封建・郡県」論と比べて、どのような特質をもつであろうか。すなわち、思想連環への問いである。本稿は、この問いを問うための前提作業を行ってきたことになる。

おわりに

前節をもって結論とし、残された課題を指摘して本稿を締めくくりたい。

第一に、顧炎武が取り上げた重要な論点を網羅することができなかった。経費節減の問題（「郡県論六」）、胥吏の問題（「郡県論八」）、人材登用制度の問題（「郡県論九」）などである。それぞれに当時広範な関心を集めた問題であり、「封建・郡県」論の持ち得た幅を理解するためには、それぞれの論点に即した比較が、さらに必要であろう。

第二に、細部の論点比較に集中したため、より大きな論脈に「封建・郡県」論を位置づけることはできなかった。たとえば、「公・私」の問題は顧炎武自身取り上げているし、君主の専制を批判してその地位を相対化する議論とも密接な関係があることは確実だが、現時点で先学の指摘を超え得るほどの準備はできなかった。

最後に、比較の対象とした範囲が狭すぎた。著名な経世思想家の、それも代表的著作に限っての比較は、問題意識の明確な議論どうしを突き合わせることができ、それなりに明瞭な見取り図を描けるのがメリットである。しかし、その見取り図の妥当性は、より広範な渉猟によらなければ確かめることができない。今回は、私の扱いうる範囲で論じたにとどまるが、それでも何らかの叩き台となれば幸いである。

（1）顧炎武「郡県論」を取り上げた代表的な先行研究を挙げると、藤原定「清代に於ける封建思想と封建制の残存」（『満鉄調査月報』二〇―四、一九四〇年）五～一一頁、後藤基巳『明清思想とキリスト教』（研文出版、一九七九年）二三頁、増淵龍夫『歴史家の同時代的考察について』（岩波書店、一九八三年）一四四～六〇・一八一～九八頁、溝口雄三『方法としての中国』（東京大学出版会、一九八九年）九八～一〇四頁、大谷敏夫『清代政治思想史研究』（汲古書院、一九九一年）五二七・五三三頁。

（2）簡明な見取り図としては、溝口雄三等編『中国思想文化事典』（東京大学出版会、二〇〇一年）「封建・郡県」の項、一七二～三頁を参照されたい。

（3）前掲『中国思想文化事典』の記述が李塨を「折衷的・中間的」な立場に位置づけるのは、こうした実質をふまえたものである。

（4）南宋の文天祥の言葉。『日知録』巻九「藩鎮」の第一条にも引用される。

（5）反回避の主張は、李塨（『平書訂』巻二）に顧炎武とよく似た議論が見られる。

（6）現在、王源『平書』は、李塨の『平書訂』に引用された形でのみ見ることができる。以下、『平書』からの引用も『平書訂』の巻数によって表示する。

（7）『陸桴亭先生遺書』所収。今は便宜上、向燕南・張越編注『中国伝統訓誨勧誡輯要　勧孝――仁者的回報　俗約――教化的基礎』（中央民族大学出版社、一九九六年）に拠る。

（8）増淵前掲書、一四五～七・一八一～五頁。

（9）伊東貴之「「理」の恢復（下）――呂留良における現実批判の位相」（『中国哲学研究』四、一九九二年）参照。

(10) 小野和子「『留書』の思想」(岩見宏・谷口規矩雄編『明末清初期の研究』京都大学人文科学研究所、一九八九年)参照。

(11) 兵民の分離を批判する黄宗羲の態度は、封建の主張とは離れたかたちでその後も維持される(『明夷待訪録』兵制一)。

(12) 臆見を記すが、それぞれの論者がいかなる現実をとおして封建をイメージしたかは、「封建・郡県」論上の立場にも大きく作用するであろう。顧炎武の場合は、増淵の指摘するとおり、地域防衛に尽力した土着有力者の存在であった。資料が十分でなく本稿では取り上げないが、朱之瑜(舜水)であれば日本の幕藩体制であっただろう。これに対して、土司に封建を見る王夫之の視点は、中国領域内の少数民族を古の諸侯国の末裔と捉える彼独特の把握とも結びついている。斉藤禎「王夫之の「華夷」思想について」(『山口大学文学会志』四一、一九九〇年)一六五頁参照。

(13) 封建論と井田論との内在的関連については、後藤前掲書、大谷前掲書が言及する。

(14) 溝口雄三『中国の衝撃』(東京大学出版会、二〇〇四年)一一〇～一頁は、黄宗羲の君主論を「封建(地方自治)論」の文脈で位置づけようとするが、黄宗羲本人の用語法に照らして無理がある。

(15) 岸本美緒『明清交替と江南社会』(東京大学出版会、一九九九年)四四頁。

(16) 各地域の安寧秩序と全体的安定とが、かくもスムーズに連結するかどうかは、当然疑問の余地がある。各地域の利を図る方策どうしが相互に衝突する可能性は現に存在した。この点を指摘したものとして、夫馬進「陳応芳『敬止集』に見える「郡県論」」(岩見宏・谷口規矩雄編『明末清初期の研究』京都大学人文科学研究所、一九八九年)、また、井上進『顧炎武』(白帝社、一九九四年)二六一頁。

(17) この点では、顧炎武らと王夫之との対立は、清末の康有為らの代議制推進論と章炳麟の反対論との対立の構図に重なり合うものがある。後者の対立については増淵前掲書、一九九～二〇八頁参照。なお、大西克巳「王船山「郡県／封建」論をめぐって――その歴史理論と政治思想――」(『日本中国学会報』四九、一九九七年)は、王夫之が現状打開策に向けて思考を展開させ得なかったことを指摘する。しかし、私としては、打開策というものの現実的効果を洞察し得た彼の議論に高い価値を認めたい。

(18) 中国の封建論を通史的に概観できるものとして、清田研三「支那封建論史稿略」(『東亜人文学報』二―三、一九四二年)がある。なお、日本の山鹿素行や太宰春台が中国の「封建・郡県」論として参照しているのは、ほぼ同時代にあたる明末清初の議論ではなく、それ以前のものである。両国の思想連環を考える上で留意すべきであろう。

(19) 顧炎武は、『日知録』巻九「宗室」で宗室の人材を適切に処遇し活用すべきことを主張するが、封建せよという主張では必ずしもない。

(20) 石井紫郎『日本国制史研究Ⅱ　日本人の国家生活』（東京大学出版会、一九八六年）では、荻生徂徠が「封建」をよしとするにもかかわらず、「碁盤の目を盛が如」き国家統治像のもとで「少なくともわれわれの常識からいえば、『郡県』的な諸制度が数多く提唱されるのである」（二七六頁）と指摘する。しかし、かかる周密な住民把握が「封建」の名のもとに主張され得たことは明末清初の議論にも確認できる。「郡県」と「封建」の概念が取り得た幅について考慮を促す問題である。

〔補記〕 本稿脱稿後、伊東貴之『思想としての中国近世』（東京大学出版会、二〇〇五年）が出版された。第五章「近世儒教の政治論」には注(9)前掲論文を拡充した論述が見られ、呂留良だけでなく中国の封建・郡県論全般についても示唆に富む。

中国における「封建・郡県論」と公共性
――政治システムと法・道徳――

本郷隆盛

はじめに――問題の所在

孫文は、一九〇五年八月一三日、東京富士見楼で、中国からの留学生を前にして、初めて「三民主義」の構想を「中国民主革命之重要」というテーマで語り[1]、その後一九二四年、「民族主義とは何か?」の講演において、「中国には家族主義と宗族主義があるのみで、国族主義がない。外国の傍観者は、中国人は一握りのバラバラな砂だという」と言い、その原因について次のように語った。

中国人は、家族と宗族の団結力が非常に強く、宗族を守るためには、しばしば一身一家をさえ犠牲にする。広東における二姓間の機闘のように、両族の者が、いかに生命・財産を犠牲にしようがやめようとしないことなど、すべて宗族観念が深すぎるためである。こうした主義が、人心に深く刻まれているからこそその犠牲となることが出来るのである。ところが、国家のこととなると、絶大な精神をもってその犠牲になった、などと言うことは、ついぞあったためしがない。すなわち、中国人の団結力は、宗族までにとどまっていて、まだ国族までには拡大していないのである[2]。

辛亥革命を経て一三年、日本による対華二十一箇条要求に対する中国国民の五・四運動から五年後のことである。同講演のなかで孫文は、日本について言及し、「国ができてから現代まで、外力によって併呑されたことはなく、元朝の蒙古の強大さを以ってしても征服されなかった。（中略）この大和民族の精神はいまなお失せていない。だから、ヨーロッパ文明の東方への到来に乗じ、ヨーロッパ、アメリカの風雨のなかに身をひたして、新しい科学の方法を利用し、国家を発展させて、維新後五十年にして、いまやアジアでもっとも強大な国家となったのである。そして、ヨーロッパやアメリカの各国とも肩をならべ、ヨーロッパやアメリカもこれを軽視しようとはしないのである。ところが、わが中国は、どの国よりも人口が多いのに、いまなお人から軽視されている。それは、かれに民族主義があり、われに民族主義がないからである」と言い、また、「この日本が富強になりえたということは、アジアの各国に、限りない希望をうみ出した」「こんにちアジアには強大な日本があるために、世界の白色人は日本人を軽視しないばかりか、アジア人を軽視しなくなっている」「我々が中国を強大にするには、日本こそよい模範のひとつである」と述べた。かつて康有為が、日本の明治維新に倣った改革を指向して失敗してからおよそ二〇年後のことである。[3] 一九二〇年代の中国が、軍閥の割拠によりいまなお近代国民国家形成に困難な問題を抱えているとき、同時代の日本は、憲法の制定、帝国議会の開設、日清・日露の両戦争に勝利して、幕末以来の不平等条約を改正し、アジアにおける覇者として、西洋諸国と肩を並べるにいたった。一九一〇年には、すでに朝鮮半島を植民地化し、第一次大戦後は、大陸中国に対して触手を伸ばしつつあった時期である。

福沢諭吉が、日本は既に文明の域に達した、アジアの固陋から脱却すべしとして「脱亜論」を書いたのは一八八五年（明治一八）のことであるが、[4] 一九〇七年、民間の歴史家山路愛山も、次のように言っていた。「近頃支那人の醒覚は殊に著しきものにて支那は間もなく日本の様になり得べし。欧羅巴の文明と威力は深く恐るるに足らず。我等にても奮発次第にて直ぐに極東の大強国となるを得べしとは、支那人の今日自ら信ずる所なるに似たり。是は独り支那人がしか感ずるのみにはあらず。欧米の論壇にても近頃支那人の目を醒ましたる様子に懸念し、支那は第二の日本となり得べきや否や。支那人も日本の様なる強国となり得べき要素ありや否やと云う事につき研究を始めたる様子なり」といい、それについて次のように自答している。

支那は日本に非ず。日本は支那に非ず。此理屈が分からず。支那は直に日本となり得べしと妄想して驕慢の心を生じ、或いは極東に於いて忽ち第二の日本が出来ては世界の大変化なりとて苦労するは共に杞憂に過ぎずと云うべし。我等の見る所を以ってすれば支那と日本とは、総べての点に於いて全く殊なりたる国民にして始めより同一に論ずべきものに非ず。人種の上より云うも政体より云うも、社会組織より云うも、宗教道徳より云うも、人民の状態より云うも支那と日本とを混ずるは日本を葡萄牙と混ずる程の誤解なり。(5)

近代の日本と中国のみならず、現在にいたるまでの日本と中国の関係の誤解・すれ違いの始まりである。大陸中国を「聖人の国」として崇拝した徳川時代の儒学者が聴いたらびっくりするような話である。だがこのような考えは、当時、山路愛山だけのものではなかった。

話を戻そう。愛山は、その「日漢の差異」について、一つは、「他国の文明に対する漢人の痴鈍と日本人の敏捷」を挙げているが、ここで取り上げたいのは、「封建と郡県」に関する指摘である。

蓋し公私の二字は、日本支那の生活状態を形容すべき最も適当なる言語にして日本人の生活は公なり。衆と与にするものなり。協同生活の理想に近きものなり。支那人の生活は私なり。衆と与にせざるものなり。個人主義の極端に達したるものなり。日本は一家の外に国家あり。家の父の外に父母たる皇室あり。支那は家の外に何者なく、家の父の外にさらに尊ぶべきものなし。愛新覚羅氏ありて億兆に君臨すと称すと雖も、支那の人民に在りては、是唯政治的の主権者にして直ちに人民の生活と相関するものに非ず。日本人の国を愛するは殆ど孝子の其の親を愛するが如きものあり。之を支那人の一家を営むに急にして絶えて念の国家に及ぶなきに比すれば二者の性情真に南北に分飛すと謂うべし。然る所以は何ぞや。吾人は一言以って之を断ず、他なし。日本は封建時代を距ること甚だ近く、支那は否なればなり。

愛山によれば、日本の封建社会においては、「武士は主君の倉庫を有して自己の倉庫を有せず。主君の為に死すべき生命を有して自己が営むべき生命を有せず。自己の生活は、武士社会の生活と関連して相分かつべからず。一藩の士、情は家人に同じく、誼は兄弟に似たり。斯の如くにして武士の一階級は其社会的団結の勢力を以って外は他藩に抗し、内は人民を治めたり。彼等の階級的専横や固より弊害なきに非りしかども、而も彼等の長所は実に一個の協同生活体たりしに在り。己の私を計らずして共同生活の公利を計りしに在り。其小さき王国を見ること猶一家庭の如くしたるに在り。此の如くにして封建制度は、日本人に一個の精神的訓練を与えたり。此の訓練こそ日本人をして世界の面前に嘆美の主題たらしめたる所以なれ」。明治以降、政治制度は「郡県の国」になったけれども、日本人民の精神形態はいまなお「封建時代の海」のなかにあるという。封建社会の存在が、近代国民国家の形成に大きな役割を果たしたとの歴史認識は、戦後の一九五〇～六〇年代において、いわゆる「現代的近代化論」として知られるようになったが[6]、その五〇年前に愛山が見て取っていたことは興味深い。

愛山によれば、封建時代「数世紀の歴史は、彼等に生命よりも貴重にして法律よりも尊ぶべき或物あるを学ばしめた」それは「奉公の精神」であり、「共同生活の為に一身の生活を献ずるの義務」であるという。そしてそのような「義勇奉公の封建的精神」こそが日本がロシアとの戦争で勝利した所以であるという。それに対して、秦・漢以来の中国の郡県政治は、「支那人民を駆りて極端なる個人主義に陥らしめぬ」「彼等をして天下国家を念とせずして、一身一家の経営に急ならしめたり。彼等をして他人の苦痛を自家の苦痛とするの同情を失わしめたり。かれらの有力者をして兼併を逞ふし、貧富の懸隔を甚しからしめたり。彼等をして共同生活の為に一身を献ずるの公義を鈍からしめたり。是支那人の為に痛嘆すべきものなり」とする。

ここでは封建・郡県という政治システムが、日本と中国の近代国家形成に与えた影響が語られているのだが、愛山が、徳川時代における封建制の存在が、近代における国家のまとまり、ひいては国家への忠誠観を培ったと述べている点は、注目しておいてよいことである。

もちろん愛山も、封建制が、ストレートに近代に接続したといっているのではなく、「愛藩の念」が、「日本国の位置を知ると同時に其の共同生活の理想を日本全島に拡充した」「其の藩を愛する心を移して国を愛するの心となし、其の君主の馬前に死するの忠義を移して其の国家に献げたり」とするのである。この藩あるいは幕府、朝廷に対する忠誠観の相克・葛藤は、幕末思想史の課題の一つであり[7]、それと同時にそのような忠誠観の転移がかなりスムーズに行われたことは徳川封建制の性格と日本の近代国家形成史上の特徴の一つとして重要である[8]。

だがまた他方では、中国では、長い郡県制＝帝政の下での支配が、辛亥革命によって帝政の廃絶をもたらしたのに対して、日本の場合には、幕府支配に朝廷が取って代わることによって新しい中央集権国家を立ち上げたものの、そのような政治システムの転換にもかかわらず、「思想としての封建制」を克服することが出来なかったことが、日本の近代を「天皇制国家」たらしめた原因でもあった。だがこの問題も当面の課題ではない。

ここで重要なことは、中国の近代化が遅れ、日本の近代化が成功したという近代日本のこのような言説、「物語」の立て方自体が、その後の、政治的・軍事的次元における中国への侵略の露払いとなり、日中一五年戦争の泥沼に日本を引きずり込む原因になったのではないかということである。福沢や愛山だけではない。内藤湖南や津田左右吉のような明治期の日本社会を代表する知識人が、いずれも中国に対する近代日本の優越性に酔いしれたこと、また昭和においても丸山真男、和辻哲郎など、当時の最高の知識人がその陥穽に陥ったことは、いまなお中国が、日本にとって「近くて遠い国」となっていることと全く無関係ではないからである[9・10]。換言すれば、日本の社会においては、中国認識と近代日本の自己認識とがつねに表と裏の関係にあり、我々の歴史認識を規定してきたということである。

そこで以下、本稿では、中国における封建・郡県論の系譜をたどりながら、その社会思想史的な特質を明らかにするとともに、封建・郡県という政治システムにおいて何が語られ、何が表象されてきたのか、またそのことが中国の近代形成にどのような規定性を与えたのかを考えてみたい。

ここで本稿の方法について一言述べておきたい。周知のように、「公」と「私」という概念は、中国思想史においては、史料上にも頻出する言葉であり、思想史一般においても方法上の重要な分析概念である。だが、この概念は、いまやいささか手垢がついた感がある。従来、この公私概念は、一つには、国家や共同体あるいはそれを代表する君主が「公」であり、個人あるいは家族などの小集団が「私」であるとする実体概念として、二つには、「公」は、公平・公正・均平などの道徳性、「私」はそれと反対に自分一個あるいは血縁家族など、閉ざされた集団の利益・私利・私欲などを追求することとされ、否定的なニュアンスで使われるのが常であった。そのいずれにおいても、「公」と「私」は、相反する概念として理解されてきたといえる。(11)

だがこのような「公」と「私」を二項対立的に捉える考え方は、主として法家が好んで使用した図式であり、二千余年にわたって、中国の正統思想として君臨した儒家のそれではなかった点に注意することが必要であろう。それゆえに、本稿では「公」と「私」を対立・相反する概念としてではなく、その両者を包み込む「公共性」という新しい概念を導入することで、中国思想史を再構成することを意図している。(12)

一　中国古代における「封建・郡県論」と公共性

(1)　儒家の道徳と封建制

〈孔　子〉　紀元前六世紀半ばに生まれた孔子（前五五二〜四八一）は、時代でいえば、春秋末期である。その思想は「君君たり。臣臣たり。父父たり。子子たり」という、人はそれぞれの社会的な位置（「名」）に即した責任・役割（「実」）を果たすべきであり、そのように「名」と「実」とが一致すれば、社会の秩序は保たれるという「正名思想」と、人はみな「仁」「忠信」などの道徳を身につけて君子となり、それをもとにして政治に参画すべしとする思想「君子」観に代表されるが、ここで主として取り上げるのは、「公」—「私」に関わる問題である。『論語』には「堯曰く、寛なれば則ち衆を得、信なれば則ち民任じ、敏なれば則ち功あり、公なれば則ち説ぶ」(「堯曰」)とある。(13)寛らかであれば人望が得られ、信=まことがあれば人民から頼りにされ、機敏であれば仕事が出来、公平であれば悦ばれる、とするものであるが、これは政治に携わる者の一般的な要諦を述べたもので、ここにでてくる「公」が「公平」の意味で使われていることは明らかである。むしろ、ここで考えたいことは、孔子が、君臣道徳、国家道徳に対して、家族道徳を優先させていることである。ここではそれをとりあえず「家」=「私」の思想と呼んでおく。

周知のように孔子において、道徳の完成者になるための第一の条件は、孝悌という家族道徳であった。『礼記』「曲礼下」に、「人臣たるの礼、顕はには諫めず。三たび諫め聴かれざれば、則ち之を逃る。子の親に事うるや、三たび諫めて聴かれざれば、則ち号泣して之に随ふ」とあるが、これは、君臣関係が、後天的・契約的であるのに対して、父子の関係は、先天的・絶対的な関係であること、則ち、儒教においては、君臣関係よりも父子関係の方が、重要であったことの証拠であるとされる。もう一つは、『論語』「子路」の次の史料である。

葉公、孔子に語りて曰く、吾が党に直躬なるものあり。其の父、羊を攘《ぬす》みて、子これを証す。孔子の曰く、吾が党の直きは、是に異なり。父は子の為に隠し、子は父のために隠す。直きこと其の中にあり。

これは、国家秩序よりも父への孝を価値的に優先するものであり、儒教が、家族道徳を基本とする思想であることを物語っている。だが孔子は、なぜこのように国家道徳や君臣道徳よりも、家族道徳の方を価値的に優先させたのであろうか。それを考えるためには、中国における「家」の持つ意味を考える必要がある。

中国の「家」の概念について、滋賀秀三は、中国語の「家」とは「家計または家計をともにする人々の観念的または現実的な集団ないしはその集団の生活を支える財産の総体を意味する言葉である」と定義している。孔子や後にみる孟子の「孝」を考える場合に重要なことは、父と子の血縁関係が「父子一気」と考えられ、「宗族」とは「一個の祖先の生命の延長拡大に他ならず」「男系の血筋を通して、同一の生命が延長拡大して生き続けるという観念の下において各個人は、上は祖先から下は子孫へと連なる大きな生命の発展をそれぞれの地位において担うところの一肢一環として、その存在を意義づけられ、また社会的に位置づけられる」[14・15]という点である。ところで、このような血縁関係の道徳が、人間の踏み行なうべき道徳の根本とされたのは、人間存在が『易経』にいうところの「天地―万物―男女―夫婦―父子」という、人間の生成条件から来るもので、中国的自然法とでもいうべきものであり、西洋の人間観がギリシア・ローマの都市国家から近代自然法にいたるまで人間個人の自由や平等を基本としたのとは、その位相を大きく異にしていた。この点は、現在までつづく中国の「宗族」にかかわる問題である。次は孟子（前三七二～二八九）である。

〈孟　子〉　孟子の政治思想で後世に最も大きな影響を与えたのは、「民を貴しと為し、社稷之に次ぎ、君を軽しと為す」（「尽心章句下」）と、君主よりも国家を、国家よりも民を第一に重んずる思想であり、いわゆる民本主義といわれるものである。そして、民衆を道徳に導く前提は、まず初めに彼らの生活を安定させることであり、それこそが政治的な君主の役割であり、そのような仁のある政治を行いさえすれば、天下は自ずから自分のものになるとしたことである。「恒産無くして恒心あるものは、ただ士のみ能《よ》くすとなす。民の若きは則ち恒産無ければ、よって恒心なし。苟も恒心無ければ、放辟邪侈為さざる無きのみ。罪に陥るに及んで、しかる後従って之を刑せば、是民を罔するなり」（「梁恵王上」[16]）。その系として出てくるのが、政治社会の秩序を乱す悪徳の天子はもはや君主ではなく、武力で放伐してもかまわないとして革命を肯定する思想である。そしてこのような天の意志の背後にあるのが、民の意志である。『書経』「泰誓中」に「天の視るは、我が民に自って視、天の聴くは我が民に自って聴く。百姓、過ち有らば予一人に在り」とあるように、天の意志は、民の目、民の耳として現れるとするもので、天と民とが等値されるところに孟子の思想の特質がある。

第二は、君臣関係の合理化である。悪徳の天子紂王に対し、天下の三分の二を領有しつつも、なお恭順の態度をとり続けた文王を「至徳」として顕彰した孔子に対して、孟子は、君臣関係を、相互的・契約的な関係として捉えた。『書経』「泰誓下」に「我を撫くれば則ち后、我を虐ぐれば則ち讐」とあるが、君臣関係を相互の「礼」を媒介にした契約的な関係と観る考え方は、君に対する臣の自立性を証しするものである。「孟子斉の宣王に告げて曰く、君の臣を視ること手足の如くなれば、則ち臣の君を視ること腹心のごとし。君の臣を視ること犬馬の如くなれば、則ち臣の君を視ること国人の如し。君の臣を視ること土芥の如くなれば、則ち臣の君を視ること寇讐の如し（「離婁章句上」）。このような君臣関係の相対化は、為政における君と臣との相補性を意味するとともに、先述の革命思想を基礎づけることともなった。

だが、「公」―「私」概念を中心として、中国思想の流れを鳥瞰的に再検討しようとする本稿の関心にとって重要なのは、「政治」や君臣関係を合理化した孟子においても、個人の道徳性として最も重視されたのは親への孝であったことである。これが第三の点である「孝子の至りは親を尊ぶより大なるはなし。親を尊ぶの至りは天下を以って養うより大なるはなし」（「万章上」）。この点について、中国古代史の小島祐馬は、「家族道徳を完成するために天下が存するのであって、天下のために家族道徳を維持するのではない」[17]という。弟子の桃応から、舜の父の瞽瞍が殺人を犯したら舜はどうするかと問われた孟子は、「舜、天下を棄つるを視ること、敝蹝を棄つるがごときなり。ひそかに負いて逃れ、海浜に遵いており、終身訢然として、楽しみて天下を忘れん」（「尽心上」）という。親への孝を貫徹するためには、天下国家のごときは、やぶれた草履を棄てるようなものだと言っているのである。

先にみた、君主よりも国が、国よりも民が大事であるとする議論、君臣関係を相対化し、民衆の生活の維持が第一義であるとする議論と、「天下」よりも「親への孝」の方が優先するとの議論とは、どうかみ合うのであろうか。政治的領域＝公、家＝私と公・私が分離した意識世界を自明の前提とする我々の考えからすれば、極めて異様に見えるこのような論理が、孟子においては矛盾しないのはなぜであろうか。

血縁の有無に拘わらず、誰に対しても等しく愛を捧げるべきであるとした墨子の兼愛説を、孟子が道徳の順序を乱す者として強く批判したことはよく知られているが、孟子においても孔子同様、道徳の順序は親への孝から始まるのである。換言すれば、それは孔子同様、いまだ「公」―「私」が分離しない世界であった。すなわち儒教の教えは、まず第一に親への孝から始まって、それを外へ推し及ぼしていく思想なのであり、その親への愛から始まる意識が誰に対しても推し及ぼされたときに、『礼記』「礼運篇」にいう理想的な「大同の世」が生まれるのであり、そこで実現されるのは、親への孝からはじまるわけへだてのない他者への親しみであり、それは「私」の拡大ではあっても、「私」を否定することではないからである。

孟子においては、四端の心が拡充されて仁義礼智の道徳世界が実現するのであり、あくまでも己の道徳性があらゆる思想形成の出発点なのである。「親への孝」が否定されるのではなく、それが自分の親に留まることが「私」として否定されるのであり、愛が自分の一身や身内あるいは血族・宗族からはじまって、それがすべての人々へと推し広められることこそが課題なのである。いわば「私」が拡大した結果として天下が「公」になるのである。

「仁」とは、池に投げた石が波紋を外側に広げていくように、その影響が外側に向かって広がっていくことで、そこに儒教の教えの特徴があり、その意味では、個人の道徳性と政治の世界において実現されるべき理想とは、全く別のものではないのである。『大学』にある「修身、斉家、治国、平天下」は、俗に言われるところの個人道徳と政治との安直な連続性の謂いではなく、優れて「政治」は個人の道徳性を基点として行われるべきものだ、との厳しい自己鍛錬の結果なのである。だがまた、他方では、このような連続的な思惟は、政治社会の現実とその固有性に対する認識を欠くものであるともいうことができ、それ故にこそ「家」の道徳とは異なる、法家における「政治の発見」が必要になるのであろう。

孟子は、その政治思想を「公」—「私」という概念を使って展開してはいないが、それは、孟子が社会の道徳性の根源を自己の内に求めたこと、また封建秩序を前提として個人の道徳性を基点として政治を考えたことによるものである。民衆の生活を第一義とした点、さらには革命を合理化したこと、そして君臣関係を合理化して君主に対する臣の相対的な自立性を認めたことなどは、政治が踏まえるべき「公共性」を取り込んだものと考えることが出来る。孟子が、その後の中国社会において大きな影響力を保持し続けた秘密は、まさにこの点にあったのであろう。

だが、ここで考えておきたいのは、このような家族主義と政治制度との関係である。

小島祐馬によれば、殷の封建制において、王と他の領主との関係が「盟主」と諸侯との関係、王と後継者が兄弟相続制であったのに対して、周の封建制は、嫡長子相続になったことにその特徴があり、そのために家族制度を中心とする道徳体系が作られたという。具体的には、「子弟分封」と「同姓不婚」がそれである。

周朝においては、嫡長子相続制が採られた結果、嫡長子以外の嫡子、庶子は、その父の位を継ぐことが出来なくなり、これをそのまま放置しておくことは、禍乱を引き起こし、権力の不安定を助長すると考えられたため、王の子弟を親族関係の親疎、人物の賢愚に応じてそれぞれ領土を与えて諸侯とし、王室の藩屏とした。その結果、周初の武王の時には、兄弟の国が一五国、同姓の国が四〇国を数えた。

結果として王は、一方では諸領主の父であり兄であるという血縁関係があり、他方では諸領主の盟主であるという関係が生まれた。そのため前者においては、家族制度によって、臣従関係をもって規律し、後者においては君臣関係をもって規律する関係が生まれた。換言すれば、君臣上下の関係は、家族道徳をもって規律するという関係であったわけである。異姓の諸侯においては、同姓の諸侯と同じように家族制度をもって服従関係を強制することは出来ないために、「同姓不婚」の制度が強制され、周の王室との婚姻関係が奨励された。その結果、ここでも家族的な道徳関係が、服従関係を維持する上で有効性をもつことになったのである。このような原始的な「同姓不婚」の習俗が、卿士大夫から庶民にまで広められていき、長く中国社会を支配することになったという。

以上のような小島の指摘は、中国社会において家族道徳を基調とする儒教が、なぜ強くかつ長い生命力を持ち続けたのかを考える上で、極めて示唆的である。則ち儒教の家族道徳を強調することが、政治的な秩序を強化することに直接結びついているということである。『論語』において「孝悌が仁の本」とされるのはそのためである（「孝悌にして、上を犯すを好む者は少なし。上を犯すを好まずして乱を作すを好む者は未だ是あらざるなり。孝悌なる者は、それ、仁の本たるか」〈「学而」〉）。また、儒教において人の踏み行うべき道徳が、家族・肉親への愛から始まり、外へと推し及ぼすべきものとされるのもそのためである（「樊遅、仁を問う、子曰く、己の父母を愛して、推して他人の父母に及ぼし、己の兄弟を愛して、推して他人の兄弟に及ぼす」）。

先に見たように、自分の親に対する親しみ、己の兄弟に対する愛を他者に推し及ぼすことによって、仁の世界を実現することこそが孔子や孟子の理想なのである。仁のある世界を創る原点は個人の道徳的主体性にあるのである。

漢代以後、「それ、孝は天の経なり、地の義なり、民の行なり」と「孝」を人間最高の道徳とし、また「父を厳にするは、天に配するより大なるはなし」として父に仕えることを君に仕えることに優先させ、「孝を以って君に事うれば、乃ち忠なり」「親に事うるや孝、故に忠、君に移すべし」と、君への忠の前提が「孝」であるとする『孝経』が社会化されるのも、このような社会意識的な背景があるからであろう。

さらに、周の封建制度を支える根幹の一つが家族道徳だとすれば、もう一つは礼の制度である。孔子から孟子への、いわば儒家の正統に対する批判を媒介にしつつ、法家思想が生まれる媒介をなしたのが荀子（前三〇〇～二三三）である。

〈荀　子〉　荀子は、人の踏み行なうべき道徳は、すべて生れながらに具わっているとする孟子の性善説を批判して「今、人の性は悪にして、必将ず師法を待ちて然る後に正しく、礼儀を得て然る後に治まる。今、人に師法なければ、則ち偏険にして正しからず、礼儀なければ則ち悖乱にして治まらず」（「性悪篇」）[18]という。これが、荀子の第一のテーゼである。孟子が個人を小宇宙として捉え、個人内部において道徳と欲求との葛藤を設定したのに対して、荀子は、個を欲求的存在と見なし、その社会的発現を「悪」として、聖人による「礼儀・法度」によって矯正されるべき対象としたのである。

荀子によれば、性とは「情」であり、堯のような聖人であれ、盗人の盗跖であれ、人間であれば誰もが生まれながらに有する共通の性質である（「凡そ人には一同なる所あり。飢うれば而ち食を欲し寒ければ而ち煖を欲し労れば而ち息を欲し利を好んで害を悪むは、是れ人の生まれながらにして有る所なり。是れ待つこと無くして然る者なり。是れ禹と桀との同じきところなり」）。だがこのような、人が生まれながらに有する性情を野放しにすれば、「偏険」「悖乱」など欲望の戦国時代を現出することになる（「今、人の性は生まれながらにして利を好むことあり。是に順がう。故に争奪生じて辞譲亡ぶ。生まれながらにして嫉み悪むこと有り。是に順う。故に残賊生じて忠信亡ぶ。生まれながらにして耳目の欲の声色を好むこと有り。是れに順う。故に淫乱生じて礼儀文理亡ぶ。然らば、則ち人の性に従い人の情に順がえば、必ず争奪に出で犯文乱理に合いて暴に帰す」）。このような争乱を防ぐために、荀子においては聖人による「礼儀」「法度」が制作されることになる。

人生まれながらにして欲あり、欲して得ざれば、則ち求むる事無き能わず。求めて度量・分界無ければ、則ち争はざること能わず。争へば則ち乱れ、乱るればすなわち窮す。先王は其の乱を悪む。故に礼儀を制して以って之を分かち、以って人の欲を養い、人の求めを給し、欲をして必ず物を窮めず、物をして必ず欲を屈さざらしめ、両者相持して長ぜしめるなり。是れ礼の起こる所以なり。故に礼なる者は養なり。(「礼論篇」)

一八世紀のイギリスの思想家ホッブズが、人間の自然状態を平等な個人間の戦争状態と見なし、そこから市民契約による「社会状態」を創り出したとするのとほぼ同じ文章であるが、そこから帰結されたものは全く異質なものであった。礼とは、限られた物量、生産力が限られた社会においては、その使用を制限することによって、物の奪い合いを制限しようというのである。そのために採られたのが「貴賤等あり、長幼差あり、貧富軽重、皆称在り」という差別の論理である。そしてこのような礼を制定したのが聖人であるが、礼の目的はそれだけではない。「君臣上下貴賤長幼、庶人にいたるまで是(=政令制度)を以って隆正と為さざることなし。然るのちに皆内に自ら省みて以って分に謹む。是百王の同じき所にして礼法の枢要なり。然る後に農は田を分かちて耕し、賈は貨を分ちて販し、百工は事を分かちて勧《はげ》み、士大夫は職を分ちて聴き、建国諸侯の君は土を分ちて守り、三公は方を総べて議すれば、則ち天子は已を共するのみ。出ずるにも若《かくのごと》くし入るにも若くすれば、天下は平均せざるなく治弁せざるなし。是、百王の同じき所にして礼法の大分なり」(「王覇篇」)。結局のところ、人々は、現在従事している職業を天から与えられた天職とみなし、それに従事し務めることが礼であるとする「知足安分」の思想である。[19]

だがここで注意すべきは、荀子は、人の性が「悪」だとしつつも、他方では、それ故にこそ人は善への指向性を持つとすることである(「凡そ人の善を為さんと欲するは、その性の悪なるが為なり。〈中略〉今、人の性は固より礼儀なし。故に強《つと》め学びてこれをもたんことを求むるなり。性は礼儀を知らず。故に思慮してこれを知らん事を求むるなり」〈「性悪篇」〉)。換言すれば、人間は、生まれつきの悪への指向性をもつ「情」のみならず、その「情=性」の過溢を矯正する意志の力を本来的に有することになる。つまり、自分自身の中に、「性悪」を矯正する意志力を備えていることになる。荀子が、「性悪」を言いながら、儒家に属するとされる所以はここにあるのであろう。ここからむしろ人間の主体的な道徳実践が、強く強調されることになる。それが第二の特質である。

仁義礼智の道徳を実践する端緒である惻隠・羞悪・辞譲・是非など四端の心が人間には具わっているとした孟子に対して、性＝悪とした荀子において、のちの朱子学の「聖人、学んで至るべし」を彷彿させるような、「塗の人も禹と為るべし」「聖も善を積みて至るべし」として、誰でもが聖人となることができるとする主張は必ずしも理解しやすいことではない。このことは荀子の、孟子から韓非への過渡期な性格が現われているとみることもできる（「聖人は、道の極なり。故に学なる者は、固より聖人となることを学ぶなり」）。学問の目的は、聖人となることである。

凡そ禹の禹たる所以は、其の仁義法正を為《おさ》むるが為なり。然れば、則ち仁義法正には知るべく、能くすべきの理あり。然り而して塗の人には皆仁義法正を知るべきの質あり。皆仁義法正を能くすべきの具あり。然れば則ち、其の禹と為るべきこと明らかなり。

すなわち、堯も盗跖も生まれは同じ「情」を持つとした結果として、聖人性は、能動的・主体的な道徳実践によって後天的に獲得されるべきものとしたのであり、その意味では、よりいっそう人間の本来的な平等性が強調されることになった。したがって、人々をそのような方向へ導くことが、為政者の役割だと言うことになろう（「今、塗装の人をして、術を伏め、学を為め、心を専らにし、志を一にし、思索孰察して日を累ね久しきに県り、善を積みて息まざらしむれば、則ち神明に通じ天地に参与たるべし」）。

第三の特質は、後王の思想である（「聖王の跡を観んと欲すれば、則ち、其の燦然たる者に於いてす。後王是なり、と。彼の後王なる者は、天下の君なり。後王を舎てて上古を道ふは、之を譬ふるに是れ猶己の君を舎てて人の君に事ふるがごときなり」)。孟子の「先王」から荀子の「後王」への転換は、理想主義から現実主義への大きな転換を象徴するものである。眼前の「父母への孝」に対して、政治的な君主の位置が飛躍的に上昇してくるのである。

詩に曰く、愷悌の君子は、民の父母と。彼の君なる者は、固より民の父母たるの説あり。父は能く之を生ずるも、之を養うこと能わず。母は能く之を食ふも、之を教誨すること能わず。君なる者は、既に能く之を養い、又善く之を教誨する物なり。

これまで見たように、孔子や孟子においては君主よりも血縁関係、とりわけ父に対する孝が最も重要であり、君主や国家に優先するものであったが、荀子においては、臣に対し衣食を供給し教えを施す主体として、眼前の君主が全面に出てきたのである。かつて孔子においては、自分のなかにある真心を意味する言葉であった「忠」が、荀子においては、眼前の君主に対する「忠」、すなわち「臣忠」として使われ始めたことにも現れている。荀子における「礼儀」の意味するところは、人間関係を上下に序列化し、下位者の上位者に対する随順を人の踏み行うべき道徳とする思想であろう。だが、同時にまた、荀子は、「入りては孝、出でては弟なるは、人の小行なり。上に順いて、下に篤きは、人の中行なり。道に従いて君に従わず、義に従いて父に従わざるは、人の大行なり」(「子道篇」)として、道の普遍性が依然として維持されていることであろう。道徳実践への意志に加えてこの点も、荀子の儒家たる所以である。それでは、当面の問題である「公」と「私」について、荀子はどのように言っているであろうか。

荀子の「公」―「私」は、「君道」に「籌を探り鉤を投ずる者は、公を為す所以なり。上曲私を好めば、則ち臣下百吏、是に乗じて後に偏す。衡石称県なる者は、平を為す所以なり」「公道達して、私門塞がり、公義明らかにして、私事息む。是の如くなれば則ち徳厚き者進みて、佞説の者止まり、貪利なる者退きて、廉節なる者起こる」等とあるように、いずれも「公平」「公正」の意味で使われている。

だが、「性悪」をとき、「礼儀」「法度」の人間における外在性を説いた荀子によって、これまでの「公」・「私」の考え方に大きな亀裂が生じたことは否めない。なんとなれば、自己の道徳性を基点にして、それを社会に推し及ぼしていく可能的な契機が剝奪されたからである。人は、もっぱら自己に外在的な客観的な規範に従うことが要求されたからである。孔子や孟子においては、家族道徳は、人間のいわば自然の道徳性として何物にも代え難いものであった。だが、荀子においては、性は悪とされ、人が実践すべき道徳が外在化され、人間は、その生まれにおいては道徳から疎外された存在として見なされた結果、自己はそのままでは肯定される契機を失ったからである。そして、荀子の「礼」が政治的君主による「法」に置き換えられ、絶対化されたところに、法家の思想が立ち現れることになる。

(2) 法家における公私観——国家と法の絶対化——

思想は、常にそれを産み出す歴史社会との関係で考えられなければならず、それと同時に、新しい思想はそれに先行する思想に対する批判を通して言述されるものだとすれば、韓非子において大成され、秦漢帝国以降、二千余年にわたって帝政国家の思想として君臨し続けた法家思想についても、それが春秋戦国期、すなわち群雄が割拠し、力と力がぶつかり合う下克上の真っ只中で、儒家思想に対する強い批判を媒介にして形成されたものであることから始めなければならない。

現在『韓非子』としてまとめられた法家の思想は、韓非のみの著述によるものではなく、そこには戦国期に現実に覇者の宰相として生きた申不害、慎到、商鞅など現実の政治家のリアルな体験が生き生きと語られている。

本稿の関心でいえば、韓非の思想の最も重要な点は、「公」と「私」とを相反する概念として捉えたことである。「古者、蒼頡《そうけつ》の書を作るや、自ら営する者之を私と謂ひ、私に背く之を公と謂う。公私の相背くや、乃ち蒼頡固より以《すで》に之を知る」（「五蠹」(20)）として、「公」と「私」とはその字の成り立ちからいって、反対の概念なのだという。それに加え、ほとんど君主や国家を「公」とし、個人や家に関わるものを「私」としていることである。ここにこそ韓非子の思想の特徴がある。

荀子は、「礼儀」や「法度」を聖人の作為によって作られたものであるとし、またそうした規範が、人間に対して外在的なものであると設定したが、注意しなければならないのは、それにもかかわらず、「法」や「礼儀」を絶対化することなく、道徳主体としての「君子」こそ「治の原」としたことである。「法なる者は治の端なり、君子なる者は法の原なり。故に君子在れば、則ち法省くと雖も、以って遍きに足るも、君子無ければ、則ち法具はると雖も、先後の施を失ひ、事の変に応ずること能わず、以って乱るるに足る」、「君子なる者は、治の原なり。官人は数を守り、君子は、原を養う。源清めば則ち流れ清み、源濁れば則ち流れ濁る。故に上礼儀を好み、賢を尚び能を使い、貪利の心無ければ、則ち下も亦将に辞譲を究め、忠信を致めて、臣子に謹まんとす」（「君道」）。

有徳な君主が政治の基本であるとするこのような荀子に対し、韓非はこのような君主の道徳性を否定し、「法」を全面的に掲げて、その絶対的な遵守を主張する。

その思想的な特徴は、まず第一に儒家の有徳者君主思想への批判である。韓非によれば、儒家が聖人と見なす堯や舜以下の聖人君主こそ、天下を乱す本であるとして次のように批判する。

天下皆孝悌忠信忠順の路を以って是と為せど、而かも孝悌忠順の路を察して審かに之を行ふを知るものなし。是を以って天下乱る。皆、堯・舜の道を以って是と為して之に法る。是を以って君を弑する有り、父に曲《さから》ふ有り。堯・舜・湯・武は、或いは、君臣の義に反し、後世の教えを乱る者なり。堯は、人の君と為りて、而かも其の臣を君とし、舜は人の臣と為りて、而かも其の君を臣とし湯・武は人の臣にして、而かも其の主を弑し、其の尸《かばね》を刑す。而も天下之を誉《ほ》む。此れ天下の今に至るまで治まらざる所以の者なり。（「忠孝」）

韓非によれば、人間に道徳を期待するのははじめから無理なことであるという。なぜなら、人間の行動の動機は、すべて自分の「利」益であるからである。従って、人を屈服しうるのは「徳」ではなく、「力」であり、「力」こそが人をして自分の意志に従わせることが出来るのである（「敵国の君王は、吾が義を説ぶと雖も、吾に入貢して臣とならず。関内の侯は、吾が行いを非ると雖も、吾必ず禽を執りて、朝せしむ。是の故に力多きときは則ち人朝し、力寡きときは、則ち人に朝せしむ。故に名君は力を務む」）。人を屈服せしめるに足る「力」の培養こそ君主たる者の第一の課題であるとされた。

第二に明確にされるのは、戦国時代の下克上に象徴される臣下に対する強い不信感であり、臣に対しては絶対に気を許してはならないという。

愛臣の太だ親しきは、必ず其の身を危くし、人臣の太だ貴きは、必ず主の位を易ふ。主妾の等無きは、必ず嫡子を危うくし、兄弟の服せざるは、必ず社稷を危うくす。臣聞く、千乗の君備え無きときは、必ず百乗の臣の其の傍らに在る有りて、以って其の威を徙《うつ》し而して其の国を傾け、万乗の君備へ無きときは、必ず千乗の家の其の傍らに在る有りて、以って其の威を徙し而して其の国を傾くと。ここを以って姦臣蕃息し、主道衰亡す。是の故に諸侯の博大は、天子の害なり。群臣の太だ富めるは、君主の敗なり。将相の主を後にして而して家を隆んにすることは、此れ人に君たる者の外《い》む所なり。（「愛臣」）

ちなみに「諸侯の博大は、天子の害なり」とあるように、これがいわゆる封建制の否定であることは明らかであろう。そこで意図されることは、君と臣との差別化であり、君主権力の絶対化である（「万物身の至貴、位の至尊、主威の重、主勢の隆に如くなきなり。この四美は、諸を外に求めず、人に請わず、之を議し、而して之を得む。故に曰く、人主其の富を用ふる能はずば、則ち外に終らむ、と。此人に君たる者の識る所なり」）。ここにあるのは、臣下に対する強い不信と、君主権力の絶対化であろう。

先に、人の行動の動機を「徳」ではなく「利」益であるといったが、韓非では「利」を組織化することで権力の基盤を強化しようという方向はなく、「悪いこと、権力にとって害のあること」をいかにさせないかという方向での、いわば禁止、統制の手段ばかりが強調されることが第三の特徴的である。すなわち、臣下に対する統御の方法は、法に対する服従と、それに違反した場合の厳しい処罰である。

厳家には慣虜無くして、慈母には敗子あり。吾此を以って威勢の以って暴を禁ずべくして、徳厚の以って乱を止むるに足らざるを知るなり。夫れ、聖人の国を治るは、人の吾が為に善なるを恃まずして、而して、其の非を為すを得ざるを用ふるなり。人の吾がために善なるを恃むや、境内什数ならず。人の非を為すを得ざるを用ひば、一国斉しく治を為さしむべきなり。衆を用いて寡を舎つ、故に徳を務めずして法を務む。

人が「徳」や「善」をなすことに期待するのではなく、悪をさせないことが大事であり、人が「非」をしないようにさせるためには、法による支配が大切であるとする。「恩徳」ではなく、「法務」である。そこで提唱されるのが、いわゆる刑名であり、賞罰である。刑とは、形であり、名とは言葉である。すなわち、臣下を統御する方法として、臣下が言うことと実際に行うこと（実績）とを引き比べて、言うことに見合う実績を残した者には賞を与え、他方、言うことに比べて実績が少ない者に対しては懲らしめることで、臣下の忠誠心を引き出そうとすることであり、「術治」とも言われる。

第四に、君主権の絶対性を確保する方法として、君主は自分の心の中を、臣下に絶対見せてはいけないという（「君は其の欲する所を見《しめ》すなかれ、君其の欲する所を見すときは、臣将に自ら彫琢せんとす、君はその意を見す無かれ、君其の意を見すときは、臣将に自ら異を表せむとすと。故に曰く、好を去り悪を去らば、臣乃ち素《そ》を見し、賢を去り智を去らば、臣乃ち自ら備へむ、と」〈「主道」〉）。

君主の態度として提示されるのは、「虚静」である。自分を他者に対して「虚」とすることで、相手が自分からその「実情」を顕わにするのを待ち、自分が「静」を保持することで、相手の動きを正しく把握することが出来るというわば権謀術数の世界である。

最後に、「公」と「私」の問題についてみてみよう。孔子のところで見た「葉公」の「直躬」に関して、韓非は次のように言っている。

楚人に直躬という者有り。其の父羊を盗《ぬす》み、而して之を吏に謁《つ》ぐ。令尹曰く、之を殺せ、と。以為へらく、君に直なれども、父に曲なり、と。報じて之を罪せり。是を以って之を観れば、夫《か》の君の直臣は、父の暴子なり。魯人、君に従いて戦ひ、三度戦ひて、三度、北《に》ぐ。仲尼、其の故を問う。対《こた》へて曰く、我に老父有り、身死せば之を養うものなからむ、と。仲尼以って孝と為し、挙げて之を上《のぼ》せり。是を以って、之を観れば、夫《か》の父の孝子は、君の背臣なり。故に令尹誅して楚姦上聞せず、仲尼賞して魯民降北を易《かろ》んず。上下の利、是の若く其れ異なり。而るに人主、兼ねて匹夫の行いを挙げて、而も社稷の福を致さむことを求む。必ず幾《き》せられじ（「五蠹」）。

孔子は国家への忠誠と父への孝との関係については、敢えて何も言わなかったが、ここでは君主への忠と親への孝とが両立しないものであることが明確にされている。孔子は親への孝を優先するが、国家の存立を第一義とする韓非の国家主義の立場からは到底容認できないことは当然である。そして重要なことは、以上のような国家・君臣関係と、孔子の父子の両者を「公」「私」と呼んでいることである。ここでの「公」はこれまで見た「公平」「公正」といった道徳観念ではなく、君主あるいは国家の立場そのものと等値されていることが重要である。

孔子や孟子などの儒家は、孝や悌などの家族道徳を一貫して説き、それはそこに留まるのではなく、外に拡がって「大同の世」の実現につながるという意味で、決して閉じられたものではなかった。むしろ、親や兄弟への「孝悌」は「天下を公と為す」原動力になるものであり、決して「私」に留まるものではなかった。その意味で、「公」と「私」とは連続性をもつものであり、決して矛盾するものではなかった。儒家においては、なんら実体的なものでも、また領域的に隔絶したものでもなく、相互に移行可能なものであった。もともと「公」と「私」は、まったく別物ではないはずである。何が「公」であり、何が「私」であるか、なにを「公」とし、なにを「私」と規定するかは、それ自体がそれぞれの時代と社会の政治的な産物であるからである。「私」なる個人は、個別の欲望を持つ存在であると同時に、他者との間で共存と共生を求めて生きる存在でもある。ときには、自己の欲望を実現するために、他者を犠牲にする可能性を持つと同時に、他方では自分の利益を棄てて人のため「正義」のために死ぬことの出来る存在でもある。何となれば、「私」は自分の獲得した確信や真理性を推し広げていくことを通して、世界に参与し、世界を変えていくのであろうからである。「公」は、自分の外部にあるのではなく、本来自分の中にもあって、それを拡充し他者と共有していくことを通して、世界は「公」化されていくのであろう。儒家は、基本的にそのような世界像に立っていた。

しかし、法家における「公」と「私」とは、全く別物であり、「私」は「公」である君主や国家権力を脅かす「姦邪」=「悪」であった。だが一貫して国家優先の論理を説くこのような論理が、それだけで生き延びることが困難であることは明らかであろう。法家の考え方は政治の自立を宣言するものであったが、臣下や民衆を政治権力の手段と考えるだけでは政治権力を永続的に維持していくことは出来ない。それ故秦漢以降、郡県国家の課題は、法家思想との間で矛盾関係をもつ儒家の思想をどのように取り込みながら政治権力を維持していくかということである。ではこの両者は、どのようにして両立することが出来るのであろうか。それがこれからの検討課題となろう。

中国法制史の滋賀秀三は、秦漢以来、二千余年続いた中国の政治体制を「帝政」とよび、この国家法の基本的な性格について「一人の専制君主が意のままに任免する官僚を通じて、全人民を支配する体制」であり、「法」は、ヨーロッパの「法」が「権利」を中心とするのとは異なり、「究極において、専制君主の意思的命令」であり、「王者が定めて公布し、刑罰を制裁手段として」発達したという。[21]

それでは、このような儒家における「血縁関係」に基礎を措く道徳思想と、「法」を国家支配の根幹とする法家の思想とはどのように結びつけられて構造化され、秦漢以降の郡県制国家のなかで機能していったのであろうか。以下の行論においては、それを具体的な議論の場において確認していくことになるが、ここではひとまず、小倉芳彦の発言を引用しておこう。

小倉によれば、秦漢の皇帝専制政治における原則は、「公」権力は「公」と「私」を截然と区別し、一切の「私」を認めないはずであるが、現実には、必ずしもそうではなかったという。具体的には、官僚の忠誠確保の手段として、人「質」をとり、罪を犯した場合に、肉親の責任をも問う族刑縁坐を法制化して、王朝権威を絶対化する一方、家族・郷党内の姦事の解決には、一定の親族の範囲内での罪の隠し合いを認め、権力の介入を排除する慣行が思想として確立したとして、『漢書』「宣帝紀」の次のような詔勅を挙げている。

> 父子の親・夫婦の道は天性なり。患過ありと雖も、猶ほ死を蒙《おか》して之を存す。誠愛、心に結ばれ、仁厚の至りなり。豈《あに》能く之に違わんや。自今、子の父母を首匿し、妻の夫を匿まひ、孫の大父母を匿まふは、皆坐するなかれ。其れ父母の子を匿まひ、夫の妻を首匿まふは、罪殊死、皆廷尉に上請して以聞せよ。[22]

子が親を、妻が夫を、孫が大父母を匿うことが、人間としての「天性」として認められていることは、見過ごすことは出来ない。ここでは、父母が子を、夫が妻を守ることは認められていないが、その後の律令では、尊卑の別なく一定の親族内の「容隠」は認められるようになったという。換言すれば、「公」権力にとっても、民の「私」的な情誼を認めることは道徳を維持する上でも不可欠であるだけではなく、むしろ「公」権力の権威を保持する上で必要だったのである。

また西順蔵は、『礼記』「喪服四制」にある「門内の治は恩が義を掩い、門外の治は義が恩を絶つ」を挙げて、両者の機能する場の違いとするが[23]、尾形勇も「少なくとも孔・孟の段階における儒家は、宗族制ないしは家族制的秩序に最大の価値を見出し、その秩序を君臣関係にまで拡大反映させることで天下の泰平を図った」が、君権の側の論理が法家によって発展させられていくと両者は対立・矛盾する関係を有し、その結果、「君臣」と「父子」はそれぞれ「場を異にする者として位置づけられながら、両者が拮抗する場合には、「君臣」のほうが「父子」よりも優越するというのが「少なくとも〝体制〟側の論理」であり、また両者はそれぞれ、「君臣＝公」「父子＝私」として図式化される構造こそが、皇帝支配を支えた基礎的な秩序形態で在った」という[24]。それでは、以上に見た中国古代における道徳と政治システムの関係はその後の社会展開のなかで、どのような変容をたどることになるのであろうか。

二　中・近世における「封建・郡県」論の展開と公共性

(1)　三〜七世紀の「封建・郡県論」と公共性

紀元前三世紀、秦が七国を制覇して統一国家を実現した。周の封建制は、諸侯の勢力が大きくなると天子の意のままにならず、「尾大の患」を生み、それ故に周王朝が滅亡したという法家の思想家李斯の提言によって、秦は天下を三六郡に分け、さらに郡を県に分割して中央政府から官吏を派遣して支配するいわゆる郡県制を施行した。だが秦は、わずか二代三〇年にして滅び、漢室がそれに変わった。漢は、基本的には秦の郡県制を踏襲しつつも、ときに子弟を封建するなど郡県と封建とを併用しつつ政治支配を行った。漢以後は、基本的には郡県体制が続くのであるが、その後の歴史においては、封建と郡県のどちらが政権の安定・永続を保証するかを巡って幾つかの議論が交されることになる。

その一つは、三世紀半ば、魏・蜀・呉の三国の時代、魏の曹冏（元首）によってなされた。曹冏は、夏・殷・周・秦・漢・魏、六代の王朝の興亡について「六代論一首」を著し、また陸機が「五等諸侯論一首」を書いて郡県制に対して封建制が優越するものとして支持した。唐の時代には、柳宗元が「封建論」を書いて、郡県制を擁護した。

もう一つは明末清初、帝政下の中央集権が引き起こしている社会的な問題を解決する方法として封建制が想起され、顧炎武などが、地方自治を「封建」の名において主張したときである。

以下、封建・郡県という政治システムの優劣はどのような論理でなされたか、時代順に見てみよう。

〈曹冏〉曹（三世紀前半頃）は、夏・殷以降、当代まで六代にわたる王朝の政治システムの在り方について論じているが、それを書いた事情については『魏氏春秋』に次のようにある。曹は、天子に上書して「古の王者は、必ず同姓を建て、以って親を親しむを明らかにし、必ず異姓を樹てて以って賢を賢とするを明らかにす」とし、それにもかかわらず「今、魏は尊を尊ぶの法は明らかと雖も、親を親しむの道は未だ備はらず」とし、親類・縁者を諸侯に登用して、王室を強化すべきことを提言している。曹が封建制を郡県制に対して優れているとする観点は、次のようなものである。

昔、夏殷周の世を歴ること数十、而うして秦は二世にして亡ぶ。何となれば即ち三代の君は、天下と其の民を共にす。故に天下は其の憂いを同じうす。秦王は独り其の民を制す。故に傾危すれども救う莫し。夫れ、人と其の楽しみを共にする者は、人は必ず其の憂いを憂へ、人と其の安きを同じうする者は、人は必ず其の危ふきを拯《すく》ふ。先王は独り治むるの久しうする能はざるを知れば、故に人と共に之を治め、独り守るの固うする能はざるを知れば、故に人と共に之を守る。親疎を兼ねて両つながら用ひ、同異を参へて竝び進む。是

を以って軽重以って相鎮むるに足り、親疎以って相衛るに足り、幷兼の路は塞り、逆節は生ぜず。(25)

秦がわずか二代で滅び、夏殷周三代の政権が長く続いたのは、「天下」＝諸侯とともに「天下の民」を治めたからであるとし、周の衰退期において諸侯が周室を助けたのは、周室が「親戚を信重し、賢能を任用」して、一族の繁栄を図り、本家がそれに頼ったからであるとする。それに対して、秦は周の封建制の弊害を免れようとして「五等の爵を廃し、郡県の官を立て、礼楽の教えを棄て、苛酷の政に任じ、子弟に尺寸の封無く、功臣に立錐の土無く、内には宗子の以って自ら毗輔《ひほ》する無く、外には諸侯の以って蕃衛たる無く、仁心は、親戚に加はらず、恵沢は枝葉に流れず。譬へば、猶股肱を芟刈《さんがい》して、独り胸臆に任せ、舟を江海に浮かべて、楫櫂《しゅうとう》を捐棄《えんき》するが如し」であったという。ここで、封建制がたんに「子弟」「功臣」に封を与えることであるというだけでなく、郡県が「礼学の教えを棄て、苛酷の政」をなすものとして捉えられていることに注意しておこう。

始皇帝は郡県制を「関中の固めは、金城千里、子孫帝王として萬世の業なり」と自画自賛したが、そばにいた人々は、その危険な状態に身震いしたという。その結果、諸国は秦を見放し、人々は離散し、陳勝・呉広が、秦を討伐し、劉邦・項羽が、之を滅ぼしたとして、次のようにいう。

向《さき》に始皇をして、淳于の策を納れ、李斯の論を抑え、州国を割裂し、子弟を分かち王とし、三代の後を封じ、功臣の労に報い、士に常君有り、民に定主有り、枝葉相扶け、首尾用を為さしめば、子孫をして道を失ふの行ひ有らしむと雖も、時人に湯武の賢無くも、姦謀未だ発せずして、身は已に屠戮せられん。何ぞ区々たる陳項にして、復た其の手足を措くを得んや。故に漢祖は、三尺の剣を奪《ふる》ひ、烏集の衆を駆り、五年の中《うち》にして、帝業を成せり。開闢自り以来、其の功を興し勲を立つる、未だ漢祖の易きが若き者有らざるなり。

要するに、秦は、その王朝を永続させるためには、周の封建制を採用すべきであったというのである。このような議論は、我々の言葉で言えば支配階級の権力編成の問題である。その後曹は、漢王朝における政治システムの変化を跡づけているのだが、そこで政権を長期に維持するために勧められている政治システムは、①国を「子弟」や「功臣」に分かち、それを王室の藩屏とすること、②「士に常君有り、民に定主」あらしめ、決まった君主のもとで、安定した支配を行うことであり、③このようにすれば、いざというとき諸侯たちは王室を助けてくれるはずだ、というのである。そして、そのような考え方の背後にある動機は、魏王朝の延命である。魏の王室が、それまでの五代に及ぶ王朝の興亡の原因について知り、今なお「前車の轍」を観ながら、その失敗に学ぼうとはしない現状を強く批判しているのである。曹によれば、郡県制は「亡国の法」なのである。何となれば、それは王室のみを特立させることでむしろ自らを孤立させ、ゆえに有力諸侯の協力を得られない政治システムなのである。言い換えれば、権力を有する諸侯の公共性を無視するものということになろう。魏の曹が、王族としての立場から王室と支配階級間の権力編成の問題を取り上げたとすれば、自己の「利」と他者の「利」との有機的な関係を前面に出して封建制の有効性を主張したのが、西晋の詩人、陸機（二六一～三〇三）であった。

〈陸　機〉　陸機の「五等諸侯論」のいわんとするところは、まず第一に、古代の王者が、政治のシステムを作る目的は「後葉を隆《さかん》にしよう」と思うこと、すなわち子孫の繁栄を願うことであり、その動機は、「私」的なものであるという。そして第二には、そのような王朝の永続については、秦のように国家が「覆滅」することは好ましいことではなく、少しでも延命を図る方法を採るべきであるとするが、そのためには諸侯が強大化して争乱の原因にならないという保証はなく、また郡県は政治の安定を確保するのにふさわしくないというのではないけれども、「国憂《うれ》ふれば其の釈位を頼み、主弱ければ其の翼戴に憑る。微を承へ、弊を積み、王室は遂に卑きに及ぶも、猶ほ名位を保ち、祚《そ》は後嗣に垂れ、皇統幽なれども輟《や》まず、神器、否なれども必ず存する者は、豈置勢《ちせい》之をして然らしむるに非ずや[26]」すなわち最後に頼るところは、諸侯であるということになる。

だが、陸機において重要なのはその点ではないであろう。王朝の永続とは、明らかに「私」的なことである。

だがその目的、つまり王室がその永続という私的な目的を実現するためには、人々の利益をかなえることが大切であるとしていることである。

先王は「綏世《すゐせい》の長御を見、人情の大方を識る有り。其の人の為にするは、己を厚うするに如かず、物を利するは、身を図るに如かざれども、上《かみ》に安んずるは、下《しも》を悦すにあり、己の為にするは、人を利するに在るを知る。故に易に曰く、説《よろこ》ばしめて以って民を使えば、民は其の労を忘ると。孫卿曰く、利せずして之を利するは、利して後、之を利するの利なるに如かずと」。人は一般に元来、他人よりも自分のことを大切にするものであり、他人の利益を図るよりも自分の利益を優先させるものであるが、仁君として、人の上に立つためには、下の者を喜ばしめなければならず、自分を大切にするためには、他人に利益を及ぼさねばならない。極めて重要な指摘であろう。自・他の共存の論理であり公共性ということになろう。かくして、天子としては「天下に分かつに厚楽を以ってして、己之と憂いを同じくするを得。天下に饗するに豊利を以ってして、我、之と害を共にするを得。利、博ければ、則ち恩は篤く、楽しみ遠ければ、則ち憂いは深し。故に諸侯は、食土の実を享け、万国は、世及の祚《さいはひ》を受く」。楽も憂いも他者とともに在るとするのである。孟子の、君主は後楽=偕に楽しむを想起させる文章であるが、ここで重要なのは、君主の私的な目的と、それを実現するための方法とが明確に弁別され自覚されていることである。このような政治権力の私的な性格という認識は、日本の思想にはみられないものである。

換言すれば、秦が滅亡したのは「道を棄てて術に任せ、周の失に懲り自ら其の得たるを誇る」「国に慶びあれば、独り其の利を饗け、主、憂うるも与に害を共にするなし」。秦は自分の利益だけを追求した結果、自分が困ったときには、誰も助けてはくれなかったというのである。すなわち郡県制は、いわば諸侯の利益を排除して、天子が己一個の利益のみを求めるものとして否定され、諸侯の利益を取り入れる封建制の方が、王室の延命のためにはベターな政治システムであるとされることになる。

「郡県の長は、利の為に物を図る。何をもってか之を徴する。（中略）夫れ進取の情は鋭くして民を安んずるの誉れは遅し。是の故に百姓を侵して以って己を利する者は、在位の憚らざる所、実事を損して以って名を養ふ者は、官長の夙夜するところなり。君には卒歳の図《はかりごと》無く、臣は一時の志を差し挟む」。郡県においては、官吏は、任期があければ移動するために、自分の利益や名声のみを気にかけて民を安んずることを後回しにすることになる。それに対して「五等は、則ち、然らず。国は己の土為り、衆は皆、我が民なり。民安ければ、己は其の利を受け、国傷《やぶ》るれば、家は其の病に嬰《かか》るを知る。故に前人は以って後に垂れんと欲し、後嗣は其の堂講を思ふ。上と為りて、苟且の心無く、群下は膠固《こうこ》の義を知る」。封建論の一番重要な点は、土地、人民が自分の物であり、それを世襲的に子孫に譲るものであるが故に、大切にする意識がはたらくというのである。換言すれば、封建は諸侯のみならず、民を大切にする政治システムであるというのである。

陸機は、古の聖王は、帝王の政治が至って重いものであり、かつ天下は広大なものであることを知っており、それを独りで担うことは出来ず、人の力を借りなければならないことを知っていた。それ故に「官を設け、職を分かち、その任を軽くし、さらには、五等の爵位を並べて、天子の治世を広めようとした」。そこで、諸国の境界を定め、それを親疎によって分かち与え、すべての国々が互いに支えあって、揺るぎない堅めを成すように同姓・異姓の諸侯を雑居せしめ、王室の守りを堅くしたとするのであるが、注目すべきは、先の曹に比べ、ここでは、支配階級の権力編成のみに留まらず、民衆の生活に対する配慮が入ってきていることであろう。

君主の第一義的な目的は王朝の長期支配であり、それは明らかに「私事」であるはずだが、それを実現するためには、人々もそれを望むこと、つまり人々がその政権を好ましいものとしその永続を期待することが必要であり、そのためには、人々がその政権の下で自分の利益を得ることができ、喜びを得ることである。ここには孟子の「楽しむに天下を以ってし、憂うるに天下を以ってす。然り而して王たらざる者は、未だ之れあらざるなり」

という、民とともに喜び民とともに憂うる仁政の精神が脈打っていよう。つまり為政の基本精神である。しかし、そこで強調されるのは「然る後、国の安きは、万邦の治を思うに由り、主の尊きは、群后の身を図るに頼る。譬えば、猶ほ衆目方に営めば、即ち天網自ずから衵《かよ》い、四体難を辞して、心膂乂《りょやす》きを獲るがごとし。三代の道を直くする所以、四王の業を垂るる所以なり」とあるように、詰まるところは、権力編成の論理である。だが同時にこのことは、君主一人の利益が否定されていることに注意する必要がある。封建制とは、王朝の長期支配のためには、封建諸侯の利益に対する配慮が不可欠だとする思想なのである。

〈柳宗元〉 このような封建制擁護論に対して、「封建制」は諸侯による私的な支配であり、郡県制こそ「天下を公」とするものだといったのが、唐代の思想家柳宗元（七七三〜八一九）である。柳の主張を一言でいえば次のようなものである。

夫れ天下の道は、理安なれば斯に人を得る者なり。賢者をして上に居り、不肖の者を下に居らしめて、而る後に以って理安なるべし。今封建なる者は、世を継ぎて理《おさ》む。世を継ぎて理むれば、上は果たして賢なるか。下は果たして不肖なるか。則ち、生人の理乱、未だ知るべからざるなり。其の社稷に利し、以って其の人の視聴を一にせんと将欲すれば、則ちまた世大夫有りて、世世禄邑を食み、以って其の封略を尽くす。聖賢そのの時に生まるるも、亦以って天下に立つ無きは、封建なる者これを為せるなり。豈聖人の制、是に至らしめんや。吾固より曰く、聖人の意にあらざるなり、勢いなりと。(27)

一般に、これまで「封建制」は、古代の聖人が制作した理想的な政治制度とされてきたのに対して、柳の「封建論」は、歴史の自然の流れによる必然的な産物であり、「聖人」が意図して作ったものではないとして、制度の物神化を否定したものとして著名である。だが、掲げた史料によれば、まず第一に、政治の目的は民政を安定させることであり、天下を安穏に治めれば、民心を得ることが出来る、第二に、賢者を高い地位に就かせて不肖者を下に居らしめれば、それで平穏を得ることが出来るというものである。つまり、政治に携わる者は道徳的に優れた者でなければならず、また賢者が政治に携われば、政治社会は秩序が保たれるとする有徳者君主思想であろう。その意味で、これは、政治の安定を封建か郡県かという政治システムによるとする議論それ自体の否定であることに注意しなければならない。よい政治とは第一義的には政治制度如何の問題ではなく、為政者が賢者であるか否かによるという議論である。その意味でこのような考えは、儒学の最もオーソドックスな考え方である。だが、その場合に封建制度は、それが「土地や民を自分の物とする」「世襲制」であるために、上に立つ者が常に賢者であるとは限らず、また何か問題が起こっても、天子には世襲の諸侯を容易には変えることが出来ないとする点で不可とし、それに対して郡県制は、天子がいつでも賢者を為政者に任命することが出来るという点で優れているとし、彼の持論である為政者＝賢者論に合致するとするのである。

柳の主張の第二の論点は、殷や周は前代の王朝を倒すために諸侯の手柄に頼らざるを得ず、そのため封建制を変えることが出来なかったのはやむを得なかったとして、次のように言っていることである。

夫れ、已むを得ざるは、公《こう》の大なる者に非ざるなり。其の力を己に私するなり。其の衛を子孫に私するなり。秦の之を革める所以の者は、制を公の大なる者と為すなり。其の情は私なり。其の一己の威を私するなり。其の尽く我に臣畜するを私するなり。然り而して天下を公にするの端、秦より始まる。

すなわち、殷や周が封建制を維持したのは、それぞれ夏や殷を滅ぼすために封建諸侯の力を借りざるを得なかったからであり、それはやむを得ないことであった。言い換えれば、封建制を維持したのは「私情」、自己の権力を維持し、それを子孫に伝えるためであった。それに対して、秦が封建制を改革する目的は、「封建制」の「私」的な性格を排除し、天下を「公」的なものにしようとしたのである。天子に敵対する可能性のある諸侯をつぶして、すべてを「臣」として扱おうとする点では、「私」的な動機に基づくものであるが、「天下を公」とする思想はここから始まったというのである。換言すれば、先に見たように、賢者による政治を実現するためには、天子によって常に為政者を取り替えることが出来る政治システムの方が望ましいというのが柳の考えなのである。だが、封建制が「私的な支配」であるとの指摘はよいとして、「郡県制」が「天下を公」とするものだとの保証はあるのであろうか。天子は、むしろ「私的な支配」の実現のために、自分に好ましい官僚を配置するのではあるまいか。また「郡県制」が、常に賢者の登用を可能にするという保証はなかろう。この点は柳の弱点である。

これまでの議論をまとめておこう。まず確認できることは、封建制を残した殷・周にしても、郡県制を採用した秦にしても、その支配の永続性を願うことは、「私情」であるとされている点である。このような権力の意志に関する客観的な視点は、日本の思想にはあまりみられない。絶えざる革命を経験している中国においてこそ得られた経験則であろう。第二に、たとえその動機が私的なものであったとしても、権力の維持のためには、封建制においては諸侯の力を政権維持に向けて利用するのに対して、郡県制においてはそれを廃止し権力の一元化を図ることである。その意味では、単に方法の違いに過ぎないはずである。にもかかわらず、柳が、封建制を「私」とし、郡県制を「天下を公」とするものと考えたとすれば、その動機は何であろうか。

それは第一に、柳が、民衆の生活を如何に守るかを政治の目的としたことである。第二には、「世襲的な」封建制のもとでは封建領主の苛政があったとしても、天子がそれに口を出すことが出来ないということ。第三には、為政者は賢人でなければならず、それは、天子が一元的に支配することを前提にして、優れた人材を適宜配置することで可能とする点。そして第四には、彼が当時の唐王朝の支配を基本的に支持しており、また藩鎮などの強大化に強い危惧を懐いていたからである。柳が守ろうとしたのは郡県制の権力そのものではなく、民衆の生活を守るために、権力は如何にあるのが望ましいかという問題であった。

換言すれば、封建制が「私」的な支配として――この点こそが逆に封建制の好いところとするのが、封建制賛美論の根拠である——否定され、他方で、郡県制が「天下を公」とする政治システムとして（この「公」は、いわゆる「公平」性の意味ではなく、民衆の生活の全体性に関わるものとして）再発見されたことは、その後の政治思想の展開において重要な意味を持つことになる。

これまでの議論が、どちらかといえば、王朝の延命を巡る政治システムの選択の問題だとすれば、明末清初の議論は、より原理的なものである。この時代において、地方の郷紳が力を蓄え、皇帝権力からの相対的な自立を目指し、それを正当化するために古代に存在した「封建」制を根拠として天子の専制支配を批判したものであるが、ここで問題になるのは、どちらが「天下為公」であるのかということである。換言すれば、柳は、天子の下に政治が一元化されることが天下が「公」になることだとしたが、明末清初においては逆に、封建＝地方分権こそ「天下為公」だとするのであり、政治の本来的な在り方・目的は何かとともに、政治の理想的な形態を巡るシステムの対立として議論されたのである。現代風にいえば、中央集権か地方分権かという問題であろう。

（2）明末清初の「封建・郡県論」と公共性

これまで儒家の道徳と法家の思想の成立過程とその相剋関係、さらにそれが封建・郡県制という政治システムとどのように関わっているかを検討してきた。そこで明らかになったことは、一つは、儒教は『礼記』「礼運篇」や孔子、孟子に明らかなように、あるいはまた「修身・斉家・治国・平天下」という『大学』の言葉が典型的に示すように、自己をまた肉親との道徳を起点として、それを外へと推し広げていくことで理想世界を政治社会のなかに実現しようとする思想であること、その意味で、「私」は個人原理においても、また道徳の内容においても、実現されるべき「公」と矛盾するものではなく、また、政治システムとしての封建制との間で強い親和性を有していること等が明らかになった。

宋・元・明代において一世を風靡した朱子学や陽明学においては、詳しく触れる余裕はないが、その道徳論には一言触れておく必要があろう。(28)

中国の儒学史における朱子学の第一の特徴は、宇宙、社会、人間に関する壮大な哲学大系を構築し、韓国、日本、ベトナムなどアジア諸地域に広範な影響を与えたことである。第二には、人間を完全な「小宇宙」と見なし、「明徳は、人の天に得る所にして、虚霊不昧、以って衆理を具し、万事に応ずる者なり」(29)として、人間が実現すべき道徳性は、生まれながらにして人間に内在しているとしたことであろう。それは、「人欲を去りて、天理を存す」という言葉からも明らかである。この「存す」ということが重要である。この場合、人欲の「私」とは、すなわち人間が生きていく上で必要とされる欲望に対してそれを越えた過度の欲望、あるいは必要とされる欲に対してそれをとらないことが「私」として否定されるのである。それ故に、「過・不及」でない適正な欲望は、「天理の公」と等しいものとなる。この場合、「天理の公」は、人間が生まれながら本来的に内在させているものであることが重要である。従って、ここでも「個」を基点とする儒学の思想は生きていることになろう。朱子学が、孟子の性善説を踏まえて形成された所以である。朱子学の形骸化を乗り越えようとした陽明学は、「吾が心の良知は即ち所謂天理なり。吾が心の良知の天理を事事物物に致すときは、即ち事事物物皆其の理を得るなり」(30)として、自己の内面的な価値判断を基点として社会的な実践に赴いたことはよく知られている。(31)

明代、朱子学の固定化を強く批判し、「性即理」を唱えた朱子学を批判し、「心即理」によって朱子学を内側から超克しようとした陽明学は、結果としていわゆる王学左派を生み、それへの批判がこれから見る清朝考証学を生み出すのであるが、その媒介となる李贄（卓吾、一五二七〜一六〇二）について一言触れることから始めよう。

さし当たり、李卓吾『蔵書』から二つの文章を引用する。「世紀列伝総目前論」では、本書叙述の意図について次のように言う。

そもそも是非の争いは四季の循環と同じで、昼夜に移り変わり、一つ所にとどまらない。昨日の是が今日は非であり、今日の非は後日また是とされる。仮に孔夫子を今日に生き返らせたとしてもやはりどのような是非を立てるかはしれたものではない。それなのにいきなりこれが定本だとして賞罰を下すことが出来ようか。(32)

李は「孔子の定本を楯にとって賞罰を下す事さえしてくれなければそれで結構だ」といっているが、自己の主体に、判断の根拠をおいた陽明学の結末の一つは、徹底的な価値相対主義、是非・賞罰の基準のない世界を現出したということである。第二は、「小人」に対する哀惜の念である。「後世の儒者は、好悪の道理を弁えず、いったん国政を執るようになると君子を撰び小人を去ることに勤めそれで好悪の正しきを得たとする。だが天に陰陽があり地に剛柔があるように、人に君子があれば小人もないはずはない。君子はもとより任用されることを楽しみとするが、小人とてその才能がないはずがあろうか。(中略)もし、小人が使いどころがないと言ってすませるとすれば、天地の間には捨てて用いられぬものがあり、慈母にも捨てて顧みぬ子供があることになる。天地はそのようなものを造らず父母はそのような子供を産まぬと言うのであればそれでよいが、そうでないとすればその人なりの技能を持って天下の役に立たないものがあろうはずはないのに、どうしてこれを棄て去ろうというのか」。これは旧来の儒学の君子・小人論に対する批判であろう。民衆のありのままの姿を即時的に肯定しようとするものである。「満街皆聖人」といった王陽明の思想的帰結は、民衆の歴史舞台への登場を準備したのである。

第三には「聖人の学問は無為にして為る」という説に対する批判。

農夫が、無心ならば田は必ず荒れ果て、工人が無心ならば器は必ずいびつになり、学者が無心ならば学業は必ずだめになる。無心であってどうしてよろしかろう。またこの言葉を説明して所謂無心とは私心のないことであり、本当に無心なのではないという者がある。しかし、そもそも私が人の心なのである。人は必ず私があってこそその心が発現するのであり、もし私がなければ心もあり得ない。例えば、農業に従事する者は、秋の収穫を私し得るからこそ耕作に励むのであり、家業に従事する者は、倉に積み入れる品物を私し得るからこそ商売にはげむのであり、学問に従事する者は進んで勝ち取る功名を私し得るからこそ科挙の試験に励むのである。

「私」欲に対する肯定的な態度であり、人間の原初的な行為のモチーフを「私」欲として捉えたものであろう。「富国名臣総論」では、漢の武帝の時代の桑弘羊の均輸の法が国家の大事業であり、四海を制し、辺境を安んじ国用を充足させる根本だとして高く評価し、「利」に対する関心を示しているが、人間存在の根源を「私」として捉え、それを前提として世界を捉え直そうとする態度は重要な意味を持つ。この「私」は、現在の言葉でいえば「個」ということであろう。清朝考証学は、ある意味では李卓吾が獲得したこのような私利的な人間観から出発することになる。

一六四四年の明清交替を受けて、明朝の遺臣たちは、王学左派への批判と満州族による異民族支配に対する抵抗をバネにして、儒学文献の研究を当代社会に対する批判的検討と結びつけ、清朝考証学を生み出した。それは、儒学の実証的な研究であるとともに、異民族支配の下にある政治の在り方に対する根底的な批判でもあり、二百年後の革命に向けての思想の土台を形作る作業でもあった。その作業が、いわゆる西洋のような哲学ではなく、歴史研究を媒介にして行われた点に中国の特質がある。中国では、歴史が西洋の哲学に代位するからである[33]。

ここでは顧炎武、黄宗羲、王船山などを中心にして、その改革思想の特徴を政治システムと公私観を中心に観ておくことにしたい。

〈顧炎武〉 清末民初の改革派のひとり、梁啓超によれば、顧炎武（一六一三〜八二）は、宋・明の「理学」一辺倒に対して、経学こそが理学であると主張して清朝考証学の道を切り開き、四、五百年続いたそれまでの思想界を一変させた思想家である。梁は、その方法的な特徴として、顧炎武の独創性、実証性、実用性の三つをあげているが、ここでは当面の課題である封建・郡県論に限定して論を進めたい(34)。

まず、顧炎武によれば、現在の郡県制の破綻は極点に達しているとしつつも、他方で、封建制から郡県制への移行は歴史的必然であり、現在の郡県から封建への変化はあり得ないとし、現状の問題点を解決するためには、「封建の意を郡県の中に寓すれば、天下が治まる」という。それでは、現代の郡県制では何が問題なのか。

顧炎武によれば、「封建制の欠陥は、その権力が下にあることであり、他方、郡県の欠陥は、その権力が上にある」ことである。その結果として、現在の郡県制の下では、「今の君主は、四海の内のすべてを己の郡県としても猶足らず、あらゆる人を疑い、あらゆる事に束縛を加えて法令や文書は、日一日と煩雑になり、かつ監司や巡撫を設けて監視を強め、その結果として、民は困窮せざるを得ず、国も弱体化せざるを得ない(35)」という。換言すれば「今の州県は、官には、一定の任地が無く、民には一定の主人がないために、常に盗賊や外敵の災いが起こり、敵が一州に至れば一州が破られ、一県に至れば、一県が破壊される」ありさまである。そこで、顧炎武は、かつての封建制の論理を導入することで現在の問題点を克服しようとするのだが、ここで重視されたのが、人情である。すなわち「天下の人が、各その家を思い、その子どもをかわいがるのは、常の情という者であり、天子の為や、百姓の為を思う心は自分の事を思う心にかなわない。この点は三代以来そうである」。そこで中国古代の聖人は「天下の私を用いて、以って天子一人の公を成就し、かくて天下は治まる」としたのであるという。そこで「民政を豊かにし、国勢を強く」するために導入すべきとされたのが、封建制である。ではその場合の「封建制」とは何か。

第一に、県令はその県から千里以内の出身で、土地の事情に能く通じた人を用いるようにし、天下の県令は、皆他の土地に移ることも出身地に帰ることも許さず、生涯をその県とともにし、子孫も代々そこに住むようにすべきである。第二に、その地方の政治は県令に全面的に委任する。そして県令が、その県内百里四方の地を私有することが出来るなら、県の人民は皆彼の家族であり、県の土地は皆彼の田畑であり、県の城郭は皆彼の垣根であり、県の穀倉は彼の家の米倉である。家族であれば必ず愛して傷つけぬようにするし、田畑であれば必ず能く耕して放置せぬようにするし、垣根や米倉であれば必ず手入れして破損せぬようにするであろう。第三に、地方の官吏はすべて県令が任免する。「もし地方官が、みな千里以内の出身者で、その土地の民情に通じ、しかも生涯その職にあることになれば、上下の関係がはっきりして民心が落ち着き、煩瑣な法令や規則が無くなって事務も簡略になる。そして官の力は、吏を制御してあまりあり、吏は、上官を操る手段を失い、自ら法規を守るようになり」天下は治まるとするのである。勿論ここには、それが上手くいかなければ、厳しい罰則があり、官吏の任免は厳しい賞罰によって担保されているのであるが、以上の改革論が、基本的には郡県制の問題点を封建制の導入に拠って解決しようとするものであることは明らかである。

ここで重要なのはその考え方である。「天下の人の人情」といいながら、ここで具体的にいわれているのは「県令」であり、現代風にいえば地方自治の重視、あるいは地方の自主性の重視ということであろう。だが、ここでは、それが「私」であるとされながら、他方では、むしろ「天子の公」の実現に資するもの、否、県令の「私」を保証することが「天子の公」の実現であるとされていることであろう。すなわち郡県制下における天子の専制を制御して、民の自主性を尊ぶことが「天子の公」であるとされていることである。このように見てくれば、次に「東洋のルソー」といわれる黄宗羲(一六一〇~九五)を思い出さない訳にはいかない。

〈黄宗羲〉 いまから三〇年以上も前になるが、私は溝口雄三氏のもとで黄宗羲の『明夷待訪録』の原文を読み、深い衝撃を受けたことを忘れることはできない。それは、これまで日本の思想史では見たこともないような烈しい君主制批判であった。人間は、もともと自分一個のことを考え、自分一個のことを量り、天下に公共の利益になることがあってもそれを振興する者はなく、公共の害があってもそれを除去する者はなかった。ところがそこに自分一個の利益を計らずに天下の人々に利益を受けさせ、自分一個の損害を無視して天下の人々を損害から免れさせてやることを自分の任務・職分としたのが堯・舜など古代の君主であった、との一節[36]は私に強烈な印象を与えた。まさに衝撃であった。そしてその次に出てきた言葉が、民衆一人一人の「自私・自利」=「私」を遂げさせてやるのが「天子の公」であるというのである。これは、ほとんど近代思想そのものなのではないかとも思われるほど強烈なものであった。単なる君主制批判にとどまらない、新しい社会構想の原理が、そこにはあった。

黄宗羲の方法は、夏・殷・周の三代以前を基準にして、三代以降、当代に至る政治のありようを徹底的に相対化するという歴史的な方法である。それによれば「三代以前には法があったが、三代以後には法がない」。

三代の法は、天下を天下自体のなかに保存するものであった。山沢から生ずる物産を全部取り立てる必要はないし、賞罰の権限が別人の手に渡ろうとも別に気にかけない。朝廷が貴い訳ではなく、民間が卑しいのでもない。(中略)当時の天下では、上の地位に就きたいとも思わず、下にいるのが嫌だとも思わなかったので、法が大まかであればあるほど乱はますます起こらなかった。これがいわゆる無法の法である。後世の法は、天下を私物箱のなかにしまい込むものである。利は下に遺して置きたがらぬ。福は必ず上に収めてしまおうとする。ひとりを用いれば、その男が、自分勝手をしはせぬかと気を回し、また別のひとりを用いてそれを抑えようとする。(中略)だからその法は、細かくならざるを得ず、法が細かくなればなるほど、天下の乱は、その法のなかから生じてくる。これがいわゆる非法の法である。

ここにいう法が実定法ではないことは、明らかである。ここにあるのは「開かれた心」と「閉じられた心」の対比であり、人々の心のありようであろう。今の言葉でいえば公共性の有無であり、先に見た「大同の世」の再現である。第一義的には、天子の民衆を思う心のありようである(「二帝・三王は、天下に食料がなくてはならぬことを知っていたので、民に田畑を授けて耕作させ、衣服がなくてはならぬことを知っていたので、民に土地を授けて桑や麻を植えさせ、天下に道徳の教えがなくてはならぬことを知っていたので、学校を建てて教育を行い、婚姻の礼を定めて男女の淫乱を防ぎ、兵役を課して治安の混乱を防いだ。以上が三代以前の法であって、勿論君主一個人のために創ったのではなかった」）。先の「大同の世」が、人々の他者に対する精神態度であるのに対し、これは民衆生活の安定を古代の天子が如何に保証していたかを描き出したものであろう。また、孟子に見られる井田法・封建・学校・兵役などの諸政策を基準にして、黄は、秦漢から当代にいたる政治のありようを徹底的に批判している。

そしてこのような原理的な観点に立って、黄宗羲は、当代の君主のありようを厳しく批判する。すなわち三代以後の君主は「天下の利益は、全部自分の物にし、損害は全部他人に押しつけても差し支えないものと思い、天下の人々には、自分一個の事を考え、自己の利益を計ることを許さず、君主個人の「大私」を天下の「公」であるといい、天下を自分個人の莫大な財産と見なし、それを子々孫々に伝えて、永久に享有しようとしている」と厳しく批判し、「天下の大害をなすものは君である。もしも君がなかったとすれば、人はめいめい、自分一個の事を考え、自分の利益を計ることが出来たであろう」といい、あたかも君主の在り方ではなく、君主制それ自体を批判するかのような言説を提示している。黄自身はあくまで君主の職分について述べたのであり、必ずしも君主制自体を批判したわけではない。だが、このような批判が清末の革命論に強い影響を与えたことは容易に理解できる。

ここでいうところの「人」が、必ずしも民衆一般ではなく、地方の「郷紳」層であることについてはすでに諸氏の考察がありそれに委ねたいが、重要なことは、君主の利害と人々の利害とが対立するものであることが明確に認識され、君主の任務は人々の「自私」「自利」を遂げさせることであり、それが「天子の公」であるとされていることである。換言すれば、「天子の公」とは何かが原理的に問題とされているのである。

また、それに加えて、「臣とは何か」について「臣が、天子の下に出仕するのは、天下のためであって、君主のためではなく、天下万民の為である」「天下の治乱とは、君主一家の興亡をいうのではなく、万民の苦楽にかかっている」とし、「桀・紂の滅亡は実は治の始まりであり、秦の始皇帝や蒙古の興起は、実は乱の始まりであった」とする。ここにあるのは、政治の要諦は「民の生活の安定」であるとする、孟子に起源を有する為政の原理であり、「臣と君とは、名称が違うだけで実質は同じ者」だという。民に対する責任は、臣も君も同じとすることで、君主の地位を引き下げているのであろう。あるいは、明朝において宰相が廃止されたことにより、天子の独裁が強化されたことを厳しく批判し、「官」は、君の分身であり、奄官＝宦官のような「奴婢」ではないという。また、「学校」の役割についてはさらに一層烈しいものがある。三代以前の学校は、単に「人材養成の機関」であっただけではなく、「上は朝廷から村里の隅々に到るまで、誰もが皆聖人の教えに感化されておおらかな気風を持つようになり」また「天子の是としたことが、必ず是であるとは限らず、天子の非としたことが必ず非であるとは限らない、天子も自分一人で是非を決めたりせず是非の判断を学校の議論に待つようにすることである」という。幕末の横井小楠の「学校答問書」[37]の身分制的秩序の如何にかかわらず、道を求める点においてはすべての人が対等であるとした「講習討論」を彷彿とさせる文章である。

また、兵制については「三代より以後、天下を乱す物は夷狄に如くはなし。(中略) 然れども余を以って之を観れば、則ちこれ封建を廃するの罪なり[38]」とし、唐代についても、先の柳宗元とは逆に、唐が滅びたのは方鎮が強かったためではなく、逆に方鎮を抑える方鎮がいなかったためであるとし、外敵の侵入を防ぐためには方鎮＝地方政権を強化し、「地方に強大な軍隊が在れば、中央の朝廷でもそれを憚って勝手なことをしなくなる」として、むしろ中央権力を控制する機能があるとするのである。ここでも明らかに封建制の復活が提起される。「けだし封建の時は、兵民分かれず、君の民を視ること、なほ子弟のごとく、民の君を視ること、なほ父母のごとし。事なくんばすなわち耕し、事あればすなわち戦ふ。いわゆる力役の徴するところは、これを興築に用いず、すなはちこれを攻守に用ふ」。ここでもゲマインシャフト的な人間関係が目指されていることは明らかであろう。

井田法の復活その他についてはここでは触れない。だが、以上にみた黄宗羲が、次にみる王船山と同じく日本の一七世紀、徳川初期の伊藤仁斎や山鹿素行と同時代の思想家であったことは、記憶されてよいことである。最後は王船山（一六一九〜九二）である。

〈王船山〉その封建・郡県論を見る前に、彼の政治思想の基本的な考え方を見ておこう。

治道の極地は、上これを『尚書』に稽え、孔子の言を以って折中すればもはや付け加えることはない。最も肝要なことは、君心の敬謹であり、警戒すべきことは、その怠廃と苛酷である。（中略）治道の大用は、賢人を用いて風教を盛んにすることであり、その恩沢を人民に及ぼすには、仁愛の心を持って中正至善の徳を施さねばならぬ。（中略）人材の選挙を正しくし、賦役を公平にし、軍備を治め、刑罰を整え、典式を定める等のことも是を以ってすれば宜しきを得ないはずはない。(39)

ここにあるのは政治を行う為政者の心の持ち方であり、具体的な政治のシステムや個別的な政策ではない。だが次に提案されるのは、「君子たる者は、古代の制度で古代の天下を治め得ても今日の時代にまで当てはめることの出来ないものは、「成事」とせず、また今日に適する法制で今日の天下を治め得ても後日にまで適用できない者は「成法」とはしない」という強い歴史意識である。ここから王船山は、三代＝封建制の時代の諸政策は郡県制の現代においてはほとんど適用できないとして、孟子の諸説は「萬世に施して人皆此に由るべき普遍の道ではない」という。「君子たる者が、三代に師とするところは、道であって法ではない」というのがそれである。黄宗羲とは、一見すると全く正反対の立場であることは明らかであろう。その意味で、王は歴史的相対主義の立場に立ち、二千年も続いている現在の郡県制には、「自然の趨勢」ともいうべき「道理」があるとの観点から、現代の社会の問題点を、実証的に考えようとするのである。

そこで注目される指摘は、第一に、先に見た魏の曹冏は封建と郡県の政治システムを政権の長・短で見ようとしたのに対して、船山は「郡県制が、国家の寿命を短くしたというのは、単に元首たる者の一姓の問題であり、天下の公義とは関わりのないことだ」と一蹴して、次のようにいう。「郡県制は、天子の利益にはならない。国家の寿命が長くない理由も是にある。しかし天下のために利害を比較すれば、封建制の害毒の甚だしい事よりは遙かにましである。秦は、天下を私せんとする心から、諸侯を罷め、郡守・県令をおいたのであるが、天は、その私心を利用して大公の道理を行ったのである。神明不測の所為とはこの様なものなのであろうか」。先にみた柳宗元を彷彿とさせる口吻である。

それでは、郡県制が「大公」たる所以は何か。「諸侯が、国を世襲し、大夫も官職を世襲する」封建制のもとでは、「十分の子は常に士分、農民の子は常に農民だが、天は賢才を生むのに階級の分け隔てをするわけではないから、士分にも頑愚な者が、農民にも優秀な者が生まれる。優秀な者は頑愚な者に屈服するのに耐えられず、相手を凌いでのし上がろうとする」とし、それに対して郡県制は、「国を分けて郡や県とし、人民の上に立つべき人材を選んでその上に居らせ、その才能を尽くして人民の統治に当たらせる」点で、「天下の公道」でないとはいえない、また諸侯が「先祖伝来の徳望を全うしえずに綱紀を乱すこと」と「郡守・県令が民生を損なう」こととはともに「有害」であるが、「民衆は、郡守・県令が貪欲であり、残虐である場合には、是を罷免させることによって、己の苦しみを救うことも可能である」とし、郡県制の優位を主張する。この点も、先に見た柳宗元と全く同じである。

だが、ここで注目しておきたいのは、戦国時代に民衆が被った悲惨の体験が、群雄が割拠した封建制に対する批判とつながっていることであり、この点は中国における封建制の結末を考える上で見過ごすことは出来ない

（「秦・漢以後において、天子が孤立して、是を助ける者無く、国家の寿命が殷・周二代より短かったとしても、周室東遷以後の各国が、兵戈を交え民衆を苦しめ、政治と風習を異にし、恣なる苛斂誅求と煩雑な刑罰の施行によって、民衆をやせ細らせ、ついには数百年の間、その事態が続くというような弊害は改まった。とすれば、後世の人民が蒙る禍害は、〈封建制よりは、郡県制の方が〉軽いといわねばならない」）。これは、封建制が中国において持った意味と、日本近世社会において持った意味とを考えるためには、重要な論点の一つであろう。徳川社会において、荻生徂徠や徂徠学派の太宰春台や山県周南などが当代の封建制を礼賛したのは、それが「唐虞三代の制度」であったからではない。むしろ、東照宮家康が建てた幕府や藩を中心とする政治社会の安定的な支配が、「平和」を保証したからに他ならない。中国でなぜ郡県制が二千余年の長きにわたっても続いたのかは、現代中国の社会主義、一党独裁制の持続とも絡んで興味ある課題であろう。

それはさておき先の顧炎武とは異なり、「封建制は後世には行い得ない」「漢以後の天下は漢以後の法によって治めるべきである」との観点から、王船山は過去の政策を一つ一つ検討しているが、そこで注目すべきことは、意外にも「天下の政治は天子に統べられる者ではあるが、天子が自分で以って天下を統べようとすれば、天下は乱れる」として、天子の独裁ではなく、官吏に対する徹底した委任論を展開していることである。

すなわち、郡県制の天下は、その統治を、州・郡・県に分かつが、州牧・刺史、郡守、県令は、それぞれ州全体、郡全体、県全体を治めようとしてはいけない（「上の者が、統べようとすれば乱れ、権限を分かって是を統べれば治まるというのは、独りの智恵が、多数の明察に及ばず、独りの才能が、多数の処理に及ばぬからだけではない。卑陋であり、その知識・能力・心情の真偽も極めて同じではない。尊位に居る者が、下のことに手を出し、これを治めることに関与する場合、なれなれしくして威厳がなければ、人民は、ますます驕り高ぶって怠けるし、威厳を以ってこれに臨めば、人民は、恐懼して動き回ることさえも出来ない。だから天子の命令が郡に行われれば、郡が乱れ、州牧・刺史の命令が県に行われ、郡守の命令が人民に行われれば、人民が乱れる。その剛強な者は、法令を蔑視し、柔弱な者は、震えおののいて、執り守る所を失い、困苦して死する」）。つまり、身分的な権威だけでは民心を把握することはできない、自己の管轄する行政領域における人格的な信頼関係が不可欠であるというのである。民衆は、自分がよく識らない者に対しては、極めていい加減な態度で応対するということであろう。そこで「ただ県令だけは地位が卑く、人民に身近だから、人民の苦楽に通じてその心情の真偽を尽くしうる。また郡守だけが県令に身近だから、県令の貪欲と廉潔、敏捷と拙劣を見分けて是を監督し、成績を挙げさせることが出来るし、州牧・刺史だけが郡守に身近だから、郡守のやりかたの緩急・寛猛を見分けて、その行政を調節させることが出来る」。ここにあるのは、郡県制下でありながら一元的な「法」の支配ではなく、個人的・人格的な関係を前提とするゲマインシャフト的な関係による支配であることに注意したい。一見すると、荻生徂徠の武士地着論を彷彿とさせる叙述であるが、その目的は必ずしも同じとはいえない。徂徠においては、武士の土着論は、抑商勧農策と民衆に対する規制・監視的な側面が強く出る（「だから天子の命令は、郡には行われず、州牧・刺史の命令は県には行われず、群衆の命令は人民に行われぬようにすること、是を統一というのであり、上の者が是を侵犯して下のことに手を出すのは大乱の道である」）。

広大な天下、多額の田賦、衆多な人民を、おしなべて同じ法令で治めることは無理である。王者が起って、内地と辺境、山沢の肥瘠、人民の衆寡、風俗の善悪を斟酌し、古来の習俗の利便に則り、人民にも自分たちから意見を述べさせ、郷邑の賢士大夫が是をくみ取り、優良な役人が是を取捨し、公卿が是を採決し、天子がこれを法制とするのであれば、数百年にわたってこれを施行しても破綻は生じまい。だがこの場合にも南北を一緒にして、山沢を同視し、剛柔を均等にし、利鈍を同一にし、一概に天下に強いて同じ法を守らせて、自らこれが公平な措置だと考えてはならない。思うにおしなべて同じにする法令は、ここで大利を生じるかと思えば、別の場所では大害を生じる。どうしてこんなものを施行してよろしかろうか。

ここにあるのはむしろ「地方自治」であり、事実上の封建制支配なのではないか。また兵と農との関係では「農民を兵士にすべきでないのは、農民を疲弊させ、その結果国家を弱くするからであり、兵士を農民とすべきでないのは、兵士を惰弱にし、そのことで土地を荒れ果てさせるからである」とする。このことは、明が異民族の満州族に滅ぼされた痛切な体験から来るところの「永遠の鑑戒」であった。王船山について最後に付け加えておきたいことは、「華夷防衛論」における華夏・夷狄観と君子・小人論である。

夷狄と華夏とは、生まれる所の地を異にする。その地を異にすれば、その気も異なり、気が異なれば、習わしも異なり、その知るところ、行うところも皆異ならざるを得ない。そこで亦自づから貴賤の別が生じる。特に地界が分かれれば天気も異なるから、これを乱すことがあってはならず、乱れれば人道が破壊され、華夏の生民もまたその侵略を受けて、憔悴せねばならぬ。これを早くに防ぐことは、人道を立て定めて人の生命を保全し、天道に随順する所以である。君子と小人とは、生まれるときの種を異にする。種を異にする者は、その質も異なり、質が異なれば習いも異なり、習いが異なれば、その知るところ行うところも皆異ならざるを得ない。そこで亦その中に自づから巧拙の別が、生じる。

王船山が直面していた政治社会は、「同じく人であっても、夷華は、その境界を以て区分し、君子・小人は、その類を以て差別し、厳重にこれを防がねばならぬ」にもかかわらず、「そもそも夷が夏を乱す事は久し」く、「夷狄は商人によって利を得、商人は夷狄を恃んで驕り、かくては人道が、永遠に滅び去らんとする」現実であった。王は、華夏と夷狄、君子・小人の区分を「義と利の分別」であるとするが、王のみならず、先に見た顧炎武、黄宗羲においてもかれらの思想的営みを支えていたのは、異民族支配に対する激しい抵抗意識であり、この点を抜きにしてかれらの帝政批判の烈しさを考えることはできない。

ちなみに王の異民族支配に対する怒りの烈しさは、唐の時代、吐蕃との交渉において、吐蕃との「誠信」を重んじた牛僧孺を批判した次のような一節からも見て取ることが出来る。「そもそも誠信は中国の邦国同士の交際においてこそ守らるべきことである。夷狄が華夏の大防を乗り越え華夏の禍いを為す時には、これを殲滅しても不仁とはいえず、これを劫奪《きょう》しても不義とはいえず、これを襲撃しても不信とはいえない。かれらの人を欺く盟約のことばかりを気にかけて憂患を助長するならば、やがてはわが社稷を危うくし、我が人民を殺掠させ、我が中国を毀裂させることになろう」。のちの「滅満興漢」に繋がる思想である。

おわりに

明末清初の郡県体制のもとで、封建論は、郡県制下の問題点を解決するための革新的な理論として登場し、顧炎武、黄宗羲、王船山それぞれにおいて、郡県制の下での天子や政治の在り方が、それまでの歴史との関係で、徹底的に点検され、批判された。

そこでは「私」は、もはや孔子や孟子における「孝悌」のような血縁的な道徳ではなく、生活者である民衆の「生存権」を中心とする「民生」要求であった(40)。そして、この「民生」要求を梃子にして、政治の在り方が全面的に批判の俎上に載せられて、帝政批判に結実したのである。「天下の人々の自私・自利を実現することが天子の公」という黄宗羲の言葉、また顧炎武の「天下万人の私を用いて天子一人の公を成して天下治まる」との表現は、現代においても新鮮な響きを持つ。帝政という政治システムの枠内とはいえ、そこには政治のあるべき姿が生き生きと形象化されているからであろう。

注意すべきは、このような思想が、中国近世社会の中で突然生まれたのではなく、大同思想以来の民衆の「私」が、「天下の公」の内容を為すとの根強い思想的伝統の中で育まれたということである。そしてもう一つの要件は、異民族王朝に対する烈しい憤りである。これらの思想は、その二百年後の辛亥革命を思想的に準備し、帝政を打倒する可能性を充分に秘めた思想の質を十分に含んでいた。[41]その意味で清朝考証学は、中国社会の厚い思想的な伝統と当時の現実社会が歴史的に提起していた課題との「歴史との対話」の所産であったともいえる。だが、他方から見れば、それは、帝政国家への批判にとどまり封建制の制度化への方向を持たなかったことも否定できない事実である。

溝口はこの点について、「中国は、中央集権国家を成立させたことにより、清末以来の悲願であった民族の統一と国家の独立を達成したというその反面、下からの選挙による『一般平民』の地方自治への参加、ひいては国民の国政参加への夢を不完全燃焼に終わらせ、逆に共産党や国民党の一党独裁と官僚政治を温存してきてしまった」という。[42]

一般に、封建制は、血縁的な自然性とは異なる「自由な主体」間の契約関係、上位権力に対する相対的な自立性、権力の多元性が制度的に保証されることで、近代の「人権」や「民主主義」の条件を準備するものであったとすれば、中国における郡県制の持続は、一つは、民衆の自治意識の成長を妨げ、二つは、「家」「宗族」以外の集団帰属性の成長を妨げることに効果があったともいえる。

他方で、日本近世の「封建制」は、「郡県制」＝幕府体制を批判するものではなかったが、武士は城下に集住して藩の政治に責任を有し、民衆は村や町の自治を行い、それぞれの集団に対する責任倫理を築いていったことも否定できない事実であろう。[43]山路愛山のいう所属集団との関係意識は徳川体制のそのような所産であった。[44]

もう一つ、対外関係については、近世の日本社会が、一八世紀半ば以降、蘭学を通じて、西洋の自然科学のみならず社会思想についても多くのことを学び、それを通して、旧来の中国・インド・日本という三国的世界観から脱却して、西洋を中心とする世界に目覚め、ペリーの来航以前に、百年にわたって新しい世界認識を身につけていたことは注目して好いことである。[45]それに対して当時の中国が、華夷思想に安住して新しい世界のありようについて無関心であったことは事実であるが、その場合にそれが、中国ならぬ清朝の特殊事情に拠ることも見逃してはならないであろう。岡本さえによれば、「大航海時代のヨーロッパ人が、取引した明代の士人は成熟した漢文化を背負い、周辺諸外国との交流史を踏まえた実業家であった」が、「十七世紀中期から十九世紀はじめまでの中国は、「中華」の伝統とは無縁の満州族が国勢を執る一種の植民地」であり、「本来『中華』を担ったはずの漢民族は、満人王朝の安泰だけを望む少数民族にがんじがらめにされ、自由な知的好奇心を持つことも海外貿易に携わることもできなかった」[46]という。換言すれば、清朝の「中華」意識と漢民族の「華夷思想」とを同一視し、清朝支配を中華民族の枠組のなかで捉えるという日本近代の知識人の認識の枠組に問題があったのであろう[47]。辛亥革命以降の政治状況の変化を見誤ったことが、のちの大陸侵出の露払いをすることになる。

もう一つ注意しなければならないのは、近世後期の社会変動に対する対応は、日本においては、「封建」から「郡県」ではなく、武家政治が否定したところの古代国家、あるいは「天皇制国家」への思想的な回帰という形でなされたことである。なんとなれば、所詮「封建・郡県」という概念は、日本社会においては外来の輸入概念であり、儒学者の他にはその思想的な流通性を欠くものであったからである。

思想の流れでいえば、第一に、一八世紀に勃興した国学の流れ、第二には、同末における後期水戸学の形成がそれであり、第三には、山県大弐や竹内式部、高山彦九郎等のいわゆる尊王論者、また頼山陽などの歴史家がそれに当たる。これらの思想は、一八世紀後半以降の幕藩制社会の衰退、あるいは解体過程において、社会が提起した課題に対して、古代国家とその思想を参照基準として、何がしかの改革論を提示することになるのである。その古代国家が、実をいえば、同時に郡県制であったということで、それは、近代国家の形成と見合うものであり、時代の向かうところにふさわしいモデルを提供することになるのである[48]。その意味では、「郡県思想」が明治維新を実現したとは必ずしもいうことはできない。先に見たように、幕末の思想は、迫り来る「西洋の衝撃」に対して、近世社会のなかで培われた所属集団に対する忠誠観を媒介にして対応することで、近代国家を早熟的に構築したが、他方では、国家優先の論理のもとで、民衆の生活を守り、他方で国家を越える思想を産み出すことは、極めて困難であったともいえる。

中国と日本の近代は、それぞれの前近代社会の在り方によって大きく枠付けられていたのである。

(1) 孫文「中国民主革命之重要」(『革命論集』〈中国文明選一五〉朝日新聞社、一九七二年)。
(2) 孫文『三民主義』〈安藤彦太郎訳〉岩波文庫、一九五七年。
(3) 康有為「日本明治変政考」(西順蔵編『原典　中国近代思想史』第二冊、岩波書店、一九七七年)。
(4) 近年この「時事新報」の記事が福沢自身のものであるかどうかについて平山洋の問題提起がある(『福沢諭吉の真実』文春新書、二〇〇四年)。
(5) 山路愛山「日漢文明異同論」(『山路愛山選集　第三巻』万里閣書房、一九二八年)。
(6) 詳しくは拙稿「近世思想論序説」(本郷・深谷『近世思想論』〈講座日本近世史　第九巻〉有斐閣、一九八一年)参照。
(7) 拙稿「幕末思想論―吉田松陰を中心に―」(前掲『近世思想論』所収)。
(8) 尾藤正英「明治維新と武士」(『思想』七三五号、のち同著『江戸時代とは何か』岩波書店、一九九二年。
(9) 内藤湖南と津田左右吉については、増淵龍夫「日本の近代史学史における中国と日本Ⅰ・Ⅱ」(『思想』四六二・四六八号を参照(のち増淵『歴史家の同時代史的考察について』岩波書店、一九八三年)。内村鑑三については、山室信一『思想構造としてのアジア』岩波書店、二〇〇三年、などを参照。ほかに丸山真男『日本政治思想史研究』東大出版会、一九五二年、和辻哲郎『風土』、岩波書店、など。
(10) 近代日本のアジア認識については、竹内好「アジア主義とは何か」(『アジア主義』現代日本思想体系9、筑摩書房)、平石直昭「近代日本のアジア主義」(『アジアから考える〔5〕近代化像』東大出版会、一九九四年、を参照。
(11) 中国の公私については、溝口雄三『中国の公と私』(研文出版、一九九五年)、同『公私』(一語の辞典、三省堂、一九九六年)。
(12) 「公共性」については、J・ハーバマス『公共性の構造転換』(第二版)未来社、一九九四年、H・アーレント『人間の条件』（志水速雄訳）ちくま学芸文庫、一九九四年、佐々木毅・金泰昌編『公共哲学』全一〇巻、東京大学出版会、二〇〇一年、などを参照。
(13) 吉川幸次郎訳『論語』、朝日新聞社。
(14) 滋賀秀三『中国家族法の原理』創文社、一九六七年。他に仁井田陞『中国法制史』岩波書店、一九六三年。
(15) 中国の「家」と日本の「イエ」との違いについては、差し当たっては、尾藤正英「日本と中国との比較研究のための序説」（尾藤編『日本文化と中国』〈中国文化叢書一〇〉、大修館書店）、前掲『中国家族法の原理』、有賀喜左右衛門『有賀喜左右衛門著作集』、佐藤誠三郎・公文俊平・村上泰亮『文明としての「イエ」社会』中央公論社、一九八〇年、それに対する批判として、関曠野『野蛮としての「イエ」社会』一九八〇年、などがある。
(16) 内野熊一郎訳『孟子』新釈漢文体系4、明治書院、一九六二年。
(17) 小島祐馬「中国古代の社会経済思想」（『古代中国研究』一九六八年）、また中江丑吉『中国古代政治思想』岩波書店、一九五〇年、参照。
(18) 藤井専英訳『荀子』新釈漢文体系5、明治書院、一九六六年。
(19) ホッブズ『リヴァイアサン』世界の大思想13、河出書房、一九六六年。
(20) 竹内照夫訳『韓非子』新釈漢文体系11、一九六〇年。
(21) 滋賀秀三「中国法の基本的性格」（『中国法制史論集　法典と刑罰』創文社、二〇〇三年）。
(22) 小倉芳彦『中国古代政治思想研究』青木書店、一九七〇年。
(23) 西順蔵「天下・国・家の思想」（『中国思想論集』筑摩書房、一九六九年）。
(24) 尾形勇『中国古代の家と国家』岩波書店、一九七九年。
(25) 曹冏「六代論一首」『文選』巻五二。
(26) 陸機「五等諸侯論一首」同右、巻五四。
(27) 柳宗元「封建論」。
(28) 詳しくは溝口雄三「中国的理観とその展開」（『東洋倫理思想史』以文社）「中国における理気論の成立」（『アジアから考える〔7〕 世界像の形成』東大出版会、一九九四年）などを参照。
(29) 朱熹『四書集註』。
(30) 王陽明『伝習録』。

(31) 陽明学の社会史的基盤については岸本美緒「中国中世における民衆と学問」(『中世史講座　八　中世の宗教と学問』学生社)を参照。
(32) 後藤基己・山井湧編訳『明末清初政治評論集』所収。中国古典文学大系五七、平凡社、一九七一年所収。
(33) 川勝義雄『中国人の歴史意識』平凡社、一九九三年。
(34) 梁啓超『清代学術概論』〈小野和子訳〉東洋文庫二四五、平凡社　一九七四年。
(35) 顧炎武「亭林文集」『明末清初政治評論集』。
(36) 黄宗羲『明夷待訪録』〈西田太一郎訳〉、東洋文庫二〇、平凡社。
(37) 横井小楠「学校問答書」(『横井小楠遺稿』所収)。
(38) 濱久雄『明夷待訪録』未刊文の封建論」(黄宗羲『明夷待訪録』中国古典新書、明徳出版社、二〇〇四年)。
(39) 王船山『読通鑑論』(前掲『明末清初政治評論集』所収)。
(40) 溝口雄三「明末清初思想の屈折と展開」(『思想』六三六号)、同著『中国前近代思想の屈折と展開』東大出版会、一九八〇年。
(41) 島田虔次『中国革命の先駆者たち』筑摩書房、一九六五年。小島祐馬『中国の革命思想』筑摩書房、一九六七年。
(42) 溝口雄三「中国における「封建」と近代」(『方法としての中国』東大出版会、一九八九年)。
(43) 近世の兵農分離が、幕末における豪農と半プロの対立を生み、幕末維新期の社会変革を、不完全なものにしたとの学説もある。佐々木準之介『江戸時代論』二〇〇五年。
(44) この様な日本人の、集団への帰属性については、中根千枝『タテ社会の人間関係』を参照(講談社現代新書、一九六七年)。
(45) 鳥井裕美子「近世日本のアジア認識」(『アジアから考える〔1〕　交錯するアジア』)。
(46) 岡本さえ「中国とヨーロッパ」(『アジアから考える〔2〕　地域システム』東大出版会、一九九三年)。
(47) 満人皇帝による「漢文化」の排斥については、岡本さえ『清代禁書の研究』を参照(東京大学東洋文化研究所、一九九六年)。
(48) 浅井清『明治維新と郡県思想』巌南堂書店、一九三九年。

清末中国社会と封建郡県論

杉山文彦

はじめに

「封建」と「郡県」は、長らく東アジアの学者・思想家たちがその社会の構造を理解し評価する上で用いてきた概念であった。中国では、儒家が理想の世とした唐虞三代は「封建」であったとされるが、秦の始皇帝以来一貫して「郡県」であった。これに対し日本は、大化改新以来「郡県」であったものが、徳川幕府以来本格的に「封建」となったと考えられていた。これらのことをめぐって、古来さまざまな封建郡県論が展開されてきた。この問題をめぐっては、かつて一九六九年に増淵龍夫が「歴史認識における尚古主義と現実批判」(1)と題する論文を発表している。増淵のこの論文は、封建郡県論を軸に歴史家・思想家の歴史と現実に対する態度・視角について鋭い考察を加えたもので、一九六〇年代後半の時代の思潮を色濃く反映したものでありながら今なお新しさを失っていない。本稿も増淵のこの考察に負うところ大であるが、本稿では視点を変えて、封建郡県論が近代中国の思想史においてもった意味について考察を加えてみたいと思う。

一

先ず、増淵の「歴史認識における尚古主義と現実批判」の概要を紹介しておく必要があるだろう。増淵は、奇しくもともに明治四〇年に発表された二つの論文、山路愛山の「日漢文明異同論」と章炳麟の「政聞社員大会破壊状」とを取り上げ、それがともに「封建」「郡県」の語を用いて日本や中国の現状を説明していることに注目する。

山路愛山は、日本が明治維新以後急速な発展を遂げたのは、江戸時代の長い封建時代に培われた「義勇奉公」の精神があったからで、江戸時代藩に向けられていた「義勇奉公」が明治維新以後は国家に向けられるようになったことによるとし、「封建」を去ること二〇〇〇年の中国では「郡県」のもとで「義勇奉公」の精神は失われ、個人主義が横行している、したがって日本同様に立憲体制を採用すれば、中国も急速に発展できるというのは、両国社会の違いを見ない誤った議論だとした。一方、章炳麟も立憲体制の導入を主張する梁啓超たちに対して、立憲体制は「封建の変相」に過ぎず、封建時代からあまり離れていない西洋や日本には適しても「郡県」の時代が長く「封建」の遺風がすたれた中国には適さない、と主張した。

この一見非常に似通った論の背後に、増淵は本質的な違いを見出す。増淵によれば、章炳麟の議論は現実の革命運動の中から、すなわち中国の現実と切り結ぶ中から発せられたものである。そこで用いられる「封建」も「郡県」も、中国社会を定義づけるために外から被せられたものではなく、現実の中国社会を分析し批判するための生きた思想の言葉である。これに対し山路愛山の場合、それらは中国社会を外から性格づけるために用いられているにすぎない。

増淵は、アカデミズムに属さず常に民衆とともに歩もうとした山路愛山の反骨精神に敬意を払いつつも、山路の中国論の中に、いち早く西洋と肩を並べるに到った日本の高みから、対象を見下す姿勢を読みとっている。このように、同時期に出た日本と中国それぞれの封建郡県論を検討したうえで増淵は、次に明末清初以来の中国において、顧炎武、馮桂芬、陳熾などによって展開された封建郡県論が、それぞれの時代の問題、すなわち顧炎武の場合は明末の混乱と亡国という現実に対して、また馮桂芬や陳熾の場合は清朝末期の太平天国の反乱や西洋列強の圧力を前にして、その現実を批判し対策を考える思考の枠組みとして封建郡県論が活用されていたこと、その結果、清末の「封建」論は西欧近代の理解に道を開き、それは康有為らの立憲運動につながることを、明らかにする。このように増淵から見れば、中国の封建郡県論は常に、現実に働きかける思想の言葉であった。一方、日本の例としては山路愛山のほかに、荻生徂徠、山縣周南、太宰春台、安積艮斎らの「封建」論を取り上げ、これらはいずれも江戸の幕藩体制を「封建」とし中国を「郡県」として、幕藩体制を賛美する働きをするものとなっており、そのため現実に働きかける力を失ってしまっている、としている。

以上見たように、増淵のこの論文では、封建郡県論を介して人がどう現実と向き合ってきたかが中心テーマとなっている。これが増淵の論をたんなる「封建」「郡県」の解釈を超えたものとし、学者・思想家の現実に対する態度を問うという普遍的性格をもったものにしている。しかし一方、これは一九六〇年代という時代を色濃く反映させたものでもある。六〇年代は、まだ新中国が精神的輝きをもって見つめられていた。表面的に西欧近代を導入した「転向の日本」に対し、西欧近代との全面的対決を通してアジアでも近代西欧でもない新たなものを作り出しつつある「回心の中国」という、竹内好によって打ち立てられた新中国論[2]は、中国研究になお強い影響力をもっていた。そのような中、六六年から始まった中国の「プロレタリア文化大革命」は、竹内の中国論によって解釈され、学者・思想家の現実への態度如何が問題とされた。しかし同時に、アカデミズムの中国学界には、中国に対する先進意識が拭い難く存在し続けてもいた。増淵の論文は、このような六〇年代後半の情況を背景に書かれたものであるが、今なお新しさを失っていない。しかし、「プロレタリア文化大革命」が「十年動乱」の一言で片づけられるまでに情況が変わってしまった今日から見れば、いくつか再検討すべき点もあるであろう。特に章炳麟に関しては、別の視点からの検討が必要であろう。本稿ではそのあたりも視野に入れつつ、清末の政治思想に封建郡県論が果たした役割について考察してみたい。論を進めるにあたって、資料紹介の点で増淵論文とかさなる部分が多くなるが、必要上容赦されたい。

二

一九〇七年（明治四〇）一〇月に発行された『民報』一七号に「政聞社員大会破壊状」という文が載せられている。[3]著者は『民報』主筆の章炳麟（一八六九〜一九三六）である。『民報』は当時東京で発行されていた中国革命派の機関紙で、考証学の碩学といわれた章炳麟はその革命派きっての論客であった。政聞社は革命派とは立場を異にする立憲派の団体で、蔣智由・梁啓超等を中心にしてこの年結成されたものであった。この前年に清朝は上諭を下し、九年後に立憲体制に移行することを宣言していた。これを受けて各地でより速やかなる立憲の実施を要求する運動が起こっていたが、東京で結成された政聞社もその運動の一環であった。一八九八年の戊戌政変後、変法派（立憲派）の康有為・梁啓超が東京に亡命、次いで革命派の政客も清朝の弾圧を避けて東京を活動拠点とし、さらには二〇世紀にはいると清朝の近代化政策によって多くの中国人留学生が東京に集まり、それをめぐって革命派・立憲派・清朝の三者がオルグを繰り返すなど、当時の東京は中国の政治運動の焦点の観を呈していた。その政聞社の大会に革命派の張継たちが押しかけて会を混乱に陥れ、来賓として出席していた犬養毅を詰問するという事件が起こっている。このことを題材に立憲派批判の目的で書かれたのが、この「政聞社員大会破壊状」である。

章炳麟は次のように主張する。革命派が立憲（章炳麟のこの語は代議政体をさしている。それは彼のこの主張が後に「代議然否論」としてまとめられることから明らか）に反対なのは、たんに異民族の清朝に従いたくないからだけではない。そもそも立憲は中国に適さないからである。「憲政は封建・世卿の変相に過ぎない」のである。欧州諸国は封建時代を去ることせいぜい二、三〇〇年、日本はさらに近い。その議会が上下二院となっているのもその現れである。憲政の効用は「纖悉備知・民隠上達（きめ細かい政策が行われ、民情が上に達する）」であるが、これは「封建」の習慣のないところでは行えない。そもそも封建諸侯の土地は現在の一県くらいであるが、それでも官吏は数百人もいて、しかも彼らはみなその土地の者であるから、民情は手にとるように分かるし、民のほうも敢えて隠そうとはしない。領主は世襲であり身分差がはっきりしているから、民はそれを天の定めと思い素直に従って逆らおうとはしない。民情を審らかにして賦役を斟酌するから、重税でも民はそれに安んじる。封建諸侯は数が多いため相互に戦争が多く、『春秋』を見れば魯や鄭といった国は今の十数県ほどの広さであるが、それでも現在の一省も及ばぬほどの兵を持っていた。外患が多いので民は兵となることを怨みとせず、尚武の気風があった。このようなところで立憲を行えば、それは重きを捨てて軽きにつくようなもので、民は田地や丁口を隠したりはせず、重税や兵役にも逆らわず従う。それは旧習がそうさせるのである。

一方、中国は封建時代を去ることすでに二〇〇〇年である。漢代にはまだ「封建」の遺風が残っていて民は納税にも兵役にも従ったが、唐代以降になると兵役からは逃亡する者が多く、さほど重くない税でも納めない者が続出する。戸口について言えば、明代の黄冊も一条鞭法も形式的なものであり、清代の保甲冊は当地人と外地人とを区別して不正を防ごうとしているが、これらは民にとってはむしろ有利なことである。それでも数にはごまかしが多い。きちんと統計が取られて徴兵から遁れようもないのに較べると、ずっと民が実を得ている。田土について言えば、封建時代の日本のようにきちんと把握されてはおらず、民が隠し持っているものが多く税もさほど高くないが、それでもなおごまかしが多い。ここで田地をきちんと調べ税を課そうとしても、はたして誰が従うであろうか。商業税の場合も、塩税その他正確に把握されているものはない。こうしてみると「封建時代を去ること愈々久ければ、其の尚武の風衰え、其の輸税の情惰る」のである。およそ徴税徴兵のようなことは、地方自治に委ねなければ官吏が法を盾に民を苦しめ、地方自治に委ねれば賄賂・情実・隠匿が横行するようになる。「封建」の遺風がなくなったところでは、法律によってそれを引き戻そうとしても何の救いにもならない。歴史から見て、欧州や日本のような封建時代から近いところで憲政を実施するのは時代の流れに適ったことであるが、封建から遠い中国では時代に逆らうことである。中国にはむしろ貞観・開元の政のように官吏の廉直だけを厳しく求め、民には干渉しない盛唐の専制のほうが適している。論者は閭里の祭や宴会を喩えに、税の使途が明確になれば人は自主的に納税するというが、閭里の祭や宴会は自分たちで金を出して自分たちで楽しむのに対し、官の経費の場合は自分が払ったものが全国でどのように使われるかは、説明されても民には分からない。道路や橋梁のような村の私用に供するものでも出資を嫌がる者は多いのである。まして、まだ効果も見えていない国家の行政に、閭里の祭や宴会の喩えは通用しない。民が愛国心を持てば自ら兵役につくことを美談とするという者もいるが、それはインドの寡婦の焼身自殺のように観念に動かされているのであって、本心かどうか怪しい。世人は日本や欧州が立憲で政情安定なのを見て、これは世界の趨勢で中国も例外ではあり得ないと考えるが、これは同じ空間にいることばかり見て、異なった時間にあることに気づいていないのである。さらに中国のような膨大な人口をもつ国では、日本や欧州と同じように選挙をすれば、議員の数が多くなりすぎて混乱するばかりだし、議員数を適切にすれば民情から遠くはなれてしまい、これでは議員という新種の官僚を増やしたのと変らなくなってしまう。

この章炳麟の立憲批判は、後に「代議然否論[4]」としてまとめられることになるが、現代中国の民主化に消極的であるとされる中国共産党の態度と奇妙に一致する面があって興味深い。章炳麟によれば、封建とは「纖悉備知・民隠上達」すなわち地域の共同体が健全に機能し、支配者と被支配者との間に一定の信頼関係が維持されている体制をいうのであり、その共同性を前提に近代の憲政が可能ということになる。しかし、封建時代を去ること遠い中国では、地域の共同性が崩壊しており、このようなところで憲政を行えば賄賂・情実・隠匿が横行し、新たな階級を作ることになり、逆に人民の苦しみを増すことになる。このような憲政批判は、フランス革命を市民革命の典型と考えれば的外れな批判とも映るであろうが、憲政成立の前提として何らかの共同性が必要であることは紛れもない事実であり、その点では「憲政は封建・世卿の変相に過ぎない」とする章炳麟は、憲政の一面を鋭く突いていたといえよう。どのような前近代を持つかということは、その後に来る近代の性格に大きく影響するのであり、共同性の崩壊した社会での近代化は確かに多くの困難を抱えている。

もっとも、章炳麟の主たる問題意識はそこにはない。彼は「封建」の共同性を高く評価するわけではないし、「郡県」体制下で共同性が崩壊したことを格別問題視するわけでもない。むしろそれを「封建」下よりも、より自由な状態にあるとする。おなじ『民報』一七号の巻頭に「国家論」という文を章炳麟は載せている。この文は彼が社会主義講習会(5)で国家を否定する演説を行ったことをきっかけに書かれたものであるが、そのなかで彼は国家を「一、国家の自性は仮有にして、実有に非ず。二、国家の作用は勢の已むを得ずして設るものにして、理の当然として設るものに非ず。三、国家の事業は最も鄙賤なるものにして、最も神聖なるものに非ず」としている。自性・仮有・実有といった用語から明らかなように、この時期の章炳麟がよく用いた仏教の哲理による説明であるが、彼にとって国家とは実体のない仮の存在であり、他から迫られて対抗上やむを得ず建設するものに過ぎない。国家は人が集まって構成したものに過ぎぬから、人がとりあえず実有であるのに対し国家は仮有である。仮有を実体視することは本末転倒である。では愛国ということは一般的に否定さるべきか。章炳麟はそうは主張しない。そもそも人が愛するものは、工芸品にしても芸術作品にしても実有ではなく仮有である。また、人は直接知覚できぬものにも思いをはせる。愛国もそれと同様である。

強盛の地にいて愛国をいう者は、ふくろうやねずみのように、ただ他人を侵略して名誉を飾るから、かれらの愛国に反対するのは当然である。だが、中国、インド、ヴェトナム、朝鮮の諸国は、とくに他人が我を消滅し蹂躙したので、固有の自己を回復しようと思うのであり、それ以外に他人に害を加えたことはない。これら諸国のいう愛国には、反対すべきではない。愛国の念は、強国の民には有ってはならず、弱国の民には無ければならない。やはり、自尊の念が貴顕の者には有ってはならず、貧窮の者には無ければならないのと同様である。要するに、自ら均衡を保つだけである。(6)

こうして、革命派の排満革命はその根拠を与えられるのであるが、それは清朝の支配があることによって根拠づけられるに過ぎず、その後に来る体制を正当化するものとはならない。章炳麟にとっては、ひとり国家のみならずおよそ共同体的なものはすべて仮有であり、実体化すれば人を束縛するものとなる。ここには、王朝や国家と無関係に暮らすアナーキーな天下の民、天民としての人民イメージが背景を成しており、この天民の天民性をいかに十全に保障するかが、章炳麟にとってのいわば政治であり体制の問題であった。(7) 同じ革命派の孫文が、中国人は「ばらばらの砂(8)」のように自由であり、そこにセメントを流し込んで固める必要があるとした、その砂の自由をそのまま肯定しているのである。このように考える章炳麟にとって、封建のもとの「繊悉備知・民隠上達」も立憲体制下でのそれも、仮有による束縛に過ぎなかった。

二一世紀の今日から世界の歴史を見れば、一九世紀から二〇世紀半ば過ぎにかけては、まさに国民国家の時代であったのであり、その中でのこのような主張は時代の流れに逆らった反時代的考察といえよう。章炳麟その他、革命派の中で天民への親和性を強く持ちアナーキズムへ接近したグループの多くが、後に革命運動から遠ざかり、中には反革命の側に身を置く者もでた原因の一つは、このあたりにあったのかもしれない。

章炳麟の論法では、仮有の国家に対しては実有とされる個々の人間も、それ自身で自立するわけではない。個々の人間はそれ自身としては仮有なのであり、自身仮有のものが他者を仮有として排除することは許されないが、自身を実有として自立させる根拠も存在しない。人はあくまでも自己否定的に実存するに過ぎない。人間の欲望の積極的全面的展開が基本的には許されることのなかった前近代社会においては、人の存在とは案外このように観念されるものであったのかもしれない。それにまた、章炳麟の生きた清末から中華民国にかけての中国の庶民（その大部分は小作農民）の暮らしに、自立経営のための社会的・経済的基盤があったとも思えない。その自己否定的実存すら侵されそうになった状況からの抵抗、章炳麟の革命論はその観念的反映であった。こうしてみると、彼のこの論は観念的にして反時代的でありながら当時の時代の一側面を大きく写し取っていたといえるのである。だが、そのことの検討に入る前に、章炳麟によって「封建の変相に過ぎない」とされた憲政を主張した立憲派の思潮の流れを見ておく必要がある。

三

清朝後半期の社会変動を前にして、封建郡県論をもってその変動に対処しようとした一群の人がいた。その中から最初にとりあげるべきは、やはり馮桂芬（一八〇九〜七四）の『校邠廬抗議』であろう。馮桂芬は、江蘇省呉県の人、裕福な地主の家の生まれである。二三歳で挙人、三一歳で科挙の最終試験の殿試を席次第二位の「榜眼」で合格した俊才であった。しかし、彼には官界は水が合わなかったようで、やがて父母の死をむしろ口実に故郷に引きこもってしまう。そこを江南一帯を席巻した太平天国の反乱が襲う。やむなく上海に避難した馮桂芬は、そこで欧米列強とともに上海防衛に奔走することになる。このときの体験が彼を洋務論者にしてゆくのであるが、その能力を見込まれて洋務派の大官李鴻章の幕客を勤めたこともある。また太平天国の鎮圧後は、松江・嘉定・上海などの地区の復興に尽力した。この間の経験をもとに書きためた時論をまとめたものが、『校邠廬抗議』である。刊行は彼の死後、一八七六年であるが、この書の存在は一八六〇年代にはすでに洋務関係者には知られていたようである。内容は、官制・兵制・税制などの改革要求から西洋技術の導入を主張するものまで多方面に渉っているが、封建郡県論に関しては「郷職を復するの議」、「宗法を復するの議」と「回避を免ずるの議」の三つが参考となる。

「郷職を復するの議」で馮桂芬は、次のように言っている。天下を治めるには合治と分治を併用すべきである。合治しなければ統一が取れず、天下は争いあう。分治しなければ統治をゆきわたらせられず、天下は乱れる。「封建」の合は「郡県」の合ほど堅くない、そのため「封建」より「郡県」のほうが長続きする。しかし、天子が天下を独治することは不可能であるから、省、郡、県さらにその下と、官吏を任命して分治することになる。顧炎武は「大官多きは其の世衰え、小官多きは其の世盛ん」といっている。大官は官を治める官であるのに対し、小官は民を治める官であるから、数が多くなければならない。しかし、今は治民の官がたいへん少ない。県令一人で一、二百里、千、百万人を統治しなければならない。これでは民の具体的情況を把握することはできない。しかも、県令以下の役人は、人品賤しく志低く、人民から搾取するばかりである。周の制度では、大夫のもとに今より遥かに多くの役人がいたが、それらは皆その地の者であり、しかも官であった。今、州県では補佐役数名を設け各郷を統治しているが、彼等の人品は平民以下であり、統治の役には立たない。保甲の法も形式化してしまっていて役に立たない。太平天国が興ると各省は団練・民勇を組織して地域を守ったが、これは保甲よりも有効であった。何故か、それは甲長や保長が官ではなく賤役であるのに対し、団練・民勇の指導者は、その地の紳士であり、彼等は官ではないが官に近い人だからである。このように在地の有力者によって組織された団練・民勇に注目する馮桂芬は、さらに一歩進めて「百家に満つれば一副董を公挙し、千家に満つれば一正董を公挙す。里中の人各々片楮を以って姓名を書きて一人を保挙し、公所に交して彙核し、其の挙を得ること最も多き者を択びてこれを用う」と選挙による地方指導者の選出を提案し、それに地域の訴訟等の問題の解決をある程度任せるべきだと主張している。しかし、このような政策を実施するには、官を出身地には赴任させない「回避の制」との関係が問題となる。そこで「回避を免ずるの議」において馮桂芬は、官が出身地に赴任すれば賄賂・情実が横行するというが、逆にそれらを摘発し正すこともずっとやりやすいのだ、祖先の眠る地、子孫の繁栄を托す地であれば、そこでの失敗はすべてを失うことを意味する、故郷での評判は輿論なぞよりずっと怖いのだ、として「回避の制」を撤廃することを主張している。

また「宗法を復するの議」では、三代の法である井田封建は復活することはできない、それより宗法を復活させるべきだ、と主張している。宗法とは、国家を助けて民を養い教育するもとである。天下の乱民も生まれつき乱民なのではない。不養不教がそうさせるのだ。地方官の務めは民を養教することだというが、官と民の間が遠すぎて目が届かない。父兄は身近な存在だが、もし父兄がおらず、いても出来が悪かったりすれば、民は拠り所を失う。だから一族の中から宗子を立てて養教させるのが良い。宗子は官より民に近い、しかし、近すぎて甘くなりやすい父兄より厳しさがあるから、宗法は官と父兄の間を埋めることができる。このように宗法の復活を提唱する馮桂芬は、宗法がしっかりと郷村に根を下ろせば人間関係が緊密となって、盗賊も邪教も訴訟も起こらなくなるし、保甲・社倉・団練などのこともうまく行くとして、宗族集団の運営方法や宗法の効能についても具体的に言及している。

以上みてきた馮桂芬の議論は、明末清初の思想家顧炎武の「封建」「郡県」に関する論を形の上で引き継いだものである。明末の混乱と王朝の滅亡を体験した顧炎武が、封建郡県論に拠ってその原因の究明と解決の道を模索したように、馮桂芬も、徐々に迫り来る列強の侵略と太平天国の反乱にみられる国内矛盾の高まりを前に、綻びを見せ始めた清朝を立て直すために奔走するなかで、伝統の封建郡県論を拠り所に解決の道を模索した。彼は「封建」の復活は主張していないが、地縁・血縁を介した官と民の繋がり、宗族による教育力、地方有力者による地方統治など明らかに彼が「封建」的と考えた要素を導入することによって改革を行おうと考えている。彼は、清朝後半期の社会変動の中、太平天国に代表される郷村秩序の流動化、それに対抗する団練・民勇の結成など、次々と起こる新たな事態の中にあってそれを理解し方向付ける道具として伝統的な封建郡県論を活用したのである。同時にこのことは伝統の「封建」論にも一定の変更を加えることになったと考えられる。馮桂芬が「封建」論の中から取り出し現実理解に利用したものの中には、本来「封建」論につきものの身分の固定・世襲・格差といったものは、ほとんど見られない。むしろ、彼の官制改革や西洋技術導入論は「封建」論のその側面を否定してしまう。彼が「封建」論から取り出したものは、地縁・血縁を介した官と民の繋がり、宗族による地域住民への教育力、地方有力者による地方統治などの側面であった。ここでは明らかに伝統の封建郡県論が現実理解のために創造的に生かされていると言えよう。そして、馮桂芬が「封建」論の中から取り出した諸要素は、彼の後に続く洋務派や変法派によって、官民の緊密性は議会制度へ、宗族による教育力は義務教育制へ、有力者による地方統治は地方自治制へと、それぞれに西欧近代社会の理解を助ける思考の枠組みとして、また改革を正当化する論拠として、活用されることになる。

一八四〇年のアヘン戦争以来本格化した欧米列強の侵略は、それまでの夷狄の侵入とは性格を異にするものであった。このことは、東アジア文明圏の辺境に位置しいわば文明輸入国であった日本ではすぐに理解されたが、東アジア文明の本家中華帝国ではなかなか理解されなかった。中国社会は、日本のように外来思想を利用して社会・世界を理解し秩序づけることに習熟していなかったからである。そのため中国最初の本格的近代化政策である洋務運動も「中体西用」の枠組みにしばられ「船堅砲利」に代表される表面的な技術導入に限られる傾向が強かった。しかし、列強の圧力の強まりと洋務運動の進展は、西洋事情に詳しい新しいタイプの知識人を生み出さずにはおかなかった。その中には、西洋の企業の下で代理人として働くいわゆる「買弁」出身の鄭観応（一八四二

〜一九二二）のような、伝統的士大夫とはまったく異質な、それまではおよそ知識人とは見なされなかったような人物も含まれている。

鄭観応は「議政を論ず」(9)という文で、次のように論じている。三代の制では、国々の政事については、君主や卿・大夫が宮廷で議論し、士・民が学校で論議し、皆の意見を聞いたうえで決めた。漢代に博士に意見を出させたのも、その名残である。後世はそれを忘れ「天下道有れば、庶人議せず」として、民間の論議を弾圧した。そのため、政事も法令も上にある者の即断即決になり、士紳たちに良い考えがあっても、上には伝わらなくなった。上にある者は、独断専行し、下にある者は力と身分の違いに押されて何も言わなくなった。かくして上下は利害を異にすることになった。これでは公平・適切は期待できない。泰西各国はこうではない。みな都に上下両議政院を設けている。国事は先ず下院で決議し、それから上院に送る。上院が決議したら国主に奏聞する。両院の意が同じなら、国主はそれに従うかどうかを決める。違う場合は議論を止めさせるか、再度議論させるかをきめる。このようであるから、泰西の政事は国中が皆知っており、これが「上下の情を通じ、措施の善を期す」ゆえんである。泰西各国は立国以来まだ歴史が浅い、このためその人情風俗はまだ篤いものがあり、上古の気風がある。この点は三代の体制とすこぶる似ている。三代の遺風に倣い、泰西の良法をまねて、民情を体察し衆議を博採すべきである。上下が排斥しあわず、臣と民の意見が食い違わぬようにすれば、長治久安の道も、必ず期待できる。

「議政を論ず」は一八七〇年代に書かれたと思われる文であり、西洋の議会について論じたものの中では早いほうに属すが、ここでは議会が三代の遺風との関係で捉えられている。議会と三代の遺風とを関連させて論じるやり方は、議会論としてよく用いられた方法で、一八八〇年代に書かれたと思われる陳熾（一八五五〜一九〇〇）の「議院」(10)でも「泰西議院之法は、古人の懸韶建鐸・閭師党正之遺意を本とす。君民を合して一体と為し、上下を通じて一心と為すは、即ち孟子の称する所の庶人の官に在る者にして、英米各邦の兵を強くし国を富まし、四海に縦横する所以の根源なり」としている。ここでも三代の遺風と議会とが結びつけられ、さらにそれが欧米富強の根源とされている。これまでの夷狄にはみられない強さをもつ欧米列強を前にして、彼等はその強さの根源に「上下の情を通じ」た国家の一体性、現代風にいえば国民国家の体制があることに気づいた。そして、それを実現するものとして議会を発見したのである。さらに、その西洋の「上下の情を通じ」た国家の一体性と、三代の遺風との間に共通性を発見することによって、自分たちも本来かく在らねばならぬとして議会制度の導入を主張するのである。ここでも伝統の封建郡県論の中の「封建」の持つ上下の緊密性が、「上下の情を通じ」させるものとして西洋の議会制度を発見させたといえよう。また、地方自治、教育制度の面でも、例えば陳熾には「郷官」「学校」(11)という文があって、同様に三代の遺風と西洋近代とを結びつける論法が取られている。

もっとも、この時代に議会制度その他西洋の制度の導入をいうには、こう表現しなければ不可能であったという事情も考慮しなくてはなるまい。この時代、保守派の勢力は数からいえばなお圧倒的なものがあり、初代の駐英公使郭崇燾は西洋にも優れた礼が存在すると主張して、保守派世論の袋叩きに遭い、その政治生命を絶たれた。このような情況下では、儒家が理想の世と考える三代の世と関連づけぬ限り、西洋制度の導入を主張することは不可能であったと考えられる。しかし、それならば三代の世と関連づければ、保守派の攻撃をかわし、場合によっては説得することもできるから、むしろ積極的にこのような表現を用いたということにもなるのである。また、このような表現を用いたことは、「上下の情を通じ」る場としての議会といったように、彼らの西欧近代理解に一定の方向性・偏向を与えることにもなった。したがって、その意味でも伝統の封建郡県論は、中国社会の西欧近代理解に大きく作用したといえよう。西洋と三代とを結びつける論法は、たんなる言い繕いとして済まされる問題ではあるまい。

以上みたように、伝統の封建郡県論は近代の立憲体制や地方自治制の導入のために道を開いた。その結果、それらの導入を主張する変法論が出現することになる。ここで想像を逞しくすれば、次のようなことも言えるかもしれない。もしいわゆるウェスタン・インパクトが無ければ、中国は「封建」論から地方自治や代議制を生み出すなどして、伝統的社会の延長上に独自の近代社会を形成した可能性もあったと。このような議論はあまり意味のないことかも知れぬが、本来は封建貴族や教会の特権を保証することが主目的であった『マグナ・カルタ』が、その後の歴史の展開によって近代民主政治・人権思想の発達史をたどる上での重要文書となったことを考えれば、あながち無理な想像ではない。いや想像ではなしに、溝口雄三の主張するように[12]、現実の中国はウェスタン・インパクトの下でも、伝統的社会の延長上に独自の近代社会を形成したし、今もしつつあるということかもしれない。鄭観応たちによって考えられた議会は、専制から自由を守る議会ではなく、国民の一体性を実現する議会であったし、現代の中国政府が強調する人権は、個人の人権ではなく民族や国家といった「集団の人権」である。また、人民の前衛(「三つの代表」)とされる中国共産党によって指導されるという現代中国の体制は、かつての士大夫による支配体制の変相であると言ってしまいたくもなる。だが、このような議論には今しばらく禁欲的でありたい。

鄭観応や陳熾の例に見るように、彼等は「封建」の語を使って説明することはしていない。「封建」はそれが持つ地域共同性によって西欧近代と中国とを結びつけたが、その過程で「封建」の語そのものは捨てられた。伝統の「封建」「郡県」は、その用語としての役割を終えざるを得なかった。近代社会を語るには「封建」の語の意味するところはあまりに多面的にして曖昧であり、他からより明確な用語が入ってくればそれに取って代わられざるを得なかったからである。

「封建」を媒介として出現したともいえる変法論は、日清戦争の敗北を期に一気に変法運動として政治運動化する。その最初の試みである一八九八年の戊戌変法は百日維新に終ったが、日本に亡命した康有為・梁啓超等によって立憲運動として続けられる。梁啓超の発行する『新民叢報』は留日学生に一定の影響力をもつとともに、中国国内にも持ち込まれた。国内でも『東方雑誌』などジャーナリズムの多くが立憲体制を主張しはじめる。特に、専制のロシアと立憲の日本との戦いとされた日露戦争における日本の勝利は、立憲体制への主張を勢いづかせ、民族資本家、開明的な郷紳・官僚などを支持勢力に立憲運動が盛り上がりを見せるようになる。このような動きに押されるように、清朝自身も立憲体制への転換を模索しはじめる。清朝は、一九〇五年には憲政視察団を日本や欧米に向けて派遣し、翌年には九年後に憲政へ移行することを上諭によって宣言した。これに呼応するように、民間では紡績業の大民族資本家張謇らが中心となって一九〇八年には「予備立憲公会」が設立される。同年、清朝は「欽定憲法大綱」を公布し、一九〇九年には憲政の準備段階として各省に地方議会の前段階としての諮議局が設置され、翌年には中央に資政院が設けられた。もとよりこの過程は清朝と立憲派との間での、それぞれの思惑に基づく攻防・駆け引きを伴いつつ進行したことはいうまでもないが、一見すると憲政移行への道が進みつつあったかに見える。しかし、一九一一年以後、現実の中国の歴史はそのようには進まなかった。中国の近代には、この立憲体制への動きとは別に、今ひとつの大きな時代のうねりがあったからである。それは「立憲は封建の変相に過ぎぬ」と見なし、封建時代を去ること遠い中国には立憲体制は不可能とした章炳麟が見ていた時代の一側面と関係するものである。

四

立憲運動の最初の盛り上がりといえる戊戌変法が百日維新に終ってしまった翌年、一八九九年から一九〇〇年にかけて、義和団運動が山東省から直隷(現在の河北)省一帯を席巻する。戊戌変法が立憲体制を目指した近代化運動であったのに対して、義和団運動は「扶清滅洋」をスローガンに掲げ、キリスト教会を焼き討ちし鉄道を破壊し電線を切断した。武装蜂起に当っては、先ず『封神演義』などの芝居を上演し、その英雄の魂がのりうつった状態となって出撃して行くなど、極めて前近代的、反近代的性格の強いものであった。このように正反対の方向性を示す運動が、同時期に発生していることは重要である。民族資本家、開明的郷紳・官僚の間で立憲運動が進行しているその下層では、それとはまったく性格を異にするエネルギーがマグマのように滞留していたのである。しかも、戊戌変法が一部知識人による百日維新で終ってしまったのに対し、義和団はおびただしい民衆を動員して北京を占領して列強諸国を震撼させ、八カ国連合軍の侵入まで引き起こした。中国の近代史を考える場合、いわゆるウェスタン・インパクト、列強による侵略の影響とともに、中国社会自身の持つ多様性、内部に正反対の方向性をも含む多様性を十分に考慮しなければならない。

社会の下層にマグマのように滞留したエネルギーが外に噴出し具体的形をとったとき、どのようなものとなるか。義和団運動もその一つの例であるが、ここではより具体的・体系的な例として太平天国の『天朝田畝制度[13]』の内容を見てみよう。『天朝田畝制度』では、地上のすべての土地は、唯一絶対神である天父上主皇上帝のものとされ、人はみな天父上主皇上帝の家族とされた。中国史上いくども現れた「大同」のユートピアである。

> およそ天下の田地は天下の人がみんなで耕すべきものであって、ここの田地が不足なら、かしこに移って耕し、かしこの田地が不足なら、ここに移って耕すようにすべきだ。天下の田は豊凶互いに融通すべきであって、ここが凶作なら、かしこの豊作をもって、この凶作地を救い、かしこが凶作なら、ここの豊作をもって、かしこの凶作地を救う。こうして天下の人々をしてみなともに天父上主皇上帝の大福を享受させるように努力する。田があればみんなで耕し、食物があればみんなで食い、衣服があればみんなで着用し、銭があればみんなで使い、どこの人もみな均等にし、一人残らず暖衣飽食できるようにする。

このために、田地はすべて上々から下々まで九段階に格付けされ換算率が定められて、すべての人に公平になるよう分配される。作付けすべき作物も飼うべき家畜も指定される。余剰生産物はすべて国庫に収められ、上主によって人々を平均に暖衣飽食させるため運用されることになっている。このように徹底した実生活上の一律平等（平均主義）、「大同」の強調が『天朝田畝制度』の第一の特色であるが、一見それと矛盾するかのように、平均主義的な下部構造の上に幾重にもなる階層秩序を形成するのが、もう一つの特色でもある。二五戸ごとに両司馬を置き、一〇〇戸ごとに卒長、五〇〇戸ごとに旅帥、二五〇〇戸ごとに師帥、一三〇五六戸ごとに軍帥が置かれる。さらにその上に、監軍、総制、将軍、侍衛、指揮、検点、丞相、軍師と下情上達・上意下達の階層が連なり、最高位に天王が君臨する。命令を守り忠を尽くした者は卑い地位から高い官にのぼり、官で悪事をなす者は農民に落とされる。毎年、両司馬ほか官位にあるものは、それぞれ配下の者の中から優れた人物を推挙し、推挙が適切であれば賞されるが、不適切であれば罰せられる。三年に一度、官位の昇進と降格を行うとされている。

この『天朝田畝制度』の天下には、およそ共同体的なものは存在しない。存在するのは裸の民とそれを統制する支配機構であり、この支配機構によって民はその生活基盤を保障される形になっている。そしてその支配機構は信賞必罰によって維持される。これはもう法家的な「郡県」そのものといえよう。

清朝と常に戦闘状態にある中、『天朝田畝制度』は実行に移されることはなかった。それに、官僚として出世する以外にはまったく夢も希望もない、経済発展ということがまったく考えられていない『天朝田畝制度』の社会が、当時の農民たちの一般的な願望であったとは考えられない。では、誰の願望を反映させたものであろうか。

一八五〇年に広東、広西の貧困地区から旗揚げした太平天国は、数千人の勢力で一八五二年六月に湖南省に入る。この後、急速に勢いを増し、一八五三年三月には二〇万以上の大勢力になって南京に入城している。[14] 一年足らずの間におびただしい人々が加わり、故郷を棄てて長途の遠征に参加している。これは田地を生活の基盤とし地縁血縁の共同体の中で暮らす農民の採りうる行動ではあるまい。このことは逆に、生活基盤を持たず地縁にも血縁にも頼れない丸裸の民衆が数多くいたことを示している[15]。自立の基盤も依るべき共同体もない根無し草のような人々、そのような人々が、根無し草であるがゆえに現実と十分な接点を持ちえぬままに思い描いた社会の設計図、それが『天朝田畝制度』だったのではあるまいか。板に桝目を引いたような『天朝田畝制度』の社会像は、そのことをよく物語っている。彼らが民衆の中で絶対多数であったとは考えにくいが、まとまって行動を起こせば社会を震撼させるほどの潜在力はあった。太平天国の急速な勢力拡張は、そのことを如実に物語っている。

馮桂芬が「封建」を参考に、郷紳による地方自治や住民教育によって立て直そうとした農村が、実際にどのような状況にあったか、それは別に論ずべきことであろう。しかし、馮桂芬の思いとは別に、広大な中国の農村には、太平天国に向かうようなエネルギーがあちこちに伏在していた。そしてそれはこの時期に限らず、後の時期まで続く。小島晋治は『天朝田畝制度』と大躍進期の人民公社との共通点に言及している[16]。土地公有だけでなく、各家庭の台所まで廃止して公共食堂とするなど、一時期の人民公社は家庭生活まで解体して共同化するかの如き「共産風」の熱狂ぶりを呈した。『天朝田畝制度』の「大同」をさらに一歩進めた観さえある。もとより「共産風」の熱狂には、農民にとって神に等しい毛沢東の指導という背景があったが、社会的熱狂となるにはそれを受け入れる素地がなければなるまい。太平天国について行った寄る辺なき裸の民衆と同様の心情が、かなりの人々の心を支配していたということであろう。一方、『中華人民共和国地方志叢書』を丹念に調べた小林一美の研究によれば、中華人民共和国になってからも、新国家の樹立を叫ぶ「真命天子」が各地に次々と現れているという[17]。彼らは、中国が階級闘争中心であった一九七〇年代までに多く現れているが、自ら皇帝を名乗り、配下を官職に任命し、信徒に救済を約束するといった共通点を持っていたという。彼等の勢力はいずれも数百人から一〇〇〇人程度の小さなものであったが、形の上では太平天国とよく似ている。

章炳麟が「郡県」の時代が長く「封建」の遺風が失われているから代議制は適さないとした中国の民衆社会は、

右に見たように「大同」と皇帝・官職への夢が各地に伏在する社会であった。章炳麟は清朝による支配を、仮有の実体化による束縛と見て、それからの自由を求めて排満革命を主張した。代議制の導入は中間層による農民支配を強化するものとして拒否した。章炳麟にとって革命とは、あくまでも束縛からの解放であった。しかし、自立の基盤を持たず寄る辺のない民衆にとって、革命は「真命天子」に運命を託すことに他ならなかった。

おわりに

「真命天子」が現れて広い地域を席巻する、このような情況が伏在する社会では、代議制は機能し得ない。清末の「封建」論から発展した立憲派が、ついに政局を掌握しきれなかった原因は恐らくここにある。清朝末期の政権の内部腐敗、列強の軍事的・経済的侵略、軍閥内戦、日中戦争、国共内戦等々それらのいずれもが、ただでさえ脆弱な民衆の生活基盤に打撃を与え、「真命天子」出現の土壌を作った。この間に政治の舞台に登場した者たちは、彼等の主観的意図に関わりなく、皆何ほどかは「真命天子」を演ずることになった。そして、小林一美の指摘するとおり「東方紅、太陽昇、中国出了個毛沢東」と黄土大地の農民たちに歌われた毛沢東こそ、最大の「真命天子」であった。

封建郡県論でいえば、現在の中国の体制が「郡県」であることは言うまでもない。「封建」論は清末の混乱した状況を前に、それが本来持つ多様性によって自己を変化させ西洋近代をも吸収しつつ、立憲論へと自己変革を遂げた。しかし、「真命天子」の登場という現実を前に、挫折を余儀なくされた。立憲論の社会的基盤はあまりにも弱く、内外の危機に対して、民衆を組織し動員する力を持たなかった。かわって民衆動員の役割を荷ったのが、中国共産党と「真命天子」毛沢東であった。しかし、このようにして建国された新中国は、一方で重工業化を急ぎ核武装を追及しながら、他方では専門家の存在を拒否し職業未分化の万能人を目指すなど、古代的な「大同」

の理想を性急に追い求めた。こうして相矛盾するものを同時に追求し自らを混乱に追い込んでしまった。一〇年間続いた「プロレタリア文化大革命」は、その最後の現れである。この混乱は、鄧小平が体制から「大同」の理想を切り離すことによって、ようやく収拾された。

その鄧小平の「郡県」体制のもと、中国は目覚しい経済発展を続けている。その一方で、官僚の腐敗現象も顕著となり、貧富の差も年々拡大している。そのような中、中国政府は「小康」社会の実現を政策目標として掲げている。「小康」は「大同」と対比される古い語であるが、現在は「生活に必要最小限のものが満たされた状態」というほどの意味に使われている。「小康」社会が実現すれば、人々は基本的に自己の生活基盤をもつことになる。そうなれば「真命天子」の出る幕はなくなる。そのときこそ中国に憲政が実現するときなのかもしれない。しかし、何をもって「小康」とするかは、経済的問題であると同時に文化的・社会的問題でもある。いちおうの生活基盤があれば、人は「真命天子」について行かずともよい。しかし、何をもって生活基盤とするか、いかなる人間関係のもとに生活基盤を確保するかは、すぐれて文化的・社会的問題である。目覚しい経済発展のもと、現代中国はどのような文化を生み出しつつあるのだろうか。

(1) 増淵龍夫「歴史認識における尚古主義と現実批判」(岩波講座『哲学』Ⅳ、一九六九年、のちに増淵龍夫『歴史家の同時代的考察について』所収、岩波書店、一九八三年)。
(2) 竹内好「現代中国論」(『竹内好全集』第四巻、筑摩書房)。「現代中国論」がまとめられたのは一九五一年頃。
(3) 『民報』は一九〇五年(明治三八)一〇月に第一号発行。その後不定期発行、一九一〇年まで二六号発行された。編集人は初めは張継が当っていたが、一九〇六年六月発行の六号からは、おおむね章炳麟が当っている。
(4) 『民報』二四号、一九〇八年一〇月。
(5) 社会主義講習会とは一九〇七年八月から東京牛込の清風亭で開催されたもので、中国の革命党員の張継・劉師培が中心となって組織した。幸徳秋水・堺利彦・山川均・大杉栄ら日本の社会主義者・アナーキストもここで講演した。

(6)「国家論」(『民報』一七号)、ただし訳文は、西順蔵・近藤邦康編訳『章炳麟集』(岩波文庫)のものによった。
(7)章炳麟の人民観の天民的性格については、西順蔵「中国近代思想の中の人民概念」「無からの形成」(『西順蔵著作集』二、三巻、内山書店　一九九五年)参照。
(8)孫文『三民主義』第二部「民権主義」第二講(一九二四年三月一六日)。
(9)鄭観応「論議政」(『易言』三十六篇本)。『易言』三十六篇本の刊行年については一八七四年と一八八〇年との両説が有るが、後者が有力。
(10)陳熾「議院」(『庸書』一八九三年)。
(11)ともに『庸書』所収。
(12)溝口雄三『中国の公と私』(研文出版、一九五五年)『中国の衝撃』(東京大学出版会、二〇〇四年)その他。
(13)中国史学会編、中国近代史資料叢刊Ⅱ『太平天国』1所収(神州国光社刊、一九五二年)。ただし、引用個所は西順蔵編『原典中国近代思想史』Ⅰ(岩波書店、一九七六年)所収の小島晋治訳のものから。
(14)小島晋治『洪秀全と太平天国』(岩波現代文庫、二〇〇一年)
(15)太平天国が急速に勢力を拡大した背景を、小島晋治は『洪秀全と太平天国』の中で、政治的、経済的、社会的等様々な面から説明している。その中で、広東、広西の山間地の貧しい村では、太平天国の一行が通過し食料を消費するだけで村の生活は成り立たなくなり、住民は付いて行かざるを得なかったことを、太平天国後期の指導者となる忠王李秀成の例と、李秀成の出身地の実地見聞をもとに言っている。また、湖南省に入ってからは船頭や曳船人夫などの参加が多かった、彼らは南京条約後、海外貿易の中心が上海に移ったことにより広州・武昌間の輸送ルートが寂れたことによって生活基盤を失っていたことをあげている。
(16)小島晋治「ユートピアから逆ユートピアへ」(小林一美・岡島千幸編『ユートピアへの想像力と運動』御茶ノ水書房、二〇〇一年)
(17)小林一美「中華帝王を夢想する反逆者たち」(同右)

封建制は復活すべきか——封建制の評価をめぐる清末知識人の議論——

佐藤慎一

はじめに

乾隆帝（在位一七三五〜九五）の統治下に繁栄を極めた清朝が衰退の坂道を下り始める転機となったのは、一七九六年に起こり鎮圧に九年を要した白蓮教徒の乱であったと言われる。それから半世紀余りたった一九世紀半ば、中国は太平天国の乱（一八五一〜六四）と第二次アヘン戦争（一八五六〜六〇）という内憂と外患を同時に体験していた。太平天国の乱は推定死者が千万人を越える大内乱であり、第二次アヘン戦争において英仏連合軍は首都北京を占領して円明園を焼き討ちにした。これら二重の打撃を受けて清朝の衰退は誰の眼にも明らかとなり、同時に、衰退を挽回するためには抜本的な改革が必要であることが実感されるようになった。本稿が清末と呼ぶのは、太平天国の乱と第二次アヘン戦争が終結した一八六〇年代から、辛亥革命（一九一一）によって清朝が崩壊するまでの約半世紀である。

この半世紀に清朝の衰退は加速度的に進行し、求められる改革はより大規模で急進的なものになって行く。こうした事態を踏まえて清末には多様な改革案が提起されるが、改革論者の中には、封建や郡県という概念を用いて自らの改革案を構想している者が少なからず存在する。中国の過去に存在した封建制と現に存在する郡県制の関係をどのように解釈し評価するかという問題は、未来の中国を如何に構想するかという問題と深く関わるからである。清末の政治的激動を背景にした彼らが、如何なる意味を込めて封建と郡県という概念を用いたのかを分析することが、本稿の主たる課題となる。

一　郡県制批判と地方分権——封建論をめぐる明末清初と清末

封建と郡県は、政治体制や政治制度の在り方をめぐる王朝体制下の中国知識人の思考枠組を規定した二大範疇であった。周代に行われた封建制は、諸侯に土地と人民を与えて世襲的に統治させる分権的な政治体制であり、天下統一を果たした秦始皇帝が採用した郡県制は、皇帝が派遣する非世襲の官僚群に全国を統治させる集権的な政治体制であって、唯一の世襲支配者（周の場合は王、秦の場合は皇帝）が秩序の頂点に位置するのを当然とみなすことを除けば、対照的な性格を持っていた。秦以後の歴代王朝はおおむね郡県制によって統治されたが、他方で統治の基本理念を供給したのは儒教であり、儒教の祖である孔子が理想としたのは聖人君主である周公旦が定めたとされる周代の秩序であったから、中国の王朝体制は、統治の仕組みと統治の理念との間に亀裂が存在したことになる。その亀裂の中から、封建制への復古を主張する議論が王朝体制下の中国で絶えることなく出現した。

時代が下り周との時間的隔たりが増すにつれ、周代の制度を神聖視して丸ごと復活させるべきだと考える原理主義的な主張は影を潜め、封建制の理念を現実に生かすことによって郡県制の弊害を矯正すべきであるという、復古の体裁をとった改革論が唱えられるようになる。そのような議論を以下封建論と呼ぶ。封建論が盛んに主張されるのは、統治体制の構造的弊害が露呈する社会的混乱の時代で、それはとりわけ王朝末期に多い。明末清初は、王朝末期の社会的混乱と封建論が結びついた典型で、農民反乱の反復拡大や宮廷の奢侈腐敗、宦官の跋扈などの病理現象が相乗する中で明朝が滅亡し、中国に侵入した満州族が異民族王朝である清朝をたてるという異常事態を体験した知識人の一部は、よりよき統治の在り方を模索し、封建論を武器に現実批判を展開した。その代表格とみなされる論客が顧炎武（一六一三～八二）で、明清交替を三十歳代半ばで経験した彼は、一方における儒教経書の緻密な読解と、他方における中国の歴史と地理に関する豊富な知識を踏まえて思索をめぐらし、中国の現状を郡県制の弊害が極点に達した状態と把握したうえで、「封建の意を郡県に寓する」ことによってその弊害を是正すべきことを主張している。(1) 郡県制の現実を動かし難いものと承認したうえで、封建制の理念を生かした制度を取り入れることによって郡県制の弊害を緩和しようとの趣旨である。

封建制の長所で郡県制の欠陥を補おうという顧炎武のこの考え方は一種の折衷主義だが、そのような折衷主義が成立する前提には、以下の二つの認識が存在した。第一は、封建制と郡県制が対照的な特質を持つということで、顧炎武の見るところ、封建制の特質は権力の分散にあり郡県制の特質は権力の集中にあるが、双方が対照的な特質を持つが故に、もしもバランスをとった適切な制度設計をするならば、一方の弊害を他方の長所で補完できる可能性があった。第二は、封建制にせよ郡県制にせよ、ある統治体制の構造的弊害が露呈するのはその統治体制の特質が極端に昂進した場合だということで、顧炎武の見るところ、周の封建制が崩壊したのは、権力の分散が行き過ぎて下克上の戦国時代を生み出したからであって、行き過ぎを是正するために郡県制が成立したのは、「聖人が出現してもそうしたはずの」歴史的必然であった。そのようにして出現した郡県制も、顧炎武の考えでは、今や皇帝への権力の集中が行き過ぎた状態となって構造的弊害を露呈し、中国社会を危機的状態に陥れているのである。

顧炎武の理解では、郡県制の弊害は、官僚制と民衆の接点である地方行政において最も顕在化していた。というのも、皇帝に権力が集中すればするほど、皇帝は自己の地位を脅かすものの出現を恐れて「あらゆる人を疑い、あらゆることに束縛を加えようとする」が、この巨大な猜疑の体系において最も不信の眼差しで見つめられていたのが地方官だったからである。そもそも官僚が自らの出身地の地方官になることを禁じた本籍回避の制にしても、地方官の任期を三年に限る不久任制にしても、皇帝権力を脅かす可能性のある地方権力の発生を未然に防止するための制度であったが、重層的な監視の目に絶えず晒される地方官は事なかれ主義に陥り、任地の民衆から搾り取って蓄財することには関心があっても、民衆の生活の向上は関心の外に置かれてしまう。こうした環境においては、進んで秩序を担おうという気概が民衆の間に生まれることはなく、顧炎武の見るところ、郡県制の壮大なピラミッド秩序は、その基底部において機能不全に陥っているのであり、明朝があっけなく崩壊したのもそのことに一つの原因があった。

こうした郡県制の弊害を矯正すべく顧炎武が提起するのは、地方行政の仕組みの抜本的改革で、具体的に言えば、地方官の裁量権限を拡大するとともに監察制度を廃止して地方官の責任を明確にし、功績があれば世襲することを許し、かつ出身地の地方官に任官することも、任地在住の有力者——いわゆる郷紳層——を属僚として任用することも共に認める仕組みに変更しようというものであった。官僚制の末端と在地勢力との繋がりを密接なものとし、地方の具体的な利害に配慮した統治を行うことによって民衆の支持を調達して、権力の社会的基盤を確固たるものにしようという改革案である。この改革案が封建論の体裁を取っているのは、皇帝が独占していた権力の一部を下部や地方の人々に分与することが、権力の分散を特質とする封建制の理念に合致していると顧炎武が考えたからに他ならない。

顧炎武の死から二百年近くの歳月が経過した清末の中国は、あたかも明末と同様の混乱に直面していた。民衆反乱の続発した明末と同様、一九世紀半ばの中国では、太平天国の乱を筆頭に、回教徒の乱や捻軍の乱などの大規模民衆反乱が相次いで発生していた。明末に脅威を与えた満州族は今や支配者の地位にあったが、代わって新たな夷狄である欧米列強が中国から利権を奪い、周辺の朝貢国を植民地化していた。こうした危機に直面して、従来のやり方では危機に対処できないと考えた人々は様々な改革案を提案することになる。改革案のうち、制度の手直しによって問題の解決を図るものを変法論と呼ぶが、清末における変法論の先駆と目されるのは、馮桂芬（一八〇九～一八七四）の『校邠廬抗議』である。江蘇省の出身で、一八四一年に科挙最終試験を二位の成績で合格して進士となった馮桂芬は、十年足らずで官界を退き、蘇州にあって郷紳層の有力者として暮らしていたが、太平天国が南京を首都に定めて長江下流地域に勢力を展開するや、団練を組織してこれに対抗し、郷土防衛の先頭に立って活躍した。『校邠廬抗議』は、太平天国の乱の最中の一八六一年に完成したと推定されている（刊行は馮桂芬の死後）。

『校邠廬抗議』に収録された改革項目は多岐にわたるが、馮桂芬は改革を貫く指導原理を「三代聖人の法にそむかないこと」と要約している。(2) 封建という言葉こそ使っていないものの、実質的には封建制への復古という体裁を取る改革論——封建論——に他ならない。ただし、「昔と今は時を異にし、勢いを異にする」以上、古代の制度の中には復活してむしろ悪い結果を生み出すものもあるはずで、必要性や適合性を十分に考慮しつつ、あくまで善い結果をもたらす制度のみ復活すべきであるという選択的復古が、馮桂芬の基本的立場であった。

馮桂芬の封建論は、統治には「合治」と「分治」という二つの要素が存在するという前提のもとに展開される。(3) 合治とは上部（もしくは中央）に権力を集中することを通じて構成員を統合することであり、分治とは下部（もしくは地方）に権力を委譲することを通して構成員の参与を活性化することであって、安定した統治を行うためにはこの相反する要素が共に必要であり、いずれか一方が欠ければ社会は不安定となる。この合治と分治という理論枠組を通して封建および郡県という歴史上実在する制度を捉えると、封建は分治の要素が重く、その分治の要素が過度に進行したときに社会は統合力を喪失してばらばらに解体する。周代末期に起こったのは、この事態であった。他方、郡県は合治の要素が重く、その合治の要素が過度に進行して「独治」——独治とは、単独者による合意抜きの支配、つまりは専制を意味する――になったとき、下から上へのパイプは完全に閉塞して社会は活力を失うことになる。馮桂芬の見るところ、中国の現状はまさにこの独治の状態に他ならず、そのことが統治の機能不全を生み出し、様々な弊害を派生させていた。合治の行き過ぎが問題の原因である以上、分治の要素を強めてバランスを回復することが問題解決の鍵となる。馮桂芬が封建制の選択的復古を求めた理由はここにある。

封建制を復活させる場として馮桂芬が選択したのは地方官制であった。下から上へのパイプを開いて合治の実を挙げるためには、官僚制と民衆の接点に立つ地方官制の在り方を変えることが鍵となるからである。馮桂芬の求めた変更のポイントは、以下の二つであった。第一は、本籍回避の制を廃止して、その地方の出身者を地方官に任命するよう人事原則を転換することで、その地方の実情を知悉した人間が地方官になることで、実情に応じたきめ細かい統治を実現することが改革の狙いであった。第二は、在地の名望家たちを官僚制の準構成員として組み込むことである。清朝の地方官は胥吏と呼ばれる属吏を使って統治を行ったが、賄賂を生活の糧とする胥吏は民衆の怨嗟と軽蔑の的であり、胥吏の存在が官僚制と民衆の間の溝を深めていた。馮桂芬の構想は、周代封建制が郷大夫から領長に至る重層的な地方官の体系を持っていたことに倣い、正董や副董のような郷職を復活して官僚制と民衆の間の溝を埋めようというもので、正董も副董も民衆の投票によって公挙されることになっていたから、地域社会において名声と実力を持つ有力な郷紳層が選出されるはずで、官僚制の末端に参与する彼らが公的役割を分担することによって、閉塞していた下から上へのパイプが開かれ、地方民衆の具体的利害に即した地方行政が実現し、社会は安定を回復するはずであった。

こうした馮桂芬の復古構想を評して、増淵龍夫は「顧炎武の封建論の、異なる時点における、新たな展開」と述べているが[4]、約二百年を隔てた顧炎武と馮桂芬に共通するのは、在野の地域エリートである郷紳層に公的役割を与えて官僚制に組み込むことを、制度改革の核心に置いたことである。郷紳は、多くの場合地主としての経済権力と科挙合格者としての社会的権威を併せ持ち、官途につかない民間人ではあったが、地域社会の指導者として土木や救荒、民衆教化等の事業に当たるなど、いわば官僚制と地域社会を非公式に結びつけるハイフォンであって、地方官にとって彼らの支援抜きに行政を行うことは不可能であった。

馮桂芬の活動した清末は、郷紳の社会的役割が急速に拡大した時代である。その転機となったのが足掛け一四年に及んだ太平天国の乱で、腐敗した政府軍が太平天国軍に対して全く無力である中、辛うじて対抗し得た湘軍や淮軍は、曾国藩や李鴻章がそれぞれの故郷において組織した私的義勇軍であり、その実態は、彼らの説得に応じた郷紳たちが各地の団練を率いて集結したものであった。郷紳層の自発的協力なしに太平天国の乱を鎮圧することは不可能だったのである。自ら団練を組織して太平天国軍に対抗した馮桂芬は、こうした郷紳層の果たす役割の重要性を経験的に知っており、彼らの役割を公的に認知して官僚制の末端に組み込むことが中国社会の安定化に不可欠であると考え、そうした構想の先駆として顧炎武の封建論を評価し、継承したわけである。

ところで、太平天国の乱を境に顕著となった郷紳層の社会的役割の拡大傾向は、反乱鎮圧後も続いた。治安悪化が常態化する中で、郷紳層の助力なしにはもはや地方の治安を維持することは不可能であったし、洋務企業の設立や新式学堂の設立などの新規事業も、郷紳層の支援なしには実現が困難だったからである。そうした中で、役割拡大に見合う待遇の改善を求め、政策決定過程への郷紳層の公的参加を要求する主張は、やがて運動として展開されるようになる。運動の象徴は、「民権」や「地方自治」へと次第に変化するが、基底にある問題意識は馮桂芬を継承するものであった。その意味で、馮桂芬の封建論は、清末に流行する地方自治論の先駆的位置を占めているのである。

二　議会制導入と復古的革新――西洋モデルと封建論

馮桂芬の『校邠廬抗議』には、「採西学議」と題する文章が収められている。西学の採用を求めるこの論文で馮桂芬が西学と呼ぶのは、数学や物理学、化学などの自然科学で、彼は外国人を招聘して優秀な中国人少年に自然科学と外国語を教えさせ、西学を中国に導入することを提唱している。太平天国の乱の最中に馮桂芬は上海に避難したことがあり、その際の見聞を踏まえた主張であろう。

第二次アヘン戦争と太平天国の重なったこの時期は、中国人が西洋諸国の富強にはじめて本格的な衝撃を受けた時期であった。第二次アヘン戦争においては、英仏連合軍に北京を占領されて皇帝が熱河に逃亡し、太平天国の乱においても、西洋諸国から購入した先進兵器が反乱の最終段階で鎮圧の決め手となったからである。それは、粗野な実力に依拠した周辺異民族の中国侵略とは全く異質な体験であった。「西洋の富強の原因は何か？」という問いに否応なしに直面させられた中国人の多くは、軍艦や大砲に象徴される優れた機械技術に解答を見出し、中国を富強にするためには西洋の機械技術の導入が必要だと考えるようになった。その結果、当時としては東洋一の軍器工廠である江南機器製造局が一八六五年に設立されたのを皮切りに、六〇年代半ば以降、各地に軍器工廠が設立される。いわゆる洋務運動である。

西学の導入を求める馮桂芬の主張もまた、「西洋の富強の原因は何か？」という問いに対する解答であったが、機械技術の優秀さに原因を求めた多くの同時代人の解答と比べて一歩先んじていた。機械技術の基底には自然科学が存在し、西洋諸国が優れた自然科学を保有したことこそが西洋諸国の富強の原因であると、彼が考えていたからである。顧炎武が活動していた明末清初においても、宣教師が中国に紹介した数学や天文学等の自然科学が暦法改正等の面で少なからざる影響を及ぼすということがあり、西学の導入は決して清末に始まるものではない。

ただし、明末清初の西学と清末の西学とでは、その背後にあるものが大きく異なっていた。清末の西学の背後にあるものは、産業革命と政治革命を経て達成された、人類史上前例のない西洋諸国の富強だったからである。そして、馮桂芬が同時代の中国人と比べて一歩進んでいたとしても、西学のみで西洋諸国の富強の原因を説明することは不可能であり、「西洋諸国の富強の原因は何か？」という清末知識人の問いは、より根源的な解答を求めて継続することになる。この問いに対する新たな解答が現れたのは、一八八〇年代初頭のことである。

西洋諸国との条約に基づいて開港された上海などの海港都市を条約港と呼ぶが、この条約港ではジャーナリストのような新たなタイプの知識人が育ちつつあった。彼らは豊富な西洋知識を背景に、優れた制度の存在こそが西洋の富強の原因であり、中国を富強にするためには西洋諸国に倣った大胆な制度改革が必要だと考えるようになる。その代表的論客である鄭観応（一八四二〜一九二二）は馮桂芬より約三〇歳若く、アヘン戦争敗北の年に生まれたポスト・アヘン戦争世代の広東人だったが、生活苦から科挙受験を断念して上海に出て、はじめ外国企業の買弁を務め、八〇年代には洋務企業の経営者に転じて西洋諸国と中国の富強の格差を身を以って体験し、当時の中国人の水準に照らせば傑出した西洋知識を武器に、中国が抜本的制度改革を必要としていることを主張した。彼の主張は八〇年代初頭に『易言』としてまとめられ、さらに九〇年代初頭には『盛世危言』として増補されている。前述した馮桂芬の場合、制度改革論は顧炎武を継承する封建論の形で展開され、富強の原因分析は西学採用論に結実し、いずれも清末においては先駆的主張であったが、封建論と西学採用論は別個のものとして主張された。それに対して鄭観応の場合、制度改革は中国を富強にするための手段であり、富強の原因分析と制度改革論は密接に結びついていたのである。

鄭観応の制度改革案は広範な領域に及ぶが、封建論との関わりで特に問題となるのは政治制度の領域である。(5)

彼の政治制度改革案は、西洋諸国の統治体制を、「民主の国」「君主の国」「君民共主の国」という三つの類型に分類することから始まる。「民主の国」とは大統領（民主）が民衆の選挙で選出される体制で、現在の概念を用いれば共和制国家を意味し、その典型はアメリカとフランスである。「君主の国」とは君主が権力を独占する体制で、現在の概念を用いれば君主専制国家を意味し、その典型はロシアである。「君民共主の国」とは君主と民衆が権力を分有する体制で、現在の概念を用いれば立憲君主制国家を意味し、その典型は英国である。これら三つの統治体制のうち、鄭観応が最も好感を抱き、改革のモデルとみなしたのは「君民共主の国」だった。「君主の国」は君権が重すぎ、「民主の国」は逆に民権が重すぎて、共に不安定である。その点、「君民共主の国」は君権と民権が均衡と抑制の関係に置かれ、国家意思の決定に双方の同意を要するため、慎重で賢明な政策判断と国民的一体感——鄭観応の言葉を使えば「上下同心」——の醸成を共に実現している。鄭観応の見るところ、英国の富強の原因はこの点に存在するのである。

「君民共主の国」と「君主の国」を分けるのは議会の有無である。議会こそ君権と民権を恒常的に均衡と抑制の関係に置くための制度であり、議会という制度を濾過することによって慎重で賢明な政策が決定される。議会の存在しない中国の現状は明らかに「君主の国」だから、鄭観応の求める中国改革の方向は「君主の国」を「君民共主の国」に変えることと要約でき、議会制の導入が鄭観応の政治改革論の中心に置かれることになる。問題は、彼が議会制の導入を如何なる論理で正当化したかである。

もしも鄭観応が、「君民共主の国」は中国史上前例のない統治体制であり、封建制とも郡県制とも異なる第三の統治体制であるとした上で、「君民共主の国」の核心的制度である議会制の導入を主張していたら、封建論を支える基本前提を破壊する可能性があった。封建論は、選択肢となる統治体制が封建制と郡県制の二つしかないという基本前提のもとに、現に存在する郡県論に対する批判と改革案の提示を、封建制への復古という形で展開する議論だったからである。だが、一八八〇年代の中国においては、議会制をそのように位置づけた場合、正当化の根拠としては不十分であり、むしろ同時代人の反発を買う可能性が大きかった。アヘン戦争から四〇年を経過したこの時期においても、中華意識が一種の社会的圧力として知識人の思考を支配していたからである。中華意識とは、中国文明には全ての価値あるものが当然に備わっているはずと考える思考習慣で、中華意識を前提にすれば、「ある制度が優れている」という命題と「それが中国に存在しない」という命題は両立し難い。中国文明が完全かつ普遍的であるためには、価値あるものは、仮に現在の中国に存在しないとしても、過去の中国には必ず存在しなくてはならないのである。議会制の導入を同時代人に説得するために、鄭観応は別の正当化の論理を構築する必要があった。

鄭観応は、儒教が理想とする「三代の制」――つまり聖人君主によって統治された段階での夏・殷・周の統治体制――が実質的に「君民共主の国」に相当すると主張した。そこでは君民間の関係が密接で、政策を決定するのに際して君主は卿大夫と議し、士民もまた自らの意見を述べる場を有しており、議会という名称を持つ制度こそ存在しないものの、「君民共主の国」と同一の統治精神によって貫かれていたのである。そして、その統治精神を根こそぎ覆したのが、始皇帝による郡県制の採用であった。鄭観応は、始皇帝の郡県制採用を、「封建の天下」を「郡県の天下」に変えた事件として、中国史上の一大転機とみなしているが、彼の見るところ、郡県制の採用によって君民間の距離は拡大して疎遠となり、民衆が政事を議することもなくなって、中国は「君主の国」になったのである。「君民共主の国」が儒教本来の理想である以上、中国が「君主の国」になったのは堕落であり、議会制を導入して中国を再び「君民共主の国」に戻すことこそ、儒教本来の理想を実現することになる。かくて議会制の導入は、西洋人を模倣する行為ではなく、中国にほんらい存在していた理想的な制度を復活させる行為と意味付けられた。自らの改革案を、中国の上古に存在した理想的制度の復活を目指すものと意味付けたのは、地方自治の実現を求めた馮桂芬も同様で、その意味で、議会制導入を求める鄭観応の改革案は、清末における封建論の新バージョンとみなすことも可能である。新バージョンの新しさの所以は、鄭観応が西洋諸国の議会制度を中国改革のモデルと考え、そのモデルがあたかも中国の上古に実在したとした点にある。

三　封建と郡県、そして大同

始皇帝による郡県制採用を中国史上の一大転機とみなした鄭観応は、清末の中国もまたそれに匹敵する歴史的一大転機と捉えていた。彼の言葉を使えば、「華夷隔絶の天下」が今や「華夷聯属の天下」に転換しつつあるのである。(6) ここで「華」とは中国を指し、「夷」とは西洋諸国を指すが、この言葉遣いは、これまで中国人が夷狄とみなして来た西洋諸国と今や密接不可分の関係に立ったことを強調したかっただけのことで、鄭観応自身が西洋諸国を夷狄とみなしていたわけではない。

「華夷聯属の天下」とは、諸国家が富強を競い合って弱肉強食が横行する世界である。富強において劣る中国が富強において優る西洋諸国と競い合うのだから、「華夷聯属の天下」は中国にとって極めて危険な世界で、この世界で中国が生き残るためには、様々な領域で抜本的改革を断行して中国を富強にしなくてはならないことになる。『易言』や『盛世危言』に盛り込まれた鄭観応の膨大な改革案を貫くのは、こうした現状認識である。だが、「華夷聯属の天下」の遠い未来像については、鄭観応は別の見通しを持っていた。彼は、世界がいずれは「同文、同軌、同倫」になるであろうと予想している。(7) 同文とは文字が統一されることを、同軌とは車輛の車軸幅が統一されることを、同倫とは道徳標準が統一されることをそれぞれ意味する。すなわち鄭観応は、「華夷聯属の天下」で一体化が進行すれば、情報伝達と通信運輸と倫理道徳のいずれにおいても世界はやがて統一され、戦争のない平和な世界が実現するはずだと考えていたのである。

鄭観応のこの方向感覚を支えていたのは、「封建の天下」が「郡県の天下」に転換したという中国の歴史的経験であったように思われる。何故なら、同文や同軌は、もともとは始皇帝の統一事業を指して用いられてきた言葉だからである。周代の封建制が衰退する中で中国は戦国時代に突入するが、諸国家が富強を競い合って弱肉強食が横行するという点で、戦国時代は「華夷聯属の天下」の現状と酷似していた。その戦国時代が始皇帝によって統一されたわけで、ここから鄭観応は「大分裂の後には大統一が来る」という法則を抽出する。その法則は、二千年を隔てた清末の世界にも妥当するはずで、現在は分裂状態にある「華夷聯属の天下」も、やがては統一の方向に向かうはずであった。その意味では、「華夷隔絶の天下」から「華夷聯属の天下」への転換は、二千年前の中国で起こった「封建の天下」から「郡県の天下」への転換が、世界的規模で再現されているとみなすことも可能なのである。

鄭観応は、一体化が実現した未来世界を表現するのに、『礼記』の「礼運篇」に由来する「大同」という言葉を用いている(8)。小康と対比される大同は、弱者すら安全に生存を全うできる平和的なユートピア世界である。大同世界の詳細な内容についても、またどのようにしたら大同世界に到達できるかについても、鄭観応は語っていない。とはいえ、彼が未来に実現するはずの大同世界を、上古に存在した封建制秩序とも、また現に存在する郡県制秩序とも異なるものとしてイメージしていたことは間違いない。体制構想をめぐる中国人の思考は、封建と郡県という両極の間を二千年にわたって堂々巡りしてきた。清末に至って、大同という第三の極がようやく出現したわけである。

鄭観応が空白のままに残した大同の内容を埋めたのは康有為（一八五八～一九二七）である。鄭観応と同じく広東省に生まれて西洋列強の富強を身近に体験した彼は、儒教を応用して中国の抱える諸問題を解決することを目指した学者で、長い知的遍歴の後、一八九〇年代前半に従来と全く異なる儒教解釈に到達し、『新学偽経考』（一八九一年刊行）や『孔子改制考』（一八九八年刊行）などの著作を通じて自らの学説を発表するとともに、抜本的制度改革の必要性を訴える意見書を数次にわたって光緒帝に送った。一八九八年夏に光緒帝主導で戊戌変法が開始された際にはブレインとして改革運動に参画したが、西太后派のクーデターのため運動は一〇〇日で崩壊し、康有為は国外に亡命している。

康有為の打ち出した新たな儒教解釈は、彼の考える抜本的な改革構想を正当化するもので、その最大のポイントは、孔子を儒教の教祖とみなした点にある。従来の儒教解釈における孔子の位置は、教祖ではなく祖述者であった。すなわち、道徳性に優れた者が王位を占める時に理想的社会が実現するというのが儒教の基本的前提であり、堯・舜・禹・湯・文・武・周公旦という上古の聖人君主の統治下に理想的社会は実在したというのが儒教の歴史解釈であって、この理想的社会秩序の崩壊を嘆いた孔子が理想的統治の回復を願って理想社会の記録を編纂し祖述したのが儒教の出発点であると、考えられていたのである。康有為はこの前提を覆した。

康有為の解釈によれば、儒教は孔子が創り出したもので、儒教徒によって長く史実と信じられて来た上古の理想社会は、実は孔子が自らの理想を過去に仮託したフィクションに過ぎない。春秋時代の混乱期に生きた孔子は平等で平和な理想社会の実現を求めたが、そのような理想社会があたかも過去に実在したかのような体裁をとって経書を製作したというのが、儒教再解釈における康有為の基本的立場であった。清末の封建論者は、馮桂芬にしても鄭観応にしても、自らの考える改革によって実現しようとするものを中国の過去に投影し、理想的な制度が中国の上古に存在したというフィクションを作った上で、理想的過去に復古せよという論理で自らの改革案を正当化していた。康有為の新たな儒教解釈によれば、孔子は、馮桂芬や鄭観応と同様な作業を二千五百年早く行っていたことになるのである。

儒教と孔子の関係がそのようなものであるとすれば、儒教再解釈の最大の課題は、理想社会の実現を求めた孔子のメッセージを正確に解読することになる。康有為は、通行の古文経書は前漢末に劉歆が王莽の帝位簒奪を正当化すべく捏造した偽書であって、孔子の真の理想は、二千年間無視ないし軽視されて来た今文経書、わけても『春秋公羊伝』に微言大義の形で記述されていると主張した。そして、彼が孔子の真の理想として取り出したのが、世界は拠乱世から昇平世を経て太平世に至るという三世進化説だったのである。拠乱世は諸国家が並立して絶えず戦争を展開する歴史段階であり、昇平世は諸国家の間に武装平和が実現する歴史段階であり、最後の太平世はあらゆる紛争の根拠が消滅した絶対平和の歴史段階であって、康有為の経書解釈によれば、孔子は人類がこの三段階を辿って進化するということを予見したのであった。

康有為は、孔子が未来に想定した理想社会の青写真を、孔子に代わって描き出した。それが『大同書』で、一九〇二年前後に最初のドラフトが完成したと考えられている。それは、大同の名称が示すように、あらゆる差別根拠が消滅する理想社会であって、国家も階級も人種も消滅するはずで、封建とも郡県とも全く異なる秩序であった。馮桂芬と鄭観応は、清末という状況において孔子の理想を生かすためには、復古という名の改革が必要であると主張したが、康有為によれば、未来に開かれた三世進化こそが孔子の理想であって、孔子の理想を生かすためには、復古ではなく進化が求められるのである。

三世進化説における封建制の位置付けは、それまでと全く変化した。孔子が理想とし復活を求めたと信じられてきた周代封建制は、孔子が創り出したフィクションであって、経書に記載されたことがそのまま歴史的事実というわけではない。孔子が生きた春秋時代や続く戦国時代は、諸国家が不断に闘争を続ける拠乱世であり、三世進化の第一段階に当たる。戦国時代の分裂を統一して郡県制を施行した始皇帝の事業は、いかに非難が浴びせられようと、紛争の続く戦国時代の中国を平和化したことは否定し難い事実であり、中国を三世進化の第二段階である昇平世に進化させたのである。問題は、中国がこの昇平世の段階に二千年にわたって停滞したことで、康有為の解釈によれば、後漢以後の中国で劉歆の偽造した古文経書が通行し、孔子の真の教えが見失われてしまったことに停滞の主たる原因があった。そして、中国が停滞している間に西洋諸国は着実に進化を遂げ、一部の西洋諸国は中国に先んじて既に太平世（すなわち大同）の萌芽段階に達しているのである。三世進化の階梯を後戻りすることはできない。中国に必要なことは、先進する西洋諸国の制度を参考にして抜本的な制度改革を断行し、封建制とも郡県制とも決別して、大同の実現を目標に三世進化の道を前進することだというのが、康有為の主張であった。

四　社会進化論と封建制——封建論の崩壊

日清戦争の敗北（一八九五年）とそれに引き続く列強による中国分割の危機は、中国人に大きな衝撃を及ぼし、言論界の雰囲気を一変させた。中国の存続そのものが脅かされる中で、もはや中華意識にこだわることができなくなったのみならず、中華意識にこだわり抜本的改革を怠り続けてきたことが中国の弱体化をもたらした原因ではないかという反省が生まれたからである。鄭観応を自主規制させた言論界のタブーは急速に弱まり、戦前は顧みる人も少なかった彼の『盛世危言』がベストセラーとなった。

言論界の雰囲気の変化を最もよく象徴するのは、中国人の手によって西洋思想の翻訳紹介が開始されたことである。日清戦争以前も、政府や洋務企業の設置した翻訳機関によってかなりの数の西洋書籍が中国語に翻訳されていたが、それらは自然科学や応用科学、国際法など、洋務運動が必要とする実用分野の書籍に限られていた。人文学や社会科学の領域に関する叡智は中国古典の中に満ち足りており、西洋人に学ぶものはないと、当時の中国人が考えていたからである。だが、日清戦争の敗北の衝撃を踏まえて、一部の中国人は西洋思想に関心を持ち始めた。鄭観応の言うように西洋諸国の富強の根源が優れた制度にあるとしたら、中国人がそのような制度を採用し運用するためには、制度を作り出した西洋人のものの見方や考え方を知る必要があるからである。

最初に翻訳された西洋思想書は、海軍士官として英国留学した体験を持つ厳復（一八五四〜一九二一）が『天演論』の題名で一八九八年に刊行した、トマス・ハックスレーの『進化と倫理』(Thomas Huxley, *Evolution and Ethics*)であった。表題から明らかなように、この書物は社会進化論の理論書だが、中国人の間に多くの読者を獲得し、一大ブームを引き起こした。『天演論』の発する、不断に展開される生存競争の中で環境に不適合なものは必然的に淘汰されるというメッセージが、日清戦争敗北後加速度的に進む対外的危機に脅える中国人の実感と共鳴したからである。『天演論』ブームを契機に、社会進化論は、マルクス主義の受容以前の中国において、最も影響力を持つ社会理論となった。そしてこの社会進化論が、封建と郡県に関する清末中国人の認識を大きく変えるのである。

社会進化論の普及に最も貢献したのは梁啓超（一八七三〜一九二九）であった。康有為の右腕として一八九八年の戊戌変法運動に参画した彼は、西太后派のクーデターで運動が崩壊した後は日本に亡命し、横浜を拠点に『清議報』（一八九八年創刊）や『新民叢報』（一九〇二年創刊）などの雑誌を舞台に華々しい言論活動を展開した。梁啓超は、日本に翻訳の形で蓄積された西洋学術を大量に咀嚼して中国の抱える具体的諸問題に応用し、それを新民体と呼ばれる同時代では最も平易な中国語で表現して、同時代の青年世代に圧倒的な知的影響力を及ぼしている。梁啓超が古今東西を貫く普遍法則（公例）とみなし、諸学説の基礎に位置付けたのが社会進化論で、社会進化論は梁啓超にとってあらゆる問題に応用可能な万能の武器となるが、彼が最も力を注いだのは、社会進化論の枠組を駆使して中国の歴史を再解釈することであった。

一九〇一年から二年にかけて発表した「中国史叙論」や「新史学」などの論文において、梁啓超は歴史学の革命（史界革命）を提唱し、中国を国民国家に改造するためには中国史の抜本的な見直しが必要であることを強調した。中国人が国民としての自覚を持つためには、皇帝に隷属することを当然とみなす奴隷根性から脱却せねばならず、そのためには皇帝や王朝を中心に編成された従来の中国史と決別した新たな中国史が不可欠と考えたからである。新たな歴史学を生み出すには、新たな事実の発見か、もしくは既知の事実の新たな組み合わせの発見の、いずれかが必要となる。甲骨文字史料等の発見と解読によって古代史が書き換えられるのは民国期に入ってのことで、この時点で梁啓超がなし得たことは、新たな観点や方法で既知の史実を解釈し直すことであった。その際に彼が分析枠組として用いたのが社会進化論だったのである。かくて、中国史上の封建制や郡県制に、従来とは全く異なる角度からの照明が当てられることになった。

社会集団が生存競争と淘汰を繰り返す中で、優勝劣敗の法則に導かれて集団の規模を拡大するとともに統合の仕組みを高度化するというのが、梁啓超の考える社会進化の基本図式である。社会進化の出発点は家族で、血縁で結び付けられた部族集団の出現が社会進化の第一段階となる。部族は他の部族と生存競争を行うために指導者を必要とし、臨時酋長が生まれる。これが支配者の起源で、この支配は家父長制的原理に基づいて行われ、宗法が支配的な社会秩序となる。臨時酋長制は次第に恒常化され、その地位は世襲化される。さらに、「酋長の酋長」として君主が生まれるが、君主の権力は決して強大ではなく、彼の権力行使は土地と人民を世襲する酋長（＝貴族）たちによって制約される。これが貴族制の段階である。やがて君主は強力な官僚制と軍隊を武器に勢力を拡大し、貴族勢力を圧倒してその自立性を奪い、独裁的統治を行う。これが君主専制の段階である。以上の一般理論を背景に、梁啓超は中国の社会進化を分析する。(9)

梁啓超が先ず俎上に載せたのは黄帝である。諸部族を平定した伝説上の君主である黄帝は、二〇世紀初頭、満州族排斥の声が高まり漢族ナショナリズムが高揚する中で、漢族の祖として称揚され、一部の革命派は彼の即位を元年とする黄帝紀元を清朝皇帝の元号に代えて用いたほどであったが、梁啓超の解釈では、黄帝こそが中国最初の「酋長の酋長」としての君主に他ならない。君主の権力は決して強大ではなく、部族長たちの実力によって制約を受け、部族長たちの支持なくしては君主の地位に就くことはできなかった。君主が部族長に強く制約される関係は、梁啓超の見るところ、儒教が聖人君主と称える堯や舜にまで及び、彼らが君主の地位を世襲せずに禅譲したことも、実は部族長たちの意向に従わざるを得なかったことが原因であった。そして、堯と舜と禹が長期にわたって在位して指導力を発揮したため君主権力が強化され、禹に至ってその地位を世襲化して夏王朝を開いたのである。こうして梁啓超は、社会進化論を武器に、歴史に関する中国人の先入見を次々に解体して行く。

問題は、周代封建制が社会進化の過程において占める位置とその意味である。梁啓超は、周代封建制が貴族制の段階に相当すると主張する。封建制とは、地方の諸勢力が自立した権力を持続的に保有する体制を指し、貴族制とは、社会が生まれに基づく諸身分層に分断され、特定の身分層に属する者のみが統治に参加できる体制を指すから、両者は理論的に区別できる概念であり、現に中国においても、封建制は周代に始まるものの、貴族制の全盛期はむしろ黄帝から堯舜に至る時期であると、梁啓超は考えている。その貴族制が周代においても継続して威力を発揮したのは、梁啓超の理解では、社会進化の初期の段階で使命を終えたはずの家族原理がこの時代にまで持ち込まれ、宗法秩序が依然として支配的であり、君主と臣下を結びつける強い紐帯として機能したからであった。(10)

周王の権威と統合力が低下する春秋戦国期は、梁啓超の解釈では、周代の統治体制を支えた封建制と貴族制が共に解体に向かう過渡期であった。春秋戦国期の長期にわたる生存競争の中で、周代初期に千以上あったと推定される諸侯の国は戦国末期には七つに減り、最終的に秦始皇帝によって統一されるが、梁啓超は『史記』や『春秋左氏伝』の記述に依拠しつつ、郡県制が春秋戦国期において占領地を統治するのに用いられた制度であることを指摘する。始皇帝は郡県制の創始者ではなく完成者なのであり、広大な土地と膨大な人民を郡県制によって直接統治する以上、君主の権力は強大化せざるを得ず、君主専制体制の採用は必至なのである。

貴族制もまた、春秋戦国期に衰退した。諸国は生存競争で生き残るべく富強化を図ったが、革新的政策を立案し実施するためには有能な行政官が不可欠であり、身分や家柄にとらわれない能力本位の人材登用が求められる。現に秦は他国の有能な人材を宰相として招聘して急速な富強化に成功しており、梁啓超の見るところ、各国が競って能力本位の人事を行った結果、周代貴族制は次第に空洞化し、始皇帝が能力本位の官僚制を用いて統治を行ったことによって、最終的に壊滅したのである。

梁啓超の理解では、郡県制の形成においても貴族制の解体においても、始皇帝の果たした役割は、数世紀にわたる歴史的発展傾向の仕上げであって、歴史に背を向けた恣意によるものでない以上、封建制から郡県制への転換と貴族制の消滅は共に不可逆な変化であった。その上で梁啓超は秦以降の統治体制の変遷を分析し、封建制については、唐代中期以降の方鎮のように地方権力が自立する事例は存在するが、それは中央集権の強化という巨視的傾向に対する「反動力」の部分的現われに過ぎず、清朝初期に三藩の乱が鎮圧された後はその「反動力」すら完全に跡を絶ったと述べる。また貴族制については、「上品に寒門なく下品に世族なし」と言われた六朝時代は家柄による貴賤の差別が明白に存在したが、彼らの権威は実力よりも虚名に由来するものであって政治権力と無関係であり、「貴族が存在したとしても貴族政治は存在せず」、貴族制から君主専制体制へという社会進化の方向を逆転させることはなかったと主張する。(11)

清末の改革論者は、馮桂芬にしても鄭観応にしても、封建への復古という名目で自らの改革案を正当化したが、社会進化論の枠組を通して中国史を眺める梁啓超にとって、復古による改革は二重の意味であり得ないことであった。何故なら、第一に、封建制から郡県制への転換は不可逆的な社会進化の過程であって、封建制に戻ることは不可能であり、第二に、社会進化を貫くのは優勝劣敗の法則であって、劣ったものが淘汰されることが法則的必然である以上、最も優れたものが遥か古代に存在するはずはないからである。かくて、社会進化論は封建論と正面から対立した。康有為の三世進化論もまた封建論と対立したが、康有為の説は彼独自の儒教解釈によるもので、康有為の儒教解釈が誤っていると批判することは可能であり、現に少なからざる清末知識人がそのように主張した。それに対して、個々人の意図を超越した社会法則として主張された社会進化論を否定することは困難であり、ひとたび社会進化論の諸前提を受け入れれば、梁啓超の見解に反駁することも困難であった。かくて、清末に流行した社会進化論は、封建論の伝統を断ち切ることとなったのである。

ところで、優勝劣敗の法則が作用するのは競争を通してである。競争の中で劣ったものが淘汰され優れたもののみが存続することで、社会進化の現象が発生する。この観点で中国史を見直すとき、中国史上最も熾烈な競争が展開されたのは戦国時代であった。それゆえ梁啓超は戦国時代を、思想も含めたあらゆるものごとが急速に進化した時代として、高く評価する。封建論者から見た戦国時代は、理想的な周代封建制が衰退した混乱の時代であり、中国史上最悪の時代であった。その戦国時代は、今や梁啓超によって「中国史上最も輝かしい時代」という、あたかも封建論者と正反対の評価が与えられるに至ったのである。

五　中国の封建制と西洋の封建制

梁啓超は、優勝劣敗が古今東西を貫いて妥当する普遍的な法則であり、社会進化は中国史においても西洋史においても見られる普遍的現象であって、貴族制や君主専制など政体進化の諸段階の出現順序も定まっていると考えていた。ただし、中国と西洋では出現する時期や態様が異なるから、その相違の意味や原因を分析することによって、中国社会と西洋社会の特色を明らかにできることになる。梁啓超は中国と西洋における政体進化の過程を比較した結果、両者の相違を以下のように要約した。第一の相違は貴族制（封建制）から君主専制への進化の時期で、中国においては二千年余り前、秦帝国の成立と共に貴族制から君主専制に進化したのに対して、西洋では貴族制が長期にわたって持続し、比較的最近になって君主専制が現れた。第二の相違は君主専制から次の段階への進化の時期で、西洋では君主専制の期間が短く、既に立憲君主制ないし共和制の段階に進化しているが、それに対して中国では君主専制が長期にわたって持続し、現在においても依然としてその段階に停滞している。要するに、貴族制（封建制）から君主専制（郡県制）への進化に関しては中国が大幅に先行し、君主専制から立憲君主制もしくは共和制への進化に関しては逆に西洋諸国が大幅に先行しているというのが、梁啓超の見立てであった[12]。

梁啓超のこの見立てが提供する、進化のある段階までは先頭を走っていた中国がその後停滞し、今や西洋諸国に後れをとっているという中国の自己像は、同時代の多くの中国人によって受け入れられ、同時に様々な難問を彼らに突きつけた。なぜ、進んでいたはずの中国が長期にわたって君主専制（郡県制）の段階に停滞したのだろうか？　なぜ、後れていたはずの西洋諸国がいちはやく君主専制の段階から脱却できたのだろうか？　貴族制の時期の長い西洋と君主専制の時期の長い中国という相違を考慮するとき、中国が西洋諸国を模範として後追いするのは適当だろうか？　これらの問いに答えない限り、説得力のある中国の未来構想を描くことはできないから、少なからざる清末知識人がこの問いに答えようとした。その中で、特徴的と思われる解答を以下に挙げてみる。

先ずは梁啓超である[13]。中国と西洋の社会進化を比較した彼は、西洋諸国がいち早く君主専制政体の段階を克服した理由が、西洋諸国が後れて君主専制政体の段階に到達したことと密接な関係にあると考えた。というのも、西洋においては貴族制が長期にわたって持続し、貴族制が十分に清算されないまま君主専制政体が成立したため、民衆の肩には貴族制の圧力と専制君主の圧力が相乗されてのしかかり、抑圧された民衆が団結してこの圧力をはねのけたために、専制君主体制がいち早く清算されたからである。清算に際して、君主が賢明で民衆に譲歩した場合は立憲君主制となり、民衆の力が強力で君主専制と貴族制をもろともに打倒した場合は共和制が成立したと、梁啓超は考える。もちろん、民衆が立ち上がって新しい政体を作り出すためには民衆の能力（民智・民徳・民力）向上が不可欠で、民衆に対する抑圧と民衆の能力向上が重なるとき、君主専制政体の急激な清算が起こったわけである。

中国で二千年にわたって君主専制政体が持続している原因は、西洋でいち早く君主専制政体が清算された原因のまさに裏返しであると、梁啓超は考える。彼の見るところ、人間の地位や役割を身分や家柄によって決定する封建制（貴族制）に比べて、一君万民の君主専制体制の方が遥かに平等であった。特に中国の場合、身分や家柄に関わりなく誰でも科挙を受験することができ、合格すれば大臣になることも夢ではなかった。皇帝を除き権力を世襲する身分が存在しないという意味で、中国は「無階級の国」なのである。加えて、広大な土地と膨大な民衆を少数の官僚制で統治するのだから、目の粗い網をかぶせるようなもので、民衆は放任されて事実上の自由を享受することができた。要するに、君主専制政体下の中国には平等と自由が存在したのであり、それは君主専制政体下の西洋諸国に不平等と不自由が存在したのと対照的であった。梁啓超の表現を借りれば、西洋の君主専制が「有形の専制」「直接の専制」であるのに対して、中国の君主専制は「無形の専制」「間接の専制」なのであり、そうであるが故に、王朝はしばしば交替したものの、君主専制政体そのものは二千年にわたって存続したのである。

中国における君主専制の超長期的存続を可能にした今ひとつの条件は、周囲を文化程度の劣る異民族に囲まれていたことで、侵略はあっても競争は存在せず、中国人は外部から学んで自らを改める必要を感じなかった。梁啓超が見るところ、それは、諸国家が不断の競争を展開する中で改革を進めた戦国時代の中国や近代西洋と対照的であった。今や中国は高度な文明を有する西洋諸国との競争に不可避的に巻き込まれており、淘汰を免れるためには君主専制体制をこれ以上存続させてはならない。共和制や立憲君主制を採用した西洋諸国が富強であるのは、民衆に政治参加の権利を賦与することを通して国民的一体感を達成したことが根拠となっているからである。とはいえ、「有形の専制」と「無形の専制」という差異を考慮すれば、西洋諸国の経験は中国にとって必ずしも模倣すべきモデルにはならない。フランス革命のような急進的方法は「有形の専制」を覆すためには必要であったとしても、既に平等や自由の存在する「無形の専制」を清算する方法としては不適当である。梁啓超の見るところ、中国における君主専制を清算するために最適な方法は、議会制を導入して立憲君主制に改めることで、そのために求められる最緊急の措置は、民衆教育を強化し、政治参加が可能になるまでに民衆の能力（民智・民徳・民力）を高めることなのである。

中国が二千年前に封建制を脱却したのに対して西洋諸国では封建制が最近まで持続したという、梁啓超と同様の歴史認識に立脚しつつ、中国は代議制を導入すべきでないという、梁啓超と正反対の結論に到達したのが、革命派の章炳麟（一八六九〜一九三六）である。考証学の正系を受け継いだ清末屈指の学者である彼は、排満の一点で革命に共鳴し、蘇報案に連座して上海の獄で三年を過ごした後、一九〇六年に来日して中国同盟会の機関誌『民報』（一九〇五年創刊）の主筆となり、梁啓超の改革路線を批判する論陣を張っていた。中国人日本留学生を中心とする若い世代の革命派が、梁啓超の唱える社会進化論を受け入れた上で、それをより急進化する形で革命理論の構築を図ったのに対して、章炳麟は社会進化論そのものを拒否していた(14)。彼の見るところ、自然法則のみが古今東西に妥当する普遍法則なのであって、中国と西洋に共に当てはまる社会法則など存在するはずがなく、西洋人の学説を無批判に受け入れて権威化し、その権威を根拠に自らの路線の正統化を図ることは、自主的な思考の放棄に他ならないのである。

社会進化論を信奉する梁啓超は、社会進化の諸段階は全ての社会が進化の過程で必ず経過するものであり、かつ優勝劣敗の法則に導かれて進化の段階が進むほど優れたものになるのだから、後進が先進に学ぶのは当然だと考えた。それに対して、社会進化論を否定する章炳麟は、全ての社会が同一の進化階梯を進むと考えることも、優勝劣敗の法則の妥当性も、共に拒否した。要するに、中国は中国、西洋は西洋なのであり、中国人は西洋の制度を無批判に受け入れるべきでなく、その妥当性や適合性をつぶさに吟味した上で受け入れるか否かを決定すべきなのである。こうした前提に立って、章炳麟は議会制の導入を拒否する。それは、議会制は「封建の変相」に他ならないと彼が考えたからであった。(15)

二〇世紀初頭の時点で議会制を持つ国は西洋諸国と日本で、それらの諸国は「封建を去ることの近い」点で共通するが、章炳麟の見るところ、それは決して偶然の一致ではなく、封建制と議会制の間には親和性が存在するのである。というのも、封建制は比較的小規模な地域の中に土着の世襲支配者が重層的に存在して緻密な統治空間を作り出し、その地域の民情をつぶさに把握していたが、そうした地域の民情把握の伝統が議会制に継承され、それら諸国においては議会が民情を伝えるパイプとして有効に機能しているからである。その意味で、議会制は「封建の変相」であった。

章炳麟の見るところ、二千年前に郡県制に転換して「封建を去ることの遠い」中国は、西洋諸国や日本に存在したような議会制を有効に機能させる条件を欠いていた。郡県制とは、中央集権的官僚制で広大な土地と膨大な民衆を統治する仕組みであり、その民衆把握は放任に近いほど粗放だったからである。こうした環境のもとで強いて議会制を導入すれば、議員という名の地域支配階級を生み出すことになると、章炳麟は予想する。それは、一君万民で「無階級」であった中国社会に新たな支配階級を作り出すものであり、郡県制の粗放な統治体制のもとで民衆が享受していた事実上の平等と自由は議会制の導入によって損なわれ、新たな地域支配階級による直接の抑圧に晒される民衆の苦痛はむしろ増すことになるのである。かくて章炳麟は、議会制は中国に不適当な制度だと断定する。

章炳麟が新たな地域支配階級の予備軍として想定していたのは、郷紳層である。科挙合格の社会的権威と地主としての経済力を併せ持つ彼らは、粗放な官僚制を補完する地域社会の指導者であったが、その身分はあくまで民であった。既に述べたように、一八六〇年代初頭に封建論を唱えて地方自治の強化を求めた馮桂芬の改革案の狙いは、郷紳層を官僚制に組み込み、彼らに公的地位を与えることにあった。章炳麟が「封建の変相」である議会制に見出したものも、馮桂芬が地方自治の強化に期待したものと類似していた。議会制は郷紳層に議員という公的資格を与え、彼らの地位を飛躍的に強化するものだからである。まさにそのこと故に、章炳麟は議会制の導入に反対した。郷紳層の権威と権力の拡大は、民衆の立場から見れば、抑圧の拡大に他ならないからである。

章炳麟が議会制と郡県制の非親和性を主張したのとほぼ時を同じくして、同じく「封建を去ること遠い」中国と「封建を去ること近い」西洋という対比を用いつつ、議会制と郡県制の間に親和性があるという、章炳麟とは正反対の意見を主張する論文が現れた。一九〇七年五月刊行の『中国新報』第五号に掲載された「国会と地方自治」と題する論文がそれである。執筆者の熊範輿（一八七八〜一九二〇）は貴州省の出身で、一九〇四年に実施された最後の科挙に合格して進士となったが、官途に進まず、折からの日本留学ブームの中で来日して法政大学清国留学生法政速成科で学んだ（第二期）。この論文は、金鉄主義を掲げる立憲派の楊度が東京で刊行していた『中国新報』に寄稿したもので、背景には、一九〇〇年代後半に展開された、国会開設をめぐる路線対立が存在する。

あたかも孫文を総理とする革命団体・中国同盟会が結成された一九〇五年、日露戦争で日本がロシアに勝利したが、小国日本が大国ロシアに勝利したことは専制に対する立憲君主制の優位を示す事件であると少なからざる中国人が受け止め、中国が早急に国会を開設して立憲君主制に転換することを求める世論が高まった。これを受けて清朝政府は五名の考察政治大臣を欧米および日本に派遣して憲法状況を調査し、翌一九〇六年九月に「立憲準備の上諭」を公布して国会開設を行う意思を明らかにした。立憲準備をめぐる清朝政府の基本方針は、民衆の早急な国政参加が混乱を引き起こすことを懸念し、先ず地方自治を許して民衆に政治的訓練の場を与え、一九一六年に至って憲法を公布し国会議員選挙を行うというものである。熊範輿が「国会と地方自治」を発表したのは、このプログラムの迂遠さを批判し、国会の早期開設が必要であり、かつ可能でもあることを訴えるためであった。(16)

熊範輿にとって、国会の早期開設が必要な理由は明白であった。亡国の危機に晒されている中で、中国には有能な政府が求められており、有能な政府を作り出すためには、政府が国会に対して責任を負うという仕組みを作ることが不可欠だからである。問題は、国会開設の前提として地方自治の実施が必要か否かということで、国会の早期開設を求める熊範輿は、地方自治の実施は国会開設の前提ではなく、むしろ国会開設の後に実現すべき課題であると主張する。彼の主要な論拠は二つあった。

第一の論拠は、既に議会制を有する西洋諸国においても、英国を除いて、地方自治が国会開設の前提になっていないということである。熊範輿の解釈によれば、地方自治はもともとヨーロッパ北方の蛮族の風習であって、英国の場合、西暦五世紀に侵入した北方蛮族がこの風習を英国に持ち込んで定着し、この地方自治制度を基礎として、自然の過程によって次第に国会が生み出されたのであった。英国を除く西洋諸国の議会制度は、この英国の国会を手本に人為的に作られたもので、それら諸国の場合、既に国家間の競争が熾烈になっていたため地方自治が自然に成長するのを待つ余裕はなかったのである。中国の場合、国会を必要とする緊急度はさらに強まっており、西洋諸国に倣って国会を人為的に作り出すのは当然のことであった。

第二の論拠は、「封建を去ることの近い」西洋においても民衆は議会制を運営することができたのだから、「封建を去ることの遠い」中国においては、民衆は議会制を運営する能力を当然に有するということである。熊範輿の見るところ、封建制社会には厳重な世襲的身分制が存在し、民衆が政治に関与できる可能性は皆無であったが、それに対して郡県制下の中国においては科挙を媒介とする社会的流動性が存在し、庶民の子であっても学問を積んで科挙に合格すれば大臣になることも夢ではなかった。すなわち、郡県制下の民衆は政治参加の可能性を持ち、その可能性に見合う形で潜在的政治能力や政治的関心を有するのであって、封建制下の民衆よりも議会制に適合的なのである。西洋の民衆に比べて民度の劣る中国民衆は、相当の訓練を経なければ議会制を運用する能力を身に付けることができないという意見があるが、熊範輿の見るところ、中国民衆の民度が劣るのは現在の西洋諸国の民度と比較した場合であって、英国に倣って議会制を導入した頃の——つまり「封建を去ることの近い」時点での——西洋諸国の民度と比較すれば中国の民度が優り、そのような西洋諸国においても議会制は有効に機能したのであるから、中国民衆は、地方自治の場で政治的訓練を行うという迂遠な準備を行わずとも、議会制を運営する潜在能力を十分に有すると、彼は主張するのである。

あたかも熊範輿の主張に呼応するかのように国会の早期開設を求める声は高まり、一九一〇年には国会早期開設同志会が結成されて数次にわたる請願運動を展開した結果、清朝政府は国会開設の時期を三年繰り上げて一九一三年とした。他方で地方自治は当初の予定通りに実施され、一九〇九年には各省に諮議局が設置されると共に、城・鎮・郷での地方自治が開始されている。諮議局は、たてまえは地方総督の諮問機関であったが、郷紳層が自らの代表を議員に選出する形となり、実質的には省議会の機能を果たすようになった。馮桂芬が求めた郷紳層の公式な政治参加が、清朝最末期になって実現したわけである。

一九一一年一〇月一〇日に辛亥革命が勃発し、短期間のうちに全国に拡大して、翌一二年二月一二日に清朝は崩壊するが、この革命の拡大は革命軍の軍事力によるものではなく、各省が連鎖的に独立宣言を発して清朝からの離脱を宣言したことによる。皮肉なことに、各省で独立宣言を発したのは、清朝が立憲準備の一環として開設したばかりの諮議局であった。地域の利害を最優先で考える諮議局議員の立場からすれば、徒に清朝に忠誠を誓って革命勢力との間に紛争を発生させ地域社会を混乱に陥れるよりも、いち早く清朝からの独立を宣言して混乱を未然に回避することの方が、賢明な選択だったのである。諮議局設置に見られる地方自治の強化を、馮桂芬にならって封建制への復古と捉えるなら、それは、清末の改革論者たちが全く予想しなかった形で始皇帝以来の郡県制の解体に貢献したのであった。

むすび

一九一二年一月一日、共和制の中華民国の建国が宣言された。中国を統一した始皇帝が封建制を郡県制に改めてから二千年余りの歳月を経て、封建制とも郡県制とも異なる第三の統治体制がはじめて誕生したわけである。一九一二年一二月には国会議員選挙が行われ、翌一三年五月には国会が開設された。だが、多くの中国人の期待に反して、この第三の統治体制はきわめて脆弱であった。テロと買収を武器として大総統袁世凱の独裁化が進行し、一四年一月には国会が停止され、一六年一月に至り袁世凱は皇帝に即位して国名を中華帝国に改めてしまうのである。

そうした中で、一九一五年九月、上海で一冊の雑誌が創刊された。陳独秀を主編とする『新青年』である。陳独秀は、中華民国の共和制の惨状の原因が、政治制度そのものの良し悪しよりも、中国人の思考様式の欠陥にあると考え、それらの思考様式や行動様式は文化として中国人の内面に定着しているものだから、中国人は何よりも文化の改造を優先しなくてはならないと主張した。彼の提唱した新文化運動は一九一〇年代後半に多くの若者の心を捉え、思想界の雰囲気は大きく変わる。

陳独秀は『新青年』創刊号に「敬しんで青年に告げる」と題する巻頭論文を発表し、新文化運動が目指す方向性を、「自主的であれ、奴隷的であるなかれ」「進歩的であれ、保守的であるなかれ」「進取的であれ、隠遁的であるなかれ」「世界的であれ、鎖国的であるなかれ」「実利的であれ、虚飾的であるなかれ」「科学的であれ、空想的であるなかれ」という六項目に要約して示したが、その文章の中で、中国文化の現状について、「我が国においては大夢いまだ醒めず、旧態を脱せず、上は政治・文化から下は衣服・飲食に至るまで、一つとして醜劣を示さざるはない。……固有の倫理・法律・学術・礼俗は、一つとして封建制度の遺物でないものはなく、白色人種のものと比べれば同時代の人間でありながらその思想の遅れはほとんど千年にも及ぶ[17]」と述べている。すなわち、清末に多くの中国人が西洋に対する中国の優位性の拠り所とみなした伝統的な「倫理・法律・学術・礼俗」は、陳独秀によって「封建制度の遺物」と規定され、一括して廃棄することを求められたのである。それは、封建という概念が全面否定の対象となった瞬間であった。

（1）顧炎武「郡県論一」、『亭林文集』。封建制をめぐる以下の顧炎武の議論は、『亭林文集』所収の「郡県論」による。
（2）馮桂芬「自序」、『校邠廬抗議』。
（3）馮桂芬「復郷職議」、『校邠廬抗議』。
（4）増淵龍夫「歴史認識における尚古主義と現実批判」、『歴史家の同時代史的考察について』（岩波書店、一九八三年）一九三頁。
（5）以下の議会制導入に関する鄭観応の主張は、「論議政」（『易言三十六篇本』所収）、および「議院上下」（『盛世危言』所収）による。
（6）鄭観応「論公法」、『易言三十六篇本』所収。
（7）鄭観応「弭兵」、『盛世危言』所収。
（8）同前。

（9）中国の政体進化に関する以下の梁啓超の主張は、「論中国与欧州国体異同」（『飲氷室文集』巻四所収）、「堯舜為中国中央君権濫觴考」（同巻六所収）、「専制政治進化史論」（同巻九）による。

（10）清末に宗法制をめぐって展開された議論は、封建制をめぐる議論の展開と密接なつながりがある。

清末において封建論の伝統に則った制度改革論を最初に唱えた馮桂芬の『校邠廬抗議』には「復宗法議」という章があり、秦始皇帝による郡県制導入を境に衰退弱化した宗法制を復活強化することを提唱している。馮桂芬の見るところ、宗法制は「養民教民の原本」で民衆の教化に重大な役割を果たしており、封建制および井田制と共に上古の理想的社会秩序の制度的基盤をなしていたが、封建制と井田制の復活が不可能であるのに対して宗法制は復活可能であり、封建制と井田制の復活を図ることよりも、宗法制の復活を図ることの方が遥かに意味のある主張であった。

宗法制を社会進化の観念と結びつけたのは、社会進化論を中国に紹介した厳復である。彼はジェンクス（Edward Jenks）の『政治史』（A History of Politics）を中国語訳し、『社会通詮』の題名で一九〇四年に刊行したが、その序文および按語において以下のような見解を示している。すなわち、全ての社会は「図騰（トーテム）」→「宗法」→「国家」の経路を辿って段階的に進化する。図騰社会とは狩猟を中心とする未開社会であり、宗法社会（ジェンクスの原文は家父長制社会）とは農業を中心とする定住社会であって、この宗法段階の成熟期に封建制が現れる。そして、国家段階に至って兵農工商の分業が始まり、この分業体制の上に強力な国家秩序が建設される。厳復の見るところ、この三段階は、あたかも全ての人間が幼年から少年、壮年、老年へと生長するのと同様、全ての社会が経過する進化の段階だから、中国の歴史もこの社会進化の枠組に則って解釈できるわけである。厳復の解釈によれば、堯舜から周に至る二千年が中国における封建制の段階で、儒教が称える聖人は「宗法社会の聖人」であり、制度典籍は「宗法社会の制度典籍」に他ならない。秦始皇帝が郡県制を採用したことを機に中国は国家段階に進化するはずであったが、完全な転換は起こらず、中国社会は現在でも「宗法段階が七割、国家（軍国）段階が三割」と、宗法段階の特質を色濃く残しているのである。そのような事態が発生した原因は、厳復の解釈によれば、「宗法社会の聖人」と「宗法社会の制度典籍」が長期にわたって強い影響力を持ち、中国人の思考を拘束したために他ならない。厳復から見れば、封建論の体裁を取った馮桂芬の制度改革論は、まさしく厳復の見解の妥当性を証明するものになるのである。

厳復が提起した、中国の長期的停滞の原因を宗法秩序の持続に求める見解は、民国期になっても影響力を持ち、旧文化の否定を求める新文化運動の論客たちは、宗法秩序を中国停滞の元凶として槍玉にあげた。例えば「打倒孔家店」の先頭に立った呉虞（一八七一～一九四九）は、「商鞅と李斯が封建制を破壊した際、わが国にも宗法社会から軍国社会へ転換する機会が存在した。しかしながら、現在に至って、欧州社会が宗法社会を離れて既に久しいのと対照的に、わが国は宗法社会に停滞して前進できぬままである」と、厳復の見解を踏まえた上で、中国の家族主義と専制政治の癒着関係を告発し、伝統的な家族制度の改造なしに専制政治からの脱却があり得ないことを主張している（「家族制度為専制主義之根拠論」、『新青年』二巻六号）。

（11）ところで、封建制の終焉を秦始皇帝による郡県制採用に求めることについて、清末と民国初期の中国人の見解は一致していたが、例えば厳復が「堯舜から周に至る二千年」を中国における封建制の段階としたように、封建制の始期に関する見解は曖昧なまま残されていた。この問題に最初に明確な見解を打ち出したのは王国維（一八七七〜一九二七）である。一八九九年に初めて発見された殷代甲骨史料の解読に挑戦していた彼は、一九一七年に至り『殷周制度論』を著し、制度と文化の面における殷代社会と周代社会の断絶を明らかにした。王国維によれば、殷代の王位継承は兄弟間で行われるのが主であって、封建制も宗法制も共に周代から始まるのであった。

（12）梁啓超「中国専制政治進化史論」の「第三章、貴族政治之消滅」。梁啓超は、生得的条件によって人間を差別する貴族制はきわめて不平等な制度であり、貴族制の消滅は望ましいことであると考えていた。同様な考え方は、封建制への復古を拒否する郡県論者にも見られる。例えば、顧炎武と同時代の王夫之（一六一九〜九二）は、官僚の地位が世襲される封建制よりも、能力のある者が親の職業と関わりなく官僚になることのできる郡県制の方が遥かに公正であると述べている（『読通鑑論』巻一）。

（13）梁啓超はこの論点を、「論中国与欧州国体異同」や「中国専制政治進化史論」の「第一章、論政体之種類及各国政体変遷之大勢」などで述べている。

（14）梁啓超「中国専制政治進化史論」。特に「第三章、貴族政治之消滅」。

（15）社会進化論に関する章炳麟の見解は、『民報』に掲載された「倶分進化論」、「社会通詮商兌」、「四惑論」等の論文に示されている。

（16）章炳麟「代議制然否論」。

（17）熊範輿「国会与地方自治」、『辛亥革命前十年間時論選集』第二巻下冊（三聯書店、一九七八年）八七七頁以下。

（18）陳独秀「敬告青年」、『陳独秀著作選』（上海人民出版社、一九八四年）一三一頁。邦訳・丸山松幸訳「敬しみて青年に告ぐ」、西順蔵・島田虔次編『清末民国初政治評論集』（平凡社、一九七一年）四二三頁。

III

日本における封建・郡県論

近世日本の封建・郡県論のふたつの論点
――日本歴史と世界地理の認識――

前田　勉

一　はじめに

近世日本の封建・郡県論を考えていこうとするとき、浅井清の『明治維新と郡県思想』が出発点となるだろう。浅井の著作意図は、その題名が端的に示しているように、郡県思想が明治の中央集権国家の建設に大きな推進力になったこと、そして郡県制度採用が「立憲君主国家建設の必然の過程」[1]であったことを実証するところに存した。本書は、郡県思想が明治初期の版籍奉還・廃藩置県を推進した論理のひとつであったことを考慮するとき、今なお有益である。しかし、江戸時代に限っていえば、検討の余地はあると思われる。[2]その根本的な理由は、本書が封建から郡県へという図式によって近世日本の封建・郡県思想を記述する、いわば結末からの系譜論だったため、論述の足りないところや、抜け落ちている問題があるからである。

そこで、本稿の課題は二つある。一つは、復古と郡県との結びつきにかかわっている。われわれは王政復古の大号令→版籍奉還→廃藩置県という一連の政治過程をみるとき、あたかも王政復古の大号令が発せられた際に、すでに廃藩置県にいたるプログラムが明治新政府の指導者たちのなかに思い描かれていたかのような錯覚をしがちである。しかし、浅井によれば、王政復古の大号令は、あくまでも「神武創業の始」に基づくと宣言しているまでで、必ずしも郡県制を採用することを打ち出したわけではない。そもそも「元来我国に於ては、明治以前は儒教の影響を受けて、我国上古を支那上古三代と同じく封建と見る説が多く、之を郡県と見た説は恐らく絶無であらう。故に神武創業に復すると謂ふことは、決して当然に郡県論とは成らない筈である」[3]と、浅井は指摘している。はたして、この浅井説は正しいのだろうか。本当に明治以前、「我国上古を支那上古三代と同じく封建と見る説が多」かったのであろうか、そして、さらに「我国上古」を郡県の時代とみなすような議論は「絶無」であったのだろうか。この点、もう少し丁寧に近世日本の思想世界を振り返ってみて、「絶無」とまで言い切れるかどうか確かめてみること、これが本稿のひとつの課題である。

さらにもう一つの課題は、模範としての郡県制が西洋にあるという浅井説にかかわっている。浅井によれば、「西洋諸国の近代立憲政治組織の地盤としての郡県制度」という認識は、「幕末に至るまで殆んど知るところが無かつた。而して之を知るに至り、我国人は従来の儒教的郡県・封建思想に、重大なる修正を加へざるを得なく成つた」[4]とされるが、この理解は正しいのであろうか。浅井は、西洋の郡県制に関する紹介として、安政六年（一八五九）に栗本鋤雲がフランス人から伝聞したことを記した「鉛筆紀聞」が「最も古いものではあるまいか」と推定している。たしかに鋤雲が、「西洋諸国の近代立憲政治組織の地盤としての郡県制度」を詳細に伝えていたにしても、その情報を夷狄のものとして頭から否定しなかった背景には、それ以前の蘭学の学問的蓄積があったからであろう。もちろん、浅井もそのことを十分承知したうえで、フランスの地方制度を記したものとして、たとえば、寛政元年（一七八九）に出版された朽木昌綱の『泰西輿地図説』や文政一〇年（一八二七）ごろに翻訳された青地林宗の『輿地志略』をあげ、蘭学の世界地理書との関係を示唆しているが、それ以上の論及はない。先に述べたように、近世日本の封建・郡県論自体は浅井にとって議論の前提であったことからすれば、致し方ないという面がなくはなかったが、それにしても、それによって抜け落ちる問題がないかどうかは検討に値する。たとえば、次のような文章があるからである。

按ニ此洲中古ヘノ時、王国ノ名アルモノ、翁加里亜《オンガリア》・博厄美亜《ボエミア》・斯刺勿泥亜《スラホニア》・諾尓勿入亜《ノルウェジア》・思可斉亜《スコシア》等ナリ。然レドモ初ニ云三国ハ、今邏馬ノ帝ノ郡県、諾尓勿入亜ハ弟那瑪尓加《デェネマルカ》ノ王ノ郡県、思可斉亜ハ諳厄利亜《アンゲリア》ノ王ノ郡県トナリテ、惟王国ノ名ノミ残レリ。故ニ此十王国ノ列ニ入ラズ。(5)（山村才助『訂正増訳采覧異言』巻二）

山村才助の『訂正増訳采覧異言』(6)（享和二年成）は新井白石の『采覧異言』を補正したもので、「質と料共にわが鎖国時代における随一の世界地理書」である。ここでは、現今の西洋諸国には、「郡県」が諸国家間に存在していることが記述されている。こうした世界地理書によってもたらされた西洋情報は、近世日本の封建・郡県の議論のなかで、どのような意味をもっていたのだろうか。普通、封建・郡県論は中国との対比の文脈のなかで議論されることが近世の通例であったが、この世界地理書の情報は、それから外れる別の可能性をもっていたのではないか。そうした一種の期待が浮かんでくるのである。

ともかくも、復古と郡県との結びつきの最初の問題は日本の歴史像、特に古代認識にかかわり、また模範としての郡県制の問題は西洋認識にかかわっているだろう。本稿はこの二つの論点を、浅井のような結末からではなく、初発の問題意識から明らかにすることによって、結末としての明治初期の廃藩置県のイデオロギーとしての王政復古＝郡県制度の採用という言説について、再考を試みてみたい。

二　日本歴史の二分法

近世日本において日本の歴史像を描く際、封建・郡県概念は、ほとんど唯一の枠組みであったことは間違いない。その際、自己の生きている徳川の御代を封建制の時代ととらえたうえで、それまでの歴史過程をどのように理解するかの違いによって、二つの時代区分が生まれた。ひとつは、浅井が「我国上古を支那上古三代と同じく封建と見る説」と指摘していた歴史像である。それは、七世紀の律令制度導入を中国の郡県制の採用ととらえ、それ以前の「上古」を封建の代とみなし、封建から郡県に移行し、そしてさらに武家政権の成立によって、郡県からもう一度、封建に転じたとする三分法であった。たとえば、幕末の国学者大国隆正の次のような文章は、その典型である。

わが上古は、支那にていふ封建のさまにてありけるを、中古より郡県のさまになりたるなり。またうつりて封建のさまにかへりたり。(7)(『馭戎問答』巻上、安政二年成)

しかし、この封建→郡県→封建の三分法のほかに、日本歴史を郡県から封建への展開ととらえる二分法にもとづく歴史像が存在していた。それは、たとえば荻生徂徠の次のような言説である。(8)

日本も古は郡県ニて候へども、今程封建ニ罷成候故、唐宋諸儒之説ニは取用がたき事共御座候。(9)(『徂徠先生答問書』巻上、享保一二年刊)

後にも述べるように、三分法が普及する以前には、郡県から封建へ移行したとする二分法が、一般的であったと思われる。この二分法は、徂徠と同時期、伊藤東涯も取っているので、必ずしも徂徠独自のものとはいえないが、少なくとも徂徠学系統の儒者の共通認識であった。(10)たとえば、同様の見解を太宰春台も述べている。

中華ハ、往古ハ天下封建ニテ、秦漢以後ハ郡県也。日本ハ、古ハ郡県ニテ、今ハ封建也。異国本邦、古今ノ世変如レ此。(11)(『経済録』巻一、享保一四年刊)

周知のように春台は、日本の古代は野蛮世界で、「道」という言葉もなかったと非難し、日本は「中華」の郡県制を摂取することによって、はじめて文明化したと考えていた。

日本ハ上古ノ事、紀載ニ詳ナラザレバ、考ヘ知ルコトヲ得ズ。神武天皇帝位ニ即玉ヒシ時、如何ナル法ヲ立玉ヒシヤラン。諸侯ヲ建ルコトモ無ク、郡県ヲ置コトモ無ク、洪荒草昧ノマヽニテ、数百年ヲ歴タリト見ユ。其後異国ト交通スルニ及テハ、中華ハ既ニ郡県ノ治ナレバ、吾国モ是ニ倣テ、国郡ヲ定置テ、国ニハ国司ヲ

立テ、郡ニハ郡司ヲ立タリ。[12]（『経済録』巻一）

春台によれば、神武天皇以来の日本の「上古」は「洪荒草昧」の世の中であって、いまだ文明化されていない未開の時代であり、「中華」の郡県制を採用することによって、国郡制度を作りあげることができ、文明化したという。さらに、春台は郡県から封建に移った時期については、「及㆔神祖受㆑命、混㆓一海内㆒、因立㆓諸豪傑帰降者㆒為㆑侯、又封㆓子弟功臣㆒、令㆑守㆓藩籬㆒、於㆑是始有㆓諸侯㆒、大似㆓三代封建之制㆒[13]」（『斥非』、延享二年刊）とあるように、徳川家康によってもたらされたと考えていた。

このような「中華」の封建制が徳川の御代に実現されているのだという考えは、中国にたいする日本の優位性を主張する根拠として広がっていた。その主張は、亡命朱子学者朱舜水の感慨によって補強されていた。舜水によれば、「唐土にては、昔の封建の世まされるかといふもあり、又は末の世の郡県こそまされりといへるもありて、その説さま〴〵なれど、此国に来り、はじめて封建の世の風儀といへるものを親く見て、誠に三代の聖人の法こそ有りがたく覚ゆれ[14]」（雨森芳洲『たはれぐさ』巻上、正徳年間跋）という。この舜水の言葉は、亡命者の受入国の人々へのリップサービスという面は否定できないにしても、武張った「東夷」の国に生きる疎外された儒者にとって、「中華」にたいする劣等感の裏返しとしての優越感をくすぐるものであった。近世後期の人々の間でいつも、二分法が中国との対比の文脈のなかで語られていたことが、何よりそのことを暗示している。次にあげるような文章である。

東涯曰、封建廃而郡県興、漢土之古今也、国司替而守護専、本朝之古今也、本朝之今、即漢土之古、故述職朝貢今日之礼、猶㆓三代之公侯伯子男㆒也、視㆓之秦漢以後㆒、則徒存㆓其名㆒焉、漢土之今、即本朝之古、故国司郡領王朝之制、猶㆓漢唐宋明之郡守県令㆒也、稽㆓之三代之時㆒、則未㆑見㆓其準㆒焉、此古今之大体也[15]、（『盍簪録』、『正名緒言』巻上所引）

経済の大趣意二ツあり。封建ト郡県ト也。唐山にては夏、殷、周の三代ハ封建にして、秦以降、郡県ト成て、今の世迄不二変革一。日本ハ古代郡県にして、今の世は封建也。[16]（林子平『海国兵談』巻一六、寛政三年刊）

本邦上世、国有レ司有レ造、郡有レ領、県有レ主、郡県之制也、皥々熙々歴二二千禩一而不レ変、源将軍頼朝、攬レ権割二裂天下一、以賞二有功一、封建昉二於此一、我烈祖統二一四海一、仍而不レ改二于今二百年禩一、而諸侯怗服、黔黎艾安、自レ是之後、不レ知二幾世幾歳如一レ此、由レ是観レ之、行二於本邦一、則封建郡県倶無レ失、行二於斉州一、則封建郡県両有レ弊、斉人惟不レ見二本邦之制一耳、[17]（『侗庵初集』巻四、封建論、文化八年成）

蓋我国之俗、有下異二於漢土一者上、故帝王一姓、無二叛民得レ志者一、然将相方鎮、迭起司レ権、其勢数変数成、故前郡県、而後封建、与二漢土之古今一相反、[18]（頼山陽『通議』巻一、論勢、天保三年成）

本朝古者以二郡県之制一而馭二天下一、戦国以後、既為二封建之治一、而官爵之制、仍用二郡県故事一、未レ有二封爵之典一、亦猶下西土後世既為二郡県之治一、而猶以二五等封号一、虚加中於朝臣上也、固非三我輩所二得而議一也、[19]（猪飼敬所『操觚正名』）

唐土、古ハ封建、今ハ郡県ナリ。我邦、古ハ郡県、今ハ封建ナリ。封建ト郡県トハ、人情風俗一切カワリタル事ナリ。[20]（広瀬淡窓『迂言』、天保一一年成）

漢土ハ、封建ヨリ始リテ、郡県トナル。我邦ハ之ニ反スルハ、何ソヤ。余曰、此広狭ノ別ナリ。[21]（広瀬旭荘『九桂草堂随筆』巻三、安政二年～四年成）

この二分法について、植手通有は、「郡県より封建へという時代区分は、周代封建制の理想化と徳川封建制の讃美とを結びつけることを通じて、尚古ないし復古と現状肯定との二つの傾向を安易に両立させたという点でも、注目すべき意味をもっている」[22]と指摘しているが、これほど安易なものではないだろう。それは、徂徠の詩文を継承した服部南郭が語っていたという言葉にうかがわれる。

中国ノ学者ノ理屈ヲ、今日ノ学者ヒキウツシテ、サマぐ〵云ドモ皆アタラヌコト也。今ノ日本ノ大名ノ立ヤウ、世界ノ組ヤウ、天地開テヨリコノカタ一色ノシカタナリ。周公、孔子出タマフトモ、別ニコレヲクミ直スシカタトモ有ルベカラズ。ソレヲ後世ノ郡県ノ時ノ理屈ニテ評判スルハ聞ヘヌコトナリ。又古ノ封建ノ時ノコトヲモヒキテモ、今ノ大名ノ制度トハ格別タガヘルコトアルナリトゾ、南郭ノタマヘリ。[23]（『文会雑記』）

たしかに徂徠は当代を評して「今程封建ニ罷成候」と説き、また春台も「大似二三代封建之制一」（前出）と説いてはいる。しかし、石井紫郎によれば、経世家としての徂徠は「厳重な地方制御装置を具えた中央集権国家像を描[24]」いていた。また「凡て三百諸侯、宛然として三代の制なり[25]」（『斥非』附録、封建論）とする春台にしても、「時ヲ知ル[26]」（『経済録』巻一）ことを説いていたことをあわせ考えれば、徂徠学派の人々は、南郭のいう「古ノ封建」と「今ノ大名ノ制度」との間にあるズレを認識していたといってよいであろう。思うに、古文辞学者徂徠の鋭い言語感覚、歴史意識を想起するとき、ズレを認識していなかったと考える方が、かえって難しいだろう。この点、徂徠の土着論にしても、「古ノ封建ノ時」からする当代の「旅宿の境界」にたいする批判論であったことは、注意しておかねばならない[27]。このズレは、武士の土着論が、一八世紀後半以後の対外的な危機意識の高まりのなかで、海防論の一環として説かれるようになってくると、よりはっきりしてくる。

周知のように、封建制が辺境防備に優れているという論点は、もともと中国の封建論に由来する。日本では、春台が「夫れ封建は、聖人の制なり。徒らに以て恩を推し功に報い、親を親とし賢を賢とするところのみならず、外、以て夷狄を防禦し、内、以て王室に藩屏とす。天下の利、斯れより大なるは莫[28]」（『斥非』附録、封建論）しと論じ、また「郡県之世、国勢必弱、彼国漢以来、常苦二夷狄侵犯一[29]」（帆足万里『肄業余稿』巻二、文化五年跋）、「我邦封建之制、其来尚矣、諸侯各守二其国一、内藩二王室一、外捍二戎狄一、法度森厳、号令粛整、固已超二軼乎漢唐一、海外諸侯、靡レ不二望レ風而敬畏一焉[30]」（安積艮斎『禦戎策』巻上）と説いている。この辺境防備論が、林子平以後の海防論のなかで強調されることになる。たとえば、二分法論者の頼山陽の次のような議論である。

考㆓彼（漢土）防㆑寇之策㆒、不㆑過㆑曰㆓屯戍㆒而已、是其盗之来、有㆓方所㆒也、無㆓方所㆒者、屯戍不㆑可㆑用、然吾知㆓其不㆒㆑足㆑用也、何則彼郡県、而我封建也、郡県之勢、兵有㆓処而無㆒、有㆓時而無㆒、所㆔以有㆓屯戍㆒、至㆓封建㆒、則兵無㆓処而無㆒、無㆓時而無㆒、無㆑事㆓於屯戍㆒也、盗来無㆓方所㆒者、非㆑此無㆓以防㆒也、而所㆓以防㆒㆑之、利㆓於彼㆒矣、何則諸侯各土㆓其土㆒、民㆓其民㆒、則不㆑能㆑不㆑防、非㆓諸侯㆒者、土非㆓其土㆒、民非㆓其民㆒、則不㆓敢不㆑防、不㆑敢者与㆓不㆑能者㆒、其竭㆑力致㆑効有㆑間矣、(31)（『通議』巻三、論辺防）

封建制の日本は、大名諸侯が土地と人民を支配しているので、辺境地帯の防備に手薄な郡県制の中国よりも海防という点で優れているという。しかしもちろん、現実には江戸時代の武士は、兵農分離以後、城下町に集住し土地から切り離され「旅宿の境界」の「鉢植」武士であった。頼山陽の活動した天保期以前では、短兵奇襲策という蒙古襲来のときの戦法を論じていれば、通用したかもしれないが、アヘン戦争での清朝の敗北の情報が伝わり、西洋列強の経済力と軍事力のパワーが身にせまった脅威として感じられるようになったとき、より切実に封建制の辺境防備の有効性がより問われることになる。これについては、後に述べる三分法論者の土着論のなかで考えてみよう。

ところで、対外的な危機という現実によって、封建制の軍事的優位性が問われるようになってきたとき、別の可能性が開けたことに注目しなくてはならない。具体的に言えば、郡県から封建への二分法を取りながらも、これまでの議論とニュアンスを異にする言説があらわれてきたのである。その代表者が、本多利明と佐藤信淵の歴史認識であった。周知のように、両者は対外的な経世論を説いた特異な思想家である。まず、西洋諸国の海外進出策を模範とした『西域物語』（寛政一〇年成）の著者本多利明は、次のように言っている。

頼朝は鎌倉に居ながら、征夷大将軍の宣旨を蒙り、運に乗じ権威に募り、天子を蔑如して世上に大天狗と悪言せらる。剰へに日本惣追捕使を押し賜り、諸国に守護を置替へ、荘園に地頭を居へて是を治む。神武以来の郡県の法を封建に改革し、天子はあてがい世帯となし、今迄所持の田畠を失ひし百姓に等しく、天下は悉に武家一統となせり。(32)（『経世秘策』巻下）

利明は、源頼朝が守護地頭を設置したとき、「神武以来の郡県の法」を採用していた中央集権的な国家が「封建」の代になったと説いて、郡県から封建への二分法を説いているのだが、これまで述べてきた論者とニュアンスを異にしているだろう。ここでは、「神武以来の郡県の法」として、郡県制の起点が大化の改新以後の律令制度の導入ではなく、神武天皇に置かれていること、さらに「封建に改革し、天子はあてがい世帯となし」と表現されるように、封建制に「改革」したことがマイナスに評価されているのである。同様の考え方を、佐藤信淵もしている。

皇国上代には、神世諸記に載するが如く、蛍光の光神、及蝿声邪神多在て、処々の厳邑に割拠し、互に雌雄を争ひ戦を為して、以て国土これが為めに騒擾して、蒼生塗炭の困を為すこと幾千年と云ふ事を知らず、故に神武天皇兵威を以て邪酋を誅戮し、四海を統平し、以て天下の士民を安靖し給ふ、於レ是天下を悉郡県と為し、皇都を大和国橿原の地に建て、皇都より諸州に国造・県主等を置て此を治しめ、土地を割て封建することの絶て無し、是を万世の定法と為せり。(33)（『農政本論初編』巻上、封禄位田職分田季禄神地、天保三年）

ここでも、神武天皇が「皇都」を建て、「天下を悉郡県と為」し、「万世の定法」を打ち立てたと説かれている。「皇国上代」は未開であったということは、春台と重なるが、その起点を「中華」の律令制度の導入以後とするのではなく、本多利明と同様に、神武天皇に置いているのである。ここでは、中央集権国家の郡県の価値評価は、従来の論とニュアンスを異にしている。たしかに、先に紹介した石井紫郎が指摘していたように、徂徠や春台にあっては、現実論としては中央集権国家像を描いていたが、建前としてはどこまでも「中華」の封建を理想視することにおいては変わりなく、郡県をまるごと肯定することはなかった。ところが、利明や信淵にあっては、神武天皇の郡県的な集権的国家のあり方にたいして、プラス方向の評価がなされているのである。

こうした評価の逆転が彼らにおいてなぜ成立したのか。その理由については、彼らの世界認識に決定的に影響を与えた蘭学者の世界地理書を考慮しなくてはならないだろう。その検討の前に、われわれは「上古」を封建の代とみる三分法についてみておこう。

三　日本歴史の三分法

浅井は、「元来我国に於ては、明治以前は儒教の影響を受けて、我国上古を支那上古三代と同じく封建と見る説が多く、之を郡県と見た説は恐らく絶無であらう」と指摘していたが、これは上古封建↓郡県↓封建という三分法であった。

江戸時代、最初に三分法を唱えたのは誰か、と特定することは難しいが、「維我東方上世之制、猶二三代封建一也、中世已降、猶二秦漢郡県之制一也」(34)（「田制考序」）と説いた新井白石の議論は、その早い時期のものである。ただ、近世日本の思想世界のなかで、三分法が大きな影響力をもつようになったのは、国学の大成者、本居宣長の出現をまってであることは間違いないであろう(35)。

唐土ハトカク革命《ヨノカハル》ゴトニ、ソノ王者ノ心ニテ、天下ノ法ヲミナ改ムル事也。コレソノ制度ノトリシマリナキユヘ也。吾邦ハ然ラズ、細小ナル事トモハ、時天子ノ御意ニモマカセ、異国ノ制ヲモマナビナトスル事モアリテ、改ムル事モアレド、天下ノ大法ハ改ムルト云事ナシ。タダ自然ノ勢ニヨツテアラタマリユク事也。其自然ノ勢ト云ハ、ミナ天照大神ノ御心ヨリ出ルナリ。吾邦、上古ハ封建ノ制ナリシガ、中古ニ至テ、イツトナク郡県ニナリユキ、又近ゴロハ封建ノヤウニナレリ。コレイツ改ムルトモナク、自然ニ変ジキタル、コレミナ自然ノイキホヒニシテ、天照大神ノ御心ヨリ出ル也。[36]（『本居宣長随筆』巻一一、『蕣庵随筆』）

この宣長の三分法は、古代日本には「道」はなかった、「中華」の郡県制を摂取したことによってはじめて文明化したのだという太宰春台の二分法にたいする反論という意味をもっていた。卑俗にいえば、「日本にも、封建があるさ」というお国自慢である。ただし、「漢意」の排斥を唱えた国学の場合、このお国自慢は「中華」を尊崇する儒者ほど、ストレートであったわけではない。というのは、封建制が日本にもあるという言説自体、「中華」の封建制の価値を認めることになってしまうからである。そのために、今引用した初期の刊行されていない随筆である『蕣庵随筆』のなかでは、宣長は、はっきりと「吾邦、上古ハ封建ノ制ナリシガ、中古ニ至テ、イツトナク郡県ニナリユキ、又近ゴロハ封建ノヤウニナレリ」と述べていたが、公刊された『古事記伝』のなかでは微妙な表現になっている。『古事記伝』巻一に収録された『直毘霊』には、天照大神の子孫である「天津日嗣の高御座はあめつちのむた、ときはにかきはに動く世なきぞ」とされるが、そこに付せられた補注には、王朝交替のある中国でも、「周といひし代までは、封建の制《サダメ》とかいひて、此別ありしがごとくなれども、それも王の統《スヂ》かはれば、下までも共にかはりつれば、まことは別なし[37]」とされ、封建制度の世襲制が肯定的に語られているものの、『蕣庵随筆』のように「吾邦、上古ハ封建ノ制ナリシ」と直截に説かれているわけではない。さらに『古事記伝』のなかでは、宣長は、大和政権の地方支配機構であった国造を次のように性格規定している。

古国造は、世々伝て其国を治めたり、漢国の古の、封建の制と云も、此に似たり、然るに孝徳天皇の御世より、彼国の郡県の制と云をまねびて、京より国司《クニノミコトモチ》をかはるがはるに遣て、国々を治めしめ賜ふことに為れり、其より前にも、宰と云者は有つれども、毎国に必定めて置れたるは、彼御代よりなり、[38]（『古事記伝』巻七、寛政一〇年成）

ここでも、宣長が「漢国の古の、封建の制と云も、此に似たり」と含みのある表現をしているのは、封建概念によって日本の「上古」を理解することに躊躇があるからであろう。というのは、封建制と断言してしまえば、中国的な基準によって判断する一種の「漢意」に陥ってしまうからであろう。それを避けるためには、後に述べるように、封建・郡県カテゴリーとは異なる準拠概念を創出する以外にないのだが、この点は後に述べる。

宣長の三分法の支持者は、いうまでもなく、宣長の学問を受け継いだ国学派の人々である。ここで大事なことは、宣長が「難波の長柄宮、淡海の大津宮のほどに至りて、天の下の御制度《ミサダメ》も、みな漢になりき」[39]（『直毘霊』）と説いていたように、孝徳天皇・天智天皇の律令制度＝郡県制の採用を、本来の天皇統治のあり方を中国風に歪めたこととして非難する点で共通していたことである。たとえば、次のような文章である。

聖徳太子の新法《ニヒノリ》を制たまへるは、世の人意の枉れる故に、其を直さむと思ほす実義には非ず。生坐ながらに聡しく、言痛き異国の道々を好み給ふ御性なりしかば、皇御祖神の神随なる御制はおきて、其道々を弘め給はむの御心より他なく、其後の御々世々に其を委く弘く為給へるに、唐風《カラザマ》を好み給ふは本よりにて、神世より所謂封建の状《サマ》なりしを停廃て、いはゆる郡県の制《サダメ》に改て、臣等国造等の勢を大に為まじとの御心配《ミコヽロシラビ》にて、物し給へるなりけり。[40]（平田篤胤『古史徴』巻一秋、文化八年成）

篤胤によれば、「言痛き異国の道々を好み給ふ御性」であった聖徳太子が「唐風を好み」、「神世より」の「所謂封建の状」を郡県制に改めたのである。しかし、郡県制は永久の制度ではなく、荘園の発生とともに乱れて、「自然に旧の封建に復」った。そのことは「皇神の本つ御国の有がたさ」であって、今も「大将軍家」が大名たちを率いて、天皇の「御尾前《ミヲサキ》」となっているのである[41]（『古史徴』巻一秋）。篤胤によれば、郡県から当代の封建に転じたことは、「惟神なる道に符へる、旧の封建の状になむ立復」ったプラスの転換であった。

郡県の制度《オキテ》は既《ハヤ》く廃れて、惟神《カムナガラ》なる道に符へる、旧の封建の状になむ立復りて有を、俗の律令家などいふ徒の心遅きは、なほ彼郡県の制度を、慕しげに言ひ出るは、いと傍いたしや。[42]（『古史徴』巻一秋）

「徳」よりも「種」、能力よりも系譜を重んじる国学者からみれば[43]、封建から郡県に移行させた、基本的に能力主義にたつ律令制度＝郡県制度の採用は、古き良き日本の本来の姿を失わせ、「唐風」に堕落させることであって、排斥されるべきものであった。こうした見解は篤胤のほかにも、たとえば津和野藩の国学者岡熊臣が、次のように説いている。「中古の初め、未だ海内封建風なりし頃、上宮太子、尤聖賢の生質にて、漢学に精く、始て彼隋王と交聘し給ひ、彼国郡県制度なるを益々羨み思召て、【されば仁徳帝以来、歴代三韓と通問し給ふ間にも、主要と漢土の学問を習はせらるるは、彼方の郡県制度を慕はせ給ふに依れり。これ儒学を学移されたる主意の大要領なりける。】事に触れ物に託て、列国の国造等を削去らむの御企ぞ頻りなりける」[44]（『兵制新書』巻一之中、天保一二年自序）。能力主義の郡県制は、世襲制を至上のものとする国学者にとって、負の制度であって、復古が郡県制を導入することだという明治初年の事態は、想像を絶する自己矛盾であったのである。

この点は最後に述べることにして、もう少し、国学者の三分法についてみておこう。ここで取り上げておきたいのは、国学者の日本歴史書として有名な伊達千広の『大勢三転考』（嘉永元年成）である。『大勢三転考』の場合、宣長以来の三分法を取りながらも、封建→郡県→封建の三変ではなく、「骨の代《かばね》」→「職の代《つかさ》」→「名の代」という三変を説いている。神武天皇を起点とする「骨の代」は、「上古」封建に相当するのだが、先に見たように宣長においては、「古国造は、世々伝て其国を治めたり、漢国の古の、封建の制と云も、此に似たり」（前出）とあるように、封建と言い切るには躊躇《ためら》いがあった。その理由は、中国の概念・枠組みで「上古」日本をとらえることへの嫌忌があったことは先に述べた。それは、宣長に限らず、「神世より所謂封建の状なりしを停廃て、いはゆる郡県の制に改て」（前出『古史徴』）、「皇国は皇国風の封建制なれば、彼漢土の上代を以て、準則としては見るべきに非ず。（中略）されば後に及で、大化改新の令制を、所謂郡県制なりと称ふも、其大方彼漢土の郡県に似たればこそいへ、是全く真に彼国の如くに非ず」[45]（岡熊臣『兵制新書』巻三）とあるように、国学者に共有されていたろう。こうしたなかで、千広はまったく別の枠組みを日本の歴史から抽出することによって、宣長の歴史認識を発展させたのである。ここにいたって、日本の歴史のなかから封建・郡県概念とは異なる政治制度・社会制度の枠組みが、抽出されたといってよいであろう。

さらに国学者の三分法についていえば、歴史観においても、儒者の議論と異なっていたことにも注目しなくてはならない。すなわち、「自然ノ勢」「イツトナク」「イツ改ムルトモナク、自然ニ変ジキタル」（前出、本居宣長）、「自然に旧の封建に復れるは、皇神の本つ御国の有がたさなりけり」（前出、平田篤胤）、「自然と封建になりたる」(46)（真木保臣『経緯愚説』、封建の名を正す事、安政六年）、あるいは「時勢の遷変る事は、天地の自なる理なるか、または神の御はからひなるか、凡慮の測しるべきならねど、畢竟、人の智にも人の力にも及ぶべき事ならず」(47)（『大勢三転考』）と表現される国学者の歴史観は、明確に歴史の転換点を確定していた儒者の歴史観と異なっていた。ここでは、頼山陽が「余日封建勢也、制レ勢人也」(48)（『新策』封建略巻一、六略）と論じていたような、歴史に働きかける能動性・主体性は希薄であって、封建から郡県へ、そして、郡県から封建へという移行は、不可逆的な歴史の大勢という「自然」の流れとしてとらえられ、「人の智にも人の力にも及ぶべき事ならず」とされるのである。

ところで、江戸時代後期の三分法論者として注目すべきは、後期水戸学派である。たとえば、青山延于が編した、『大日本史』のコンパクト版ともいえる歴史書『皇朝史略』（文政九年）には、「天下之大勢」が「三変」したことが説かれている。

嘗商ニ権古今一、以謂天下之大勢、蓋三変矣、上古封建之時、世質人朴、天下奉レ法、政出ニ王室一、至ニ大化一、始置ニ国司一郡領、封建悉廃、天下之勢、一変矣、大宝以後、制度大備、典章可レ観、然外戚寖盛、政帰ニ摂関一、天下之勢、又一変矣、保平以降、王室失レ馭、武臣専レ政、諸国置ニ守護地頭一、而与奪之権、悉帰ニ関東一、天下之勢、至是又大変矣、此廼読レ史之関鍵、而斯書之要領也、(49)（『皇朝史略』序）

絵に描いたような三分法である。同じ頃、会沢正志斎もまた「時勢の変」を説いて、三分法の時代区分をしている。まず、神武天皇が全国に国造を「封建」して、土豪たちの割拠状態を統一したという。

何をか時勢の変と謂ふ。昔者、天祖、肇めて天業を基し、蒼生を愛養したまふや、天邑君を定めて、以てこれを綏撫し、勇武を選びて、以て下土を経略したまひて、而して民、天朝を奉戴するを知れり。然れども天造草昧にして、四方も未だ底平ならず、天造草昧にして、四方も未だ底平ならず、土豪・邑傑、在る所に割拠し、数世を歴れども未だ相統一せず。太祖神武天皇、すでに天下を定めたまふや、国造を封建して、人神を司牧せしめ、旧族・世家、ことごとくこれを継ぐに名位を以てして、土地人民、ことごとく朝廷に帰し、天下大いに治まれる。(50)(『新論』国体上、文政八年成)

そののち、大化の改新後、「中宗」天智天皇が郡県制度を採用して、「一変」する。

中宗天智天皇に至り、すでに乱賊を誅戮し、儲闈に在りて政を輔け、旧弊を革除して、新政を布きたまふ。その封建の勢に因りてこれを一変し、国司を以て国郡を統治せしめて、遂に郡県の制を成し、私地・私民を除き、ことごとくこれを朝廷に帰し、天下、一として王土と王臣とにあらざるものなくして、天下また大いに治まれり。数世の後に及んで、藤氏権を専らにし、公卿・大夫、僭奢して風を成し、争ひて荘園を置きて、以て土地人民を私す。弓馬の家、また権勢に依附し、郡を割き邑を連ねて、以て己の有となし、在る所に良民を駆りて、以て奴隷となす。天下の地は亀分瓜裂して、割拠の勢成る。源頼朝、天下の総追捕使となるに及んで、すなはち土地人民を挙げて、ことごとくこれを鎌倉に帰す。(51)(同右)

さらに、源頼朝の守護地頭の設置によって、また「一変」して封建制にもどるのである。このように『新論』が三分法をとっているのは確かなのだが、よく注意して見ると、『新論』のなかでは、王土王民論のもとで封建と郡県は相対化されていることに気付く。すなわち、神武天皇以来の「上古」が封建の代であったととらえられるにしても、地方分権という意味ではなく、「土地人民、ことごとく朝廷に帰し、天下大いに治まれる」（前出）とあるように、王土王民的な中央集権的な原則に則っていることが前提にされているのである。ここでは国造を「封建」したといっても、世襲的な領主をおいたままで、天皇の集権的な力は揺らぐことはない。崇神天皇の御代は、「土は皆天子の地、人は皆天子の民、民志一にして、天下また大いに治」（前出）まっていたし、さらにその観点から、天智天皇によって採用された郡県制は、「私地・私民を除き、ことごとくこれを朝廷に帰し、天下、一として王土と王臣とのあらざるものなくして、天下また大いに治まれり」（前出）とされ、より徹底した集権国家が実現されたものとしてプラスに評価される。この点、国学者が律令制度＝郡県制を否定していたことと対照的であった。また、「夫れ方今、天下に封建の勢あるは、固より太祖の治を制したまひし所以なり」[52]（『新論』国体上）とあるように、徳川政権は封建制であることは間違いないにしても、「天下の土地人民、その治は一に帰し、海内一塗、皆天朝の仁を仰ぎて、幕府の義に服す」[53]（同右）とあるように、王土王民の理念が実現したものととらえられる。こうした歴史認識に立って、時勢の変化とともに、王土王民の理念と乖離してしまっている現今の分裂状態が危機意識をもってとらえられ、尊王攘夷の術策によって国内的な「民心」統合を図ることが急務であるとされたのである。

正志斎においては、王土王民論のもとで封建と郡県は相対化され、両者の違いは、世襲主義か能力主義か、それに加えて、どちらが海防に有利か否かの違いとしてとらえられていた。前者については、正志斎は同時代の藩校教育が郡県的な能力主義に陥っていることを批判して、当代の世襲の封建制度にふさわしい教育を求めた。「多クハ漢土ニテ、郡県ノ世ニ古ノ封建ノ姿ヲ不レ知シテ設タル学制ヲ模範トスル故、封建ノ世ニ世禄ノ子弟ヲ門闈ニテ教育セシ深意ヲ失テ、世禄ノ子ニ有用ノ実才ヲ生ジ難シ。今東照宮ノ深意ト門闈学ノ意トヲ斟酌シテ、世禄ノ子ヲ教育シテ、実才ヲ生ジ、扨将帥ノ職ニ任ジテハ組子ノ治メヲ専職トスベシ」[54]（『江湖負暄』巻二）。彼は世襲制の現実をふまえて、どこまでも「世禄ノ子」を教育する藩校を求めたのである。これは、後に述べるように西洋情報にもとづいて、蘭学者たちが能力主義にたった学校制度の整備を求めていたことと裏腹の関係にあるだろう。

また辺境防備でも、正志斎は封建制度の優位性を説いているのだが、ただし、武士が城下町に集住していることの軍事的弱点を指摘して、「当時封建ノ勢ニテハ海寇アル時、其地ノ領主ノ城下ヨリ兵ヲ出スハ、勿論ノ事ナレドモ、事アル時ニ海浜ヨリ城下へ報告シ、城下ヨリ馳付ル間ニ海辺ノ人民ヲ踏散サル、事眼前ニアルベシ」[55]（『江湖負暄』巻二）、と「土民」を防備に徴集することを説いている。水戸学の土着論は、藤田東湖によれば、「鉢植武士にも無レ之、又謀叛等の憂も無レ之様御組立」[56]（『土着の議』）をめざしていた。城下町に集住することによって「鉢植武士」になっている弱点とともに、かといって自己の所領を拠点に謀叛を起すかもしれないという尾大の虞をも勘案した妥協的なものであった。

先に述べたように、頼山陽のような郡県↓封建の二分法論者も、辺境防備の観点から封建制度の優位性を説いていたのが、この三分法の海防論とどこが違うのだろうか。繰り返すが、当代が封建の御代であり、しかも封建制が辺境防備のために有効な体制であるとする認識についていえば、二分法論者も三分法論者も変わりない。この違いがどこから生まれるのかといえば、根源的には、当代を封建の御代とみなすにもかかわらず、先の服部南郭の言葉を借りていえば「古ノ封建」と「今ノ大名ノ制度」との間にはズレがあったからである。城下町に集住している当代の「旅宿の境界」は、封建制とみなせるかというと、必ずしもそうではなかったからである。しかも、貨幣経済の進展のなかで脆弱になった「鉢植武士」は、むしろ辺境防備のためには役に立たないという危機意識が、いっそうそのズレを深刻なものと意識させた。こうした現状を何とか改変しようとする起動力になったのが、三分法論者の「復古」の旗印だったのではないかと思われる。真の封建制に復古することによって、当代の封建の御代を再編成しよう、三分法論者はこうしたスローガンを唱えて、辺境防備の海防論の緊急性を促したのである。

このことは、昌平黌系の三分法をみるとき、より明らかになるだろう。たとえば、昌平黌に学んだ津藩儒、斎藤拙堂の次のような議論は三分法のひとつの典型である。

蓋封建之制、与二郡県一不レ同、郡県者万方統二於一尊一、天子得レ臣二海内一、秦漢以下是也、封建者万国各有レ君、上服二属天子一、三代以上是也、我邦上古諸国有二国造一、伝有二其土一、是封建之制也、中古以二其叛服不一レ常、稍収二其権一、至二孝徳帝一遂廃レ之、置二国司郡領一、是郡県之制也、及二王室之衰一、一転為二鎌倉氏一、再転為二足利氏一、三転為二今之世一、自二足利氏時一、大名割二拠諸国一、上服二属将軍一、海内復為二封建之形一、而所謂将軍、類二三代天子一、所謂大名、似二三代諸侯一、故知三赤松大友諸氏非二足利之臣一、則知三湯武非二夏殷之臣一矣、宋明諸儒生二於郡県之世一、而不レ見二封建之制一、故論二湯武一皆失二其当一、我邦諸儒幸生二於封建之時一、宜レ知二当時之制一、而幼慣二聞宋明諸儒之説一、以二先入一為レ主、或亦容レ疑焉、余以二佐善氏説一為二千古発明一、豈不レ信乎、[57]（斎藤拙堂『拙堂文集』巻四、湯武放伐弁一）

同じく昌平黌に学んだ斎藤竹堂も、天智天皇の郡県制度の採用は、それ以前の「封建にして郡県を兼」ねていた上古の封建的なものを変えたただけであると説いている[58]（『読史贅議逸編』天智）。『阿片始末』（天保一四年）を著した竹堂の場合、中国のアヘン戦争の敗因が郡県的な中央集権国家体制にあり、イギリスに抵抗したのは在郷の義勇軍であったという情報をえていた。[59] 彼は、アヘン戦争の教訓からしても、対外的な侵略への抵抗力として期待できるものは、素朴な愛郷心であると考えていた。こうした認識は竹堂に限らない。たとえば、「近年広東ニ於テ諳厄利亜ニ敗北セシハ、又郡県ノ弊トモミユ、若諸侯ノ封疆為ラバ、義聞ニ慙テ身ニ引受ケ、必死ニ入テ抗ル事モ有ランカ」[60]（正司考祺『経済問答秘録』巻二六、天保一二年刊）とあり、また赤井東海も、同様の意見をもっていた。渡辺崋山の「蛮社」グループの一人で、崋山を「蘭学にて大施主」と評していた赤井東海は、敗北の原因を清朝が郡県制度にあって、逆に中国の抵抗運動が郷土愛から生まれていることの事実を知ったうえで、参勤交代制を緩和して、「義勇義軍ヲ建テ、一国一郷、君臣上下、死生存亡ヲトモ」[61]（『海防論』）にする封建制を徹底させることを説いたのである。

このように三分法は、対外的な危機意識が深刻になった天保期には、国学、後期水戸学、それに昌平黌の朱子学者まで広まっていたことをみれば、それぞれ強調点は異なるにしても、そして、その違いは看過できないにしても、たしかに浅井が「元来我国に於ては、明治以前は儒教の影響を受けて、我国上古を支那上古三代と同じく封建と見る説が多」いとする結論がでてくるのも、無理からぬことではなかったといえよう。それはともかくとして、幕末の尊王攘夷運動の二つの源泉といわれる国学と後期水戸学が、三分法であったことの意味は、考えてみなくてはならない事実である。両者は「上古」封建を理想化することによって、封建体制を立てなおすことを目指していた。逆に言えば、封建体制の矛盾・問題点を克服しようとするエネルギーは、「上古」封建論によって生まれていたのである。郡県論によって封建の御代を否定するのではなく、真の封建に復古せねばならないというスローガンによって、現状への変革のエネルギーが生まれていたのである。

四　世界地理書の郡県制

中国の封建・郡県論では、封建制が先験的に正しいものとされる。このことが日本歴史の二分法にしても、三分法にしてもどちらにしても、基本的には封建制度により高い価値を認めることになった（中国のものか、日本のものかの違いがあるにしても）。逆に言えば、郡県制度は劣った政治制度であるということを含意した。「柳子厚是二郡県一、非二封建一、謬矣」[62]（五井蘭洲『瑣語』巻下、明和四年刊）、「封建者自然之勢也、郡県者一人之私也、故天愛二封建㆒、而憎㆓郡県㆒」[63]（中井竹山『弊帚季編』封建論）。ただこれまで見てきたように、単純に「聖人の道」だから良いのだというドグマからばかりではなく、アヘン戦争の教訓に立って、軍事的にも郡県制は封建制よりも劣っているという事実認識によっても、封建制は支持されたのである。こうした儒学的な通念から出て、それを相対化する可能性が近世日本のなかにはなかったのだろうか。この点について、先に本多利明と佐藤信淵の二分法について、郡県への価値評価の逆転が起こっていたことを指摘しておいた。そして、その理由として蘭学者の世界地理書が関係しているのではないかを示唆しておいた。本節では、この点について検討してみよう。

筆者は、魏源の『海国図志』受容以前における、蘭学者の世界地理書の思想的な可能性について論じたことがある[64]。そこで、蘭学者たちが国際社会をどのようなものととらえるのか、具体的に言えば、「帝国」を頂点とする階層システムとみたのか、それとも、諸国家間の平等を建前とする西欧国家システムとみたのかという問題について考察した。封建・郡県論に引き付けていえば、国際社会を階層システムとするとき、封建・郡県概念がすべりこむことになるといえるだろう。というのは、皇帝を頂点にして諸国家間の関係を序列化する階層システムは、国内的には皇帝―臣下との間の君臣関係を前提にしていたからである。ところで、蘭学地理書のなかには、西欧列強は植民地を拡大していて、郡県を拡大しているという情報を伝えていた。

（万国伝信紀事ニ曰ク）此国王ニ属シテ、其郡県トナル者ニハ、王国諾尔勿入亜《ノルウェジア》、依蘭地《エイスランド》、臥児狼徳《グルウンランド》、[65]（山村才助『訂正増訳采覧異言』巻二）

万国紀事曰、和蘭十七州、都テ伊斯把儞亜ノ属国ナリ。伊斯把儞亜ヨリ、新ニ法制ヲ改テ、州毎ニ亜徳児満【官名】ヲ置キ、城邑毎ニ臘亜杜【官名】ヲ置キテ其地ヲ治メ、其侯国酋帥、諸部ノ件ヲ滅シテ、其所有ノ地ヲ割キ、終ニハ伊斯把儞亜ノ郡県ト為ント欲ス。[66]（渋川六蔵訳『和蘭紀略』、天保五年）

定て諳厄利亜の郡県の制に入、[67]（青地林宗『輿地志略』巻五）

ここで重要なのは、西洋諸国が対外的な植民地、「属国」には郡県を置いていることを伝えていた点である。また、国内統治においても、世襲とは異なる教育制度の情報を伝えていた。西洋諸国は、一人ひとりの志と才能を伸張させるために、小学校から大学にいたる体系的、中央集権的な教育制度を国家的に整備して、そこで育成した優れた人材を登用している。それが西洋諸国の国力の強さにつながっていることを伝えていた。

冒頭に紹介したように、浅井清は、「西洋諸国の近代立憲政治組織の地盤としての郡県制度は、幕末に至るまで殆んど知るところが無かつた」と述べていたが、それはやはり言いすぎであろう。というのは、このような蘭学地理書に学びながら、ユニークな経世論を展開した思想家があらわれていたからである。それは、先にニュアンスを異にする二分法論者として取り上げた本多利明と佐藤信淵である。両者はともに神武天皇が郡県制を定めたと説いていた。そして、中央集権的な郡県制に傾いていることを指摘しておいた。周知のように、本多利明は一八世紀後半の日本の現状に対置させ、海外貿易などの大胆な経世策を展開し、「四大急務」の一つとして蝦夷地を開発することを説いていた。

大日本国の号を東蝦夷の内カムサスカの土地に移し、古日本国と号し、仮館を居て郡県を置、諸有司を副、土人を介抱し、只今の法令に不相当にても、国の為には換難く、当時モスコビヤの吏、多く渡来住居すると も是にも構ひなく、元来日本の属国の蝦夷土地なれば、彼も強て彼是いふ事も成まず。[68]（『西域物語』巻下）

蝦夷地に郡県を置けという。これは明らかに植民地経営である。利明の場合、いまだつつましく蝦夷地のみであったが、佐藤信淵では蝦夷どころか、より誇大妄想的に「全世界」を「郡県」にしろと説かれている。

皇大御国は、大地の最初に成れる国にして世界万国の根本なり、故に能く其根本を経緯するときは、則全世界悉く郡県と為すべく、万国の君長皆臣僕と為すべし。[69]（『混同秘策』混同大論、文政六年成）

信淵はこのような海外経略とともに、中央集権国家の構想を抱いていたことはよく知られている。彼は中央に三台（教化台・神事台・太政台）と六府（本事府・開物府・製造府・融通府・陸軍府・水軍府）の諸官庁をおき、全国の諸侯を一括して統制しようとした。そのうち、神事府の管轄である神社と教化府の統轄する諸国諸州の学校は、「諸侯と雖ども自由に動すこと能はず、総て神社と学校の清官は、諸侯の封国の内も悉く皆皇都の台より補任すること、盤古無動の定例なり」[70]（『混同秘策』混同大論）とあるように、諸侯から独立させ、中央政府が人事権をもち、統制する。それのみならず、諸侯は、「都て其一国の中は、諸王侯と雖ども悉く国司の下知を受く」[71]（『混同秘策』巻一）とあるように、中央政府の派遣する国司の命令に従わなくてはならないとする。その意味では、信淵の「垂統法」による国家構想は、封建的な世襲の諸侯の存在を認めつつも、実質的には郡県制の政治形態であったといえるだろう。換言すれば、信淵は諸侯を基礎とする封建制の彼方に、郡県制を構想していたのである。しかも、先に見たように、信淵が神武天皇の郡県制を肯定的にとらえていたこととあわせて考えれば、神武天皇に「復古」することはそのまま郡県制の中央集権的な国家の建設を意味することになるのである。この点で、先に見たような世襲制を至上のものとする国学者の復古＝封建制と対照的であって、かえって、明治政府の公定イデオロギーの先駆的な主張であったといえるだろう[72]。

ところで、蘭学の世界地理書の情報が郡県制をプラス価値に転化させる媒介を果したと認められるにしても、それ以上の情報をもたらしていたことを看過してはならない。そもそも、封建制にしろ郡県制にしろ、君臣関係の絶対性を前提にしていることにかわりない。ところが、君主のいない共和制政体が世界には現に存在するばかりか、アメリカのように強力な国家を作り上げてさえいる、このことを世界地理書は伝えたのである。明治以後のものであるが、西村茂樹は次のように言っている。

米利堅の華盛頓は、国民の推選に因て、十三州の大将となり、英国と血戦八年、遂に其国民をして英国の羈軛を脱せしめ、其後其国の旧制に則とり、封建郡県の外別に一種の政体を立て、以て其国を治む。華盛頓の此挙は、公平無私、惟愛民を以て心とせしを以て、其功烈顕赫今に至りて衰へす、路易の王威を張らんとせしは私なり、華盛頓の合衆政治を立てしは公なり、(73)（西村茂樹「郡県議」、明治二年）

いみじくも西村が「封建郡県の外別に一種の政体を立て」と述べているように、封建・郡県によっては、アメリカ合衆国のような共和制政体の国をとらえることができなかったのである。この共和制を含む、政体論の登場は、封建・郡県とは別の政治制度のカテゴリーをもたらしたといえるだろう。これまでは政治形態を論ずる枠組みは封建・郡県以外、存在しなかったが（先に述べたように、『大勢三転考』において、国学者による別の可能性の模索はなされていた）、まったく異なるカテゴリーがもたらされたのである。近世日本において、そうした政体論を紹介したのは、小関三英がP・J・プリンセンの『地理学教科書』第二版（一八一七年刊）を翻訳した『新撰地誌』がその最初であったと思われる。これに依拠して、国際社会イメージを階層システムから西欧国家システムに転換したのは、「蘭学にて大施主」と評されていた渡辺崋山であった。彼は国際関係を「帝国」以下の階層システムではなく、「独立ノ国」＝専制君主国、「守盟ノ国」＝立憲君主国、「共治国」＝共和国に三分して整理したのである。

欧邏巴諸国相互ニ自張仕候間、八面皆敵国ニテ、盟会〈チカヒ〉ヲ以テ合従連衡〈モウシヤワセテセメル〉仕候趣、殆春秋戦国ノ如クニ御座候。右故国政ニ憂勤仕、内外〈コクナイグハイコク〉慎密〈トリシマリフセギ〉ニ致候事、諸州ニ相勝レ申候。大低治体三道有レ之、一ハ独立ノ国〈洋名「ヲンベパールデ　モナルカール」ト申、血脈相伝へ、男女ニ限ラズ位ニ即キ、其内、一君、権ヲ専ニ仕候国、王家ト政府ト権ヲ合シ候国有之候〉、一ハ守盟ノ国〈「ベパルーデ　モナルカール」ト申、先ハ附庸ノ如キモノ〉、共治国〈「ゲメーネベストゲジンド」ト申、賢才豪傑ヲ推テ、君長ト致、一国ヲ公ニ仕候政度〉。右ノ国々ヲ帝国〈ケイズル〉、王国〈コーニング〉、上公国〈アールツヘルトーゲン〉、大公国〈ゴロートヘルトーゲン〉、侯国〈ヘルトーゲン〉ナド称シ、其国ニ位階有レ之、(74)（渡辺崋山『外国事情書』、天保一〇年）

これ以降の世界地理書、たとえば杉田玄端の『地学正宗』なども、プリンセンの『地理学教科書』にもとづいていて、幕末に政体論が普及していく。そして、ここから、加藤弘之の次のような議論も生まれてくるのである。

加藤は『隣草』（文久元年）のなかで立憲政体の導入を主張したが、そこで立憲政体が郡県制国家でも、また封建制国家でも行ない得るかと自問して、両者ともに可能であると説いていた。

問曰、足下の説、実に理に当たれり。ただし西洋各国みな郡県にしてこの政体を用うるものなれば、今郡県の清朝にてこれを用うるは適当せることなるべけれども、もし三代の時のごとき封建の世にこれを用いては、その利害いかがあるべきや。

答曰、僕が考うるところにては、たとい封建にても、郡県にても、この政体をよく用いることを知れば、決してこれがために害を生ずることはなかるべし。[75]（加藤弘之『隣草』）

立憲君主国家が封建制のうえに実現できるか、あるいは郡県制度のもとでしか実現できないのかという問題があるにせよ、ここで指摘しておきたいことは、政体論の出現によって封建・郡県による政治制度論が古臭いものになっていったことである。もちろん、版籍奉還―廃藩置県の一連の政策が実行されていくときに、公議所において封建・郡県論が議論になったが、それは封建・郡県論の最後の光芒ともいうべきものであって、中央集権的な郡県制が整った廃藩置県以後は、立憲君主制か共和制かといった政体論をもとにした政治制度論が焦点となっていくのである。

五　復古と郡県制の結合

幕末の転換期のなかで、郡県制の価値的優位性は蘭学系の世界認識から生まれ、また、復古は国学系の歴史認識のなかで強調されたものであって、まったく別の思想的な系譜のものであった。ところが、両者は明治初年の試行錯誤の歴史の進行のなかで結びつき、初めから復古＝郡県制度の採用というプランがあったかのような錯誤を生んだのではないかと思われる。その錯覚の幾分かの責任は、明治新政府の指導者にあるだろう。それを証拠づけるのは、浅井清が紹介する次のような伊藤博文の言葉である。

予は少時より山陽の日本政記を愛読し彼れの勤王論に感激せると共に我が王朝の盛時は今日の所謂郡県の制行はれこの制度は即ち王朝の生命なりしこと深く心に感じ其後留学の為英国に赴き欧洲諸国亦郡県の制度を実施して国家の隆盛を来せることを目撃し益々封建を廃止せざるべからざるの必要を確信し[76]（『伊藤公全集』直話）

先に述べたように、頼山陽は郡県から封建への二分法論者であって、しかも、海防の辺境防備のためには、封建制の方が郡県制より有益であると考えていた。伊藤のように、郡県制が価値的に優れているなどということは、山陽の著作のなかからは出てこない。伊藤の誤読であることは明らかである。伊藤の場合、文久三年に留学することによって「欧洲諸国亦郡県の制度を実施して国家の隆盛を来せることを目撃」し、郡県制の優位性を確信するにいたった。しかし、伊藤個人としてはそうした確信を留学体験によって獲得したわけだが、江戸時代に、すでにその素地として蘭学者が翻訳した世界地理書の情報があったことを、われわれは見てきた。どちらにしても、郡県制を価値的に優位とする考えは、西洋情報から生まれたものであったのである。それゆえ、次のような批判が出てくるのも当然といえば当然であった。

況て此郡県論真に我古に復するの事なれば万不得已事なれ共古を借り其の実は福沢と歟申洋学者流の訳西洋流にするの下た心に非す哉臣実に日々夜々啼泣に不堪、[77]（『群県論に付意見』、明治二年）

蘭学の知識や西洋留学体験のない者にとって「復古」とは、真の封建制の実現していた「上古」に復古し、現今の封建制の再編成することを意味していたのであって、郡県制採用など、想像もつかなかったのである。この点、浅井清は、かつて真木保臣を生み、水戸学派＝「天保学」派に属する者が多かった久留米藩が、明治初年には「明治政府反対派」と目されるようになったことについて、彼らは「実は往年の尊皇攘夷派であり現状打破派であった」が、封建制度を護持しようとしているかぎり、維新後は「昨日の現状打破派は則ち今日の保守主義者と成り反動思想者と成り果てた所以である」[78]と評し、示唆していたのである。

たしかに復古と郡県制度を結びつけたのは、明治初期の政治過程のなかでであって、誰が主張し始めたと、明確に特定することはできない。しかし、この両者が結びつく論理的な根拠を、実は後期水戸学が提供していたことを、最後に指摘しておかねばならない。われわれは会沢正志斎の『新論』のなかで、王土王民論のもとで封建と郡県が相対化されていることをみたが、この王土王民論はもともと郡県の論理であったことを想起しなくてはならない。松尾正人が、「王土王民の貫徹が、版籍奉還の具体化となり、さらにその後の郡県制論につながっていくのである」[79]と指摘しているように、実は、この王土王民論が版籍奉還から廃藩置県を推進していくイデオロギー的な原動力となっていた。そういえば、会沢正志斎はたしかに、両者を結びつける素養を持っていた。彼自身は、封建↓郡県↓封建の国学者流の三分法に立っていたとはいえ、また一方で、蘭学の世界地理書の情報をも批判的にではあるが、十分咀嚼していたからである。会沢正志斎は、西欧列強が植民地を拡大していて、郡県を拡大しているという情報を伝えていた山村才助の『訂正増訳采覧異言』をも読んでいたのである。正志斎は封建制の世襲主義の立場にたち、さらに封建制の軍事的優位性を説いていたが、西洋列強の世界侵略に対抗するために、王土王民論にもとづく「国体」への復古を説いていた点で、復古と郡県制とを結びつける論理を提供していたのである。

（1）浅井清『明治維新と郡県思想』（巌松堂書店、一九三九年）一五頁。

（2）江戸時代の封建・郡県論についての研究は、以下のようなものがある。植手通有「江戸時代の歴史意識」（『日本近代思想の形成』、岩波書店、一九七四年）。小沢栄一「幕藩制下における封建・郡県論序説」（『東京学芸大学紀要』第三部門・二四集、『近世史学思想史研究』、吉川弘文館、一九七四年）。衣笠安喜「近世人の政治・社会観」（『日本史研究』

一九九号、一九七九年三月、『近世日本の儒教と文化』所収、思文閣出版、一九九〇年）。石井紫郎「『封建』と『郡県』」（『東西法文化の比較と交流』、一九八三年。『日本人の国家生活』所収、東京大学出版会、一九八六年）。石井紫郎「『封建』制と天皇制」（『法学協会百周年記念論文集第一巻』、一九八三年。『日本人の国家生活』所収、東京大学出版会、一九八六年）。高橋章則「『上古封建』論と国学――近世史学思想史の一断面」（『日本思想史研究』一六号、一九八四年）。同右「本居宣長の『国造』制論とその思想的意味――宣長学考察の一視点」（『日本思想史学』一六号、一九八四年）。同右「新井白石の鬼神論と『大化改新』論」（『日本思想史研究』一七号、一九八五年）。河原宏「『郡県』の観念と近代『中央』観の形成」（『年報政治学一九八四、近代日本政治における中央と地方』、岩波書店、一九八五年）。本稿は資料の所在については、これら諸研究から多くを学んでいる。

（3）浅井前掲書、七一〜二頁。

（4）浅井前掲書、九二〜三頁。

（5）『訂正増訳采覧異言』（蘭学資料叢書二、青史社、一九七九年）一六四頁。

（6）『鎖国時代日本人の海外知識――世界地理・西洋史に関する文献解題――』（開国百年記念文化事業会編、原書房復刊、一九七八年）四六頁。

（7）『大国隆正全集』巻一（有光社、一九三七年）一〇七頁。

（8）徂徠以前に山鹿素行の封建・郡県併用論があるが、日本歴史としては、『中朝事実』のなかで、古代に封建の始と郡県の始がすでに存在していると説いていたように、時間的な展開過程にはそれほど関心はないようである。ただし素行の議論は、近世国家のあり方を考えるときは重要である。というのは、小沢栄一によれば、山鹿素行は、「幕藩政治体制の支配的在り方の基礎付けのための理論」として封建・郡県論を取り上げて詳説した最初の思想家であったからである（小沢前掲書、四五〇頁）。よく知られているように、素行は朱子学を批判して、現実の近世国家のあり方にふさわしい学問として儒学をとらえていた。彼は中国と日本、朝廷と武家との差異に着目して、封建・郡県概念によって、近世国家のあり方を理論づけようとした。彼の議論は封建・郡県併用論として知られている。素行の封建・郡県併用論については、石井前掲論文参照。

（9）『近世文学論集』（日本古典文学大系九四、岩波書店、一九六六年）一八九頁。

（10）封建・郡県によって歴史像を描くということは、為政者の徳・不徳を裁断する道徳主義的な歴史観とは異なる歴史観のうえにたっていることを含意する。たしかに秦の始皇帝は悪徳であったという意味で、郡県制度を採用すること自体が悪徳の証明になるということは考えられるが、制度の良さ・悪さが現実的な効果の次元で問題になっていることに注目しなくてはならない。その意味では、徂徠以後の後期に、封建・郡県概念による歴史像が問題になったことは偶然ではない。この点、小沢栄一は、「荻生徂徠・太宰春台という蘐園の学統において、現実の政治家の徳義ではなく作為、政策論が重大な課題となったとき、政治制度としての封建・郡県論がふたたび重要な意義を帯びてきた」（前掲書、四七六頁）と指摘している。

(11)『徂徠学派』（日本思想大系三七、岩波書店、一九七二年）二三二頁。
(12) 同右、二〇頁。
(13) 同右、一四四頁。
(14)『名家随筆集』巻下（有朋堂文庫、一九一四年）二三一〜四頁。
(15)『日本経済叢書』巻一六、一一七頁。
(16)『海国兵談』（村岡典嗣校訂、岩波文庫、一九三九年）二五二頁。
(17) 西尾市岩瀬文庫所蔵。
(18) 安藤英男編『頼山陽選集』巻五（近藤出版社、一九八二年）三一三頁。
(19)『日本儒林叢書』巻八。
(20)『近世政道論』（日本思想大系三八、岩波書店、一九七六年）二九八頁。
(21)『日本儒林叢書』巻二。
(22) 植手前掲書、二〇四頁。増淵龍夫も、日本の封建・郡県論が中国と異なって、体制を正当化する理念としての役割を果して、批判概念になっていないことを指摘しているが、はたしてそうなのか。『歴史家の同時代史的考察について』（岩波書店、一九八三年）参照。本稿はこうした通説的な理解にたいする批判的検討を意図している。
(23)『日本随筆大成』Ⅰ期一四巻、二二六頁。
(24) 石井前掲書、二八〇頁。
(25) 前掲『徂徠学派』一六四頁。
(26) 同右、二〇頁。
(27) 衣笠前掲書、一四頁。
(28) 前掲『徂徠学派』一六四頁。

(29)『帆足万里全集』上巻(帆足記念圖書館編、一九二六年)五八〇頁。
(30)『日本海防史料叢書』巻四、一〇九頁。
(31)前掲『頼山陽選集』巻五、四七七～八頁。
(32)『本多利明　海保青陵』(日本思想大系四四、岩波書店、一九七〇年)二三頁。
(33)『佐藤信淵家学全集』巻中(岩波書店、一九二六年)三四～五頁。
(34)『新井白石全集』巻五(国書刊行会編、一九七七年)四五頁。
(35)高橋章則は宣長の三分法の画期性について指摘している(前掲八四年論文参照)。ここでは宣長の三分法が、同時代の人々に影響を与えた一例として、山片蟠桃の『夢ノ代』を挙げておきたい。蟠桃は『夢ノ代』のなかで、宣長の荒唐無稽な神代観を批判していたが、事、日本歴史の時代区分については宣長の影響があったと推定される。というのは、蟠桃は『夢ノ代』成稿前に、『宰我のつくのひ』を著しているが、そこでは「漢土初封建ニシテ、後郡県トナル、我邦初郡県ニシテ、後封建トナル」(『宰我のつくのひ』、末中哲夫『山片蟠桃の研究　著作篇』二六九頁)という二分法を取っていたが、その後、賀茂真淵・本居宣長の著作を読み、それらへの批判を付け加えるとともに、歴史区分に関しては三分法に転換している。すなわち『夢ノ代』では、「漢土ハ始メ封建ニシテ、後郡県トナル。日本ハ初ヨリ封建ノ制変ゼズシテ、中世トイヘドモ未全ク消セズ。ツイニ元ノ封建ニ復ル。美ト云ベシ」(制度第五、日本思想大系『富永仲基　山片蟠桃』三三四頁)と説いているのである。この転換には、宣長の影響があったと推定される。
(36)『本居宣長全集』巻一三(筑摩書房、一九七一年)六〇三頁。
(37)『本居宣長全集』巻九、五七頁。
(38)同右、三三八頁。
(39)同右、五三頁。
(40)『新修平田篤胤全集』巻五(平田篤胤全集刊行会編)一四二頁。
(41)同右、一六五～六頁。
(42)同右、一六五頁。
(43)国学者の系譜尊重については、拙稿「近世神道と国学における系譜尊重の意味」(『神道宗教』一九四号、二〇〇四年四月)を参照されたい。
(44)『日本経済叢書』巻二四、三三二頁。

(45) 同右、三八八頁。
(46) 前掲『近世政道論』三六五頁。
(47) 『近世史論集』(日本思想大系四八、岩波書店、一九七四年)四一五頁。
(48) 『頼山陽全集』巻中(頼山陽先生遺蹟顕彰会、一九三二年)一一頁。
(49) 愛知教育大学附属図書館所蔵。『大日本史』巻二八〇、職官史では、三分法が説かれている。
(50) 『水戸学』(日本思想大系五三、岩波書店、一九七三年)六〇頁。
(51) 同右、六一頁。
(52) 同右、六四頁。
(53) 同右、六三頁。
(54) 『神道大系論説編　水戸学』(神道大系編纂会、一九八六年)四九三頁。
(55) 同右、五〇八頁。
(56) 『東湖全集』(博文館、一九〇九年)八一一頁。
(57) 中内惇編『拙堂文集』(影印版、斎藤正和発行、二〇〇一年)一一七～八頁。
(58) 『日本儒林叢書』巻八。
(59) アヘン戦争情報の幕末日本への影響については、拙著『近世日本の儒学と兵学』第五章第三節(ぺりかん社、一九九六年)を参照されたい。
(60) 『日本経済叢書』巻二三、二五八頁。
(61) 『日本海防史料叢書』巻一、二三七頁。
(62) 『日本儒林叢書』巻一。
(63) 『日本儒林叢書』巻九。
(64) 拙稿「蘭学者の国際社会イメージ――世界地理書を中心に――」(『愛知教育大学研究報告(人文・社会科学)』五四輯、二〇〇五年三月)参照。
(65) 前掲『訂正増訳采覧異言』二三一頁。
(66) 『日本海防史料叢書』巻三、四四～五頁。
(67) 『文明源流叢書』巻一(国書刊行会、一九一三年)三七六頁。

(68) 前掲『本多利明　海保青陵』一六一頁。
(69) 前掲『佐藤信淵家学全集』中巻、一九五頁。信淵は日本で最初の西洋史である『西洋列国史略』を著すにあたって、山村才助の『西洋雑記』を種本にしている。
(70) 同右、二一四頁。
(71) 同右、二一七頁。
(72) 佐藤信淵の思想に、復古と郡県制の結合のルーツがある点、河原宏は、封建論の否定的評価が一般的であった時代に、「本多利明、佐藤信淵が共に絶対主義的、帝国主義的未来像を描き、その一局面を「郡県」としてとらえてことは、郡県論の歴史からいって大きな意味をもつ」として、「古い言葉は新しい意味を帯びて未来の予感を表現しようとする。漠然たる未来への適用は、やがてその中に近代国家の諸特性がもり込まれてくる準備となるのである」と指摘している。河原前掲論文参照。
(73)『泊翁叢書』(日本弘道会編纂、一九〇九年) 三七二〜三頁。
(74) 佐藤昌介編『崋山・長英論集』(岩波文庫、一九七八年) 六五〜六頁。
(75)『西周　加藤弘之』(日本の名著、中央公論社、一九七二年) 三三二頁。
(76) 浅井前掲書、一〇〇頁所引。
(77)『谷干城遺稿』巻六 (日本史籍協会編、東大出版会、一九七六年覆刻) 三九頁。
(78) 浅井前掲書、二三一頁。この点、高橋章則は、国学者の復古が封建制への復古であって、明治新政府の推進した郡県制への復古でなかったことの矛盾、断絶を指摘している。前掲八四年論文参照。
(79) 松尾正人『廃藩置県の研究』(吉川弘文館、二〇〇一年) 一三九頁。

「民の父母」小考
――仁斎・徂徠論のために――

田尻祐一郎

はじめに

朱子が「愛の理、心の徳」とし、仁斎が「愛」そのものだとした「仁」を、徂徠が「安民」の徳として解釈したことは周知のことである。ここであらためて考えてみたいことは、徂徠の言う「安民」とは何なのか、徂徠はどのような思想的脈絡に立ってそれを論じようとしたのかという問題である。こういう問題との関連において、〈封建論者〉としての徂徠の一面に、少しでも新しい光を投げかけることができれば幸いである。

一　仁斎の「王道」論

江戸時代の思想史の中で、仁斎ほど「王道」を正面から掲げた人物はいないのではないだろうか。まず、仁斎の議論を聴いてみよう。

儒者の王道に於ける、……蓋し専門の業なり。学問は王道を以て本と為す。(『童子問』中巻・一一章)

別なところでは、「王道の要」は「聖門の要法、学問の本領」だとも言われている(『孟子古義』梁恵王篇)。また『孟子』公孫丑篇の有名な一節を引きながら、こうも述べられる。

王覇の弁は、儒者の急務、明らかに弁ぜずんばあるべからず。孟子の曰く、「力をもって仁を仮る者は覇たり。

徳をもって仁を行ふ者は王たり。力をもって人を服する者は、心服にあらざるなり。力贍《た》らざればなり。徳をもって人を服する者は、中心悦んで誠に服す」と。これ王覇の弁なり。（『語孟字義』王覇）

さらに仁斎は、その『孟子』の一節を次のように解説する。

けだし王者の民を治むるや、子をもってこれを養ふ。覇者の民を治むるや、民をもってこれを治む。子をもってこれを養ふ、故に民亦上を視ること父母の如し。民をもってこれを治む、故に民亦上を視ること法吏の如く、重将の如く、奔走服役、その命に従ふことこれ暇あらずといへども、しかれども実は心服にあらず。禍有るときはすなはち避け、難に臨むときはすなはち逃れ、君と艱難を同じふせず。その心を設くるの異なること、毫釐の間に在つて、民の上に応ずる所以の者、霄壤の隔て有り。（同）

王者の民も、覇者の民も、いずれも上に対してよく従っている。しかし、王者の民は、「心服」しているから、上を視ることは子が父母に対するかのようである。覇者の民は、覇者の「力」を恐れて一時的に従っているだけであるから、民の側に「君と艱難を同じふ」しようという気持ちは全くない。上に対してよく従っているという現象としては似ている両者ではあっても、その内容の違いは実に大きい、こう仁斎は述べている。[1]

王者の民は、上を視ること子が父母に対するかのようだと言われたが、その点をさらに説いたのが、次の一節である。

「民の父母」を以て王者の美称と為すは何ぞや。夫れ子の父母に於けるや、其の身を後にして其の父母を先にし、其の身を捨てて以て其の父母を保つ。死生艱難にも惟だ其の父母をこれ愛護す。王者は天下の楽しみを楽しみ、天下の憂ひを憂ひ、民を以て其の赤子と為す。故に民も亦其の上を親戴すること、猶ほ其の父母のごとし。……「民の父母」を以て王者の美称と為すこと、亦た宜ならざる乎。（『童子問』中巻・一八章）

王道を実践する君主は、それを称えて「民の父母」と呼ばれるが、「民の父母」としての君主のありようは、民衆が「生死艱難」をも厭わずに「上を親戴する」ことなしには完結しない。決定的な状況に至ったなら、自らの生命を賭してでも、民衆が君主を「愛護」するのである。仁斎の懐く「民の父母」のイメージは、普通に予想されるような、君主から民衆へという一方向だけのものではなくして、民衆から君主へという方向を強く孕んだものとして、その意味で双方向のものとして解釈されている。君主が「赤子」としての民衆を守ることは、実は民衆が君主を守り戴くことでもあって、「赤子」という言葉から受ける没主体的な印象とは異なり、君主による仁政の一方的な受け手というに止まらないある種の能動性が、民衆の側に認められているとしなければならない。

仁斎の「王道」論は、見事なほどに徹底したものである。仁斎は、君主の個人的な憤激や意地から戦争を引き起こして多くの民衆を傷つけることを、強く非難している。『孟子』梁恵王篇に、滕の文公が、隣接の大国から侵攻されようとする事態を前にして、君主としてどうすれば良いのかを孟子に問う話がある。そこで孟子は、二つの道があると答える。一方は、かつて古公亶父（周の文王の祖父）がしたように、土地を放棄して自らが去ることであり、他方は、父祖伝来の土地を死守するために戦うことである。ちなみに朱子は、後者を「国君死㆓社稷㆒之常法」として、前者を「遷㆑国以図㆑存者、権也」として理解している（『孟子集註』）。戦死しても社稷を守ろうとする（「社稷に死する」）のが君主としての一般的な道であって、土地を捨てて別な所で国を存続させようというのは、特殊な例外的な方策だというわけである。ところが仁斎の解釈は、これとは反対である。仁斎の理解によれば、孟子の真意は、疑いなく前者にある。「仁者は其の人を養ふ所以の者を以って人を害せず」、土地は民衆を養うためにあるのであって、その奪い合いのために民衆を損なうのは、本末転倒だというのである。こうも言う。「若《も》し夫れ弱小の国を以って、強大の敵に抗がひ、一己の怒に任せ、万人の命を隕《うしな》ひ、骸を積みて城と為し、血を釃《した》みて池と為し、妻子老弱、尽ごとく孥戮《どりく》を被むりて、猶ほ悔ることを知らざるは、亦た何の心ぞ哉」（『孟子古義』）。小国が大国に抵抗したり、君主が、自分一己の怒りに任せて万人の命をもてあそび、屍の山、血の池をなして平気でいるとすれば、そもそも君主とは何なのかというのである。[2] さきに「王者の民を治むるや、子をもってこれを養ふ」とあったが、親の側の個人的なわがままや意地で、大切な子の生命を損なうような振る舞いをなすことは、本当の親ならばおよそ考えられないではないか、仁斎はそう言うのである。仁斎の「王道」論は、『孟子』の民本思想を受けて、ここまで徹底したものであった。その上で、「学問は王道を以て本と為す」という仁斎の言葉を振り返れば、仁斎の思想を狭い意味での道徳論に限定することの誤りは明らかである。[3]

さて、仁斎は「王道」の実現にとって、どのような制度的条件が必要だと考えていたのであろうか。次の発言を、まず見ていただきたい。

問ふ、後世、恐らくは王道を行ひ難し。曰く、子は井田せず、封建せざれば、則はち王道を行ふべからずとなす乎、将た悉く後世の法を除きて、以て三代の旧に復せんとする乎、曰く、非か。曰く、非なり。

質問者は、「井田」「封建」という具体的な制度の形が、何を置いても「王道」実現の必要条件だと考えているから、後世（現代）において「王道」は実現不可能ではないかと問うのである。それに対して仁斎は、そうではないと言う。

王道、豈に法度上に在らん乎、いはゆる王道とは、人に忍びざるの心を以つて、人に忍びざるの政を行ふのみ、何の難きことかこれ有らん、若し聖人をして今の世に生れしむるも、亦必ず今の俗に由りて、今の法を用ひて、君子豹変、小人革面して、天下自らに治らん。（『童子問』中巻・一九章）

ここで言われた「法度」は、広く制度一般という意味である。「君子豹変、小人革面」は、『易経』「革」の語。ここで仁斎は、『孟子』尽心篇の「人に忍びざるの心を以つて、人に忍びざるの政を行ふ」という議論に拠って、王道は「法度」（制度）の問題ではないと言い切っている。[4] 制度の問題を持ち出すのは、本気で「人に忍びざるの心を以つて、人に忍びざるの政」を行う、つまり「民の父母」たろうという気概のない為政者の逃げ口上だと言いたいのかもしれない。

では制度、とくに後に徂徠が力説することになる「礼楽」制度について、仁斎は「王道」論との関わりから、どのように見ていたのだろうか。

蓋し王者の天下に於けるや、専ら民と憂楽を同じふするに在り。楽の今古を弁ずるを以て先務と為さず。苟しくも民と憂楽を同じふすれば、則ち人心和平、風俗醇厚にして礼楽興るべし。……蓋し聖人は但だ泰甚を去つて其の余は皆時に従ひ俗に因り以て治を為すのみ。これを変ずるに意有らざるなり。若し徒らに今の楽を変ずるを欲すれば、則ち礼楽未だ必ずしも遽かに興らずして天下騒然たらん。聖人豈にこれを為さん邪。

（『童子問』中巻・二〇章）

「民と憂楽を同じふする」ことが「王道」の根源であって、「礼楽」については、下手にいじらない方が賢明だというわけである。今の「楽」で人々が不満を感じていないのであれば、それに合わせるのが王者の政治なのである。まず、君主が民衆と好悪を同じくすることによってもたらされる「人心和平、風俗醇厚」が、何より優先されなければならない。その後に、然るべき社会的条件が備われば「礼楽」の復興もあり得るだろうと仁斎は言っている。「周礼に所謂六楽なる者も、皆先王の民と楽しみを同じふする所以の迹也」（『孟子古義』梁恵王篇）と言われるように、古代の「楽」がそもそも、当時の民衆と楽しみを共有した結果（「迹」）なのであって、本質的に大事なことは、民衆と楽しみ（や憂い）を共にすることなのである。「迹」としての古代の「楽」の形に縛られて、今の「楽」において民衆と楽しむことを知らないとすれば、それは愚かなことだと仁斎は言う[5]。

こうして仁斎の「王道」論は、君主と民衆の感情（憂楽）の共有、双方向の「愛護」関係として説かれている。では仁斎において、君主に固有の政治的な責任は、どのように理解されるのだろうか。節を改めて、この点を考えてみよう。

二　政治の結果責任

仁斎は「仁」を、「愛」そのものだと説いた。「仁の徳為る大なり矣、然れども一言以って之を蔽ふ、曰く、愛のみ矣」（『童子問』上巻・三九章）。あるいは「問ふ、仁は畢竟愛に止まる与《か》、曰く、畢竟愛に止まる」（同・四五章）などに、その「愛」の思想は力強く表明されている。しかしその方向だけが強調されれば、「愛」があればそれでよいのかという問題が出てくるだろう。とくに「仁」を「仁政」という次元で考えようとすれば、それは避けられない論点であるはずである。

　仁の徳を成すや、其の利沢恩恵は遠く天下後世に被むるに足りて極まる矣。（『童子問』上巻・四七章）

仁斎は、政治についても学問についても、その「利沢恩恵」や「益」が民衆に及ぶことを事あるごとに強調している。そこには、学問論としても興味深い問題があるが、ここで立ち入る余裕はない[6]。仁政について、具体的な議論を紹介しよう。『論語』公冶長篇に、三度仕えて令尹（楚の宰相）となった子文（春秋時代前期の人物）に対する評価の話がある。令尹に登用されても別に嬉しそうでもなく、辞めさせられても恨みがましいところのなかったその人物について、子張が「仁なりや」と尋ねると、孔子は「忠」だとは言いながら、「未だ知ならず、焉くんぞ仁なることを得ん」として、子文について「仁」を認めなかった。これについて朱子は、「仁」たる者の内実は「当㆑理而無㆓私心㆒」であらねばならないと論じて、子文という人物については詳しいことが分からないので、孔子は判断を保留したのだろうと理解している（『論語集註』）。仁斎はといえば、

　夫子、其の未だ必ずしも至誠惻怛の心に出でず、亦利沢物に及ぶの功なきを以て、故に但其の忠を許して其の仁を許さざる也。（『論語古義』）

と述べて、さらにこう続く。

先王、人に忍びざるの心有りて、斯こに人に忍びざるの政有り。故にこれを仁政と謂ふ。仁心仁聞有りと雖も、然れども民其の沢を被むらざれば、これを徒善と謂ふ、其の仁と為すに足らざるを以ってなり。（同）

つまり仁斎は、朱子の言うところの「私心」の有無などに関心を向けずに、「利沢」が民衆に及ぶという結果責任を伴なってこそ「仁政」たりうるという見方を譲らないのである。(7)「愛」は「仁」の本質であるが、その「愛」が「利沢」を広く及ぼすことで「仁政」となる。為政者の「愛」は、「利沢」が民衆に及ぶことでもって完結するのであり、それなしには「徒善」（意味のない愛）にすぎない。あるいは「愛」というものが、仁斎においては今日の用法と違って、限定された特定対象に向けてのもの（何者かに対する愛）ではなく、そのような「利沢」の無限・全方向の波及と一体のものとして考えられていたのかもしれない。

仁斎の「王道」論には、まだ考えるべき問題が残されているだろうが、君主と民衆の相互的な関係として捉えられていたこと、制度論（封建制・礼楽制度）と切断されていたこと、民衆への結果責任の倫理をもっていたこと、ひとまずこの三つを確認して、徂徠に進もう。

三　徂徠の「王道」批判

徂徠は、仁斎の「王道」論に強い反発を見せた。徂徠は、「王道」と「覇道」を価値的な対項とする『孟子』以降の思考の枠組みを、そもそも認めない。

王覇の弁は、古のなき所なり。孔子の、管仲を「その仁にしかんや」と称し、書に秦誓を載するを観れば、すなはち孔子はいまだかつて覇を以て非となさず。王と覇と、その異なる所以の者は、時と位とのみ。……孔子をして時に用ひられしめば、また必ず管仲の為《まね》せしならん。（『弁名』王覇）

正義としての「王道」、邪悪としての「覇道」という発想は、先王や孔子の時代のものではない。孔子も然るべく登用されていれば、管仲と同じ事を、さらに大きな視野に立って実践したに違いないという徂徠のこのような発言は、朱子学者からすれば暴言とすべき大胆不敵な物言いである。徂徠の思想の功利主義的・反道徳的な本質がはしなくも露見していると、朱子学者なら言うだろう。管仲は、朱子学の見方からすれば、覇道の世界を代表する人物だからである。「王覇の弁」そのものを後世のものとする徂徠は、『弁名』で仁斎の「王道」論を紹介した上で、「これみな文義を知らざるの言なるのみ」と論断する。朱子学を否定したはずの仁斎も、徂徠からすれば、ある意味では朱子学に輪をかけて「王覇の弁」にとらわれてしまっている。かわって徂徠が主張するのは、先王の制作した「礼楽」による政治か否かという基準である。仁斎の「王者は徳を以て本となす」という言葉を引いた上で、徂徠は、こう述べている。

後世の儒者は、口は能く徳を以てこれを化することを言ふといへども、然れどもこれを化する所以の術を知らず。これその過ちは、もと、道を以て当然の理となして、その民を安んずるの術たることを知らざるに在り。……故にその努めて己が徳を以てこれを導かんと欲するは、これその意すでに急迫にして、みづから用ひて術なし。何を以て能く民をしてその風に嚮《むか》はしめんや。（同）

徂徠の言う「これを化する所以の術」とは、「礼楽」のことである。「仁」とは端的に「安民」のことであり、「安民」の「術」として「礼楽」がある。「礼楽」によって、民衆の風俗を知らず知らずのうちに変化させていくのが政治である。上から道徳的な感化を及ぼそうとするのは、主観的には尊い考え方かもしれないが、徂徠はそれを「急迫」で「術なし」だとして斥ける。この「急迫」という着眼には、面白い問題が秘められているように思う。徂徠の考える政治は、ゆっくりとした、しかも幾つもの媒介（文化の装置）を経たものなのである。そういう政治観からすれば、「人に忍びざるの心を以つて、人に忍びざるの政を行ふ」とか「専ら民と憂楽を同じふする」

というような政治の理解は、ナイーブに過ぎるものと映らざるをえない。

仁斎が、「王道」とは「人に忍びざるの政」を実践することであって、「礼楽」制度は副次的・周辺的なものにすぎないとした主張を、徂徠はまるで裏返したように展開してみせる。では、徂徠の言うところの「安民」とはどのようなものなのだろうか。

四　徂徠の「民の父母」論

徂徠は「民の父母」という言葉を好み、[8]それを、「仁」を理解する上でのキーワードだとまで言う。『徂来先生答問書』という、和文で丁寧に書かれた書簡体の文章[9]にそれはよく表れているので、やや長くなるが、パラフレーズしながら紹介する。

君子の道を申候はゞ、仁の外に又肝要なる儀無御座候。仁は慈悲の事と大形は心得候得共、……的切の訓解にては無御座候。天理人欲の説は後世の見識にて、大なる相違に候。……惻隠の心は仁也と申候事も、……惻隠の心は、大形は尼御前などの慈悲に被成候故、今日難取用候。詩経に民之父母と申候語御座候。是に踰《こえ》候よき註解無御座候。

「仁」を「慈悲」とする理解は、江戸時代にあっても稀ではないが、[10]それは適切なものではないとし、さらに「仁」を「天理」とする朱子学の立場を、「後世の見識」であって本来の意味から「大なる相違」をなしているとして排除する。「惻隠の心」の拡充を「仁」としても、結局は「慈悲」と同じことになるという批判は、『孟子』公孫丑篇に拠って「四端」（惻隠・羞悪・辞譲・是非の心）の拡充を説く仁斎の議論を意識してのことである。「仁」に対する通俗的な理解と、朱子学・仁斎学の解釈とを合わせて斥けたわけである。では「仁」の本来の意味とは何かといえば、『詩経』に由来する「民の父母」という言葉が、まさにその本質を言い当てていると徂徠は言うのである。

民之父母とは如何心得可申候や。まづ父母とは其家の旦那の事と御心得可被成候。賤き民家の旦那を申候はゞ、其家内には火車なる姥も御座候。引ずりなる女房も御座候。うかといたしたる太郎子も御座候。いたづらなる三男も有之候。うゐ〳〵しき媳婦も有之候。又譜代の家来には、年より用にたゝざる片輪なる下部も御座候。幼少より其家にそだてられ恩にあまへ候て、申付をも聞ざる若き奴も有之、さりとては埒もなき家の内にて、理非にて正し候はんには、手もつけられぬあきはてたる事に候。され共其家の眷族に天より授かり候者共にて、何方へも逐出し可申様なく候ゆへ、其家の旦那ならん者は、右の様なる者共をすぐし可申為には、炎天に被照、雨雪を凌ぎ、田を耕し、草を刈、苦しき態《わざ》を勤め、人に賤しめらるゝをも恥辱共不存、家内をば随分に目永に見候て年月を送り候。もつとも時時はしかり打擲をもいたし候事にて、さのみ慈悲をするとも不存候得共、見放し候心は曾て無之、一生の間右の者共を苦にいたし候事、是天性父母の心はかくのごとく成物にて、……

「火車なる姥」は意地悪な老婆、「引ずりなる女房」はおしゃればかり気にする浪費家の女房である。「理非にて正し候はんには、手もつけられぬあきはてたる」家であっても、それは「天より授かり候者共」であって、「旦那」は、それらを「見放」すことなく引き受け、長い視野に立って（「目永に見候て」）苦労しながら面倒をみる。「民の父母」とは、この「旦那」が「家内」の面々に対するように、為政者が民衆に臨むことなのである。「理非にて正し候はんには、手もつけられぬあきはてたる」状態にある民衆を、「見放」すことなく引き受けることなのである。徂徠がここで「旦那」の比喩をもって描くものは、これ以上ないほどに典型的なパターナリズム(Paternalism) の論理である。

しかし一言だけ付け加えれば、「民の父母」の内容は、それだけに尽きるものではない。「民の父母と申候語は、下を治め候には相叶候得共、上に仕ゆる道、其他一切の事にわたり候ては漏候事多御座候」という質問、つまり民衆に対するには「民の父母」でよいが、家臣として君主（藩主）に向き合う時には別の心構えが必要なのではないのかという疑念に対して、徂徠は、こう答えている。

道と申候は、天下国家を平治可被成候為に、聖人の建立被成候道にて候……士大夫の君に仕へ候も天下国家を君の御治めに相手手伝をいたし候事故、民の父母と申所より了簡を付不申候へば、それぐ〵の職分も済不申事に候。

武士、特に藩政に責任を負う上級の武士（まさに『徂来先生答問書』が読者として想定する武士であり、それを徂徠は「士大夫」と呼んでいる）が藩主に向き合うのは、あくまでも藩主の統治行為の「相手手伝」をすることなのである。とすれば、それは個人的な人格としての藩主に対する狭い忠誠や奉仕（親分に対する子分としての忠誠や没我的・自己陶酔的な献身）ではなく、自ら「民の父母」であるという自覚に立った責任ある行為の一環として、藩主との関係もなければならない。質問者の用いた「上に仕ゆる道」という言葉より以上の、それが「民」に対して何をもたらし、「民」にとってどうなのかという視点からの問題の把握を、徂徠は「士大夫」に求めている。「士大夫」のこの強い自律性・主体性（それは時には藩主に対しても発揮されるだろう）を促すものは、「民の父母」としての結果責任の論理である。徂徠は、君主が家臣（家老や奉行といったクラス、「天職を共にする」者といった規定もなされる）に対して権威的・形式的に振る舞うことを常に警戒しているが、それは、君主と家臣は「民の父母」としての結果責任を共に担うものである以上、自由に物も言えないような疎遠な関係であってはならないのだという見方によっている。「下ニ物ヲ言セヌ様ニスルハ、天道ニ対シテ恐レ有リ」（『政談』巻三）。こうして徂徠の「民の父母」は、民衆に対しては純粋にパターナリズムの論理としてあり、同時にそれは、上級武士に高度の政治的責任の自覚を要求するという面を伴なっていた。

パターナリズムには、パターナリズムが前提とする人間関係がある。しかし徂徠が見ている徳川社会の現実は、パターナリズムの前提となるべき温情や恩愛、共同や和合といった人間関係の急速な解体であった。徂徠は、

百年以来世の人便利を先として、出替者を召仕候事世の風俗となり候故、主従共に、只当分のやとはれ人と思ひ候心ゆき、一切の事に薫じわたり、はては親類をも苦にせず、主人の事を身にかけず、只吾身ひとつと思取候を、今の世には能了簡の人に仕候。

と述べている。「出替者」は、貨幣を媒介とした契約による期限付きの奉公人である。そこで結ばれる主従関係は、非人格的で一時的なドライなものであって、明らかに先きに見た「旦那」と「家内」の関係の対極にある。しかも徂徠によれば、「百年以来」、そういう人間関係を「便利」と受け取る風潮が社会のあらゆる分野・すべての身分に浸透して（「一切の事に薫じわたり」）、そういう風潮に乗り遅れないことが賢明な生き方であるかのように人々は思い込んでいる。

「仁」とは、君主と家臣とが一体となって「民の父母」としての結果責任を果たすことであるが、その前提を限りなく空洞化させるものが、「出替者」のような貨幣を媒介とした希薄な人間関係の拡大である。武士の間でも、民衆の間でも、それは急速に拡大している。「只吾身ひとつ」としか思わない、周囲と深い人間関係を持とうとしない気軽な人々の群れに対しては、「旦那」が「家内」に向かうような人間関係の足場を築くことがそもそも望めないではないか。『政談』は、将軍である徳川吉宗の下問に答えた徂徠の社会改革論であるが、そこには、君臣の結合・地域の人間関係などで、それまでの濃密な繋がりが急速に失われて、農村でも都市でも、人々が貨幣に媒介されることでのみ結び付いていこうとする姿が細部にわたって描き出されている。先にも引用したように、人々は、それを「便利」だとして疑わないのである。「目永に見候て年月を送り」「見放し候心は曾て無之」というような気風（エトス）は、もはやどこにもない。『政談』で徂徠は、他者・近隣に関心を持たぬ、単なる群れと

なってしまった人々の有様を、「面々構」と名付けている。「面々構」を、どうすることで克服できるのか――ここに〈封建論者〉としての徂徠が登場する。

五　徂徠の「封建」論

徂徠は、江戸時代の代表的な〈封建論者〉とされる。[11] 確かに、以下に見ていくような徂徠の議論は、〈封建論者〉と呼ばれるに十分なものである。まず「郡県」は、どのように描かれるのだろうか。

郡県の世は、諸侯を立ず士大夫皆一代切に候。知行所もなく皆切米取にて禄薄く候。下司を多くつけ候て、それにてはたばりを持つ事にて候。天下の国郡を治め候太守県令と申候は、皆代官の様なる物にて、三年替りに候故、威勢薄く候間、法度の立様三代と替り厳密に候。（『徂来先生答問書』）

「切米取」は、扶持米を支給されること。「はたばりを持つ」とは、権威を付けることである。

天子の国郡を預り候て、しかも三年替りに候故、急に験の見え候事を第一に致し候風俗に候。土民より起りて宰相迄も立身致し候事成候事故、士大夫の立身を求め候心盛んに候。

これを見ると、「郡県」を論じる時の徂徠の関心が、「士大夫」としてどう在るのかという点に向いていることが分かる。「士大夫」には「知行所」がないから「禄」が薄く、「太守県令」となっても権威が薄い。そこで彼らは「法度」に頼り、「三年替り」であるから、すぐに効果が目に見える政策を採ろうとし（「急に験の見え候事」というここでの表現は、「急迫」という既に引いた着眼と通じる。徂徠の礼楽論には、こうして「急に……」や「急迫」批判という意意味があることに注意したい）、かつ自分の「立身」だけしか頭にはない。民衆の姿が、その視野には入らない。これに対して「封建」は、次のように叙述される。

三代の時分は封建の世にて御座候。秦漢以後は、唐宋明までも皆郡県の代にて候。封建の世と郡県の世とは、天下の制法の惣体別にて御座候。封建の世は、天下を諸侯にわりくれ候て、天子の直御治めは僅の事に候。諸侯の臣は、皆世禄にて代々知行所を持候て有之候。尤賢者を挙用る事にて候へ共、大体は人の分限に定り有之候て、士大夫はいつも士大夫に候。諸侯はいつも諸侯に候故、人の心定り落着く世にて候。法度も粗く候て、只上下の恩義にて治まり、廉恥を養ふ事を先といたし候。諸侯も大夫も、皆わが物に致し候て国郡を治め候事にて御座候。

「皆わが物に致し候て」とは、自分の勝手一存で自由に扱うというような意味ではないことは言うまでもない。それは、別な箇所で「天より附属被成、祖宗より伝えたる国に候。自分の物と思召候事以《もって》の外なる儀に候」と述べられることからも明らかである。「旦那」の「家内」についても、「其家の眷族に天より授かり候者共にて」とあったことが思い起こされるだろう。「封建の世」では「人の心」が落着き、そこでは「恩義」や「廉恥」といったモラルが養われて、それが秩序の根底を支えることになるというのである。「人の心定り落着く世」であるのは、人々の身分や居所が、代々の世襲だからである。

「知行所」を「わが物に致し候」とは、「旦那」が「家内」を引き受けたように、とことん自分の裁量と責任でその地域と民衆の世話をすることである。「士大夫はいつも士大夫」であるから、「立身」のために上に気を配る必要もない。「三年替り」などではない「わが物」であるからこそ、必要に迫られて知恵も出る。郡県の政治は、期限を与えられた役人が、法でもって取り締まる政治であるから、とことん世話をするということにはならない。役人の視線は、いつも自分の出世のために中央を向いているからである。こうして徂徠の「封建」論は、為政者がみずからの「知行所」に定着して、その地の民衆と日常的に親しく接している状況を前提にしている。つまり、土着論と一体のものである。(12)

「封建」論が土着論と一体のものであるということを、徂徠は、「井田」法を単なる田制とせずに、地域の風俗が「恩義」や「廉恥」の内にあるような、そういう社会の制度的な基盤として考えることで裏付けようとした。

井田ヲ直道ノ本ト言モ、実ハ此コトナルヲ、唯田地ヲ碁盤格子ノ如クニ割リ、算用合ノ事ノ様ニ心得ルハ、大ヒナル誤也。(『政談』巻二)

制度ヲ立カユルト云ハ、聖人井田ノ法ナリ、……井田ノ法ハ、万民ヲ土着セシメ、郷党ノ法ヲ以テ、民ノ恩義ヲ厚クシ、風俗ヲナヲス術ナリ。(『太平策』)

封建・井田・土着は、徂徠にあっては一体のものであり、それでこそ「聖人の道」なのである。

徂徠は

日本も古は郡県にて候へども、今程封建に被成候故、唐宋諸儒の説には取用がたき事共御座候。(『徂来先生答問書』)

と述べて、徳川体制を基本的に「封建」体制と見て肯定的に評価している。それは間違いないことであるが、それは「天下を諸侯にわりくれ候て、天子の直御治めは僅の事に候」という限りでのことであって、「民の父母」としての政治が実現されるような「封建」制として評価しているわけではない。それどころか、貨幣によって媒介される「面々構」の人間関係が、日々、その基盤を掘り崩しているのが現実なのである。こうして徂徠は、まず武士の土着(武士だけではなく万人の土着であるが)を説く。土着による為政者(武士)と民衆の日常的な触合いなしには、「封建」制は、その実を得られないからである。それは、注目すべき次の発言からも明らかである。

今海内封建にして、士の采邑有る者鮮《すく》なし。……采邑有れども処らず、迺《すな》はち之を一城中に聚む。是れ何ぞ郡県に異ならんや。(『蘐園七筆』)

ここで徂徠は、知行地への武士の土着なしには、「封建」は「郡県」と変わらないと言っているのである。

土着について、もう少し徂徠の言うところを聴いてみよう。まず「畢竟ノ所、武家ヲ知行所ニ置ザレバ締リノ至極ニ非ズ」として、こう論じている。

先第一、武家御城下ニ集リ居ハ旅宿也。……其子細ハ、衣食住ヲ始メ箸一本モ買調ネバナラヌ故旅宿也。
(『政談』巻一)

武士が知行地を離れて城下町に住むということは、必然的に貨幣経済に巻き込まれることである。そしてまた、城下町への武士の集住が、貨幣経済の浸透を加速させていく。その貨幣の力が、そもそも人間関係を希薄化させて「面々構」をもたらす元凶であったから、武士の知行地への土着は、「面々構」から、人間関係を本来の濃密な情誼関係に回復させることになる。土着するのは、武士だけではない。

三代ノ古モ、異国ノ近世モ、亦我国ノ古モ、治ノ根本ハ兎角人ヲ地ニ着ル様ニスルコト、是治ノ根本也。人ヲ地ニ着ル仕方ト云ハ、戸籍・路引ノ二ツ也。是ニテ世界ノ紛レ者無キノミニ非ズ、是ニテ世界ノ人ニ統轄ヲ附ル故、世界ノ万民悉ク上ノ御手ニ入テ、上ノ御心儘ニナル仕方也。此仕方無時ハ、日本国中ノ人ヲ打散シニ仕置テ、心儘ニ面々構ヲ働カスル故、悉ク上ノ御手ニハ入ヌ也。(同)

「路引」とは、旅券である。〈封建論者〉であっても徂徠には、地域割拠(地方分権)的な発想はない。この一節からも見えるように、人々が農村から都市に流入し、都市の中でも勝手に居所を変えていくという現実は、もっぱら将軍支配の空隙の拡大として意識されている。それだけ、徳川将軍の一元支配を強化しなければならないという発想が強いのである。徂徠においては、「天下ヲ知食ル、上ハ、日本国中ハ皆我国也。……日本国中ハ皆我国ナレバ、何モ彼モ日本国中ヨリ出ル者ハ我物ナルヲ、……」(『政談』巻二)とも言われるように、将軍の「我物」(家産)として日本があるのである。その限りでは、徂徠の主張は、「封建」として一般に予想されるような分権的なものではないから、徂徠は〈封建論者〉として真正なものではないと論じることも可能かもしれない。しかしここで論じたいのは、どこまでも徂徠の「封建」論なのである。[13] そして「面々構」の克服という問題意識の中で、徂徠は万人の土着（とりあえず徂徠が説く具体策は、人返しであるが、ここでは細かな政策論には立ち入らない）を説くのである。

さて、

田舎ノ締リト云ハ、昔ハ在々ニ武家満々タレバ、百姓モ我儘ナラズ。百年以来地頭知行所ニ不住故、頭ヲ押ユル者無テ、百姓殊ノ外ニ我儘ニ成タリ。（同、巻一）

こういう一節だけを見れば、徂徠のイメージする秩序は、きわめて権威的・抑圧的なものかとも思われるが、少なくとも徂徠の意図はそうではない。「総ジテ郷里ハ和睦スルヲ善トス」などと繰り返されるように、ある和合的な秩序が基底に据えられている。それは、

孝悌は解を待たず、人のみな知る所なり。……孝悌ありといへども、学ばずんばいまだ郷人たるを免れず……（『弁名』孝悌）

などと述べられるように、民衆の世界に、「孝悌」というような素朴な徳が認められているからである。その上で、土地に根付いた世襲的な落着いた生活は、見えない力として民衆を規制して、そこに和合的な秩序を実現させる。(14)

人々郷里ト云者定ル故、……一町一村ノ人、相互ニ先祖ヨリ知リ、幼少ヨリ知コトナレバ、……何事モ隠スト云コトハ曾テ成ラヌコト也。（『政談』巻一）

しかし民衆の世界の内部だけでもたらされる秩序は、あるべき社会の前提・与件ではあっても、それ以上ではない。「民の父母」が導いて、はじめて「古聖人ノ治」つまり徂徠の考える「封建」の社会は実現する。

如此法ヲ立替ル時ハ（土着をいう）……一町一村ノ人ハ相互ヒニ自然ト馴染付故……相互ヒニ見放ス事モ無ク、交リ念比《ねんごろ》ニナル也。此上ニ奉行治ノ筋ニ心ヲ入レ、名主ニ能示シ下知スレバ、一町一村ノ内、相互ヒニ睦ジク、風俗自然ニ直リ、悪人ハ自然ト遠ザカルベシ。古聖人ノ治ト言モ如此也。（同）

現実の「奉行」は、「威高ク構ヘテ下ヲ近付ケズ、唯法ヲ以テアヒシラフ故、上下情通ゼズ、下ヲ治ムベキ様ナシ」という状況で、「民の父母」というには程遠い。徂徠は、為政者にそれぞれの心構えとして「民の父母」たれと説くのではなく、土着という大胆な社会改革をすることで、「民の父母」としての新しい人間類型が誕生することを期待した。それは、武士が知行地に土着することで、在地の民衆との関係が「面々構」ではなくなり、そこから「恩義」や「廉恥」といったモラルが成長するからである。武士の在地への土着は、経済的には貨幣に媒介されない武士と民衆の関係を回復し、武士の権威と温情とを直接に民衆に及ぼすことになる。こうして〈封建論者〉としての徂徠の議論は、土着によってパターナリズムの基盤(「面々構」ならざる人間関係)を回復することに収斂していく。

むすび

仁斎の「王道」論は、徂徠からすれば、極めて危険なものとして映ったに違いない。為政者と民衆の相互的な関係として政治を捉えようとする発想が芽生えているし、制度論を副次的・周辺的なものとして貶める見方が、そこには一貫しているからである。徂徠の「封建」論は、仁斎の「王道」論を見据えて、これを葬ることを隠れた意図として構築されているのではないだろうか。万民土着の世界、すなわち徂徠の描く「封建」の世界が見せる濃密な情誼的秩序は、仁斎の説く「愛」の哲学がイメージする、ある距離感覚を前提とした人と人との穏やかな繋がりの対極をなしているし、それもまた、徂徠の胸中に秘められた意図によっているように思われる。[15]

徂徠は、確かに〈封建論者〉である。しかしその「封建」論は、土着による濃密な情誼的秩序の再建へ、そのパターナリズムの担い手としての「民の父母」の再生へという一点に関心を集約させていく、そういう性格の「封建」論であった。その背景にあるのは、貨幣の力がもたらした「面々構」という恐るべき現実であって、徂徠はそれを、江戸時代の思想家の誰にもまして直視している。その「面々構」は、視点を換えて言えば、人と人との間に距離が生まれて、その距離を当然のものとして受け入れる都市的な心情・感性が人々を支配しているということでもあろう。徂徠は、そこに人間関係の崩壊を感じ取ったが、まったく別の可能性が「面々構」の中にないとは言えない。それはともかく、このような徂徠の問題の捉え方は、唐代以降の長い「封建」「郡県」論の歴史において、あるいは江戸時代の思想史の中でも、そして徂徠学派といわれる太宰春台や山県周南などの議論と比べても、際立って個性的なものであることは間違いない。

（1）ただし仁斎の議論は簡単なものではなく、覇者を一概に権力支配を専らにする者としてマイナス一色に染めてしまうことはしていない。政治家の類型を、王者・覇者・法術家に区別して、この順序で価値付けて、王者は「徳」をもって政治を行ない、覇者は「徳を仮りて」政治を行ない、法術家は「五覇すでに没し、時世ますます衰ふるに及んで、もっぱら法術に任じて、復た徳を仮ることを知らず」という状況の産物であると仁斎は言う。つまり覇者の政治は、本質的には「力」をもってするものであるが、そこに「徳」をもってするかの見せかけが施されるのであって、その限りで、権力が何の粉飾もなく強圧的に発揮される支配（法術による支配）よりは、まだましなものとして理解されている（『語孟字義』王覇）。こういう目配りは、『孟子』には見られない。

さて、ここに言われる「覇者」として、徳川綱吉を想定することは出来ないだろうか。綱吉の治世は、一六八〇年（仁斎の五四歳）から一七〇九年（仁斎の死の四年後）までに及んだ。徳川の支配の本質は明らかに「力」（武威）によるものでありながら、この将軍の好学は、儒教の古典についての講義を自ら試みるまでになり、その慈悲は、お膝元である江戸市中の犬にまで及んだことで知られている。「仁を仮る」というに、これ以上の適例はないように思われる。かりにこの想像が外れていないなら、仁斎の「王覇」論には、幕府政治に対する、ある冷徹な見方が潜んでいるとしなければならない。つまりそれは、幕府の「武威」が通用する限りにおいて人々は幕府の支配に従っているが、その「武威」に蔭りが見えれば、蜘蛛の子を散らすように人々はそこから去ってしまうだろうと言っている。「心服」しているわけではない民の側には、「君と艱難を同じふ」しようというつもりが毛頭ないからである。そして幕府の「瓦解」の実際は、その通りになった。

渡辺浩「「御威光」と象徴——徳川政治体制の一側面」（『東アジアの王権と思想』東京大学出版会、一九九七年）参照。

（2）ちなみに吉田松陰『講孟余話』の理解は、仁斎の対極にあって、「死をいたして去る勿れ」とされる。何を犠牲にしてであろうと、敵の侵攻には一歩も引かずに戦えというのである。

（3）高熙卓「伊藤仁斎の「王道」論——その政治思想史的意義について——」（『倫理学年報』第四七集、一九九八年）が、多くの点で示唆に富む。

（4）これは、仁斎の早くからの持論である。「昔者聖王之治天下也、必有本有末、本者、謂道也、末者、謂法也、道者、体也、法者、用也、道以仁行、法以義立、法或可改、而道終不可変焉、故善観聖人者、以道而不以法」（「漢文帝除肉刑論」、『古学先生文集』巻二）と言うように、「本」としての普遍なる「道」と、状況に即応した可変の「法」という区分が仁斎にはあって、「封建」「郡県」の相違は、「末」としての「法」の次元の問題だとされる。「古者封建、後世則郡県、古者井田、後世則租調、古者車戦、後世則騎兵、古者地坐、後世則椅子、古者篆籀、後世則隷楷」（同）とされるように、社会の具体的な姿は変わるもの、しかも不可逆の変化としてある。それを仁斎は、「夫天下者、勢也」と言っている。「大抵諸儒之論、得其末而遺其本、泥其跡而失其理」とあるように、大事なことは、そういう変化を受け入れながら、「本」である「道」を実現させることである。この文章の書かれた時期は特定できないが、体用論が用いられていることからして、定論確立以前のものであることは明らかである。それだけ仁斎にとって、制度論は副次的・周辺的な問題だという感覚は早くから強かったということである。

（5）礼楽の具体的な形は、常に特定の時代・社会状況に制約されたものだから、その「迹」に泥んではならないという、中江藤樹や熊沢蕃山らの力説した議論（心迹差別論・時処位論）と共通したものが見られる。

（6）仁斎は、例えば「天学」の発展について、「無裨於世道、無補于生民」として冷淡である（『童子問』中巻・六五章）。意外にも思われるが、知識の獲得を、それ自体として喜びとするような感覚は、仁斎には無縁であった。

（7）『論語』には、管仲（桓公を覇者たらしめた斉の宰相）を褒める発言と貶める発言とが併存してある。朱子は、管仲を「仁」と認めることを絶対に許さなかったが、仁斎は、基本的にそれを認めている（例えば『童子問』上巻・五二章）。これも、管仲の政治的な恩恵が広く長く人々に及んでいると仁斎が考えたからである。政治の結果責任へのこのような鋭い洞察と、例えば「進退賞罰、必因国人之心而行之、則是民之父母也」（『孟子古義』梁恵王篇）と言われるような、「国人」の心情への一体化とは、どのようにして仁斎の中で結び付いているのだろうか。「国人」の心情から敢えて離れることが、政治の結果責任を全うすることにつながる、そういう問題設定がないのだろうか。待考。

（8）「民の父母」という言葉は、『詩経』に「楽只君子、民之父母」「豈悌君子、民之父母」（小雅、南山有台と大雅、洞酌）とあり、また『書経』周書、秦誓にも見え、『孟子』などでも政治のあるべき姿を説く時に用いられているが、やはり『大学』で「楽只君子、民之父母」の句が引かれたことが注意されなければならない。その本文は「詩云、楽只君子、民之父母、民之所好好之、民之所悪悪之、此之謂民之父母」であり、朱子は、『大学章句』で「言能絜矩而以民心為己心、則是愛民如子、而民愛之如父母矣」（伝一〇章）と解説している。

さて、この「民の父母」という言葉は、為政者の理想像を語るものとして、江戸時代の思想においても馴染みの深いものである。例えば、本多正信（三河以来の家康の近臣）の著作と伝えられた『治国家根元』においても、

「君ハ民ノ父母」ト云ハ、国主郡主ハ能民ヲ憐ミ玉フ事、人ノ父母ノ如シ。父母ノ子ヲ不便ニ哀ム心ハ片時モ止ム事ナク、何卒子ノ能様ニ、難義セザル様ニト思フヤ、其如クニ慈悲ナル守護ハ民ノ為ニ能様ニ迷惑セザルヤウニト思フ。故ニ民モ又己ガ父母ヲ思フ様ニ親ミアリ、カタク思ヒ付モノナリ。此故ニ譬民ニ悪キ事有テ罪ニアフト云ヘドモ、父母ニ折檻セラレタル如シ。聊モ上ヲ恨ル事ナシ。

と言われている。また、経世論において多くの江戸の思想家がその才能を認めた熊沢蕃山は、『大学或問』において

或問。仁君の天職とは何ぞや。云。人民の父母たる仁心ありて、仁政を行ふを天職とす。一国の君には、一国の父母たる天命あり。天下の君には、天下の父母たる天命あり。……天命常なし、衆の心を得るときは国を得、衆の心を失ふときは国を失ふといへり。……天命は常に仁善に与す。是常なくして常ある所也。人君仁心ありといへども、仁政を不行ば徒善なり。

と述べている。こうして中国においても、江戸時代の日本でも、「民の父母」は儒教の描く為政者像の常套句であった。問題は、その決まり文句に託された含意が何であったのかである。

（9）この書の性格については、平石直昭「「徂来先生答問書」考――経典注釈と政策提言の間――」（『社会科学研究』四五―三、一九九三年）が詳しい。

（10）徂徠自身も、かつて「仁ハ慈悲憐愍の徳なり」（『論語弁書』）と説いたことがある。なお『論語弁書』の孕む問題については、拙稿「荻生徂徠『論語弁書』をめぐって」（『東洋古典学研究』第一八集、二〇〇四年）を参照していただきたい。

（11）増淵龍夫「歴史認識における尚古主義と現実批判――日中両国の「封建」・「郡県」論を中心にして」は、いつ読んでも教えられるところの多いというばかりではない、歴史研究者としての姿勢を問い直させる気迫のこもった論文である。

そこで増淵は、徂徠について次のように述べている。「荻生徂徠は、三代先王の道を聖人の制作として絶対視することは周知のところであるが、この先王の道は先秦「封建」の世に最も適合し、秦以降の「郡県」の世では、その真意義が忘れられ、多くの誤謬を生んで行くとし、神祖家康の開いたわが徳川幕府の政治体制は、先秦の世と同じく「封建」であり、道への可能性は、中国の郡県の世よりもつもの、とするのである」（二一〇頁）。「したがって、徂徠が当面した元禄・享保の世の諸弊害を救済しようとする彼の改革案は「封建」体制強化策で、この聖人の制である「先王の道」が基準となる。……上下万民を土着さすべきである、とする『政談』や『太平策』にみられるやや時代錯誤的な彼の時務策はその例である」（二一二頁）。増淵は、中国における「封建」「郡県」論は、「現実の直視にもとづく、体制との対決、或は体制の改良という実践的課題をもって展開された」（二〇九頁）ものであったが、それが日本に入ると、「体制を正当化する理念としての役割をはたす」（二一七頁）だけのものになってしまうと言うのであり、その典型として徂徠が引かれている（『歴史家の同時代史的考察について』所収、岩波書店、一九八三年、旧漢字は現行のものに直した）。しかし増淵の議論は、少なくとも徂徠については、一面的なものだと言わざるをえない。今日の地点から見れば確かに「時代錯誤的」と言えるかもしれないが、そこには、徂徠なりの「現実の直視にもとづく、体制との対決、或は体制の改良という実践的課題」があったのである。たとえ徳川体制を基本的に「封建」であるとして「正当化」していても、体制の擁護のゆえに最もラディカルな社会改革を主張せざるをえないということもありうるのであり、私の理解では、徂徠の思想の全体はまさにそういうものだった。

(12) 江戸時代の思想史における「土着」論の要点を押さえた概観は、ケイト・ナカイ「武士土着論の系譜」（『岩波講座日本通史　一三巻』一九九四年）によって与えられる。

(13) 石井紫郎「「郡県」と「封建」」（『日本国制史研究Ⅱ　日本人の国家生活』東京大学出版会、一九八六年）は徂徠について、一見すれば〈封建論者〉であるが、その実は「中央集権的」な「一君万民的国制像」を描いていて、具体的に提言される政策の内容は、むしろ「郡県」的なものであると論じている。「一君万民的」という捉え方には賛成できないが、その他の論点については異論はない。しかしその面だけを強調すれば、徂徠がなぜそれらを「封建」として説こうとしたのかという点が抜けてしまうのであり、石井論文は、その説明において説明性をもたないと思う。

(14) 青年時代の南総での体験が、何ほどか、こういう見方に影響を与えているのではないだろうか。

(15) 拙稿「愛の起点——仁斎小考」（『文藝研究』一四八集、一九九九年）において、不十分ながら、問題の端緒を考えてみた。

※仁斎の著作は、江戸時代に仁斎の名をもって通行した思想として取上げるという意味で、いずれも刊本によっている。本稿で引いた史料については、仁斎の最終稿本である「林本」と比べても、問題になるような異同はない。訓読の責任は、筆者（田尻）にある。

※『太平策』については、これを偽書とする見解もあるが、従わない。この点も含めて、筆者の徂徠理解については、『荻生徂徠』（叢書日本の思想家15、明徳出版社、近刊）を参照していただきたい。

近世日本の公儀領主制と封建・郡県制論

中山富広

はじめに

中国から移入された「封建」「郡県」という「政治体制」認識は、江戸前期の山鹿素行を嚆矢として幕末維新期の学者・知識人に至るまで、彼らにとってはほとんど唯一といってよい国制認識であった。本稿では、近世日本の国制を「封建」「郡県」概念を軸に検討することにあるが、その場合、日本の領主制の特質をふまえたうえで整合的に理解されるべきであると思われ、ここでは朝尾直弘氏が分析された公儀領主制をとりあげ(1)、近世日本の国制について若干の検討を行うこととする。とはいえ、近世日本の国制については石井紫郎氏(2)、水林彪氏(3)、笠谷和比古氏(4)、山本博文氏(5)らの研究をはじめとして、多くの研究者が何らかのかたちで言及されており、筆者のような浅学非才の遠く及ぶところではないことはいうまでもない。そしてこの問題に立ち入ることは、同時に近世日本の国家や社会、すなわちその全体像をどのように理解するかということと無関係ではなく、はなはだ筆者にとっては荷の重い課題である。

ところで、かつて永原慶二氏は近世日本について、中世的な諸関係を払拭した封建社会であり、世界史上類例のない求心的で統合された政治的・社会経済的編成が完成したと指摘した(6)。また佐々木潤之介氏も、「紛れのない農奴制国家であり、封建制国家である点においては、共通の認識となっていたし、現在でもほぼ支配的な認識」

であり、そしてその封建制国家の日本的特徴として「専制的・中央集権的要素」をもっていたと述べている。(7) つまり封建・郡県制論におきかえれば、近世日本の国家編成は封建を本質としながらも郡県的要素をもつものであったということになり、これが歴史学界では「支配的認識」であることはいうをまたないという。

とするならば近世日本の国制を封建・郡県概念で新しく検討するという本稿の課題はほぼ成り立たないことになる。そこで本稿では、封建・郡県の両要素を指摘するだけではなく、ベクトルを逆にして、封建・郡県という「政治体制」概念を近世日本の国家・社会像から逆照射し、その歴史的概念のもつ可能性を探ることを課題としたい。そしてその前提作業として、近世日本の国家が中央集権的封建国家とされるその基本的特質となる諸要素を再検討することが求められるであろう。そのうえで再び近世日本の「政治体制」の特質とその歴史的段階が洗い直されねばならない。

では近世日本の基本的特質を構成する諸要素とは何をさすのであろうか。さきの佐々木潤之介氏によれば、①支配体制が主従制に基づく封建的土地所有関係を基軸に構成されていること、②領主の経済的基礎が生産物地代である米年貢制であること、③地代搾取のためにさまざまな経済外的強制が実現していること、そして④その権力基盤が自給経済に基礎づけられた小農民であったこと、の四点が指摘されている。(8) これらの諸点に批判的検討を加える場合、一つの有力な素材となると思われるのが朝尾直弘氏の説くところの公儀領主制なのである。昨今、江戸時代を封建時代と定義する従来の学説に疑義を呈する潮流が出てきたが、それは主に尾藤正英氏や朝尾直弘氏の論説(9)に依拠している場合が多いように思われる。しかし筆者には近世日本の国制や封建・郡県を論ずる際には、朝尾氏の公儀領主制研究が重要な研究史的位置を占めていると考え、本稿では第一節で朝尾氏の公儀領主制の論点を筆者なりに整理し、第二節でいくつかの基本的特質の検討を行い、近世日本の国制や歴史的段階について若干の展望を述べてみたい。

一　公議領主制の確立とその特質

(1)　公儀の概念

公儀領主制の公儀について、朝尾氏は室町時代の教訓書『世鏡抄』の「侍之大法公儀之事」を引きながら、「大法公儀」が綸旨・院宣（また御教書・奉書）頂戴の儀礼・作法をさしており、戦国大名がそれらを頂戴する場が在地領主層を統合する場となったと指摘されている。また尾藤正英氏は、公儀とは国家の公権力という意味合いであり、その公権力の本来の主体は天皇であると指摘される。(10) そして「いわば武家の政権は、それが天皇の国家の公権力を分有し、もしくはそれを全面的に代表しているとみられる限りにおいて、公儀とよばれていたといえるであろう」とも述べられている。こうした尾藤氏の指摘は豊臣政権や徳川政権のあり方を意識したものであるが、戦国大名にも共通するものと思われる。また尾藤氏は公儀の「公」が天皇をさすことも指摘されているが、この「公」について、「日本の『公』が天皇家のみならず、戦国大名（＝「公儀」）や将軍（＝「公方様」）などそれぞれの時代の政治権力それ自体と同一視されがちであったことは確かだが、必ずしもそうとはいいきれない、第三の「公平・公正」の意味でも用いられている」という本郷隆盛氏の分析がある。(11)

こうした本郷氏の指摘を我田引水すれば、公儀は形式的にせよ「公論衆議」を体現した存在でなければならなかったのではないだろうか。したがって公儀領主制の「公儀」とは天皇の権威を淵源とする公権力であるが、それは決して無限定的な専制権力ではなく「公論衆議」を体現していなければならず、それゆえに時代が下がるにつれて「民意」にも規定される側面も有していたといえそうである。(12)

（2）公儀領主制の形成

次に公儀領主制の形成過程についてみてみよう。朝尾氏によると、戦国大名の段階では彼らが公儀として領国単位の「百姓」支配と、血縁・地縁をこえて個々の在地領主を「家中」として統制しようとしていた。この場合、「百姓」は反主従制的動向を示していたが、個々の「百姓」と個々の「家中」が取り結ぶ関係は解体されていなかった。法制史家石井紫郎氏は、この在地領主と百姓の人的結合関係を「内の壁」とよんだ[13]。この人的結合関係と、血縁・地縁をこえた「家中」の形成・統制は本来矛盾するものであり、朝尾氏はこれを矛盾する二元的要素とし、この二元的要素と「百姓」の反主従制的動向が公儀領主制の推進力となったと指摘された。

織豊政権期になると、国レベルの公儀領主制から「天下」レベルでの結集と統制が進展していく。この時期の公儀領主制の到達点を示すものとして、次に引用するいわゆる伴天連追放令が挙げられるであろう。

一、其れ国郡知行の儀、給人下され候事は当座の義に候、給人はかわり候といえ共、百姓は替らざるもの候条、理不尽の義、何かに付けてこれ有るに於ては、給人を曲事仰せ出られるべく候間、其の意成すべく候事[14]

一、其れ国郡の者を近付け門徒になし、神社仏閣を打破るの由、前代未聞候、国郡在所知行等給人に下され候儀は、当座の事候、天下よりの御法度を相守り、諸事其の意を得べき処、下々として猥義曲事[15]

いうまでもなく、ここでは一国の「公儀」として公儀領主制を形成してきた各地の戦国大名の「国郡知行の儀」が、豊臣政権下で「当座の儀」とされていることに注目されるべきである。各地の大名の領有権は一時的なものであるという認識が当時の大名の共通認識であったかどうかはわからないが、後段の箇条にあるように領有権の淵源が「天下」[16]＝公儀にあることを表明しているのである。

また朝尾氏が「諸給人の知行分検地の上にて引き片付け、所をかえ相渡さるべきの条、今迄の給人として検地奉行人に対し、諸事用捨の儀理申すべからざる事[17]」という検地条令を引用しているように、秀吉は薩摩藩において、大名の家臣である在地領主の在地性を喪失させることを目的とした法令を伝達したのであった。朝尾氏によれば、これらの一挙実現は困難であったが、江戸時代初期には次第に大名と給人の「公儀領主としての地位と序列」が確定していったのであった。大名権力にとっての「内の壁」の掃蕩が進んでいったのである。

（3）公儀領主制の構造

公儀領主制の構造として、まず大名と家臣の関係をみておこう。まず家臣（給人）の徴税権についていえば、「知行所務諸色、相定まる年貢所当の外に非法をなし[18]」とあるように、当然ながら徴税権はあるもののその税率については幕府や大名の規定を逸脱することは認められていなかった。また「百姓公事沙汰、代官給人一切構い申す間敷く候、若し取持ち申すにおゐては曲事たるべし[19]」や、「諸士知行所百姓は地頭付に候え共、諸色の仕置は郡奉行申付け候[20]」といわれているように、給人の給知百姓に対する裁判権はなく、「面々の知行所にて少しの事にも私の法立つべからず[21]」と、いわば立法権ももはやなかったのである。もちろん給人法は存在したが、「公儀より仰せ出され候御法度堅く相守り申すべく候事」であるとか、「御代官所より相示され候儀万端違背仕らず候事」「百姓共渡世第一に候事」などというように[22]、きわめて形式的なものにすぎなかった。総じて戦国大名の段階から進められてきた「内の壁」の除去、すなわち給人独自の主従制・領主制の自律性が否定され[23]、すべての給人が大名（公儀）に直結され、その結果として官僚制としての「家中」が成立したのであった。

次に将軍と大名の関係についてみよう。朝尾氏の論稿が「公儀の専制性・集権性を無限定で際限のないもののようにとらえる動向への批判」「藩の公儀が幕府の公儀に全面的に吸収・包摂されることなく存在し続けた事実への留意」を一つの目的としていることからも、朝尾氏の将軍と大名の関係についての考え方は明らかであろう。具体的には、天下の公儀（将軍）が地域の公儀領主（大名）を武家諸法度によって統制していたこと、大名領主が将軍と主従関係を結び公儀の領主として存在したことが、「家中」に対する絶対的な支配権を保証することとなっていたこと、大名が公儀の一員としてふさわしい領国統治を行っていれば幕府の干渉はうけないということなどである。

個々の事例から、たとえば幕府初期の検地や国絵図の作成、転封・改易の事実から、実質的には大名ですら「幕府の官僚たる色彩」が強いとされ、幕府が全国的に直接支配を及ぼすほどの権力を有していたことを主張される石井紫郎氏の意見もある。(24) しかし水林彪氏が①外交権の剝奪、②軍役・普請役・参勤交代などの奉仕、③諸大名の領国統治への指示・干渉を指摘しながらも、幕府による大名権力の自律性の削減ととらえていることの方が、(25) より実態に近くかつ朝尾氏の主張とも一致しているように思われる。

次に公儀領主と領民の関係について検討しよう。朝尾氏の一つの論旨はすでに述べたように、中世末の自律的な地域団体である惣村や、その連合組織である郡中惣・惣国一揆を発達させたような「百姓」の反主従制的動向がその前提にあり、その一方で国郡制という地域支配によって「百姓」を編成しようとした武家領主の動向が、「ズレを含みながらも相互の一致をみて」、公儀領主の人民支配は国郡といった領域を単位とし、村や町といった地域団体を基礎とする体制となったというものである。そうしたなかで武家領主は「公儀」として領民の支配にのぞみ、領国の安寧と民生の安定につとめた。そして「幕藩体制のもとにおいては、主従制が被支配階層にまで貫徹せず、領主と領民の個別人身的な結びつきが兵農分離によって兵と農との間で切り離され、たがいに領主集団と領民集団として相対し、それぞれの集団は内部に幕府と藩、郡奉行―代官―給人、あるいは郡―組合村―村などの階層組織をもち、公権は各階層に法的、事実的に分有されていたのである」と述べられ、兵農分離を契機とした「公儀」と「百姓」の集団的な約定を生み出し、「侍と共生する近世の幕藩体制」が実現したとされる。

以上が筆者なりに理解した朝尾氏の公儀領主制論である。公儀領主と領民が私的な所有関係をとらなかったことが、近世の民間社会・経済社会の発達に大きく影響したともいえそうである。また封建・郡県の概念からすれば、近世日本は封建をその本質とするものの郡県的要素も同時に併せもっており、国郡の地域の支配にあたる大名領では封地の細分・分与は行われたが、著しく郡県的な編成がとられたと理解することができる。

二 「封建」「郡県」と近世日本の国制

(1) 公儀領主制と土地所有

第一節でみたように公儀領主制を念頭においた場合、本稿の「はじめに」で挙げた佐々木潤之介氏の近世日本の基本的特質を構成する①〜④の諸要素には強い違和感をもたざるをえない。

我等は当分の国主、田畑に於ては公儀の物に候[26]

大事の御国を預りこれ在る事に候間、万事油断有る間敷き事[27]

右のような有名な一節を、主従制に基づく封建的土地所有関係だけで理解できるであろうか。「御国を預」るという認識や「田畑に於ては公儀の物」という意識は、たんに将軍を頂点とする土地所有関係のヒエラルヒーを示しているのではなく、国家の公権力の一員としての公儀領主の心構えを説いたものであろう。次の「伝国の詞[28]」はその最たるものであり、「日本人が著した政治的文書の最高のものの一つ[29]」とも評された。

天明五年二月七日御隠居御願い済みの日、治広公へ進ぜらるゝの御書

一、国家は先祖より子孫へ伝え候国家にして、我私すべき物には是なく候

一、人民は国家に属したる人民にして、我私すべき物には是なく候

一、国家人民の為に立てたる君にして、君の為に立てたる国家人民には是なく候

この場合の「国家」は米沢藩(=上杉家)であるが、その「国家」や「人民」は大名の私有物でないことを述べ

たものであり、のちの「天皇機関説」に通ずるものがある。封建制は世襲制をとっており、その意味ではこの「伝国の詞」も封建制を前提としたものではあったが、「国家」や「人民」を私有しないという点が強調されていることにおいては、さきの藤堂家の遺訓も含めて日本的な公儀領主制の産物といえよう。

では「田畑に於ては公儀の物」という場合の土地所有権についてはどのように考えたらよいのであろうか。尾藤正英氏は「西欧的な意味での封建制度の社会的な基礎が、個別の領主がもつ領内の土地・人民に対する私的な所有権にあったとすれば、この秀吉の法令（一五八七年の「伴天連追放令」）は、逆に土地・人民に対する領主の私有権を否定したものにほかならない」と述べ[30]、個別領主が土地・人民の私有を否定されていることを指摘した。また石井紫郎氏は幕藩制領主の支配原理として、土地所有者として「全剰余労働部分」を収奪するというより、所定の年貢と夫役を確保するというものであり、その賦課方法は「夫役人口」の析出とともに、領民の財産所有に対する課税という性格であったと主張されている[31]。この石井氏の主張のうらには、幕藩領主は「封建的土地所有者ではない」という見解があるのである[32]。

このことについて田中圭一氏は近年、『江戸時代は封建社会であるから、土地は領主のものであって、百姓のものではない』ということもまた、江戸時代を考える場合、自明のこととされている。しかし本当だろうか[33]」と領主＝土地所有者説を疑い、また「これまで多くの歴史家が、江戸時代をまぎれもない農奴制国家、封建国家であるとする共通の認識をもって、それを疑わなかったのである。したがって『土地所有権』という語句はタブーとして使用されなかった。……一般に農奴といえば、領主から貸し与えられた保有地を耕して、現物地代を納める人々のことを指す。江戸時代の百姓は、自ら耕す土地を領主から借りた土地だなどと考えてはいない。そのような規定をするのは歴史学者だけである[34]」と痛烈に批判し、百姓の土地所有権を断言されている。

石井紫郎氏や田中圭一氏のように理解すれば、幕藩領主は領域の支配権を握っているだけであり、土地所有権は領民（百姓）にあったことになり、さきに引用した佐々木潤之介氏が指摘する西欧史的意味での農奴制国家・封建制国家は再検討されるべきであろう。しかし日本の江戸時代が中国でいうところの「政治体制」としての封建制の形態であったことは「まぎれもない」事実である。筆者はこれらの点を整合的点に理解するために、日本独自の公儀領主制の意義を見出すべきであると考えている。

（2）租税としての年貢

ところで石井紫郎氏はさきに紹介したように、近世の年貢賦課を「財産所有に対する課税」（すなわち租税）あるいは「所定量の年貢の確保」とし、「全剰余労働部分」収奪をめざした封建地代とは考えていないようである。公儀領主制のもとにおける貢租負担については、朝尾氏は江戸時代の年貢が租税か封建地代かについては言及されていないが、とくに貢租負担量については、岡山藩監国池田利隆や福島正則の筆頭家老福島丹波の条目を取り上げ、「公儀たる領主と村による百姓との集団同士の約定＝契約という観点から見直す必要があると思われる」と指摘されている。

江戸時代の年貢が封建地代か租税（地租）であるかという区別は意味がないという意見もあろうが、かつて山本博文氏は近世日本＝絶対主義国家説の立場から、幕領・私領を問わず全国一率に人民に賦課された国役金を租税と規定された[35]。これは周知のように、宝永五年（一七〇八）、前年の富士山大噴火の降灰による災害を受けた武相駿三国の復旧のために臨時に発せられたものであるが、山本氏は「幕府は、最大の封建領主としてではなく、封建国家の国王として、全農民から（臨時にせよ）租税を取ったと考えうるのである」、そして「私領も同じレベルで賦課されていることも考えあわせると、これは日本近世における『租税』と呼んでさしつかえない」と述べられている。

たとえば広島藩をみた場合、このとき実際にどのように領民に賦課されたのかわからないが、参考のためにその後の国役賦課に関して次の史料を紹介してみよう。[36]

元壱貫四百八拾九匁弐分三厘

一、弐拾九匁七分八厘　　山門御用銀、元之内弐朱

（中略）

元壱貫五百弐拾四匁弐分壱厘

一、九拾壱匁四分五厘　　川々御手伝御用、元之内六朱

〆弐百九拾六匁壱分九厘

これは文化一〇年（一八一三）に作られた「山県郡上筒賀村御用銀元之内御下ケ被為遣人別受取印形帳」というものである。「山門御用銀」は宝暦三年（一七五三）の比叡山中堂等の修復手伝いであり、中略の後の「川々御手伝御用」は、中筒賀村の同種の史料によれば「勢州尾州御用銀」とあり、享和元年（一八〇一）の「濃・尾・勢州水行修築」[37]の国役金であったことがうかがわれる。また中略分には明和四年の「関東御用銀」、「伊豆国御用」などの国役普請が挙げられている。つまり少なくとも広島藩では幕府から命ぜられた国役金を「租税」として賦課せず、御用銀として村々から借り上げ、しかも利息を支払っているのである。この一つの事例だけでは何ともいえないが、国役金＝租税説にはまだ検討の余地がありそうである。

広島藩では厘米という高掛り物が賦課されたが、石高一〇〇石に付き米七斗分を銀納するものであった。これらは領主の懐に入るのではなく、これは天下送りを勤める者への扶助や治山・治水、道路・橋梁普請に支出される目的税であった。そうした意味でこの税も租税といってさしつかえないように思われる。しかし年貢（本途物成）そのものが封建地代（生産物地代）であるという常識も疑ってみる必要がありそうである。公儀権力が土地所

有にもとづかない政治権力であるとした場合、全国共通の基準として通用した石高にもとづく賦課は、石高という財産所有に対する課税（租税）と考えてもよいのではないだろうか。また石井紫郎氏は秀村選三氏の仕事を引用されつつ、幕藩領主の夫役を労働地代とするより「公行政を現物形態で負担する」ものとされたが、これもまもなく銀納となりまったく租税化していたといえよう。[38][39]

(3) 集権と分権

「郡県」「封建」概念で近世日本の「政治体制」を検討する場合、「今日我々が『藩』という呼称でしか置きかえられない、いわば機構的な団体」「藩なる団体」と表現されているその藩を、国制上どのように位置づけるかという点も重要である。これについては前節の公儀領主制においてみた将軍と大名の関係と重複するが、ここでは水林彪氏の見解を手がかりにして検討しよう。氏はかつて「近世の法と国制史研究序説」において、藩「国家論」を展開され、近世の「家」は一個の《国家》であり、そしてその国家は「専制的家父長制的家産官僚制国家」であり、近世の国家はそうした国家の「複合国家」であったとされた。こうした点については山本博文氏が批判を加え、藩を国家とみずに、上位権力の代行を果たす自治団体（社団）とみるべきであるとした。これは「封建」的要素が強いとみるか、「郡県」的要素が強いとみるか、あるいは藩を機構体の統治対象たる領域の総体と提起すれば前者となり、大名家の政治機構体とみれば後者の要素が強くなるという単純なものでもないようである。以下、水林氏の所説の背後にある集権と分権に関する記述をみてみよう。[40][41][42]

水林氏によれば、日本には古代以来一貫して分権化の流れがあり、「古代から戦国期までに着実に日本社会に分権的秩序をもたらしたその主体」は、「分権化の中心的な担い手であった領主のイエとその所領支配」、また「民衆のイエとその結合体としてのムラ・チョウなどの諸組織」、そして「地域的小国家としての大名領国」などであった。そしてこれらは近世の開幕をつげる天下一統の過程で「たしかに大幅に自律性を削減され、その分だけ集権化が進展した」ものの、それでもなお、「一定の分権的主体として存続した」のであった。したがって「(天下統一は) 権力を全て国家へと集中・集積するというような性質の変革ではなかった」のであり、それは中国社会のように郡県制に切り替わることはなかった。しかも一七世紀後半の幕藩制確立の時代になると、「逆に、諸集団の自律性は再び高まり、国家は社会から撤退してゆく現象さえみられたのであって、その意味では、統一権力の形成期から幕藩体制の確立に向けての歴史過程は再分権化の過程であった」と評価されている。

そして近世社会の組織については「人々はイエに統合され」ていることが根底にあり、その「イエがさまざまの中間団体を形成し、それらがひとつに統合されて一個の秩序が成り立っていた」のである。国家としての統治活動は「大幅にそれらの中間諸団体に委譲され、国家はその分だけ簡略に組織されていった」とされる。こうしてみると藩なる国家が国家にみえないのは、さまざまな「中間諸団体」にその権限を委託・請負わせ、いわば「小さな政府」として存在していたからであろうか。そしてこれは前節(3)でみた公儀領主制下の各階層への公権の法的・事実的分有ということをも含むものであろう。

以上のように、近世日本は「イエ的・共同体的なものを分解しきって個人を析出し、その対極に正当的暴力を集中・独占する官僚制国家が聳立する」という中国的な郡県的国制をもたらす段階には到達していなかったと水林氏は結論づけた。ではその「社会構造において社団的・身分制的な編成から個人主義的・市民的編成への転換」をもたらし、合理的なものを生みだす究極の力は何かというと、それは「市場経済の発展」であった。日本においても「市場経済は全国的規模で一層発達」していったが、それでもなお「純経済的法則を根本原則として成立する社会」までは到達しなかったとされる。

（4）近世日本の市場経済

ところでさきにみた藩＝国家、近世国家＝複合国家説に対して、山本博文氏は「経済的な幕藩制国家の再生産構造を考えると、関東地域の藩や畿内近国の藩は、江戸や大坂などの大市場の存在を前提にして再生産を図っており、領国全体がモノカルチュア化しているような藩も多い（藩アウタルキーの欠如）。更に外様大藩の典型である薩摩藩を始めとして北国・西国の多くの藩は、大坂で蔵米を販売して貨幣収入を得ており、このような全国市場の再生産構造は国家間の貿易とは言えないと思われる[43]」と批判を加えた。筆者にももっともな指摘だと思われるが、元来経済活動というものは国家を超越する性格があるのではなかろうか。しかもさまざまな「中間諸団体」にその権限を委譲したり、民間に事業を請負わせたりすることで、藩が一つの国家としてみえにくくなっているのではないだろうか。しかし近世日本が公儀領主制のかたちをとっている限り、幕府権力の代行を果たす社団的性格ももちろん兼ね備えられていたといわざるをえないのであるが。

そこで最後に、「純経済的法則を根本原則として成立する社会」にまでは到達しなかったとされる近世日本の市場経済について、簡単に筆者の考えを述べておきたい。まず強調されねばならないのは一六世紀における銀の発見とその大量産出であろう。このことによって、それまでの数世紀とはまったく異なる社会の仕組み、すなわち経済社会[44]とよぶにふさわしい社会へ向けての起点となった。それは戦国大名の経済力を強大にするとともに、銀を資金として新しい主従関係と経済秩序をもたらした。そして貨幣としての銀は日本内外に流通し、また天下一統が進展していく過程で貨幣・商業など経済の全国統一が進んだ。

もちろんこの全国市場は幕藩領主主導のものであったが、一七世紀末には百姓・町人、とくに大坂町人を中心とした民間勢力主導の市場に変質しつつあった。その意味ではブルジョア的市場ともいってよく、またかつて幕藩領主が大半を所有していた正金銀は民間社会へ蓄積されていった。中四国・九州や北信越・東北地域でも、一八世紀末まではこうした市場に対応した地域市場（民間市場）が形成され、中央市場と連鎖していった。こうした全国市場を「幕藩制市場」とネーミングするのはふさわしくないのではなかろうか。幕府や藩がこうした市場に働きかけた諸種の法令からみれば、「幕藩制市場」としてみえてくるが、地方の農村の史料からみれば領域にとらわれない民間の市場（国民市場の原型）の成立としてみえてくるのである。そしてこの民間市場はすでに幕藩領主の市場介入をもってしても容易に操作できる段階ではなかった。

筆者は、「イエ的・共同体的なものを分解しきって個人を析出し、その対極に正当的暴力を集中・独占する官僚制国家が聳立する」という国制をもたらす段階に、一八世紀末から一九世紀初頭段階の民間社会は到達していたのではないかと考えている。一九世紀初頭に日本の社会状態を観察した武陽隠士が、「近来風俗転変し、奢侈超過し、上下その分限の程を失い、花麗日々に増し、月々に盛んになりて、（中略）財利は本となり、義理は末になり、四民高下の差別もあって無きが如く、尊卑は貧と福とに定まり、貴賤の順序相違したる事、言語道断なり」[(45)]と述べているように、武家社会までも飲み込んだ民間社会の成熟がうかがわれよう。封建制という政治体制から、のちに明治維新の過程で達成された郡県制へと移行していく機は熟していたといわざるをえない。

おわりに

以上、不十分ながらも本稿で検討してきたことから、佐々木潤之介氏が挙げた近世日本の国家の基本的特質を検討すれば、次のように批判することができよう。まず①の主従制にもとづく封建的土地所有関係については、将軍—大名の主従制にもとづく（あるいは公儀のもとに結集した）領有関係であり、それはまた土地所有にもとづかない領主権力であった。②の生産物地代としての米年貢制については、封建地代ではなく「財産所有に対する課税」（石井紫郎氏による）の性格が強く、本途物成を中心とする年貢は租税（地租）の可能性も否定できないことを提起し、また③の経済外的強制にもとづく支配については、公儀領主制下においては一方的な支配・被支配関係ではなく、領主と領民の集団的契約が基本であり、政策遂行にあたってときには百姓の同意（あるいは民意）さえも必要であったことを指摘した。最後の④幕藩権力の基盤が自給経済に基礎づけられた小農民であった点については直接検討していないけれども、民間市場の形成から類推されるように江戸時代の小農民が「自給経済」のもとに置かれていたとはとても思えない。「分厚い民間社会[46]」のもとでは小農民も市場経済のなかで生産活動をしていたのである。

このように規定すると、近世日本の国制はどのように理解されるべきであろうか。この点に関して、近世＝非封建社会説に近い所説を提言した尾藤氏は、「実際には、国家権力の意味と、その国家の中央政府の意味と、さらにその権力を分有する一地域の政府の意味までが、明確に区別されないままで含まれていたところに、『公儀』という概念に固有の多面的な、したがって定義しにくい性格があった。このようにいわば不明確な概念によって国家の公権力ないしその行使者が表象されたのは、……この政治体制が、ほとんど自然発生的に、日本の歴史の長い経過を通じて、その帰結として形成されたものであった点にこそ、このように多義的な概念が、その政治体制の自己認識として、またその政治体制を支える国家意識の表現として、生成される理由があったとみるべきではあるまいか[47]」と述べられている。ここでいわれている近世日本の「政治体制」を公儀領主制、あるいは封建制と読み替えても、いずれにしても本家中国とは異なった独自の封建制度が形成されたといえよう。

では近世日本の封建制の独自性をもたらすことになった要素は何であるか。これについては本稿の課題外であり、また筆者ごときに指摘できるものでもないが、本稿では最後に一つ論点を提示してみたい。「古は井田民を養い、其の田皆上の田也、秦より後、民自ら有する所の田也[48]」という一節によれば、周知のことなのかもしれないが、封建制下では「上」（＝領主、諸侯）が土地所有者であり、郡県制下では「民」（＝人民）が所有者であるということになる。土地所有に関しては、一般的には前者から後者へというのが歴史の流れであろう。[49] そうだとすると封建制から郡県制への移行や、封建制と郡県制の折衷（郡県的封建制など）した「政治体制」が出現することはありうるが、郡県制から封建制へと移行することは原則的にありえないことになる。近世日本の国制に関していえば、人民の土地所有の段階まで到達しているのに、制度として封建制がとられていたことが、日本独自の国制（あるいは公儀領主制）をもたらしたのであろう。最後になったが、近世日本の国制から封建・郡県制の概念を逆照射するという本稿の課題についていえば、筆者が「封建」を「分権」に、「郡県」を「集権」と読み替えていたこともあって（このこと自体検討されるべきであるが）、結局は可能性のある歴史的概念として深めることはできなかった。今後の課題としたい。

（1）朝尾直弘「『公儀』と幕藩領主制」（『講座日本歴史5』近世1、東京大学出版会、一九八五年）。以下、断わりのない限り、本稿で引用する朝尾氏の論文はすべてこの論文からのものである。
（2）石井紫郎『日本人の国家生活』（東京大学出版会、一九八六年）など。
（3）水林彪「近世の法と国制研究序説」（『国家学会雑誌』第九〇巻第一・二号、第五・六号、第九一巻第五・六号、第九二巻第一一・一二号、第九四巻第九・一〇号、第九五巻第一・二号、一九七七〜一九八二年）、『封建制の再編と日本的社会の確立』（山川出版社、一九八七年）。
（4）笠谷和比古『主君「押込」の構造』（平凡社、一九八八年）。
（5）山本博文『幕藩制の成立と近世の国制』（校倉書房、一九九〇年）。
（6）永原慶二『日本経済史』（岩波書店、一九八〇年）、一五九頁。
（7）佐々木潤之介「東アジアと幕藩制」（『講座日本歴史5』近世1、東京大学出版会、一九八五年）、四〜五頁。
（8）佐々木潤之介氏は氏の体系的な理論書ともいうべき『幕藩制国家論』上・下（東京大学出版会、一九八四年）を上梓しているが、それに対する的確な批判と評価を山本博文氏が行っている（山本前掲書、第三部第三章）。
（9）尾藤正英『江戸時代とはなにか』（岩波書店、一九九二年）、朝尾直弘「『近世』とはなにか」（『日本の近世1』、中央公論社、一九九一年)。
(10) 尾藤正英『江戸時代とはなにか』(岩波書店、一九九二年)、五九頁。
(11) 本郷隆盛「日本と中国における公私研究・序説」(『宮城教育大学紀要』第三六巻、二〇〇二年)、三四四頁。
(12) たとえば大藤修氏が、刀狩令に際し百姓の同意をえなければ公儀としての政策遂行も困難であったと指摘されているが(『新体系日本史2　法社会史』山川出版社、二〇〇一年、二五四頁)、こうしたことも民意に規定された公儀の一例と考えている。
(13) 石井紫郎『権力と土地所有』(東京大学出版会、一九六六年)第二章。
(14) 「御朱印師職古格」(神宮文庫)の天正一五年六月一八日付「覚」。
(15) いわゆる「伴天連追放令」(松浦史料博物館)。
(16) ここでの「天下」を秀吉個人とする見解もあるが、本稿では本文の通り国家の公権力を代表する関白秀吉という意味で公儀と考えている。
(17) 『島津家文書』四〇〇号。
(18) 『御触書寛保集成』一〇号。ただし藩によってはこの限りではなく、広島藩では給人独自の免の設定は幕末期に至るまで認められていた。
(19) 『藩法集1』岡山藩上(創文社、一九五九年)一七五八号。
(20) 『南紀徳川史』第九冊(清文堂出版、一九九〇年)、四二八頁。
(21) 同右、第一三冊、三三二頁。
(22) 『海田町史』資料編(広島県安芸郡海田町、一九八一年)、七九頁。
(23) これは地方知行制の形骸化ということでもあるが、笠谷和比古氏はこれをもって家臣団の封禄に対する保有の脆弱さを示すものではないことを指摘されている(『主君「押込」の構造』、二二六頁)。
(24) 石井紫郎前掲書、七一〜七三頁。
(25) 水林彪『封建制の再編と日本的社会の確立』、二八〇〜二八一頁。
(26) 『宗国史』上巻、六七四頁。
(27) 「藤堂高虎遺書」(『日本教育文庫』家訓篇)三九九頁。
(28) 「譲封之詞」(『日本教育文庫』家訓篇)五二四頁。

(29) 笠谷和比古『主君「押込」の構造』、二五二頁。
(30) 尾藤正英『江戸時代とはなにか』、六一頁。
(31) 石井紫郎『権力と土地所有』、九〇頁など。
(32) この点、石井氏は「農民の『保有』を領主の『封建的土地所有』が覆っており、後者が解体していくにつれて前者が『事実上の農民的土地所有』に『上昇』していくと考えるべきでなく、強いて土地所有者を求めれば、農民がそれであり、幕藩領主は土地所有者ではなく……その権力は土地所有に基かない政治権力だというべきである」（前掲書、八四頁）と述べている。
(33) 田中圭一『日本の江戸時代』（刀水書房、一九九九年）、二五一頁。
(34) 田中圭一『百姓の江戸時代』（筑摩書房、二〇〇〇年）、五〇～五一頁。もちろんこうした論は少数意見であろう。百姓の土地所有が単純にとらえられないことは、神谷智『近世における百姓の土地所有』（校倉書房、二〇〇〇年）や、近世的土地所有慣行を軸に論じた大塚英二氏（『新体系日本史3　土地所有史』山川出版社、二〇〇二年）らのお仕事から理解できる。土地所有に関する有力な説は、封建領主が土地所有であるか百姓が土地所有であるかという二者択一的な説はとらず、「一つの土地に複数の所有が重層的に存在する重層的土地所有こそが前近代における土地所有の特質」であるとされる渡辺尚志氏のような見解が一般的である（前掲『新体系日本史3』、二五〇頁）。
(35) 山本博文『幕藩制の成立と近世の国制』、三三九頁、三八七頁。
(36) 『筒賀村史』資料編第一巻（広島県山県郡筒賀村教育委員会、一九九九年）一—二一—二一—一号。
(37) 笠谷和比古「近世国役普請の政治史的位置」（『史林』第五九巻第四号、一九七六年）による。
(38) 石高がその土地の生産力を反映したものではなく、知行表示基準（軍役賦課基準）に重点があったことを松下志朗氏は実証されているが（『幕藩制社会と石高制』塙書房、一九八四年）、これを農民側からみると、生産額すべてに税がかかるのではなく、控除分（石高に反映されない余歩など耕地や裏作分）を差引いた被課税分（石高）に租税がかかるとの認識であったと考えられないだろうか。
(39) 石井紫郎前掲書、八六頁。
(40) 石井紫郎『日本人の国家生活』、一九七頁、二六一頁。
(41) 「はじめに」の注(3)参照。なお本項の以下の引用は『封建制の再編と日本的社会の確立』の四五二～四五五頁によった。

(42・43) 山本博文前掲書、三六四〜三六五頁。
(44) この経済社会とは「その内で、人々が経済行動をとるような社会をいい、経済的価値が、他から独立したものとなり、諸々の経済法則が回転を始めるようになる社会」のことであり、市場経済の発達した社会のことである(速見融『日本経済史への視角』東洋経済新報社、一九六八年、社会経済史学会編『新しい江戸時代像を求めて』東洋経済新報社、一九七七年)。
(45) 『世事見聞録』(岩波文庫、一八〜一九頁)。
(46) 民間社会という概念を積極的に日本近世史のなかに位置づけようとされたのは深谷克己氏であり(たとえば『綱ひきする歴史学』校倉書房、一九九八年など)、氏の国制に関する所説も含蓄に富んでおり、本稿ではいちいち引用していないが多くを学んだ。
(47) 尾藤正英『江戸時代とはなにか』、六三〜六四頁。
(48) 『明夷待訪録』(中華書局出版、一九八五年)、一六頁。
(49) もちろん北魏や隋・唐の均田制のように国家的土地所有の事例もあるが、結局は荘園の発達によって永続しなかった。

森有礼の「封建」・「郡県」論
――制度論的思考の展開――

園田英弘

はじめに

人は社会や歴史を認識するためには、その手段としての概念装置を持っている。いや、そもそも概念装置がなければ、人は社会や歴史を対象化し理解することは出来ない。アナーキーで混沌としているように思える、無数の人々の行為、人と人との関係も、しかし現実には完全に混沌としているわけでもない。そこには、一定の秩序がある。過去のさまざまな文明は、その秩序を言語化し残してきた。それらは現代から見れば不完全に見えるかもしれない。また、概念の体系性が不十分かもしれない。そのため用意された概念装置では、十分に現実を把握できない事態が、しばしば生じるであろう。その場合には、暗黙のうちに明確に言語化されていない部分で、さまざまの工夫を凝らして、歴史や社会の分析を行わなければならない宿命を持つ。ましてそれが大きな政治的・社会的変革期であればあるほど、その社会が持っていた既存の概念装置の不完全性に規定されて変革の方向が「限界」を持てしまったり、異なった政治的思惑が同じ思想的表現をとったりすることもある。あるいは逆に歴史的な現実の流れを理解するために、不完全な概念を従来にない仕方で組み合わせ、理論的なブレーク・スルーが達成される可能性をも持つ。

私は思想史を専門とする者ではないが、「封建」と「郡県」という東アジアに固有の概念には古くから関心を持っていた。一九七九年に、「郡県の武士——武士身分解体に関する一考察」という比較社会史的関心に基づく論文を書いたが、そこでは脚注に敢えて「『封建制』の概念は、当時の用法に従い諸侯の割拠と世襲身分制（主従性を支える「廉恥」という心情も含む）の意味で用いている」と書いた。[1] 当時は（そして今も）、西欧中世のフューダリズムと日本の封建制の異同に関する長々しい議論があり、それを自分なりに割り切るために、単純に日本の歴史変動は当時の人々が考えていた概念を中心にすべきだと思っていたに過ぎない。

論文名に「郡県の武士」という名前をつけたのは、いまから振り返ると次のような理由に基づいていたように思われる。フューダリズムの訳語としての「封建制」だろうと、幕末維新期の用語に忠実な伝統的な「封建」だろうと「政治的支配形態」に関する概念であり、私が問題にしたいのは政治体制から相対的に独立した武士という一社会層の歴史的運命に関するものである。武士という身分集団の自己変革のプロセスを分析するのであれば、幕末維新期を生きた日本人が使っていた概念こそが、武士身分の解体に関連する記録を内在的に理解するには相応しいと考えた。さらに、このことが特に重要なのだが、当時は政治体制レベルでは「封建」の反対概念は「郡県」であり、「封建」を否定した「郡県」体制のもとでも、身分制の解体に関する事柄は政治から相対的に独立した社会史的問題であり、「封建の武士」がいたのであれば「郡県の武士」も存在し得る可能性があったという思いが、このような用語を用いた発想の背景にあった。

この問題をこれ以上深く考えたことはなく現在に至っているが、今回の論文では、西洋産の社会科学の概念が大量に流入する直前の、「封建」・「郡県」概念が、どのような構造的特質を持っていたのかを改めて検討してみたい。

一　公議所における「封建」・「郡県」論

「公議所日誌」第一二には、制度寮撰修の森金之丞（有礼）が「御国体之儀ニ付問題四條」という問題提起をしたのを受け、五月三日にさまざまに意見が提出されており、それらの意見書が採録されている。(2) 森の提案がいつなされたかは明らかではないが、大久保利謙氏の『森有礼全集』の解説には、「五月初頃」とだけ推定されている。(3) もしもそうだとすると、各意見書は極めて短時間のうちにまとめられたことになる。この提案は版籍奉還の実現が問題視されていた時期に、各藩の意見の動向を見極めるためのものだったと思われる。各藩から寄せられた意見の中にも、「版籍奉還」について言及されているものも見られるので、かなり政治的背景を持つ「問題提起」であったのであろう。

版籍奉還は明治二年（一八六九）の一月二〇日に薩・長・土・肥の藩主から「上表」が提出され、同年四月にかけて同じような趣旨の「上表」が各藩からばらばらに提出され、六月の一七日にこれら版籍奉還の「上表」が「聴許」された。森の公議所での提案はちょうどこのようなクリティカルな時期にあたっていた。版籍奉還がどのような結末を迎えるか、まだ誰にも分かっていなかった時期に、森の問題提起はきわめて政治的な意味を持つと同時に、日本の政治体制を西洋産の社会科学の概念を用いないで種々論じられているという意味では、オフィシャルな場で「封建」・「郡県」という伝統的な概念をフルに活用してなされた、極めて意義深い歴史的データということが出来るであろう。

私が、ここで提出された意見書に注目するのは、その高度な思想史的達成ではなく、凡庸な意見の中に見え隠れする「封建」・「郡県」概念の不完全性であり、その不完全性を検討することによって、なにが理論的ディレンマであったかを明確にしたいからである。また、ここで、断っておかなければならないが、版籍奉還の必然的帰結として、廃藩置県が実施されたわけではないということである。それは、今から見ていくように、「郡県」を志向した意見でも明瞭に「廃藩」を述べていないことからも容易に推測できよう。

森の提出した四つの問題点とは、「方今我国体、封建郡県相半スルモノニ似タリ」として、わが国の「将来ノ国是」はどのようなものが考えられるかとして、三点の整理をしている。

①現状を改めて「一ニ帰セントセバ」、それは「封建ニ帰スベキ」か、それとも「郡県ニ帰スベキ」か。どちらか一つを選んだときの「理否得失」はどのようなものか。

②「若シ都テ之ヲ封建ニセバ」、どのような方法を取ることによって「人情時勢ニ適当スベキヤ」。

③「若シ都テ之ヲ郡県ニセバ」、「人情時勢」に適切に対応する方法として、どのようなものが考えられるか。

森の整理は重複している部分が多い。①に述べられている、日本の「国体」（政治体制という以上の意味は持っていない）は、「封建」を選ぶか「郡県」を選ぶかに尽きている。その体制選択の際に、慎重に両者の利害得失を考慮し、特にそれがその時期の人々の意識のあり方に適切であるかどうかを考えるべきであると述べている点には注意していて欲しい。

五月三日には七種類の意見が提出（後ほど一つ「追補」が加えられたが、まだこの外にも「公議所日誌」には掲載されないで省略されたものがあった）されている。全ての藩が意見書を出しているわけではなく、また出されている意見は多くの藩の連名になっているが、どのようにして意見が集約されたのかは、分かっていない。ともあれ、ここで非常に興味深いのは、森の問題提起の根本的な現状認識（「方今我国体、封建郡県相半スルモノニ似タリ」）に対する反論は、「封建」の維持を主張している意見にも、「郡県」に積極的な意見にも見られないということである。

私がこのことに着目するのは、「封建」と「郡県」という両概念が反対概念なら、「封建」の反対は「郡県」であり、その逆もまた真であるということになろう。もしそうなら、問題の設定がおかしいという意見書があっても然るべきだが、そのようなものはなかった。「御国体論追補」には「諸制度は、令義解及今ノ府藩県、支邦ノ封建郡県ヲ折衷シ」と書かれ、具体的な提案をしているが、それは「右封建ニ非ズ郡県ニ非ズ」と述べている。このことは、「封建」や「郡県」という大概念で、版籍奉還が焦眉の急になっていた時期に、何でも説明できるわけではなく、現実の分析にはいろいろなものを「折衷」しなければならないということが意識されていたからであろう。この意見は、少なくともそのことを自覚していた論者がいたということである。

しかし同時に、日本の歴史的変革を議論するためには、この不完全な、しかし長い伝統を持つ「封建」・「郡県」という二つの概念を使わない限り、日本の政治体制を論じることは出来なかったということも見逃してはならない。「封建」や「郡県」に代替して政治体制を表現できる概念はまだ日本にはなかった。このことを私は重視する。

明らかに「郡県」を志向する意見を見てみよう。「御国制改正ノ議」では四一藩の連盟の意見書であるが、「皇国一円私有ノ地ヲ公収し、政令一ニ出ルヲ要ス」とあり、大国は「府」を設け、小国はいくつか集めて「国府」のもとで管轄させる。また、「国府」の下で約一〇万石の土地ごとに「県」を置き、「府県ノ知事ハ、当分ヲ限リ、旧藩主併執政参政中ヨリ、任ゼシムベキ事」となっている。六二藩の共同提案の「郡県議」は、上述の提案と大同小異だが、「大藩ヲ府中、小藩ヲ県」と改め「藩主即チ知事」となり、「知事ハ、大故ナケレバ、世襲」とされた。これらが、伝統的な意味での郡県制であろうか。確かに中央政府の下に、整然と「府」や「府中」が置かれることになっている。

また、森が慎重に、「郡県」だけにすれば「人情時勢」にどのように対処できるかという、制度変革とそれまで制度を支えてきた人々の「人情」の相克という根本問題にはまったく触れられていない。森の「封建」・「郡県」論については、次節に書くが、ここで展開されている「郡県」なるものは表面的な制度の切り貼りに近い改革案であり、議論の深みに欠ける。しかも、その結論は、実質的には「藩」や「藩主」を肯定した「封建」を主張したものと理解してもおかしくない内容のものであった。

次に、「封建」を志向した意見を分析してみよう。「封建議」という四六藩の連盟で提出された意見書は次のように述べる。「方今我国体、所謂郡県ノ如キ者相参ト雖モ、大抵其制封建ニ近シ今一旦強テ之ヲ改メ、一ニ帰セントセバ、只人情ニ悖リ、騒擾ヲ醸スノミナラズ、廉恥ノ美俗ヲ毀リ、躁進ノ悪弊を生シ、国脈ヲシテ衰弱セシムルニ至ラン」。王政復古を宣言した維新政府の最も原始的な形態の「議会」(「広ク会議ヲ興シ万機公論ニ決スベシ」五ケ条ノ御誓文)での、表面的には単純な「封建」擁護の保守的意見の表明のようにも見える。しかし、純粋封建制を主張すれば「朝廷」の位置づけが困難になる。江戸時代でさえ、「幕府」をどのように見なすかは理論的に難しい問題を抱えていた。単なる大名と将軍は同格の「封建」領主ではない。

まして、武家ではない「朝廷」を封建論の中でどのように位置づければいいのか、これは難問だった。「封建議」は、一方で「制度ハ一ニ朝廷ニ体認シ、一途ニ帰スベキ事」と述べている。これに答えるためには、朝廷が大枠を決め、しかし「大権不移」だという。言い換えれば、制度的枠組みは中央権力たる朝廷において決めるが、その執行は従来の「封建」システムで行っても「大害アルコトナシ」とやや引け腰の議論を展開するしかなかった。この議論は、「付録」の中で「畿内ヲ立ザレバ、王室ノ諸用ニ乏シカルベシ」という事態があることの認識もしていた。そうすると、出来ることは諸藩の「封土」をそれぞれの石高に応じて、「土地ヲ献ジ」て「王室」の領地を増やすぐらいの方法しかなかった。これは、朝廷の一種の「封建」領主化であり、幕府化ではないのか。

二二藩の連名で提出されている「御国体封建議」では、もっとはっきりと「純乎タル封建」を主張する。「封建」のメリットとは「君臣世契、上下相親ミ、事アレバ死力尽シ其社稷ヲ守リ」とし、「郡県ノ民ノ、其令吏ヲ視ル、逆旅主人ノ如キ者ト同事」。このように、「封建」の賛美は人的結合の強固さ、安定性に求められていた。「今其藩屛ヲ撤シ、郡県ナサバ、其土ニ常君ナク、其民常主」がないので、いざ戦いというときになれば、強い結束が達成できなくなり、弱兵になってしまうと考えられた。

七藩の連盟で提出されている「奉対御国体問題四條」でも、「夫君臣ノ義ハ、天地ノ大経、人倫ノ大本ニシテ、苟モ義ノアル所、死生ヲ不顧、臣子ノ分ヲ尽ス。是所謂和魂ト称スル者ニシテ、即チ宇内万国ニ、冠絶スル所以ノ国体ナリ」とされていた。「郡県ノ民」には「常主」がいない。それでは、安定した「君臣ノ義」がなく「和魂」をもたらさず、「国体」に反してしまうことになってしまうというのである。

森の提案に「封建」か「郡県」という単一制度に変革すれば、「人情時勢ニ適当スベキヤ」という一項目が入っていたが、「封建」論は強い人的結合についての執着を特色としていた。森は、こうした問題を自覚していたからこそ、このような問題提起をしているのである。これについては、次節で述べる。岩倉具視は、安政五年（一八五八）に書いた「神州萬歳堅策」で、アヘン戦争で中国がイギリスに負けた原因を、中国が「郡県制」だからだとしているが、(4)このような意見も、軍事力は武器の優劣ではなく「君臣」間の精神的一体感という側面を重視したとすれば、よく理解できる。「強兵」の実現のためには、「封建」的な人的結合関係が重大視されていたからである。

しかしながら、王政復古は既定の大方針だった。「御国体封建議」でも純粋封建を主張していたが、そういってしまっては解決つかない問題があることも自覚していた。「天子ノ公邑」である。「累世君臣ノ義」をもって全国の封土を考えてしまったら「天子ノ公邑」が位置づけにくくなる。一方で「封建」のわが国を「国体ヲ変革スル、決シテ宜シカザル事」としながらも、この問題では「郡県ニ似タル者」を認めざるを得なかった。具体的には、五畿（山城・大和・摂津・河内・和泉）などを古代のように「王畿」として朝廷の領地とするという、中途半端な提案に終わっている。本当に純粋な「封建」を主張することは、不可能だった。

いや、中途半端な提案という表現は、現在の視点から見た評価であろう。従来の伝統的「封建」・「郡県」という概念を前提にして、幕末維新の日本が直面している課題を解こうとしても、容易に解けない問題であった。

そもそも、「封建」にも「郡県」にも全国土の最高権力の性格に関する理論がなかった。中国における「皇帝」、日本における「朝廷」や「将軍」は、封建論でも郡県論でも、適切に位置づけることは出来ない。この問題を理解するために、「王政復古」の仕掛け人である岩倉具視が、慶応三年三月に書いた「済時策」(5)を検討しておこう。岩倉は、「鉄城ノ如キ巨艦ヲ以テ烈風逆浪ノ中ヲ駛スルコト平地」のようになった、つまり私の用語を用いれば「初期的グローバル時代」(6)の到来という時代認識があった。「武事」のみならず「文事」も西洋に遅れをとっているという認識も持っている。このような事態を乗り切るためには、「皇国六十余州ヲ以テ一箇ノ皇城ト為シ、億兆一心之ヲ保持スルコトヲ務ムベシ」と言う。また、言う。「方今ノ急務ハ皇国上下ノ方向ヲ一定シ、君民同心シテ富国強兵ヲ努メ、皇威ヲ宇内ニ宣揚ス可キノ大基本ヲ立ツルニ在リ」。

このような認識にありながら、リアリストの岩倉には「鎌倉開府」以来、武家が領地を守って、「施政」をしてきて長年に及ぶという現実を無視することは出来なかった。そのため、制度を郡県制の方向に「一定」することは「容易ノ業ニ非ズ」という。そうすると、実際には「御国制改正ノ議」や「郡県議」と同様に、大名を「管轄指揮」する「観察使府」を全国に配置するぐらいの案しか提出できないのである。

大枠は「郡県」だが、内実は「封建」という、この幕末維新期の常識的結論は、当時の日本人が動員できる社会科学の用語だけを用いたら正しくディレンマと呼ぶべきものであった。対外的には統一した政権が必要だが(「郡県」)、それはあまりに日本の「国体」(「封建」)を無視したことになり、とても実現可能な現実的政策とは思えないというディレンマであった。「封建」も「郡県」もという折衷的意見は、現実的であるが、必要とされるラディカルな改革意見としては不十分なものであった。

二　森有礼の廃藩論

公議所での「封建」「郡県」という「国体」に関する議論の口火を切った森有礼の考えは、どのようなものであったのか。なぜ、彼は「封建」と「郡県」を同格に置くような問題設定をしたのであろうか。

版籍奉還が議論されているとき、森は「廃藩」を考えていた。しかし、その思考の筋道は単純ではない。明治二年一月二五日に、森は大久保利通に重要な手紙を出している。「皇国之大本を立るには是非郡県之制度ニ改革シ、藩々之政権速ニ一途ニ帰シ全国之権力を一手ニ握リ海外ニ応せすんハ　皇国之維持とても六ケ舗」と主張している。この手紙は、薩摩では「俗論家大に用いられ西郷氏抔は山野に引籠り」という事態に、「有志之輩」は大いに「失望之為体」となり、それを打開するために大久保に希望を託している手紙と読める。

大久保は、政治的に達成すべき明確な目標を追求するタイプの政治的リーダではなく、さまざまな意見を折衷して、それを強力に推進していく実務政治的人物であった。版籍奉還も、理想家肌の木戸孝允のリーダーシップで提案されたものであった(7)。

これは、前年の六月に急遽、アメリカから帰国した急進的改革派の森の単純な意見に思えるかもしれない。彼は幕末の政局の動向にも疎く、まだ二二歳であった。しかし同時に、そのような日本の現実に目配りが不十分だった急進家が、公議所の提案で「人情時勢」の帰趨という、岩倉でも直面した問題を自覚していた。森が提案にこの検討項目を入れたには、彼の社会認識の根本問題に由来していると、私は考える。また、「封建」と「郡県」の並立という独自の問題提起をした根本的理由とは何であろうか。このことを考えるには、一九歳で薩摩藩の密航留学生としての精神の軌跡をたどる必要がある。

留学中の森の文章に『航魯紀行』という一種の旅行記がある。慶応元年にイギリスに到着し、一年以上たった時期に、ロシアの首都であったペテルスブルグを訪れた時の記録である。以前、私は森に関する論文を書いたとき、この文献の価値を見落としていた。以下では、「封建」「郡県」に直接かかわる部分のみを検討しておきたい。森は、同地で幕府のロシア留学生と面談している。幕府の留学生は七人で、彼らは「関東魂」をもたず、「京師護する之志操」を持っていた。特に一番年上の山内作左衛門（三一歳）は、教養があって特に優れていると述べている。

「本居先生を信心」している山内は、勤皇の説を説いた。そして、次のようにも述べたという。「当時日本之如く銘々割拠して八終に世界縦横の業成かたし、只君ハ一人にして、政法一途に出されは、国家終ニ不開、恐多くも他人の有と成べし」。森と山内は、別れに臨んで漢詩を交換している。森は国学の教養が深い勤皇家の山内の意見を、天皇を中心とする中央の政権が「割拠」の状態を終わらせる意見であるというように誤解した可能性がある。山内の日記には「薩人二人」し「度々面会」したとしか書かれていない[8]。山内は維新期には同じく「勤皇家」であった新撰組の近藤勇を中心に組織された甲州鎮撫隊と行動を共にして、捕縛されている。勤皇であることと、全国的な統一政権をつくることと、幕府中心主義であることは幕末には矛盾しなかった。

このことが最も早く典型的に見られたのは、文久の幕府による海軍改革意見に見出すことが出来る[9]。「皇国封建の御制度に於いては諸大名へ海軍御分托これあり候こと当然の様これあり候へども、左候てはこの上なき御失策」として五つの理由を挙げているが、要するに「海軍の強弱は紀律の斉整に関渉仕り、紀律の斉整は一人の統轄に帰せざれば、行はれがたく候」ということにあった。文久二年には事実上の参勤交代が停止されたが、そのため「隠然割拠の勢い」が増しつつある。そうなると、「弱肉強食の禍、四分五裂」の状態が来るというのだ。そうなる前に、「海軍の大権御一手に御統轄」しなければならないと、この意見書は説いているのである。

幕藩体制という「皇国封建の御制度」は、幕府という強い中央集権的権力の存在を前提にしていたが、アメリカの日本遠征以来、いくつかの藩が独自の海軍を持つようになっていた。それを、対外的戦力と見るか対内的な戦力と見るかで、事態は大きく変わる。(10)このような幕府の傾向は小栗上野介を中心とした慶応改革（幕府を中心とした「封建割拠」の打破）では、もっと明確な方針として表れ、その政治構想としては、福沢諭吉が述べている、「大君のモナルキー」という将軍中心の「政法一途」の「封建」の打破というもう一つの歴史の筋道となって、現れて来る。

幕末最末期の日本にはいなかった森は、政治的動向に左右されない独自の社会科学的思考を育んでいた可能性がある。森は留学先のイギリスから、兄の横山安武（明治三年に、太政官を批判するため集議院の前で切腹を敢行し、明治初期の政界に大きな衝撃を与える）に、非常に興味深い手紙を書いている（慶応二年七月二六日）。

森は、最初は「海軍学」を習得するように命じられて密航留学をするのだが、やがて最も根本的な学問の重要性に目覚める。曰く「諸技学は捨て国礎（自注・則ち法の学にて今日本にて大目付の職）の学」が重要だと述べる。「其故は御存しの通法は国の大本、法不明にしては治国安民の事決して出来難し」と述べている。より具体的には、「今若し兄之に応し今より万国の法制を御学得あり、我国伝来の古法と折衷なされ新に公平にして不抜の大制度を御築立有之候得は天下万世に至ても誰か其択を蒙らざらん」と言う。また言う「我国の制度早く諳知せされば各国と比較出来難し、法の立様は其国の風に従ひ立されば反て害になるへし」。

ここに現れている森の思想の重要な点は、第一に法治主義の重要性の認識である。「魯の国政皆国論にあらす一切帝より出つ、故に不公平の政多し、帝明なれば治国、暗なれは国乱、皆其国人帝を以て神とす、何ぞ愚且不義の甚しきや」(11)。森にとって「朝廷」を政治的シンボルに掲げた明治政府の中で法・制度の支配をどのように実現するかは、終生の課題になった。(12)制度の支配とは「郡県」に近いといえるかもしれない。なぜなら、既に見たように人的結合関係の連鎖によって成り立つ「封建」は人の支配のように思えるからである。

しかし、ロシアの「帝」は、封建君主であろうか、それとも、「郡県」が暗黙のうちに想定している国政の頂点に立つ「皇帝」を意味しているのであろうか。

公議所の議論に見た「封建」論も、「郡県」論も、「朝廷」そのものの性格には何も触れていない。朝廷の存在を前提にし、なおかつ「制度の支配」を追い求めたら、どのような結論が導かれるであろうか。しかも、森は朝廷の存在を認めたとしても、「皆其国人帝を以て神とす、何そ愚且不義の甚しきや」と明言している。天皇の神格化など、森が認めるわけはなく、明治初頭の多くの意見も、そのような痕跡は見られない。次のようにも表現している。「(ロシアの)人民また帝を尊ふ事神仏の如く、殆ど和漢の風習にひとし、国の開けさる事知るへし」。これは、時期からいって「将軍」のことを意味しているのだろうが、「帝」を「神仏」のように取り扱わないで、天皇を中心とする全国的な政治的支配体制を確立するかは、「封建」や「郡県」の範疇内では処理できない問題であった。この問題に関しては『西洋化の構造』所収の森の思想を分析した私の論文を参考にしてほしい。

第二に、森の留学中の思考の特色は、制度的変革における漸進主義者であったという点である。公平正大な制度の確立のためには、我国の制度を深く研究し、しかも各国の制度と「比較」しながら、日本の「風土」に適合的なものを作り上げなければ「反って害」になるので、さまざまな観点から研究し「折衷」することを、兄に勧めているのである。明治啓蒙期の最もラディカルな西洋化の推進者であった森が(明治二年の廃刀論・信教自由論・契約結婚・明六社の創設など)、このような意見を述べていることには注目しなければならない。文化的には急進的な変革論者は、制度レベルにおいては、どちらかといえば保守主義的な傾向さえ見られる。

結論に代えて

福沢諭吉は、明治八年五月一日に明六社で、森の廃藩置県についての面白い意見を紹介している。「森士曰」という言葉で始まる「明六社談論筆記」は、伝聞記録ではあるが、今までの森の主張との整合性から判断すると、信じるに値する。「吾輩も前日廃藩置県を甘心歓喜せしが、今日に至っては則然らず。何となれば、人民の抵抗力消磨し尽んとす」。大久保に廃藩置県を説いた森が、その六年後には、変心をした。薩摩人が加賀人に命じたり、長州人が陸中人を支配して、その地方の実態に即した地方自治がなされていない。「夫甲県乙郡其郷土の人民自ら管轄の長官を撰ぶあたわず」と、森は言う。この森の変心の兆しは、「制度」の変革（「封建」か「郡県」か）は「人情時勢ニ適当スベキヤ」という公議所での提案にも現れていた。

ここで、森が述べているのは単なる郷土主義ではない。西洋帰りの知識人として、ここでは非常に面白い自由論を展開している。「自由は、衆理衆説の抵抗相攻より起こる。人民の衆理衆説抵抗せしむるは地方の政治を藩治専制の体裁の如く変通するに在り。然らざれば、徒に、廃藩置県するのみにて、其実は人民の精神気力を退歩すること甚し。故に曰、廃藩置県は今日より之を見れば、則其尚早こと明らかなり。人民自ら認得する自由とするに足らざる也[13]」。

やや分かりにくい意見かもしれないので、森の自由論を説明しておく。彼の自由論とは、自由に行動できる行為主体が、合理的な選択の結果、立派な人格や活力など生み出すとする、個人主義的功利主義に立脚していた。したがって、人々の集合体である社会や国家を進歩させ富強にするためにも、個人に自由を与え、なおかつ合理的な選択が出来るように、正しい情報を提供することがなによりも重要だった。森が明六社という啓蒙活動の拠点を作ったのも、このような自由論が背景にあったからである。「郡県」論には、人の人に対する支配の形態については中央集権的官僚制という以上の考えはなかった。すなわち、「衆理衆説の抵抗相攻」（ランダムな言論がせめぎあう）状態の中にこそ「自由」が生まれるといっているのだから、森にとっては廃藩置県以降の地方政治の実態は、「藩治専制」の状態よりも自由を抑圧していると見えたのであろう。

よりいっそうの自由の拡大のためには、「封建」(藩治専制の体裁)の方がいいという逆説的な結論に森は達していたことになる。「郡県」を否定しているわけではない。明治八年の段階では、時期尚早だといっているに過ぎないのである。

さらに、もっと根源的なこのような結論の出発点は、制度の大変革は「人心」・「過去の経緯」・「外国との比較」を十分考慮して、慎重になされるべきだという留学期の森の社会科学的方法論にあった。そもそも「制度」とは何か。それは、「文化」の一形態である。社会学や文化人類学の文化の定義では「生活様式」(way of life)である。重要なのは、その文化は二つに分けることができることである。一つは、人の心に内面化された「文化」である。狭義の「文化」とはこれを指す。ところが、文化には内面化されない、デュルケミアン風に表現すれば、行為主体から「外在化」された文化がある。それが「制度」である。ルールの体系と言い換えてもいい。

この議論を、「封建」と「郡県」に関連させると、「封建」は狭義の文化に大きく傾き、「郡県」は「制度」そのものである。そのことは、「封建」を擁護した公議所の議論を見れば一目瞭然だろう。「封建道徳」と言われることあるが、私は「郡県道徳」という表現を知らない。「郡県」は人の内面にかかわらない、純粋な「制度」論だからである。

ということは、両者は対立する概念ではなく、相互補完的なのだ。人の行動や道徳のレベルでは「封建」が実態に肉薄しやすく、制度レベルの改革論では「郡県」は操作可能で、特に変革期には不可欠である。しかし、森が公議所での提案で問題視していた、その制度変革が「人情時勢ニ適当」であるかどうかは、あまり考慮されないまま、急進的制度変革が推進されたのである。「旧物ノ破壊」「百事ノ一新」という明治初期の変革のまさしく先頭に立っていたように思われている森有礼は、急ぎすぎる近代化を心中深く憂えていたのである。

「封建」と「郡県」という問題に戻れば、「郡県的封建」や「封建的郡県」という両者の組み合わせをもっと理論的に追及すべきだったのではなかろうか。そして、このような可能性は、江戸時代の儒者にもある程度、自覚されていたのではないかと思われる。しかしながら行為と制度の自覚的区別のなさゆえに、そのような試みは中途で漠然としたものに終ってしまったように思われる。山鹿素行が次のように言っている。「封建・郡県ともに其道理多ければ一決し難し。窃に案ずるに、封建・郡県ともに、上に明主あつて是れを行ひ、下に良臣あつて是れを祐けば、いづれも天下至公にして、両ながら行はれて両ながら至大なるべし[14]」。また、曰く、「悉く封建せんというも、ことごとく、郡県にせんも皆偏説なり[15]」。「封建を行ふに郡県を行うの心を用ひ、郡県を行ふに封建の心を用ふるなあり[16]」。表現の明瞭さをこの文章は欠くが、このような行為と制度の未分化な発想は、明治初期まで続いていた。岩倉具視の「建国策」（江藤新平が書いたとされている）にも、「封建の形に郡県の意を寓し」とある。

社会科学の発達が、主要概念から、より下位の概念を分節化し、それらの概念の種々の組み合わせにより達成されるとしたら、「封建」・「郡県」という主要概念は、今の地点からみると、あまりに融通無碍で、論理的下位概念を発展させる知的努力が中途で終わっていたと言うべきかも知れない。

（1）園田英弘『西洋化の構造——黒船・武士・国家——』思文閣出版、一九九三年。
（2）「公議所日誌第十二」（『明治文化全集』第一巻、憲政篇）六三〜八三頁。
（3）『森有礼全集』Ⅰ（大久保利謙編、宣文堂、一九七二年）一〇頁。
（4）『岩倉具視関係文書』一（日本史籍協会叢書18、東京大学出版、一九六八年）一二九頁。
（5）同右、二八八〜三〇〇頁。
（6）園田英弘『世界一周の誕生——グローバリズムの起源——』文春新書、二〇〇三年。
（7）毛利敏彦『大久保利通』中公新書、一九六九年、一四五〜一五二頁。
（8）内藤遂『幕末ロシア留学記』雄山閣、一九六八年、二六二頁。
（9）『海軍歴史』Ⅱ、勝海舟全集9、講談社、一九七三年、一九三〜五頁。

(10) この時期の海軍を「二重所属の海軍」とした私の意見については、『西洋化の構造』一〇九～一一七頁を参照。
(11) 『森有礼全集』Ⅱ、五三～六頁。
(12) この点に関しては「森有礼研究・西洋化の論理——忠誠心の射程——」(『西洋化の構造』所収)を参考にされたい。
(13) 『森有礼全集』Ⅰ、二一頁。
(14) 『山鹿素行全集』思想篇、第五巻、岩波書店、一九四一年、一三一頁。
(15・16) 同右、一三四頁。

近代日本における「封建」・「自治」・「公共心」のイデオロギー的結合―覚書

松田宏一郎

はじめに

本稿で描きたいのは、明治期以降昭和初期までの「自治」をめぐる政治的諸議論において、中国の古い観念である「封建」がいかなる概念装置として再利用されていったか、さらには、日本の近代統治システムの基礎を構成する特殊な歴史的経験としてどのようにイデオロギー化されていったか、という問題の輪郭である。

既に、近代日本におけるナショナルな表象のひとつとして「国史」という枠組みを打ち立てるために「封建」概念が利用されたことについては、宮嶋博史の指摘がある。[1] 宮嶋は、日本の固有性が主張されるナショナルな「国史」が構築されるにあたって、皇国史観とともに「封建制」論が重要な役割を果たしたと指摘している。宮嶋が指摘するのは、明治期以降の日本で現れた「封建制」論とは、中国古典に基づく「封建」概念のインプリケーションから直接引き出されたものではなく、西洋に成立した（とされる）feudalism に対応するシステムが日本でも成立し、西洋と日本は近代化にとって共通の条件を備えるが、中国や朝鮮は異なっているという主張を基本枠組みとするものである。いわば「国史」の中に世界史の一般法則に対応する段階を埋め込むための装置として「封建制」概念が使用されたというわけである。宮嶋の指摘は、いわゆる「国史」というイデオロギーの構築に、他と比較できない特有の個性という要素である「皇国」の価値と、近代化の一般法則という普遍性の存在主張が併存していたことを明らかにしている。皮肉なことに日本のマルクス主義歴史学もまたこのイデオロギーの流布に荷担しており、『資本論』における日本の「土地所有の純封建的組織」という一節が、全体の行論から切り離されて一人歩きしてしまった点については、中世史家である保立道久が指摘している(2)。

本稿では、こういった研究の指摘をふまえつつ、明治期から昭和前期にかけて、「封建」概念が、ある一定の体系をもった政治秩序の構造と機能を、人々の認識の中で喚起させるために使用されてきた流れを整理し、その概念使用の事例を確認しながら、その理論構成の特徴を明確にすることに考察を絞りたい。

一　「封建」と責任感覚

「封建」と「郡県」は対概念として、既に近世の日本でも中国の議論を参照しつつ一種の比較政治制度論として論じられてきた。その概観は浅井清、石井紫郎、増淵龍夫らの研究によって示されている(3)。単純化を許されれば、「封建・郡県」論によって示される比較指標は、統治者が統治対象領域の保全に十分な執着があり、また民の「情」に反応することができる政治体制か否かであった。

もちろんこういった問題設定自体中国古典から引いてきた考え方である。魏の曹元首や晋の陸子衡による「封建」擁護論などは『文選』に収録されており、日本でもよく読まれていたものである。ただし、山鹿素行や荻生徂徠の「封建」論には慎重な留保がついており、一方的に「封建」を是とするものではなかった。それもまた中国の議論を参照しながらのものであろう。日本でもよく読まれていた『貞観政要』では、曹元首が批判され、「豈に以て侯伯（封建諸侯—松田補足、以下同様）とせば、則ち其の安危を同じくし、之を牧宰（郡県の長官）に任ずれば、則ち其の憂楽を殊にす容けんや。何ぞ斯の言の妄なるや。封君列国、慶を門資に藉りて、其の先業の艱難を忘れ、其の自然の崇貴を軽んじ、世々淫虐を増し、代々驕侈を益さざるは莫く、離宮別館、漢に切し雲を凌ぎ、或は、人力を刑して将に尽きんとし、或は諸侯を召して共に楽す」と皮肉られる。(4)「封建」における諸侯が暴君化しない保証はないというわけである。

荻生徂徠の場合は、「封建の道は、その、民におけるはなほかつ家人父子の意あり。郡県にいたりてはすなはちただ法にのみこれ攸り、截然として太公また恩愛なし」(『弁道』)とあるように、「封建」は統治者と民との距離を近づけ支配関係を情誼に基づく細やかなものするという考えがある。ただし、徂徠は統治者と民との心が通い合うといった理念そのものに価値を見いだしていたとは思われない。徂徠にとって重要であったのは「碁盤の目」(『政談』)のごとく整備された社会的な枠に万民が貼り付けられ、箇々の枠から誰も自由に動くことのできない安定した統治体制の確立であった。(5)

溝口雄三や増淵龍夫らが指摘するように、明末清初の中国における「封建」論者は、もし領地と領民を「私」のものとするなら大切にし、結果的にはそれが「公」ともなるという論理を展開するようになる。例えば、清初に顧炎武は、「天下之人各懐其家、各私其子、其常情也。為天子為百姓之心、必不如其自為、此在三代以上已然矣。聖人者因而用之、用天下之私、以成一人之公而天下治。……為其私、所以為天子也。故天下之私、天子之公也」として、郷土を守ろうとする「私」の意欲が「公」に転化するという議論を展開した。(6)石井紫郎の指摘によれば、こういった「私」から肯定的な価値である「公」を引き出す論理は、日本に現れた「預かり」といった論理とは対照的である。たとえば荻生徂徠による「封建の道」について「上より御預け」という概念と「我家の如く身に引受て」という概念が対立なくつなげられている点(『政談』)が挙げられる。徂徠の論理では、「預かり」、「引き受ける」からこそ統治における権力の抑制と「民」に対する感度が確保されるということになり、私有がもたらす権利意識とは別の論理構成になっている。徂徠によれば、「封建」は「世禄」―「知行」―「恩義」(要するに統治を「預ける」という含意であろう)の連鎖によって成立しており、これの反対概念は預かるのではなく命じられて支配する「代官の様」な統治と呼ばれる(『徂徠先生答問書』)。

さらに、統治階級の「身に引き受ける」意識に対応するように、「民」の方が一定領域に愛着と責任感を抱くといった議論も日本では発生した。たとえば太宰春台は「封建論」で「その地は我が国なり、その人は我が民なり。是に於いて社稷宗廟を立て、都邑城市を営し、田里を制し、溝洫を修し、封疆を正して、民と与にこれを守り、これを子孫に伝へて、上下、相ひ安んず(7)」と述べている。民の協力があてにできると考えられているようである。幕末では安積艮斎が「諸侯各その国を有すること数百年。士民恩沢を感戴すること父母の如く、一旦蛮夷之患有れば、則ち君臣上下同心脇力し封疆を守り社稷を護らんとす」として、「封建」制度故に対外的危機の際に「君民」の協力が期待できることを論じていた(8)。いわば「下情」は単に情報として汲み取るものではなく、統治の成立を下から協力する被治者からの働きかけという意味を帯びてきたわけである。

二 「封建」と「自由自治の精神」

「封建」が、「士民」によって共有される責任感を生んだという論理は、明治期に「独立心」という形に読み替えられていった。これは中国の「封建」概念に、西洋の当時の「文明論」における発展段階的時代規定としてのfeudalismが混入されたことが大きく影響している。

例えば、福沢諭吉の影響が強い『郵便報知新聞』に「分権論」(『郵便報知新聞』一八七五年一一月二七・二八日)という論説がある。この論説は、近世における「封建」制度による各地域の自立性が「独立心」を持つ地方エリートを生んだという主張をしている。これによれば、「一国人民の自由安寧を保護せんが為め其独立を計るには、一身一家の独立と一国の独立とを以て足れりとせず。其間必らず無数の独立莫る可からず。一村一区の独立、一郡一州の独立、商会宗旨の独立等の類即ち是なり。若し夫れ是等の独立無きときは、饒令其国の人民如何程に自由の精神有り独立の気風有るも、十分に其功用を成す能はず」として、中間団体の「独立」と「自由の精神」がナショナルな独立の基盤であり、その歴史的な条件として日本における「封建制度」の遺産が機能するという。「封建制度」においては他の地域との競争意識が活性化するため自治的な秩序形成を担おうとする意欲ある地方エリートが生まれるからであり、「民」一般の「自由の精神」の問題ではない。この論者によれば、封建制度自体はインドをみてもポーランドを見てもかつての日本を思い返しても「冷汗背上に溢る豈此制度を嫌忌せざる可けんや」というほどであるが、少なくとも独裁的権力に対して、「此制度（封建制度）にては、国事を負担し自から任ずるの重きもの、独裁政府の如く寡少に非ずして、国中数百の侯伯なり数万の士大夫なり皆此任に当りたるものなるが故、自から其志操も高尚になり進退動作も秀雅に趣くもの寡なからざる等の益無きに非らず」という点でメリットがあるという。(9) 領地を支配するという意味での「国事」に責任感を持つエリートを歴史的に生み出してきたのは「封建」のおかげだという論理である。

福沢諭吉は、こういった明治期の「分権」をめぐる議論に絡んで、日本が非西洋圏では例外的かつ特権的に「封建」の歴史を持ち「自治の精神」を生んだという論理を明確に打ち出していった。福沢による一八七七年の「分権論」では、「其自治の地位を占め自治の精神を養ふの路は、地方の治権を執て公共の事に参与するより外に、実地の良策ある可らず。故に地方分権は外国交際の調練と云ふも可なり」とある。「自治の精神」は国家の独立を担う気概の素地と位置づけられるわけだが、こういった公共のことへの参与による「自治の精神」の涵養には歴史的背景があることが、例えば『通俗国権論』（一八七八年）の中で次のように述べられる。

日本の人民は薄情にして報国の心なきが如くに思はるれども、其実は決して然らず。百姓が家柄の本末を争ひ、田畑家屋敷の境界を争ひ、尚ほ上て隣村互に宮寺の普請を競ひ、相撲芝居の興業を競ひ、或は村の界を争ひ、山林秣場の入会を争ふ等、事々物々日々夜々、競争の念あらざるはなし。其際に当ては唯利を貪るの一方のみならず、面目を重んじ正理を守り、甚しきは尺寸の村境を争ふが為に、幾家の産を空うし幾人の命を失ふたるの例は古来珍らしからず。悉皆報国心の一斑と云ふ可き者なり。（中略）又封建の時代に各藩相対するの事情は競争の最も甚しきものにして……。是等の事実に由て考れば、日本の人民決して報国心に乏しからず、唯其心の狭小なりしのみ。心の狭小なるに非ず。之を用る場所の狭小にして、彼の広大なる日本国なるものを知らざりしのみ。報国の心は殆ど人類の天性に存するものにして、其元素は何等の事情事変に遭ふも、或は専制暴制等の働を用るも、決して消滅す可きものに非ず。豈日本人にして独り此心を欠くの理あらんや。(10)

「封建」が藩同士の競争を生み、競争は「人心結合」を生み、「報国心の源」となる地方レベルでの自治意識ができたという。福沢はこれを「国権」意識に結びつけようとするわけだが、「封建」と「競争」の概念連関がその出発点として置かれている。

福沢の場合、「封建」と「競争」の連関は、J・S・ミルやフランソワ・ギゾーから学んだ部分が大きい。ミルはギゾーの『ヨーロッパ文明史』を書評しながらギゾーのアイデアを「整序された闘争」systematic antagonismととらえて、「文明」の発展に不可欠な動因として概念化していた。(11) ギゾーは『ヨーロッパ文明史』で、feudalismと中間団体の競争における活力の関係を強調しているが、福沢手沢本の *General History of Civilization in Europe* 第四講を見ると、feudal society における自由は文明化していないばらばらの人間の自由ではなく、また身分や権力機構によって得られる序列が保証する権威によるのでもなく、個人が固有の社会的基盤を前提に発揮する自由であると論じている箇所で、福沢は「封建の自由は一人の自由に非ず」という書き込みをしている。(12)

福沢は『国会の前途』（一八九二年）では、「日本国民は二百五十年の間、政権こそ窺ふことを得ざれども、地方公共の事務に於ては十分に自治の事を行ひ、政府の干渉を受けざること久し」としていた。(13) これを可能にしたのは、「実のない専制」という形での日本の「封建」制度であったという。福沢によれば徳川時代の「封建」制度とは、諸侯への権力の分散が中央集権の弊害を抑制する制度ということだけを意味するものではなかった。たとえ封建諸侯に権力が分かたれていても、それぞれの領地内で圧倒的な集中的権力が成立していれば、それは「専制」に他ならない。しかし、福沢にとって日本の「封建」制度の場合、表向き「専制」が確立しているように見えても、実はその「専制」が実効性を制限される隠された工夫が組み込まれている仕掛けが存在した。しかも、この「封建」制度の強調は、西洋の思想家が抱くアジア的な「専制」権力といった見解に対抗できるナショナリスティックな、あるいは日本を除く「アジア」に対する日本特殊論的な歴史観を提供するものであった。

日本は其国土こそ東洋に在りて支那朝鮮と相隣すれども、其政事人情は全く隣国に異なり。外面の体裁は専制国に相違なけれども、裏面に廻はりて内部の実際を探り、之を知ること愈々詳なるに従い愈々其専制ならざるを発明す可し。既に専制国の名ありて専制の実少なしとすれば、他に治国の要素なきを得ず。即ち其要素とは君民共に其意を逞ふするを得ず、冥々の間に相互に制せられて各その分限に止まるの習慣にして、法律の明文こそ簡単不完全に似たれども、習慣の力は法律よりも強大にして、之を敢て背く者なし(14)。

日本封建の君主は、将軍にても藩主にても名は専制の君位に居ながら専制の自治を行ふを得ず。偶ま暴君ありと云ふも唯身辺の奢侈我儘に止まり、其狂暴を政治上に施したるものなし。既に政治上に専制の実なしとすれば、君主の明暗は政治上の得失に影響すること著しからず。明君必ずしも政府をして明ならしむること能はざると同時に、上に暗君を戴きながら政務の挙るものあり(15)。

この、アジアでは日本にだけ備わったとされる巧妙な仕掛けによって、日本では「自治の精神」が「封建」のもとに涵養されたと福沢は主張する。

左れば地方自治は古来日本固有の制度にして、国民の之に慣れたること久し。王政維新の一挙万物を破壊して、自治の旧制度も多少の余波を被りて一時人民の方向に迷ふ折柄、近来に至りて政府より地方制度なるものを発し、其精神は専ら人民自治の基を固くするに在りと云ふ其趣を喩へて云へば、西洋熱心の人が日本作りの家は因循なりとて之を破壊したれども、去りとて純然たる西洋建築も住居に不自由なり、又古風の日本流も勝手宜しからずとて、和洋折衷の新宅を作りたるが如し。徳川時代の自治制度は君主政治の下に適合したるものなれば、今日の立憲政体に遭ふて其まま行はる可きに非ず、多少の取捨ある可きは当然のことなれども、旧制度も新制度も自治は即ち自治なり、其新制度の円滑に行はれて正に立憲の新政体に適するは、古来我民心に染込みたる自治の習慣こそ有力なる素因なれ。人間世界、無より有を創造す可らず、唯僅に形を変ず可きのみなれば、今の当局者も地方自治制の発明者創造者を以て自から居ることなく、新旧取捨の際に小心翼々、謹慎に謹慎を加へんこと我輩の祈る所なり。(16)

福沢が西南戦争の頃にトクヴィルに言及しながら「薩摩の社会を評すれば、藩政の大綱は専制なれども、藩士相互の細目は自由自治の風あり、恰も自由の精神を以て専制の君に奉じたるものなり。薩兵の強きは特に此自治自動仲間申合せの致す所なり」(「[頭書] トウクビルデモクラシ初巻第三百二十八葉を見れば、カトリキ宗の国権を論じたり。其旨暗に本論に符合する所あり。トウクヴビルは先づ余が心を得足るものなり。専制の下に国権の人民ある可し。間違なき議論なり」)といったメモを残したのも、日本の「封建」はたんなる専制的権力の一定の分散ではなく、専制的権力の「名目」の裏にこっそり仕組まれた「自由自治の精神」の仕掛けであるという見方をとっていたからである。(17)

福沢にとっては、「報国の心」と「自由の精神」および「競争」の心性を組み合わせとして称揚するにあたって「封建」は有用な伝統的概念であった。「封建」の再評価により、ナショナリズムの確立と伝統的権威主義からの個人の解放という二つの理想を、不自然な制度輸入や野放しの利己的な利益追求という非難から自由にすることができるからである。

井上毅「地方自治意見」(一八八八年)は、競争的な秩序を称揚する福沢とは異なる、あるいは対抗する観点から「封建の時」の統治システムと「自治の精神」の涵養を結びつけていた。井上の場合、「封建」と「自治の精神」を媒介するものは、分散した中間団体の権力による「専制」の抑制システムや「競争」ではなかった。福沢が、多元的に組織された権威と利害が相互に牽制しあうシステムを想定していたとすると、井上が「封建」に見ていたものは小さな箱の中におさまった小さな自発的協調の秩序であった。井上にとって統治とは、ばらばらの被治者を箇々に秩序の中に押し込んでいくのではなく、既に自発的に作られた小秩序を中心権力が後見的に監督するような仕組みであった。したがって、井上によれば、「封建」時代の「自治の精神(マインドではなく本質といった意味であろう)」とは、村レベルでの名望あるリーダー、共有財産、村掟の三要素であり、これは「封建」領主に従属する組織の末端として従属的に組み込まれたものではなく、各村固有の権利と自前の秩序の核をなすものであった。

日本に於て地方自治の萌芽は村邑に於て夙に封建の時より発生したるは左の三つの事実に依り之を証明することを得べし。

第一　村邑の長、荘屋と称へたる者は、総て其村民中の名望ある者にして或地方に於ては(滋賀県および関東の地方に多し—原文)人民の公選を以て之を任じたり。又荘屋は封建大名の官吏に非ざりし証拠は、大名の封土を移されて他の国に転ずる時に荘屋は嘗て其大名と共に移転することなし。

第二　各村に共有の財産ありて、山林または草場を所有し従て一村の経済ありし。

第三　各村限、約束を設け、或は罰則をも設けたるあり官林を盗伐したる者は、其の村を追放し(中略)故に村の自治は其萌芽を培養して、以て今日憲法上の機関となすに尤必要なるは疑を容れざるところなり。(18)

この「自治の精神」が維持されるならば過重な権力を用いることなく地域レベルでの自発的な秩序維持が期待

できるということになる。[19]

明らかに福沢と井上では論理的な筋道は対立するが、近世において定着していた分権的システムによる経験の蓄積が「自治の精神」を日本社会に埋め込んだという主張は、両者に共有されている。ただし、福沢が、「封建・競争・自治」の組み合わせによって日本が「東洋諸国」と異なる条件を強調する傾向あったことに比較すると、[20]井上はアジアの中で日本だけが特に優れた条件を備えているといった議論自体にはそれほど関心がなかったように見える。井上はフランシス・リーバーの『自治論』から「亜細亜地方の国において地方自治の制ある国ありと雖も、一国の自治政府なきを以て自由あらず」という一節を書き出しており、しかもこれを書き出した意図は、リーバーの議論からすると逆説的にも、「自治」概念の原理的な敷衍は西洋的な「民主主義」の意識を生んでしまうので、日本では慎重に限定的に使用すべきであるという教訓であった。井上にとってアジアにナショナルな「自治政府」がないことはそれほど嘆かわしいことではなかった。[21]

別の視点から福沢のような主張を批判する議論もあった。「封建」こそが「自治の精神」・「独立の気象」を押し潰してきたとする主張である。徳富蘇峰は、『将来之日本』(一八八六年)において、「封建社会に於ては、上み征夷大将軍より下も庄屋に至る迄、皆一様に上に向ては無限の奴隷にして下に向ては皆無限の主人なり。然るが故に社会の位置なるものは唯一の鉛直線にして何人と雖ども、何時と雖ども、決して同地位に立つことを許さず、如何なる場合に於ても其関係は皆上下の関係なり」と述べ、そこに「自由の精神」などが生まれる余地を見いださない。[22]蘇峰のもとで活躍した民友社の竹越三叉が、「封建制」の長い経験から「自治の精神」が「自然」に発生したという主張を採用しているのは、慶應義塾出身のためであろうか。竹越の『新日本史』(一八九一〜九二年)では、「封建制度の下に於ても二百余年の歳月は自然に一種の地方自治制を生じたり、是れ実に日本国民が水火の圧抑を経て猶ほ今日あるを得たる大原因なりき。而して庄屋、名主は小なる代議士と郡長の如き半官半民の性質を有して、此の自治制を管理せり」と述べている。[23]「封建制度」は抑圧的だが「自然」の「自治制」を生む環境でもあったということである。宮嶋博史も指摘するように、田口卯吉・竹越三叉・山路愛山などの歴史論では、日本が西洋的な国家に転化するのはいわば歴史に裏付けられた必然であるという考えを後押しする役割が「封建制」に込められていた。[24]ただし、福沢と比較すると、それらの事例は、国家を発展させるという意欲が国民一般に歴史的に準備されているはずであるという主張に重点がかかっており、その点では、蘇峰の「平民主義」を応用したものともいえようか。

あるいは、植木枝盛は次のように述べていた。

吾輩は之を信ず、家を聯ねて社会を為す者は封建に由つて起る者なりと、封建に非らずと雖も未開の時に当つて行はるるものなりと。何を以て封建に由つて起るものなりと云う乎。封建時代に於ては其一君侯が其国内の一藩地に封せられし如く、其一功臣が其一州内の地面に封せられ、或は若干の石禄に封せられ、其君侯が其藩地に主人たる如く其一功臣が其一領地に主人と為りしなり。其の臣下たる者は此の如くにして其家を起したる者なるが故に、其家に於ては必ず一家の戸主と称すべき者なきを得ざりしなり。此時に当りては戸主は一家の君主なり。妻子眷族は一家の臣下なり。戸主は家族を保管し、家族は戸主に保管せらる、一家にして戸主なきを得ざらんと欲するとも、得べけんや。聯家成国是に於て乎起らざること能はざるなり。社会の境遇に於て然らざるを得ざりしなり。何を以て聯家成国は未開の世界に行へるると云ふ乎。斯る時に在りては人々に自治の精神なし、独立の気象なし、多くの者は自から支配すること能はず、而して人に依頼す。是故に一国の民衆は一国の君に依頼し、一家の子女は一家の父に依頼す。一国に一国の政府あるが如く、一家にも亦一家の政府なきを得ざるなり。其の一国の大政府は其の一家の小政府を聯ねて仕組む所のものと為さざるを得ざるなり。是れ其の当時に於てする所の実情なり。是に於て乎聯家成国乃ち行はれんのみ。[25]

植木の言葉遣いは明らかに福沢を意識し、しかも福沢の主張を逆手にとったものである。ここで、植木の「聯家成国」批判は、「封建」の利点が依頼心の体系化に裏から支えられていることを明らかにし、それが個人にとっては抑圧的であると論ずるのが狙いである。また植木からすれば福沢と井上毅の一見対立する主張は裏でつながっていることになる。「聯家成国」という重層化された団体による国家構造は「自治の精神」を育てるものではなく、よく統治された国家に人々の精神を囲い込むものだからである。

以上見たとおり、「封建」の記憶が、公共的関心を重層的に編成し「報国」へ結びつけると同時に、国民国家レベルの統治にあたって中央政府に過度な負担がかからず、国民の自発性を引き出すことのできる効率的な仕掛けに結びつき得ること、そしてそれがアジアでは（少なくとも伝説上の中国古代を除けば）日本にだけ特有の歴史的蓄積であるといった主張は、明治前半期においてある程度流通していた論理であった。ここで論者たちが暗黙のうちに共有していた要素がある。それは、「封建」制度は、血縁集団や職能集団ではなく、一定地域を「自治」的に管理する能力を育て、また同時にその能力の発展に依存すると想定している点である。

この発想は、明治末に日本の地方の経済社会状況の危機を感知し、「自治」の立て直しによって切り抜けようという主張に継承された。「自治の精神」は本来日本社会の地方の隅々に厚い蓄積と深い根をもったものであるが、都市化・産業化によって危機に陥ったという筋書きが与えられた。地方改良運動を推し進めた内務官僚の井上友一は、「我邦の精華として長く一世に誇るべき国民奉公の精神と公共の情誼とは固より已に卓越せるものあり」として、その特別に豊かな「精神」的財産を活かすべきであるという議論をする。井上によれば、「今嘗に我邦地方の実状について之を観るに都市の自治はもと之を欧西の都市に比せば固より遠く及ばざるものあり、然れども郡村の自治に至ては其発達の素養之を泰西に比して必しも遜色あるにあらず。先賢の知、民風の美も亦頗る観るべきものあり」、「我郡村の自治団体に就て其治績の観るべきものを採り其由て来る所を察するに独り掌理の任に膺れる当局者の瘁励克く事に従ひ団体を見ること猶ほ一身一家の如く殆んど終生の地として熱誠其力を竭せるのみならず其士民の総べても亦相倚り相佐けて共に自治の擁護者たらんとするの覚悟あるによらざるはなし」とされ、都市においては「自治」は十分に発揮する基盤がないが、農村においては西洋以上の蓄積があるという。(26)このように、歴史的背景をもった「自治」の素質に梃子入れをすれば、急激な西洋化・都市化によって危機にさらされた秩序意識が農村に浸透することを防ぐことが可能だという主張がなされた。(27)

三　朝鮮「封建」欠如論と「公共心」

明治末頃から、国内の経済社会状況への対応だけでなく、朝鮮および中国社会を分析する必要がきっかけとなり、再度「封建」概念が日本の知識人および官僚をとらえた。その際発見された論理は、「封建」の経験をもたない社会は、「自治の精神」や「公共的精神」が欠如しており、そこでは「発展」の契機を内発的には持たないという筋書きであった。日本では西洋なみの「発展」故に「自治の精神」が危機にさらされているわけだが、朝鮮・中国では「自治の精神」が欠如しているために「発展」できなくなっているということになる。

こういった議論は、経済学・社会学の分野における朝鮮社会の観察からよく見いだされる。日本の知識人が気づいたのは、人間が(専制的で強引な権力の行使なしに)「自然」に暮らしていれば、地域の共同生活の必要性から、地域のまとまりや利害の調整が「自治的」におこなわれるという期待は、実はあたりまえのことではないという事実であった。「自然」な「自治」は、(日本を除く)アジアでは少しも自然な展開ではなかった。そこで欠如している「封建」の蓄積のかわりに何を投入すれば「自治の精神」が得られるのかという議論が起きた。

典型的な事例は、一九〇二年の朝鮮(当時大韓帝国)調査を経て発表された福田徳三の議論である。福田によれば、国民経済の発達のためには、経済活動の単位を構成する個人としての人格の自由と私有財産の権利の確立が必要であり、歴史的には「封建化 Feudalisierung」という段階を経ることによって、土地と人が「太古の共有共産」制度から解放されなくてはならない。しかし朝鮮社会は「封建」制を経験していないため「経済単位」の基礎となる土地所有の観念も土地所有者の観念も発生せず、また自律的な経済組織は発生せず「官府の用」に応ずる同業組合があっただけであるとされる。[28] ちなみに福田によれば日本における「封建」時代は、荘園制の発達した平安後期から戦国末期あたりまでを想定しているようである。

そこから日本が朝鮮社会の経済発展を指導する役割を果たさなければならないという主張も導き出される。

封建的教育は世界の文化史上尤も完美なるものの一に属し、土地に対しては尤も集中的の農業者たり、人に対しては韓人の尤も欠乏せる勇敢なる武士的精神の代表者たる我日本民族はたとへ境を接するの便なく、政治上之れを必要とするの事情あるなしとも、猶ほ且つ封建的教育と之に基づく経済単位の発展とを欠く韓国と韓人とに対しては其腐敗衰亡の極を致せる「民族的特性」を根底より消滅せしめ、以て己れに同化せしむべき自然的命運と義務とを有せる「有力優勢なる文化」の使命の重きに任ずべきものにあらざるか。[29]

ここに現れる「武士的精神」という語は、同時代の新渡戸稲造の『武士道』（一九〇五年）と同様に、道徳心と独立心の理想的合一が歴史的に人間モデルとして用意されているとする想像上の産物である。福田は別の論文で、日本には武士的道徳の伝統はあるが商業道徳の伝統はないと述べ、「日本では経済単位の発達と云ふものが甚後れている、社会上経済上個人性と云ふものが充分に発展していない、即ち『個人』の経済上の真価が発揮して居らないと云ふ事にあると思ふ」としていた。[30] 福田の論理は、そもそも私的利益と権利を守る考えが発達しなければ、自治的団体を構成することもできない、そしてその段階を経なければ、資本主義の発展もできないということである。「経済単位」の未発達こそは、西洋の水準から見たアジア的な経済的遅滞の原因とされており、日本にも「アジア的」問題が見られるが「武士の精神」が欠けた朝鮮社会にはさらに困難な状況が見いだされるとしているわけである。[31]

他方、『朝鮮経済史』（一九二八年）を著した猪谷善一は、朝鮮には「封建」の伝統は欠けているが、地方自治の伝統としての「契」の伝統に着目すべきであるとし、それが資本主義化の波によって壊れつつあると考えた。

夫れ五百年に亙る李朝は国家力経済力なき社会であった。隣邦強国間に介在して政治的には統一的中央集権を行ふ能はず封建制度を欠如して経済的に国民経済否都市経済をも実現するを得なかった。契は此国家力なき経済力なき民衆に湧起したる自然的所産である。[32]

ただし、仮に「契」の伝統を維持しても、それは成員を超えた公共性をもつわけではないので、そのまま近代国家的な地方自治に組込めるわけではないと見ている。猪谷は、朝鮮経済の問題を発展段階としての「封建」の欠如の問題というよりは、日本が歩んできたのと同様、西洋化による伝統的社会的紐帯の解体の危機（「個人主義的進化思想による協同慣習の破壊」）から捉えていた。

さらに、猪谷の見解を批判した白南雲は、李朝の「警察国家」的統治が本来朝鮮社会にも備わっていた「自由競争主義」や「個人主義」の気風を失わせたのだと主張した。[33] 後に白南雲は『朝鮮社会経済史』（一九三三年）で、福田や猪谷の朝鮮経済史観を批判し、朝鮮にも「封建社会」の段階が存在したと主張した。ただし『朝鮮社会経済史』の本論自体は「原始氏族共産体」と「三国時代の奴隷経済」までの記述で終わっている。

こういった経済的発展段階論とは別に、朝鮮社会には歴史的に「公共心」が用意されていないといった見方は普及していた。たとえば、『京城日報』における次のような観察はその典型である。

永年弊政の結果として、朝鮮人には公共心薄く、共同して里邑の事業に当ると言うの美風欠如し、何事も官府に依頼して、自ら進で其事に当らむとするもの殆ど無し。納税義務を閑却するが如き、共同的に衛生の方法を講ずることなきが如き、河川道路の荒れたる儘に看過するが如き、何れも公共的精神の欠る所あるより来る結果ならむ乎。果して然りとすれば、先ず模範農村民の公共心を涵養して、其里邑内の事は、其里邑民が自ら衛り、自ら営むと言うの美風を発揮せしめ、此範を実地に示して、一般の農村民を利導するに努むるを要す。此事たるや唯だ講話や、口頭の勧誘にては、克く其効を奏する能わず。要は面里長に其人を得て、里長が里民を率いて、之を実行し以て指導するにあり。若し夫れ其里長にして、徳望ありて里民の信頼厚ければ、其美風を発揮せしむること決して難きにあらず。郷に高徳の君子一人あれば、郷党其徳に感化せらると言う。是故を以て、吾人は地方官が能く面里長の選択に深く心を用いられむことを切望せざるを得ず。(34)

朝鮮社会に一般に見られる「公共的精神」の欠如は、地域で名望ある人物が行政の責任者となる伝統がなかったからであるという説明である。ここに言及される「模範農村」概念は、日本の地方改良運動における「模範村」指定の論理と連動し、日本の指導性を示す意図が込められたものである。「公共の精神と共同の精神と自立の精神とを一般民衆に徹底せしめる必要」があるため「面吏員の内地模範村への派遣」も論じられた。(35)

あるいは、発展段階上の欠如を嘆くのではなく、朝鮮社会において「自治の精神」の歴史的萌芽形態を意図的に再発見する試みもなされた。富永文一（黄海道の総督府事務官、のちに咸鏡北道知事）は「往時の朝鮮に於ける自治の萌芽　郷約の一斑」と題する論文において、李朝が「警察国時代」であったために「自治」が抑圧されていたにもかかわらず、その下でおこった郷約運動について、「郷約団体は実に一種の公権力を有する自治的団体に近似」、「自然に発生した行政的団体」であったとする。

郷約は士林間の私約であつたが、朝廷之を奨薦し其の普及を助成した形となつて、本来の道徳教たりしものが暗黙の裏に国家公権に属すべき権力の行使を認められ更に進んで各種の社会公共的施設の経営に任じて化民成俗の理想を実現するの傍ら、地方民の生活の安定を計り円満なる地方の発達を期せんとする社会救済的の団体ともなつたのである……隣保相助の美風は郷約に依つて具体化せられ、郷村の秩序を之に依つて保持

せられ、立派な自治的郷土となつたのである。(36)

「警察国家」という概念は、ビュッヒャーの段階説を用いつつ福田徳三が近世日本を性格づける際に用いており、「封建」制度が中央集権的で専制的な体制に変化すると「専制的警察国家」になるとしている。ただし福田のいう「専制」制度は、「封建」制度が基盤となって発生した多様な権利主体を中央権力が集中的に統制していく段階とされていた。日本の場合は徳川時代が「専制的警察国家」にあたるとされる。(37)福田は朝鮮社会が「封建」以前の段階で停滞したと考えているのに対して、富永が李朝時代を「警察国家」としているのは福田の朝鮮社会に対する規定を批判しているのかもしれない。先にみた白南雲の主張はこの点富永に近い。

富永のように、「自治の精神」を生み出すものとして、朱子学にもとづく教化としての郷約を意図的に美化するのは、正常な発展において経験すべき「封建」制度という歴史的段階が欠落した以上、道徳的教化と一種の精神主義によってしか「自治の精神」を植え付けることはできなかったという、一種の「アジア」的発達の特殊な条件といった視点が組み込まれたものである。

四　中国「封建」欠如論と中間団体

「封建」段階の欠如は、個人ないしは「家」や「村」と国家との間の中間団体が担うべき社会的・政治的統合機能の欠落問題ではないかという議論も現れた。すなわち、「封建」を経験しなかった社会では、小集団の「自治」が国家レベルの統合と無関係に存在するという見方である。特に中国社会の特質をいかに規定するかという関心に即してそれがよく見られる。

内藤湖南の「支那論」(一九一四年)は、その比較的早い原型的なものである。内藤は次のように述べる。

支那では随唐以来人民の自治は存在しているが、官吏は自治の範囲に立ち入らずに、唯文書の上で執り行

ふ所の職務だけを行っている。どちらかと云へば官は人民を治めないと言ふことも出来る。(中略)

詰る所近来の支那は大きな一つの国とは云ふけれども、小さい地方自治団体が一つ一つの区画を成して居つて、それ丈が生命あり、体統ある団体であるが、その上の之に向つて何等の利害の観念をも有たない所の知県以上の幾階級かの官吏が、税を取るために入代り立代り来て居ると云ふに過ぎない。それで謂はば殖民地の土人が外国の官吏に支配されているのと少しも変わらないのである。(38)

民の「自治」と国家を媒介するものが欠如していて、国家は統治をしているというよりもバラバラに自活している小団体の上に乗って税を徴収しているだけであるという指摘である。そのため内藤は、中国の統治は既に自ら「植民地」化してしまっていると断ずるのである。

他方、おそらくこういった観点を踏まえながら、吉野作造は、日本人の視点から中国社会を見ると自治的団結力が強いのか弱いのかわからなくなり混乱するが、新たな視点からその独自の発展を評価すべきであると説いた。

そんなら支那人は、徹頭徹尾個人主義で押し通し、如何なる場合にも団結しないかといふに、さうではない。この点は詳しく説明すると長くなるから略するが、ただ結論だけを二言すれば、実利の為めには団結するも、空名の為めには決して団結しないと言つていい。国家的団結は空名に集まるものだとは一概にいふことは出来ないが、支那に現れた従来の国家組織、昨今現はれてる国家的構成に至つては、格別実利的な支那人から観たら成程空名の団結といはれても仕方があるまい。故に支那人は本来国家を嫌がるのではない、今迄のやうな国家なら御免を蒙るといふのであらう。羹に懲りて膾を吹くの嫌ひがないでもないが、考へやうによつては、支那人も却々《なかなか》隅には置けぬと褒めていいところもある。斯くして彼等は、余りに利益に鋭敏なるが故に、容易に国家的団結に集つて来ないのであるが、自分達の利益に直接の関係があると分ると、今度はあべこべに驚くべき巧妙にして堅固な団結を作ることは、各地に見るところの商務総会とか、自治会とかいふものに現はれてゐる。この方からいふと支那の面目はまるで別人の観を呈し、その自治的能力に於いて恐らく世界第一の天才だと言ふことも出来よう。是等の点も相当に知られてゐる事実だからここには詳しく述べぬ。之を要するに支那民族は団結の力に依つて生活発展を図るといふ技能に於て、決して何の民族にも劣るものではない。唯、幸か不幸か国家的団結といふ方面に於いてのみ、著しく晩れて居る。これ、支那人は個人としては強く、国民としては弱しといはれ、又、支那といふ国家は滅びるかも知れないが然し支那人は永久に世界に繁盛するだらうなどと言はるる所以である。この点からまた支那人は或る意味に於ては怖れられ、或る意味に於ては侮られる所以でもある。然しながら支那人は結局何時までも人に侮られて甘んずるものだらうか、何うか。世界の変り目に立つてゐる我々の眼には将来の予想は過去を基礎としては立て得ない。そこで支那の将来に就いても茲に一個の別見識を立てねばならないのではないかと考へる。(39)

この意見では、この時期の吉野が、ナショナルな統合のみを正常とする日本からの視点を疑問視し、多元的自治組織による社会の構想に関心が向いていることが反映されている。(40)

「自治」と国家が分裂している中国社会という像にマルクス主義的歴史観が強く関わると、発展段階としての「封建」の欠落問題はより図式化される。中江丑吉は、慎重にマルクス主義の発展段階説との距離をとっているとはいえ、「支那の封建制度に就て」(一九三一年)という論説で、「日本の封建社会を全く欧州と同様の範疇に入れても差支へない事はマルキストも亦排マルキストも異議の無い筈である。自分は支那が日本に先立つて資本主義社会との接触を得たに拘らず、何故に今日まで支那に近代国家が産出されないかと云ふ回答への観察点を先づ此所に置く。即ちヘーゲル流に云へば、近代国家は中天から下降した任意の産物でなく、封建社会へのアンチテーゼとしての発生物だからである」としていた。この結果中国社会がマルクス主義で期待される段階を踏むとは限らないという認識を示すことになる。そこで、中国社会は「封建社会」という近代国家と資本主義への正常な段階を踏んでいないため「アジア的社会」と呼ぶしかないという。[41]

中江は、ここでいう「アジア的社会」というのは、教条主義的なマルクス主義者が理解するような「原始共産社会」のことではないと注記でわざわざ断っており、マジャールの「アジア的社会」の説明が妥当であると述べている。マジャールは一般的な原始共産制とは別に「アジア的」な専制国家を想定しており、ウィットフォーゲルなどと共通する中国観をマルクス主義の枠に沿いながら主張していた。[42] 中江は、なぜ中国の発展は特殊なのか、という関心からマジャールの論に接近した。[43]

そして、中江丑吉は、「支那経済組織の根本は、仮令幾多の変遷があっても、依然として自治組織によった村落団体であり、この無数の細胞は何等独立的な中間的支配力を経由せず、唯一完全の土地所有者である天子の下に集合して、支那帝国を形成して居た」とする。中江丑吉によると、中国の経済構造は停滞したまま時折主権者が交替するだけであって、そのことは社会の発展に何のかかわりももたない。[44]

中江の議論に影響を受けた社会学者（当時満鉄調査部）である清水盛光も、中国の政治体制について同様の見方をとっていたが、清水はデュルケームなどの社会学的理論を引きつつ中国社会の社会学的規定を試みた。それによれば、中国社会が国家として有機的に統合されていないのは、その社会構造がデュルケームのいう「環節社会 société segmentaire」の段階にとどまっているためであるという。「環節社会」とは自足的な小集団が併存している状態で、多様な社会的分業と諸機能の有機的連関が成立していない状態を指している。清水によれば中国では村落自治体が「環節社会」の単位となっていて、そのような状態にあっては、「個人格が村落の共同体生活に吸収せられ、国家に対しては僅かに階級的支配の対象のみとなり、政治はただ被治者の服従の中にあると観念せられる。政治的暴風が常に民衆の生活環境やその生活意識と無関係な上層圏に発生し、而もかかる暴風雨の収まるところ、絶えず専制権力の樹立を招来した理由は、以上のごとき社会事情によるところが多かつたのではないであらうか」という。「政治的暴風」という比喩は、中江丑吉の「支那の封建制度に就て」がマルクスの『資本論』から引いてきているので、清水が中江かマルクスそのものから引用したのであろう[45]。

ただし、一九四〇年代に東亜研究所と満鉄調査部による中国農村慣習調査がおこなわれると、清水のような規定は中国の村落共同体を強いまとまりをもった単位として考え過ぎているという批判があらわれた。中国社会における村落共同体の実体性に懐疑的な論者たちにすれば、中国社会はもっとバラバラなとらえどころのない社会である[46]。

中江らの分析と同様、中国社会には自足的な家や村の共同体は存在しても、それが有機的に構成されて国家としてのまとまりをもつことができないという想定をもとに、橘樸は、満州における「王道」の実現のために「郷約」を「現代化」して応用すべきであると主張した。既に見たように、朝鮮統治論においても「郷約」を自治的伝統の再発見として位置づけようとする試みがあったが、橘の満州における「王道」論の場合、単に伝統の再発見をし「精神」を鼓吹するのではなく、それを「現代化」し、共同体と国家をつなぐ伝統的な装置として再生させねばならないという。橘は次のように述べる。

宋代の郷約は主として約民の道徳生活を規整するに止まったが、元代には早くも部落共同態内の自生的な行政、経済機能を吸収し、明代以後は政治家の意識的な努力によりて官府行政の補助機関たる性質を附加せられ、其結果前記の如き広汎複雑の内容を与えられることとなった。(中略)

次に考えねばならぬことは、郷約制度の現代化である。郷約の精神は申すに及ばず其諸機能中には現在の満洲に於ける農村共同社会に妥当する要素が多く含まれて居るのであるが、然しそれには形式的にも実質的にも、近代的標準に照して補正を要する点が尠からず認められる[47]。

また橘は、長谷川如是閑との対談で、日本社会の原理は「忠孝一本」だから「道徳的基礎」としての家族から天皇への忠誠および「西洋的な民族意識」までが問題なくつながっていくのに対し、中国は「郷家一貫」であるために、自足的な共同体が「ばらばらの地方主義」としてひしめきあっているだけであると述べている。(48)橘の説明を受けて、長谷川如是閑は、西洋と比較して日本の「封建時代」の特色は、天皇に対する忠誠を中心とした国家的な統一意識が底流として存続し続けたことにあるという。(49)日本の「封建時代」には「日本的特殊性」があったが故に西洋型の国民意識形成に役立ったという論理である。

五 「封建」の喪失と「封建」の欠如と

ここまでに見てきた朝鮮・中国社会論では、日本と比較してその社会に公共性を担保する制度や精神態度の欠如を慨嘆する議論が主調をなしていたが、実は日本社会について論じたものについても、昭和期の農村更生運動であらわれた言説などには、朝鮮・中国社会を論じたものと似た論調のものが多い。そこでは、農村における自治的な「精神」の喪失を嘆き「協同性」や「有機的」結びつきが失われていることが「病弊」として語られた。いわば国内状況の植民地化が認識されてきていた。

たとえば、いわゆる「新官僚」のリーダー的存在と目されていた後藤文夫は一九三四年に農林大臣として、「日本人の血の純潔性」や自然地形と耕地の狭さなどあらゆる「自然性」を総動員して「本来の農村の道徳性」を措定し、それが都市化・産業化によって危機にさらされているとし、農村における「協同精神」の再生を唱えている。

ほんとに隣保共助こそわが農道の大本である、このころ政府の施設で伸張している農村更生計画も隣保共助に終始している、負債整理事業も隣保共助でなければ着手出来ない、まず農村が隣保共助で団結しなければならないのである。(中略)

都会の罪悪的属性は過度の都市人口集中と大工場の密集が原因である、その破壊的属性は高度の機械化からくる人間の機械化及び失業群の増大が原因である。これは現在のままで資本主義が進展すればするほど不可避的な現象と見られるであろう。これに対し農村は都会の重圧にひしがれて惨憺たる生活に陥りながらなお健康な属性を残している、悪いことをすれば翌日から共に生活出来ない実情にある、粗朴で正直で欺されることはあっても欺すことはほとんどない。

しかし後藤は、農村を過去の生活そのものに引き戻すことはできないので、適切な組織化と副業を基盤とした「農村の工業化」によって、その道徳性をもって「機械化」時代の弊害を緩和しながら経済的にも発展するという「夢」を語る。(50)

あるいは、農政官僚の国枝益二は次のように論じた。

農村自身の内部にあっても亦相当欠陥があつたのであります。これらの欠陥が積り積つて、斯様に重患者の形となつたのであります。そしてこの重患者の症状として、私共の最も眼についたのは、農村の計画的でない、組織的でない、全く行き当たりばつたりのバラバラの姿であつたのであります。もとを糺せば、吾国の農村は昔からお互ひに助け合ひ、融通し合ひ、お互ひに喜びもし、悲しみも共にするといふ極めて美はしい習俗、所謂隣保共助精神で固められた一つの立派な協同的有機体であつたのであります。(中略)村民は又村民で、無知な、だらしのない生活に甘んじて一向に努力もせず、研究もせず、第一一般社会経済の動きに対応して自らを守るべき方策について全く無関心であつたりする。(51)

この言葉遣いから読みとれるように、日本に元来は存在した「協同的有機体」・「隣保共助」の「精神」が資本主義によって崩壊したという危機の強調は、「協同的有機体」の要素が歴史的に欠如していたために資本主義の波に対応できず危機に陥ったとされる朝鮮・中国社会認識と表現上似たようなものとなっている。ただし「封建」概念に関していえば「封建時代、幕府政治の不都合な農業政策」が農民から「社会」や「社会的訓練」を奪ったため、今日でも農民は共同精神が無いのだとする経済更生運動関連の報告書もある。[52] いずれにせよ処方箋は「計画」と「組織」ということになる。革新官僚による一九三〇年代の日本社会の危機を論じた書には次のような一節がある。

誠に資本の集中と、人間の砂粒化とは、現代個人主義経済の基本的特徴であつて、それは国内に於ても国際関係に於ても、同様に見受けられる二十世紀の悲劇である。個人主義は我々の社会生活から人間的紐帯と、内面的結合を奪ひ去った。自由主義は、自由を濫用して、その弊ようやく極まるに及び、社会経済の計画性、総合性は全く喪はれるに至つた。

孤独と寂寥、分裂と阻隔が二十世紀の人類を支配しつつある。[53]

「砂粒化」という表現はゾンバルトからの引用であり、同時代の西洋における資本主義のもたらした危機と日本の現状が共通するものであることを示そうとしている。論理的には、自由主義や個人主義が生まれる以前にどのような社会経済の「計画性、総合性」があったのか疑問だが、「喪われた」ものの回復という論理で「計画性」が導入されねばならないことになっている。この論者も「封建」的な伝統に何か救い出すべき利点があったと考えてはいない。世界史的に見て「自由主義の旗幟の下に、僧侶の権力が覆され、王侯、封建諸勢力の権力が排除された過程において、人類社会の経済力はまことに驚くべき飛躍と発展とを持った」のであり、日本においても明治維新によって「封建的体系の精算過程に於て、階級主義は打破せられ、門閥主義は排除された。之に代わって自由競争と人材主義が登場したのである」とし、また日本の「半封建的社会層」を啓蒙した「自由主義の任務」の歴史的意義は認めると述べている。[54]

人々を自発的にかつ有機的に国家レベルにまで統合する伝統が欠如している、あるいは喪失したので、計画化・組織化の思想を注入することで危機を乗り切ろうという発想は、ここで一度「封建」への執着から離脱したが、戦後、「封建」論の大枠は継承されることになった。概念的装置としての「封建」と「公共心」とのセットは、本稿でこれまでスケッチしてきたような紆余曲折をたどりながら、外縁のおおきなブレを抱えながらも継承され、おそらくは近年まで、あるいは今日も再生産されている。西洋には自治的結社の伝統が存在したが日本にはなかった／非西洋にはそもそもなかった／日本には似たようなものがあったが、他のアジア社会にはなかった／いや朝鮮にもあった／中国にもあった／なかったのなら新たに教育で注入すべきである、といったタイプの議論は、系譜をたどれば、明治期に「封建の精神」概念を用いて原型が発生し、一九三〇年代までにパターンとしてほぼ出揃った。「封建」概念を手がかりにした近代日本の思想史は、当の概念を通じた社会理解や歴史理解の深まりの歴史ではなく、反復され再利用されるイデオロギー構成がそれ自体生き延びてきた過程に見える。

（1）宮嶋博史「日本における〝国史〟の成立と韓国史認識」（宮嶋博史・金容徳編『日韓共同研究叢書二　近代交流史と相互認識　I』慶應義塾大学出版会、二〇〇一年）、同「東アジアにおける近代化、植民地化をどう捉えるか」（宮島博史・李成市・尹海東・林志弦編『植民地近代の視座　朝鮮と日本』岩波書店、二〇〇四年）、同「日本史・朝鮮史研究における『封建制』論」（宮嶋博史・金容徳編『日韓共同研究叢書一二　近代交流史と相互認識　II』慶應義塾大学出版会、二〇〇五年）。

（2）保立道久『歴史学を見つめ直す――封建制概念の放棄』（校倉書房、二〇〇五年）一六八頁以下。

（3）浅井清『明治維新と郡県思想』（巌松堂書店、一九三九年）、増淵龍夫「歴史認識における尚古主義と現実批判――日中両国の『封建』・『郡県』論を中心に――」（『岩波講座　哲学　IV　歴史の哲学』岩波書店、一九六九年）、石井紫郎『郡県』と『封建』――中国的カテゴリーと幕藩制――」（山口俊夫編『東西法文化の比較と交流』有斐閣、一九八三年）、石井紫郎「『封建』制と天皇」（財団法人法学協会編『法学協会百周年記念論文集』第一巻、有斐閣、一九八三年）。

（4）原田種成校訂『新釈漢文大系　貞観政要　上巻』「論封建第八」第二章（明治書院、一九七八年）二四二頁。

（5）石井紫郎「『郡県』と『封建』」参照。

（6）顧炎武「郡県論五」（『顧亭林詩文集』北京：中華書局、一九五九年）一四〜一五頁。
（7）太宰春台「封建論」（『斥非　附録』、『日本思想体系　三七　徂徠学派』岩波書店、一九七二年）一六五頁。
（8）安積艮斎『洋外紀略』（嘉永元、一八四八年自序）下巻「防海」の章（立教大学図書館大久保利謙文庫所蔵の写本を用いた）。増淵前掲も参照。
（9）「分権論」（執筆者不詳、『郵便報知新聞』一八七五年一一月二七、二八日）。
（10）福沢諭吉『通俗国権論』（一八七八年。『福沢諭吉全集』第四巻）六四〇頁。
（11）J. S. Mill, 'Guizot's Essays and Lectures on History,' 1845, *Collected Works of John Stuart Mill*, vol. XX, pp.269-270. 福沢がこの概念をどう受け止めていたかについては、拙稿 'Fate of Pedantocracy: The Idea of Government by Intellect in the Nineteenth-Century Japan and Europe'（『立教法学』六一号、二〇〇三年五月）、「知識の政治資源化——近代初期統治エリート形成と能力主義の定義」（犬塚孝明編『明治国家の政策と思想』吉川弘文館、二〇〇五年）参照。
（12）François Guizot, trans. by C. S. Henry, *General History of Civilization in Europe*, (New York: D. Appleton & Co., 1870, 福沢所蔵本) pp. 88-89. 福沢の分権論・統治人材論および関連する問題をめぐる、ギゾー・トクヴィルおよび他の同時代の西洋政治思想からの影響関係について、詳しくは拙稿「福沢諭吉と『公』・『私』・『分』の再発見」（『立教法学』四三号、一九九六年二月）参照。
（13）福沢諭吉『国会の前途』（一八九二年。『時事新報』一八九〇年一二月に連載。『福澤諭吉全集』第六巻）六五頁。
（14）同、三八頁。
（15）同、五二頁。
（16）同、五〇〜五一頁。
（17）福沢諭吉「覚書」（『福沢諭吉全集』第七巻）六八一頁。トクヴィルの該当個所は、Religion Considered as a Political Institution であるが、福沢の原文理解自体には問題がある。
（18）井上毅「自治論」（一八八七年か。『井上毅伝史料編』第二巻、國學院大學図書館、一九八六年）四七頁。
（19）清浦奎吾が「人民が自治の精神に富める国に在ては警察は放任主義を執り、之に反する国に於ては干渉保護を主とす」、「一家には一家の警察あり。一町村には一町村の警察あり。況や一国に於てをや」と述べているのは、同様の認識を共有しているためといえる。清浦「警察事項に関する演説」（一八九〇年一〇月二三日。由井正臣・大日方純夫校注『日本近代思想大系　官僚制　警察』岩波書店、一九九〇年）。宮地忠彦氏の御教示による。

(20) たとえば「徳教之説」(一八八三年)や『時事小言』(一八八一年)などにおいて「自家固有の精神を自由に」した点が「東洋諸国中別」であるとか、「東洋諸国嘗て無き所」などと強調された。
(21) 『井上毅伝史料編』第二巻、四一頁。
(22) 徳富蘇峰『将来之日本』(一八八六年。植手通有編『明治文学全集 三四 徳富蘇峰集』筑摩書房、一九七四年)一〇二頁。
(23) 竹越與三郎『新日本史』(中巻。松島榮一編『明治文学全集 七七 明治史論集(一)』筑摩書房、一九六六年)一三六頁。
(24) 宮嶋博史「日本における〝国史〟の成立と韓国史認識」。
(25) 植木枝盛「如何なる民法を制定す可き耶」(『国民之友』一八八九年八月二二日、九月二日。『植木枝盛集』第五巻、岩波書店、一九九〇年)三〇三頁。
(26) 井上友一『自治要義』(一九〇九年)四~五頁。井上友一の自治論について比較的近年のまとまった研究としては、右田紀久恵「井上友一研究」その一~三(大阪府立大学社会福祉学部『社会問題研究』第四二巻第一号、第二号、第四三巻第二号、一九九二年一〇月、一九九三年三月、一九九四年三月)。また、宮地正人『日露戦後政治史の研究』(東京大学出版会、一九七三年)七〇頁以下も参照。
(27) 山崎延吉『農村自治の研究』(一九〇八年)などに見られるように、農村における「都会熱」の危険性はこの頃しばしば論じられた。Kenneth B. Pyle, 'The Technology of Japanese Nationalism: The Local Improvement Movement, 1900–1918,' *The Journal of Asian Studies*, Vol. 22, No. 1(Nov., 1973) も参照。
(28) 福田徳三「経済発展史上の韓国ノ地位」(『法律学経済学内外論叢』第二巻第一号、第三巻第六号、第四巻第一号、一九〇三~一九〇五年、のちに「韓国の経済組織と経済単位」『改訂経済学研究』一九一五年に収録)。ここでは『改訂経済学研究』から引用する。前篇、一三二~一三六頁。
(29) 福田徳三「経済発展史上の韓国ノ地位」一四七頁
(30) 福田徳三「世界経済と商業道徳」(『商界の少年』一九〇一年一二月。『改訂経済学研究』前篇所収)三二一頁。
(31) 福田がもつ、傷ついたプライドを補償するための、こうしたオリエンタリズム的視点については多くの指摘がなされている。姜尚中「福田徳三の『朝鮮停滞史観』――停滞論の原像――」(『三千里』四九号、一九八七年二月)、宮嶋博史「日本史・朝鮮史研究における『封建制』論」、李萬烈「近現代韓日関係研究史――日本人の韓国史研究を中心に――」

（日韓歴史共同研究委員会『日韓歴史共同研究報告書』二〇〇五年六月一五日公開　http://www.jkcf.or.jp/history/3/120k_lmy_j.pdf）など参照。ただし福田自身は大正期には朝鮮の独立を肯定的に論ずるようになった。田中秀臣「福田徳三の朝鮮観」（『上武大学商学部紀要』第一二巻第二号、二〇〇一年三月）参照。

(32) 猪谷善一『朝鮮経済史』（大鐙閣、一九二八年）六三～六四頁。

(33) 白南雲の批評は猪谷善一『朝鮮経済史』に収録されている。猪谷は福田の弟子である上田貞二郎の下で学び東京商科大学教授となり「日本的新自由主義」を唱えた。後年北朝鮮で歴史学者として活動し教育相にもなる白南雲は東京高等商業学校で福田徳三などに学んだが、マルクス主義的発展史観に忠実に朝鮮経済史を再構成しようとしたことで知られる。

(34) 「朝鮮模範農村」（一）～（三）（『京城日報』一九一五年二月二二～二四日）。この資料については、神戸大学附属図書館の戦前期新聞記事文庫データベースを利用した（http://www.lib.kobe-u.ac.jp/sinbun/index.html）。
また団結力と責任感が無く「遊惰安逸」な朝鮮人民というステレオタイプな像と統治官僚による勤倹思想の鼓吹に関しては、趙景達「植民地朝鮮における勤倹思想の展開と民衆」（宮嶋博史・金容徳編『日韓共同研究叢書一二　近代交流史と相互認識　Ⅱ』所収）参照。

(35) 守屋栄夫（朝鮮総督秘書官）「地方自治の理想へ」（『朝鮮』一九二二年一〇月一日）。

(36) 「往時の朝鮮に於ける自治の萌芽　郷約の一斑」（一）～（三）（『朝鮮』一九二二年五月一日、八月一日、九月一日、のちに朝鮮総督府学務局社会課『社会教化資料第壹輯　朝鮮の郷約』一九三二年）。

(37) 福田徳三「経済発展史上の韓国ノ地位」（前掲『日本経済史論』）一一〇頁。

(38) 内藤湖南「支那論」（『内藤湖南全集』第五巻、筑摩書房、一九七二年）三六七～三六九頁。こういった観点の日本における影響力と変化については、黄東蘭『近代中国の地方自治と明治日本』（汲古書院、二〇〇五年）第二章、およびJ・A・フォーゲル（井上裕正訳）『内藤湖南　ポリティックスとシノロジー』（平凡社、一九八九年）第五章参照。

(39) 吉野作造「支那の将来」（『婦人公論』一九二四年一一月。『吉野作造選集』九、岩波書店、一九九五年）三一六～七頁。

(40) 吉野をはじめ大正期から昭和初期の思想家が、その秩序観を、国家を相対化する方向に再構成していく過程については、酒井哲哉による以下の研究が役立つ。酒井哲哉「国際関係論と『忘れられた社会主義』——大正期日本における社会概念の析出状況とその遺産——」（『思想』二〇〇三年第一号）、同「アナキズム的想像力と国際秩序」（山脇直司ほか編『ライブラリ　相関社会科学　七　ネイションの軌跡』新世社、二〇〇一年六月）、同「一九三〇年代の日本政治　方法

論的考察」（『年報近代日本研究一〇　近代日本研究の検討と課題』山川出版社、一九八八年）。

中国社会に現れる同業者集団の自治的性格などから、国家に依存しない自律的市民社会の可能性を引き出そうとする議論は、近年の中国研究であらためて注目されている。本稿に関連する研究としては、たとえば、Michael Tsin, 'Imagining "Society" in Early Twentieth-Century China' in Joshua A. Fogel and Peter G. Zarrow ed., *Imagining the People: Chinese Intellectuals and the Concept of Citizenship, 1890-1920* (New York: M. E. Sharpe, 1997).

（41）中江丑吉「支那の封建制度に就て」（『満鉄支那月誌』第八年第一号、一九三一年一月一五日。のちに「中国の封建社会に就いて」として『中国古代政治思想』岩波書店、一九五〇年に収録）。

（42）このマジャール Liudvig Mad'iar は、ハンガリー人でソヴィエトに渡り、外交官として中国に滞在し『中国農業経済論』（一九二八年、一九三〇年には中国語訳）を著し、中国における「アジア的生産様式」の特性を論じた。マジャールの理論と中江への影響については、J・A・フォーゲル（阪谷芳直訳）『中江丑吉と中国―ヒューマニストの生と学問』（岩波書店、一九九二年）一三〇頁以下が詳しい。

（43）対照的に、先の節において触れた白南雲は、朝鮮でも「アジア的封建制」への移行は「三国時代の奴隷経済」末期に芽生えつつあったと主張していた。その際、白は、「アジア的封建制」という言葉は使っても、「マジャール（Madjal《ママ》）乃至はヴィトフォーゲル（Wittfogel）流の曲解されたアジア的生産様式」という規定は朝鮮経済には妥当しないと主張する。白南雲『経済学全集　第六一巻　朝鮮社会経済史』（改造社、一九三三年）四四九頁。

（44）中江丑吉「支那の封建制度に就て」。

（45）清水盛光『支那社會の研究』（岩波書店、一九三九年）一三七頁。

（46）中国の村落共同体の評価をめぐる論争については、黄東蘭『近代中国の地方自治と明治日本』第二章、浜口裕子『日本統治と東アジア社会――日本統治時代の朝鮮と満洲国の比較研究』（勁草書房、一九九六年）「補論　旧中国農村調査にもとづく戦後日本の研究成果について」参照。

（47）橘樸「郷約運動の現代化」（『満州日報』一九三五年六月一七日）。

（48）橘樸・長谷川如是閑「東洋に於ける民族と思想」（『中央公論』一九四一年三月。『橘樸著作集　第三巻　アジア・日本の道』勁草書房、一九六七年）五七四頁。

（49）同、五七八～五七九頁。

（50）後藤文夫「明日の農村を語る　強固なる協同精神に生きよ」（『大阪朝日新聞』一九三四年一月五～九日。神戸大学附属図書館の戦前期新聞記事文庫データベースより）。

(51) 国枝益二「農村更生運動の意義」（『農村更生読本』一九三六年。『農山漁村経済更生運動史資料集成』第二集第一巻、柏書房、一九八八年）三九五頁。この時期の農村問題をめぐる諸議論については、南相虎『昭和戦前期の国家と農村』（日本経済評論社、二〇〇二年）参照。

(52) 大日本聯合青年団調査部『農村実情調査報告書』（一九三二年九月。『農山漁村経済更生運動史資料集成』第二巻、柏書房、一九八五年）四七頁。

(53) 奥村喜和男『日本政治の革新』（育生社、一九三八年）五頁。ただしこの書は内閣調査局の竹本孫一が実際の執筆者であるといわれる（政策研究大学院大学C・O・E・オーラル・政策研究プロジェクト編刊『竹本孫一オーラルヒストリー』二〇〇二年）。

(54) 奥村喜和男『日本政治の革新』二〇～二三頁。

清末の立憲改革と大隈重信の「封建」論
――他国の政治改革をめぐる自国史認識――

曽田三郎

はじめに

三回にわたる国会の即時開設を求める請願運動の結果、一九一三年の国会召集が決定され、それまで設定されていた九年の準備期間を五年に短縮する上諭が出された。この上諭（一九一〇年一一月四日）が出された翌日、溥倫（資政院総裁）と載澤（度支部尚書）が憲法編纂大臣に任命され、さらに約一カ月後には、九年間を予定した立憲政体への移行準備表の修正が、憲政編査館に指示された。この指示にしたがって憲政編査館は、翌年一月に移行準備表の修正案を上奏したが、この修正案で予定された一九一二年の発布に向けて憲法案の作成が始まった。憲法案の起草を担当したのは、陳邦瑞（度支部右侍郎）、李家駒（学部右侍郎）、汪栄寶（民政部左参議）の三人であった。

武昌での新軍兵士の蜂起の約七カ月前にこの任命が行われた後、三人が憲法案起草の作業をどのように進めたのか、その詳しい内容は明らかでない。ただここで指摘しておく必要があるのは、日本の憲法学、行政法、議会史等に関する書物を傍らに置きつつ作業が進められたことである。その様子を示してくれるのが、汪栄寶の日記(1)である。汪栄寶は兵部での官職を経験した後、一九〇三年に日本の早稲田大学に留学した。早稲田大学に清国留学生部が設置されるのは一九〇五年であるから、これ以外の大学部、専門部、高等師範部のいずれかに所属したことになるが、正確なことはわからない。

清国留学生部主事の青柳篤恒が校務を帯びて北京を訪れたとき、北京早稲田大学校友会が歓迎会を催した。この歓迎会には北京の官界や教育界に職を得ていた一五人の中国人が参加しているが、この時には民政部右参議の職にあった汪栄寶もそのうちの一人であった(2)。ただ早稲田大学の政治科を卒業して帰国した後、袁世凱のブレーンとして活躍し、さらに資政院の秘書長に就任した金邦平については、氏名の後に(三六英語政治科)と、卒業した年次と学科が記載されているのに対して、汪栄寶の場合は(四〇推友)とだけ記されている(3)。汪栄寶は一九〇六年に帰国しているから、明治四〇年というのは卒業年次ではない。また「推友」とは「推薦校友」のことである。したがって汪栄寶は早稲田大学に在籍したことはあるものの、正規に卒業したわけではなく、帰国した翌年に校友に推薦されたということであろう。

帰国した汪栄寶は京師訳学館の教習に就任した後、巡警部・民政部の主事や参議として働くとともに、憲政編査館の仕事も兼務した。中華民国になってからは最初の国会の衆議院議員となり、進歩党所属の委員の一人として天壇憲法起草委員会に参加した。汪栄寶の日記が残されているのは、民政部と憲政編査館において自治章程の編纂等にあたっていた宣統元年から宣統三年の間である。

『汪栄寶日記』(以下、『日記』と略す)のなかで、日本人の憲法学等の著作への具体的な言及が最初に見られるのは宣統元年五月二八日であり、憲政編査館において理藩部左侍郎の達壽から、北鬼三郎が著した『大清憲法案』が示されたことが記されている。この達壽はいうまでもなく、袁世凱の上奏に基づいて一九〇七年に憲政視察のために来日した人物で、日本の憲法史、各国憲法の比較、議院法等について調査した時点で、理藩部左侍郎に就任するために帰国した。『大清憲法案』は明治四二年六月に東京の経世書院から出版されたもので、著者である北鬼の肩書きは「国法学専攻・中央大学法学士」となっている。清朝の憲法草案作成過程でこの北鬼の著作が参考にされたことは、中国の学者によっても確認されているが、[4]当時の日本国内では、「寧ろ日本憲法の注釈書として著はされたる方、いっそう其の目的に適ひたるべしと思はる」[5]と、憲法案としては明治憲法とほとんど同じであると見なされていた。

汪栄寶はこの北鬼の憲法案にたいへん興味を持ったようで、詳細に読むために借り受け、持ち帰って読んでいる。『日記』を見ると、翌年の五月二六日にも北鬼の『大清憲法案』を読んだという記述があるから、汪栄寶はこの書物を達壽から借りたまま手元において参考にしていたことがわかる。『日記』の宣統二年二月一八日と六月一三日・一五日には、工藤重義の『帝国法制』（明治三六年）を読んだことが記されている。また同時に穂積八束の「日本憲法説明書」を読んだとの記述もあるが（宣統二年六月一四日）、これは一九〇六年に載澤を首席とする政治視察団が来日したことをきっかけに行われた、穂積の明治憲法に関する講義の記録である。載澤の離日後も、日本駐在公使の依頼で残留した随員たちを相手に講義が継続されたようであるが、[6]汪栄寶が読んだ「日本憲法説明書」はこの講義の漢訳であり、『政治官報』の第二〇号から第七九号（光緒三三年一〇～一二月）に連載された。

宣統三年になって憲法案の起草に携わるようになると、『日記』のなかでの日本の憲法学や行政法に関する著作への言及の頻度はいっそう高くなる。美濃部達吉の憲法学に関する著作を読んだことが、六月一七日に記されているのをはじめとして、以下、人物の重複は避けるが、「依藤《ママ》および穂積諸人の学説」、有賀長雄の大臣責任論、清水澄の憲法学、織田萬・上杉慎吉の著書、副島義一の憲法論、市村光恵・上野貞正・北鬼三郎の著書、都筑馨六の意見等に対する言及がしばしば見られる。[7]汪栄寶はもちろん日本の明治憲法も見ているが、しかし憲法案の起草にあたっては、その条文そのものだけでなく、憲法学や行政法の解説書も広く参考にしていたのである。また参考にし得るだけの日本の憲法学等に関する情報がすでに中国に入っていたわけであるが、その情報には、間もなく論争となる上杉慎吉から美濃部達吉までの憲法学が含まれていたのである。

有賀長雄と北鬼三郎を除けば、これらの学者たちは中国での憲法編纂に積極的な関心を持っていたわけではなく、憲法学や行政法に関する学問的成果が中国で参考にされたという関係でしかなかったが、日本の政界・教育界には中国の憲政導入に関心を示し、それに一定の方向づけをしようと積極的に関与する人物もいた。そのような人物の一人が、大隈重信である。大隈の清末立憲改革に対する積極的関与は、次のような面に表れている。第一には、一九〇六年の海外政治視察団と一九〇七年に来日し九年まで滞在して日本憲政の調査にあたった憲政視察大臣の受け入れや、それらに対する日本滞在中の援助である。第二は清国留学生部の創設に見られるような早稲田大学での中国人留学生の積極的な受け入れであり、早稲田で教育を受けて帰国した留学経験者は、中国の立憲国家への移行を進める大きな政治・社会勢力を形成した。第三は留学生や研修のために来日した清朝の官員に対する講演であり、その内容はしばしば漢訳して広く伝達された。

大隈は中国の立憲国家への移行を、当然の進化の過程として認識していた。そして中国が立憲国家に移行するにあたって、その過程と採用する形態は明治維新以降の日本の経験が参考にされるべきものと考えていた。とりわけ二〇世紀に入り、日露戦争を経験するなかでその思いは強くなり、「東西文明の調和」という言葉に象徴されるように、日本独自の世界史的位置が自覚されるようになる。後にもふれる『開国五十年史』の編纂は、もちろん欧米諸国に対する日本の文明国化完遂の意思表示でもあったろうが、英文版だけでなく中国語版も出版されたように、それはアジアとりわけ中国に対する近代化モデルとしての日本の表示でもあった。

『開国五十年史』は明治維新以後の、憲法の制定等、政治・社会諸制度の近代的整備の過程を、それぞれの専門家や当事者に叙述させることを主な目的としているが、日本の世界史的位置を鮮明にするためには自国史の再認識が欠かせなかった。自国史の再認識は各制度について、その冒頭でなされていないわけではない。だが日本歴史の総論的叙述は大隈が執筆した「開国五十年史論」でなされている。この総論的叙述は、「帝国の勃興」から始まり、明治維新以後の近代的改革にまで及んでいるが、大隈が描くこの日本歴史に通底しているのは、日本の「封建」である。

一　中国の政治・憲政視察団と大隈重信

一九〇五年七月、載澤や端方等を政治視察のために海外に派遣する旨の上諭が発表された。この上諭のなかで、派遣の決定理由としてあげられていることは、実施担当者が真剣に取り組まないことによる「変法」の成果の欠如であり、日本を含む東西各国の政治を調査して、その長所を取り入れることが求められていた。ただこの上諭は発表当初、日本では文字どおりには受け取られなかった。というのは同年の六月に行われたセオドア・ルーズベルト米国大統領の日露両国への講和勧告をめぐって、中国も講和会議に代表を派遣しようとしているという情報が流れており、日本の外務省や北京の公使館では神経をとがらせていたからである。

事実、清朝の中枢には代表派遣の意見が存在しており、北京の内田康哉公使は外務部総理大臣の慶親王や会弁大臣の那桐に対して、代表の派遣を思いとどまるように交渉していた。交渉の結果、慶親王から代表の派遣を中止する旨の回答を内田公使は得たが、(8)それから約一〇日後に発表された海外政治視察団派遣の上諭は、実質上は満州問題に関する各国への援助要請のための使節派遣ではないかとの疑念がもたれた。政治視察団派遣の意図がほぼ判明した時点で、内田公使は「湖南巡撫端方ヲ派遣スルニ至リタルハ政務調査ノ名義ニテ満州問題ニ関シ各国ニ游説ヲナス為ナラントノ臆説」があったことを、桂首相（臨時外務大臣兼務）に伝えていた。(9)

日本の新聞は上諭発表の二、三日後から、政治視察団派遣決定のニュースを流し始めたが、『東京朝日新聞』、『東京日日新聞』、『大阪毎日新聞』（以下、「新聞」は省略する）等の新聞は当初、政治調査は表向きのことで、日露講和会議をめぐる各国の動静を把握することを意図したものであることを、いずれも報道していた。これらの新聞に対して、比較的はやい時点から異なった報道をしていたのが『報知』であり、日露講和をめぐる各国への援助要請の意図はないことを指摘するとともに、日本は十分な同情の気持ちをもって視察団を歓迎すべきであることを主張していた。そして七月二〇日の『東京朝日』は当初の報道を修正し、視察団の目的がまったく立憲政治の調査にあることを伝えており(10)、中国が立憲政体の採用を含めた政治改革に乗り出したことが、日本国内で認識されるようになった。

政治視察団の海外派遣の上諭は出されたものの、視察団をねらった爆弾の爆発騒ぎがあったために出発は延期された。メンバーを入れ替えて実際に視察団が中国を出発したのは一九〇五年の一二月から翌年の一月であった。日本を経由して米国からヨーロッパ諸国を視察する予定であった端方の一行が一九〇五年の一二月に、日本を最初の視察国としていた載澤の一行が翌年の一月に、それぞれ上海から出国した。

上海を出発した政治視察団の動静について、日本の新聞のなかで比較的はやく報道を開始したのが『報知』で、明治三八年一二月二二日付で四五名からなる端方一行の長崎入港を報じていた。端方一行は長崎から神戸、横浜を経由して米国へ向かった。当初、日本では上陸する予定はなかったが、神戸では上陸し、中華会館で大阪・神戸在住の中国人商人の歓迎を受けた。このとき代表して歓迎の挨拶をしたのが大阪北清商業会議所会頭の叢良弼で、さらに麥少澎主催の晩餐会に出席した後、横浜に向けて出発した(11)。横浜では東亜同文会が歓迎会の開催を予定していたが、端方らが上陸をしなかったために実現せず、根津幹事長等が内外の図書数十冊を寄贈した(12)。

日本に留学を希望する十余名のものを含む六七名からなる載澤一行が上海から出国するに先立って、参賛官唐寶鍔をはじめ、商部主事銭承鋕・楊道霖、外務部密電官文瀾の四人が先遣隊として来日し、神戸で鍋嶋式部官、佐藤歩兵少佐等と視察団受け入れのための協議を行った(13)。東京の新聞にくらべて、大阪の新聞は載澤一行来日に関する記事をはやくから掲載しており、『大阪毎日』はこの記事に続いて、一月一六日付の記事で、載澤らが乗船したフランスのカレドニア号が翌日神戸に入港し、中華会館で歓迎の行事が行われる予定であることを記していた。一七日に上陸した載澤一行は鍋嶋式部官の出迎えを受けて神戸の領事館に入った後、中華会館で大阪・神戸の中国人商人や兵庫県知事の歓迎を受けた。最初の宿泊地は京都で、一七日から一九日にかけて神戸の呉錦堂・麥少澎、三井・大倉両家、大阪毎日新聞社それぞれの招待を受け、二〇日に京都を出発し、名古屋で二泊して東京に向かった。(14)

載澤一行は二二日午前に、新橋駅に到着した。東京到着の日の『東京日日』は載澤一行を日本の岩倉使節団になぞらえ、「明治中興の真因を探究し、以て清国復興の資料」に供することを推奨していた。(15)東京に到着した載澤らは各種の歓迎の行事に出席したが、日本の政治視察という点で重要だったのは、二八日に宿舎である芝の離宮で、随員や通訳官とともに明治憲法に関する講義を穂積八束から、財政に関する講義を大蔵省主計局長の荒井賀太郎から受けたことである。(16)明治憲法については伊藤博文から教示を受ける機会もあったが、これらの問題についてはすでに述べたことがあるので、(17)ここでは省略する。穂積や伊藤から明治憲法の解説を受けた後、載澤一行は国会や裁判所を訪れ、施設を参観するとともに、国会では議長から議会の歴史や議院法等について解説を受けた。(18)

ところで載澤一行が大隈重信と最初に出会ったのは、東京に到着した一月二二日であり、宿舎として用意されていた芝の離宮で、大隈が載澤を迎えた。載澤が残した『考察政治日記』では、大隈の肩書きは同仁会会長と記されている。(19)載澤が観光のために箱根に向かうときにも、大隈は伊藤博文らと新橋駅で見送った。これらはいずれも儀礼的な出迎えや見送りであったが、大隈がより親密に載澤一行に接する機会は二度あった。一度は同仁会による歓迎会の場であった。同仁会というのは中国や朝鮮における日本の医学の普及を目的とする団体で、大隈が会長であった。この同仁会が二月二日に、芝公園の紅葉館で載澤一行の歓迎会を開いた。一〇〇名あまりが参加したこの歓迎会で大隈は、「我国も三十五年前岩倉大使の一行が欧米を巡廻して諸般の学術制度を調査せしめ為に今日の進歩を得たるが如く清国も亦今回殿下の一行が欧米を巡遊せらるゝと共に大に変法自強に資する所あるべきを信ず」[20]と、『東京日日』と同様に岩倉使節団になぞらえ、政治視察が自国の政治改革の参考になるように期待する考えを、挨拶のなかで述べていた。

もう一度は、早稲田大学を案内したときである。二泊の箱根での観光を終えた載澤一行は、東京で各種の学校を視察して回った。早稲田大学には二月七日に訪れ、大隈と高田早苗の案内で教室や図書館等を見て回り、帰途、大隈の私邸に立ち寄った。[21]このときの様子は、『考察政治日記』にもかなり詳しく記されており、早稲田大学では留学している中国人の学生たちが整列して載澤たちを出迎えた。私邸で大隈は載澤に対して、自分の政界や教育界での活動を詳しく語ったようで、黒田内閣の外相のときに条約改正をめぐる外国人裁判官任用問題で爆弾を投げられたことから始まり、現在では教育界や政界に極めて大きな勢力・影響力があることが、『日記』に記されている。[22]

載澤一行は二月一三日に横浜から米国の汽船に乗船して同国に向かったが、出国するにあたって船上で、載澤は新聞記者たちに対して日本での政治視察の成果を述べていた。その様子は明治三九年二月一五日付の『東京日日』や『大阪毎日』で報道されたが、ここでは『東京日日』の記事から引用しておく。載澤は日本の皇室や国民から厚遇を受けたことに感謝し、帰国した後は自国の上下にこの厚遇を言明するはずであることを述べるとともに、政治改革に関して得られた成果について、「又伊藤侯は余等否清国の為め親切に主権論を細説せられ特に其主権の応用に付誤り無からんことを懇示せられたるは実に清国及余等の浩益なりしなり」と、述べていた。

『考察政治日記』を見ると、主権に関する問題は伊藤との問答だけでなく、穂積の講義のなかにも出てくる。穂積は、君主の統治に関する簡明な表を壁に張って説明した。穂積は、明治維新で立憲制を採用したが、君主の主権が損なわれることはなかったとし、皇位は主権の本体で、これは数千年にわたる統治体制であって、憲法によって変わることはないと、解説した。穂積はこのように、歴史に淵源する天皇主権説を説いていた。(23)

一方、伊藤も、どのような国の立憲制を参考にしたらよいのかという載澤の質問に対して、各国の憲政には君主立憲と民主立憲があること、中国は数千年来君主国であり、主権は君にあって、民にはなく、日本と同じであることを指摘し、日本の政体を参考にすべきであるとした。立憲制を採用した後、君主国の政体に障害はあったかという問いに対しては、障害はなかったとし、中国は君主国であり、主権は必ず君主に集中すべきで、臣民の手に渡してはならないと述べ、明治憲法の第三条と第四条の意味を解説した。(24)

ただ中国が立憲制を採用するにあたって、どのように要点を掌握して実行すれば、有益で弊害がないのかという載澤の質問に対して、政府は一定の趣旨を宣布して、一国に従うところあらしめるべきだと、(25)伊藤が答えている点には注意をしておく必要があろう。伊藤の内閣重視の姿勢については別のところで指摘したので、(26)ここでは繰り返さないが、以上のような穂積や伊藤の主権論は、立憲制の採用が君主権を侵害するわけではないという点で、載澤に安心感を与えたであろう。

この日本の政治視察で、載澤が大隈から日本憲政に関する具体的な解説を得ていたか否かは明らかでない。ただ日本を出国するにあたって、二月一三日に載澤は日本での政治視察の報告を本国に送っているが、(27)そのなかでは、彼が政治に関して意見を交換した人物の一人として大隈の名前があげられていた。「また彼の政府の各大臣、伊藤博文、大隈重信の諸元老、および政治学を専門とする博士と自由に討論し、立法の原理およびその沿革・損益の宜しきを求めた。ほぼ日本の立国の方法は、公議は臣民とともにし、政柄は君主が操るのであって、民には不通の隠がなく、君には独尊の権がある」と、その報告のなかでは述べられているが、大隈と日本の政治について意見を交換する機会あったとすれば、それは二月七日の早稲田訪問の後に私邸に立ち寄ったときであろう。

以上の政治視察団に続いて、清朝は一九〇七年には憲政に焦点をしぼり、長期に滞在して調査を行う憲政視察大臣を日本等に派遣した。具体的に設定された調査項目は、日本憲法歴史、比較各国憲法、議院法、司法、行政、財政の六項目であり、日本に派遣されてきた視察大臣が達壽である。ただ最初にもふれたように、達壽は途中で理藩部左侍郎への就任が決まったために、はじめの三項目の調査を終えた時点で帰国し、後任として日本駐在公使であった李家駒が調査を継続した。(28) 調査は一九〇七年から九年まで続いており、載澤一行のときよりはるかに豊かな情報が得られたはずである。

『大阪毎日新聞』は明治四二年二月一一日付から「憲法発布二十年紀念号」を特集し、著名人の明治憲法制定時の回想談等を掲載した。冒頭に掲載された長文のものが「帝国憲法の由来」という見出しのつけられた、大隈重信の談話である。大部分はいうまでもなく明治憲法の制定過程に関する回想であるが、最後のところで「清国憲法の調査」という部分があり、達壽が調査にやってきたことに言及している。それによれば「前以て我政府へ清国政府から照会がありその結果復又伊藤公が聖旨に依りて清国憲法の取調に従事せらるゝこととなった、然るに統監の要職に居らるゝために公自身とても其暇がないので、この事業を挙て吾輩に嘱托された、そこで吾輩がその長になって有賀、穂積などの憲法学者と共に一骨折て取調にかかった」ということである。

この大隈の談話によれば、清朝からの依頼によって伊藤博文が憲政調査に協力することになったが、韓国統監という職にあってその余裕がないために、大隈が「長」となってその代わりを果たすことになった。大隈が「長」となったとしている点にはやや疑問が残るが、達壽らの憲政調査を援助した重要な人物の一人であったことは間違いなく、このことは大隈以上に深く関与していたと思われる伊東巳代治も認めている。伊東は伊藤の没後一周年の談話のなかで、清朝からの依頼によって天皇から協力の指示を受けた伊藤は、「時の総理西園寺侯は勿論桂侯、大隈伯とも相謀り不肖も亦其選に当たり穂積（八）有賀両博士を始め桂侯推薦の菅原主税局長、大隈伯推薦の清水澄氏等と共に熱心に調査資料を与へ達氏に代りて胡維徳氏の任ぜられたるに対しても毫も渝る事なかりき」[29]と述べている。この伊東の談話からも明らかなように、大隈は達壽や李家駒の憲政調査に協力した人物の一人であり、法学者の清水澄を推薦して援助にあたらせようとした。

達壽と李家駒の日本憲政調査の実施過程において大隈がどのように関与したのか、その具体的な事例を示す材料は乏しい。ただ大隈がこの二人と密接な関係を維持していたことは間違いないようで、そのことを示唆する史料を二つ紹介しておこう。[30]大隈は一九〇八年四月に達壽と李家駒をつれて足利を訪れている。足利を訪れるに至った経緯は明らかでないが、大隈の演説が主たる目的だったのではないかと思われる。まず足利学校の図書館を参観した後、織物工場等を視察し、次いで演説会場に向かった。演説会場では、東京帝国大学法科大学教授の戸水寛人、早稲田大学の教員で清国留学生部でも教鞭をとっていた天野為之と思われる二人の人物に続いて、大隈が二千人の聴衆を前に演説を行った。

達壽と李家駒は日本人の学者から憲政に関する講義を受ける一方で、行政や教育の施設の視察も行ったが、達壽は一九〇八年五月に早稲田大学を訪問している。校内視察を終えた彼を、大隈は私邸に招いて午餐会を開いた。その場には大隈のほかに、高田早苗や有賀長雄も出席しており、彼らは達壽に立憲政治に関する解説を行った。

二　早稲田大学の中国人留学生教育と憲政調査への協力

中国から日本への留学は一八九六年から始まり、この年に官費の留学生一三人が日本に来たが、彼らの教育を引き受けたのが嘉納治五郎である。この年の留学生の一人が、載澤一行の先遣隊のメンバーとして来日した唐寶鍔であり、彼は三年の教育を修了した後、早稲田大学の政治科を卒業したが、同級には青柳篤恒がいた。その後、日本にいる中国人留学生の人数は一八九九年には二〇〇人に増え、一九〇三年には一〇〇〇人を超えた。清末において、中国人留学生の人数がピークに達するのは一九〇六年で、一万人前後に達した。一九〇七年の時点での学校別の留学生数を見ると、最も多いのが法政大学、第二位が宏文学院（もとの弘文学院で、一九〇二年に嘉納治五郎が創設）、次いで早稲田大学が第三位を占めている。留学生教育の方針には個性があったが、とくに対照的なのが法政と早稲田で、前者が速成教育を中心としたのに対して、後に述べるように、早稲田は速成教育を批判し、本格的な留学教育を目指した(31)。

このように早稲田は、中国人留学生を多く受け入れた大学の一つであった。やがて学長となる高田早苗によると、早稲田大学が最初に中国人留学生を受け入れたのは一八九八年か翌年のことであったが(32)、先にもふれたように、一九〇五年九月には主に師範教育を目指して清国留学生部を開設し、さしあたって予科の学生を二〇〇名入学させることになった。最初の学生は浙江からのものが多かったようであるが、九月一一日の始業式において、学監である高田は清国留学生部を開設した理由と、教育の方針について演説をした(33)。高田が清国留学生部開設の理由として指摘したことは、現在の中国で進められている「変法自強」という目的の下での改革を担える人材の養成であった。他の外国ではなく、日本で人材の養成を行う理由については、日本が「此三十年の間西洋の文明を輸入して採るべきものを採り棄てべきを棄て稍々之を東洋化し日本化した」点をあげていた。

次に教育の方針であるが、高田は中国を旅行したときに、留学して帰国した学生が過激に流れるとの苦言を中国側から聞いたという体験から話し始めた。高田はそれを速成教育の結果であると指摘し、清国留学生部の教育方針としては「一知半解ならしむる」ことにあるとした。そうすれば専門の知識を得て帰国することができるし、「秩序的進歩と云ふものゝ味を能く翫味して帰られるやうになると思ふ」と述べているが、それはまさに清朝の立憲改革に専門的能力をいかせるような人材の養成であった。翌年七月に清国留学生部予科の最初の卒業式が行われたが、卒業生は三二七名であり、開設当初より学生数がかなり増えたようである。

一九〇七年の早稲田の校賓招待会での学長高田早苗の報告によると、この時点で清国留学生部の学生数は八三三名であったが、中国からの留学生は大学部や専門部にもおり、それを加えると一〇〇〇名あまりに達していたようである。(34)この年の七月に、清国留学生部予科の第二回卒業式が行われたが、卒業生の人数は三八一名で、第一回より若干増加している。この年に総長に推挙された大隈重信は、予科の卒業生を前に訓示を行った。そのなかで大隈は、中国人留学生が日本で学ぶ利点を、先の高田と同じような視点から指摘していた。現在の日本の文明は欧米を師として学んだものではあるが、世界の文明を日本に調和させ、日本の新文明として成立させたものであるとしたうえで、「西洋の文明を東洋的に化した」今日の日本の文明を学ぶほうが、欧米に学ぶよりははるかに有益であると述べている。(35)西洋の文明を摂取して成立した「日本の新文明」を、さらに東洋へと拡張して受容を求めるという強い自信が、大隈の訓示にはうかがえる。

早稲田大学では清国留学生部を設けて中国人留学生への教育にあたってきたわけであるが、日本に来る中国人留学生の全体の趨勢と同様に、清国留学生部の学生数も次第に減少していった。一九一〇年の早稲田全体の卒業式において、清国留学生部の卒業生は四七名に過ぎず、高田学長はこの年で同部を閉じる意思を表明していた。(36)ただこの年の卒業式でも、中国人留学生の全卒業生は二一九名を数えており、清国留学生部の閉鎖は日本での師範教育に対する中国での需要の減少を反映しているといってよかろう。この年までに、清国留学生部は予科七七五名、師範科二八四名、研究科八〇名の卒業生を出し、「之に本日普通科を卒業せし者四十七名を加ふれば其数実に千百八十四名に達せり」といわれていた。(37)

一九一〇年の卒業式の挨拶で、最近北京で行われた留学経験者を対象とする官吏登用試験において、合格者二五五名のうち早稲田大学卒業生が五七名を占めていたと、高田学長は誇らしげに指摘していたが、一大学の出身者が二〇パーセントあまりを占めるというこの比率は、確かに高いものであるといってよかろう。これ以前、一

表1　清朝官界の早稲田大学卒業生

氏名	職　　　　名
金邦平	資政院秘書長
陸宗輿	資政院政府委員・度支部諮議官
陸夢熊	資政院政府委員・郵伝部主事
許同莘	資政院政府委員・修訂法律館編案処協修官
樓思誥	資政院政府委員・度支部員外郎
李景銘	資政院政府委員
唐寶鍔	資政院政府委員・陸軍部二等諮議官
陳　毅	資政院政府委員・郵伝部参議庁簽事・修訂法律館纂修官
姚　震	資政院政府委員・大理院推事
汪栄寶	資政院勅撰議員・民政部左参議
雷　奮	資政院民選議員
籍忠寅	資政院民選議員
劉崇佑	福建諮議局副議長
林長民	福建諮議局書記長
富士英	外務部主事
周宏業	度主部主事
嵇　鏡	外務部主事
陳　威	度支部主事
張孝栘	大理院推事兼修訂法律館纂修官
李景圻	前駐日考査憲政大臣書記官
姚　煥	北京巡警総庁審議課主任
曲卓新	度支部主事
蹇念益	河南省清理財政副監理官
銭應清	浙江省清理財政副監理官

注：「清国校友近時の発展」（『早稲田学報』第192号、明治44年2月）。
原文は、憲政編査館から任命された資政院の政府委員である楊度も校友に加えているが、「近日推薦校友となる筈」とされており、この表には入れなかった。

九〇八年に学部で行われたやはり留学経験者を対象とする資格試験において、進士・挙人相等の合格者合計一〇七名のうち、早稲田出身者は二七名であり[38]、二五パーセント程度を占めていた。

表1と表2はいずれも完全なものではないが、中国の中央政界や教育界での早稲田大学出身者の勢力と校友会のメンバーを示している。官位は高いわけではなく、中堅クラスが多いが、新設の政治機関で活躍している様子

がうかがえる（表1）。早稲田大学は中国でも校友会を組織しており、大学拡充のための寄付金募集に青柳篤恒が中国に出張したときに、彼を歓迎する目的で北京や天津で集合した中国人校友をまとめたのが表2である。中国人校友は、清国留学生部予科卒業生を除いて二五一名、「満州八旗」の卒業生は一九名と、一九〇九年の時点でいわれていたから、この表に記載されているものはごくわずかである。これら校友の中国での活躍ぶりは、早稲田の側では、「要之、各校友は清国に於て在らゆる方面に従事し数に於て又質量に於て優に清国の一勢力となりつゝあり」と、[39]認識されていた。

早稲田大学出身の中国人の活躍は、早稲田の機関誌のなかのみにおいて指摘されていたわけではない。両江総督端方の病気治療のために中国を訪れ、上海・南京をはじめ漢口・北京・天津・奉天・旅順等を回って帰国したある医師は、「各地に於て予は早稲田大学出身の清国人が要路に立ち居るを見たり若手の官吏には日本派、米国派などありて互に鎬を削り居れるが日本派は人数多くして勢力を占め中にも早稲田派の如きは大勢力を有せり」と、[40]述べていた。

表2　中国の早稲田大学校友会

氏名	職　　名
北京早稲田大学校友会	
富士英	外務部主事
曲卓新	度支部主事
林　棨	学部参事官
樓思誥	度支部員外郎
楊霆垣	
周宏業	度支部主事
嵇　鏡	外務部主事
銭應清	郵伝部主事
陳　威	度支部主事
李景圻	
汪栄寶	民政部右参議
張孝栘	大理院推事
江　庸	京師法政学堂教習
王国樑	
程良楷	
天津早稲田大学校友会	
金邦平	翰林院検討
唐寶鍔	翰林院検討
李士偉	北洋師範学堂監督
梁志宸	北洋師範学堂教務長
満人校友会	
崇　貴	順天高等学堂教習
延　年	民政部測絵学堂教習
松　林	八旗第一高等小学堂々長
常　順	八旗第六高等小学堂々長
存　忠	公立求実中学堂教習
世　謙	鑲黄旗公学教習
徳　哲	八旗高等学堂教習
栄　生	八旗高等学堂監学

注：「北京早稲田大学校友会」、「八旗高等学堂参観及満人校友会」（『早稲田学報』第166号、明治41年12月)。「早稲田大学天津校友会」（『早稲田学報』第167号、明治42年1月)。

以上のように早稲田大学での教育を受けて帰国した中国人は、各種の政治機関に職を得て、立憲国家への移行のための諸準備を推進することになった。だが中国の立憲国家への移行をめぐる早稲田大学の関与は、留学生教育だけではなかった。早稲田大学では研修のために来日した清朝の官員を受け入れたほかに、立憲国家に移行するための制度調査にも協力した。海外に政治視察団を派遣することの上諭が出されてから約一カ月後の日本の新聞に、立憲制度を準備するために清朝では都察院を議会に改組することとし、そのために御史八〇名を早稲田大学の速成科に入学させる計画であるという、ごく簡単な記事が掲載された(41)。都察院の議会への改組論はあったし、また政治視察団の派遣に関して、御史の意識改革が必要であることも指摘されていた。だがこの計画が実施に移された形跡はない。

海外政治視察団が出発するのとほぼ同時に、清朝から立憲制度調査への協力依頼が早稲田大学に対して行われたようである。これは新設された考察政治館による活動の一環ではなかったかと思われるが、最初に欧米諸国の立憲制度に関する調査の依頼があり、高田早苗を中心に同校出身者がこれにあたっていたが、続いて日本の司法制度の沿革と現状に関する調査依頼もあった(42)。さらに一九〇七年には、翰林院進士館の学士七〇名が日本で自治や行政の研修を受けることになり、早稲田大学が受け入れた。早稲田大学では七月二九日から臨時の講座を開設し、清水澄がもっぱら講義を担当することになった(43)。

講座開始の初日に、大隈は日中両国の自治比較を趣旨とする一時間ばかりの講演を行った。大隈はこの講演において(44)、中国だけでなく、明治維新以前の日本でも行政は非常に複雑・不安定で、救うことのできない状態にあったとし、「日本の維新前の封建制度即ち是れである」と指摘していた。ここで大隈がいう「封建制度」とは、もっぱら権力の拡散状態を指していた。したがって維新以後の緊急の課題は中央集権の実現であり、まず財権と兵権の中央への集中が、さらに「総ての行政」の統一が実現したことが指摘され、そしてこの推移は、「封建」

から「郡県」への変化として表現されていた。大隈はさらに、日本ではこの強力な中央集権化の後に、一部の権力を委任するという形態で地方に分割したことを述べているが、現在の中国が必要としていることは、維新以後の日本が行ったのと同様な中央集権の強行であると、集まった清朝の官員たちに語った。

三　清末の立憲改革をめぐる大隈の言論

日露講和条約の締結が終わり、条約のなかで中国の同意が必要とされていた旅順・大連の租借権等の譲渡に関する日中間の北京会議は、一九〇五年一一月から始まった。この北京会議が始まる直前、大隈重信は東邦協会で演説をした。(45) 東邦協会というのは一八九一年に創設された団体で、東アジア・東南アジアの人文科学・社会科学的な調査・研究と国民の啓蒙を目的としていた。創設当初の会頭は副島種臣、副会頭は近衛篤麿であった。

この演説のなかで大隈は、国家の興亡を「創世、興世、安世、衰世、亡世」の五つの状態に区分し、中国の現状は「亡世」の位置にあると指摘した。この中国に対して、「若し我厚誼に対し却ってこれに報ゆるに例の清国一流の没信義を以てし我好意に背くがごとき行為ある場合には唯我有力なる武力を以てこれを圧服せざるべからず」と、ロシアとの戦争を日本の中国に対する恩恵的行為だと見なし、それに背くことのないように北京会議での中国の言動を牽制していた。そしてその一方で、「日本の既に五十年来経験せる改革を学んで今後革新を図る時は幾分か尚望なきにあらず清国の為を計る時は誠心誠意唯我に依るを以て第一の得策なりとす」と、ヨーロッパ諸国に依存するのではなく、明治維新以来、立憲国家として成長した日本の改革に見習うことを勧め、それこそが国の存続が望める道であると主張していた。

力による圧伏か日本に見習った政治の近代的改革かという、このような大隈の発想からすれば、間もなく清朝が実施する外国への政治視察団の派遣は、後者の可能性を予感させるものであった。同仁会会長あるいは早稲田大学の創始者としての、大隈のたびたびの政治視察団への応対には、載澤らの日本への誘引という意図があったものと考えられる。一九〇六年の七月から八月にかけて、載澤一行と端方一行が相次いで帰国した。彼らの視察報告と立憲政体の採用を求める上奏を受けて、八月下旬に軍機大臣、政務処大臣、それに北洋大臣袁世凱を加えた会議が開催されたが、ここでの討議の結果を受けて、九月一日に立憲政体の採用に向けて準備に着手する旨の上諭が出された。

この上諭の発表は日本の新聞や雑誌でも報道され、概して好意的で楽観的に受け止められていた。(46) この上諭を契機とする中国の立憲国家への移行に対して、楽観的見通しを与えていたのは、大隈も同じであった。この上諭に関して『東京日日新聞』の記者のインタビューを受けた大隈は、「清国が従来の専制政治を根本的に打破して此度新たに立憲政治を採用するに至らんとするを聞き世人は非常に驚くならんも是れ自然の趨勢、天地の理法にて決して驚くに足らざる也」と答えていた。(47) このインタビューの次に続く部分では、「支那古来の政治及び人民の政情傾向」が立憲政治に適していると、中国の政治の歴史性にも言及しているが、彼は歴史の普遍的進化という観点から、立憲国家への移行を当然視していたのである。

この憲政準備の上諭からほぼ二年後の一九〇八年九月には、清朝は「憲法大綱」を発布するとともに、九年後の国会開設を目指して、各年の準備の予定表を定めた。この時にも、大隈は批評の文章を新聞紙上に載せていた。(48) 彼は批評の冒頭で、「而して今度発表された所の憲政上諭を見るに殆ど範を日本の憲法に採ったと謂って差閊無い、是れは我国民の大に慶福するところである」と、明治維新以来の日本をモデルとした憲政導入の方針が示されたものと認識し、たいへんな期待を寄せていた。大隈からすれば、「憲法大綱」の条文と九年間という準備期間の設定は、日露戦争直後に自分が提起したところの日本に見習った政治改革が、中国でまさに現実のものになろうとしていると受け止められたのである。

この批評のなかで大隈は、二年前と同様に、「清国は日本よりも遥かに憲政に親和し易き歴史を有って居る国柄」であると中国の政治の歴史性についてふれているが、もちろん彼は、中国が立憲国家に移行するにあたって解決すべき課題を何も示していないわけではなかった。中国の立憲国家への移行に関して、彼が最も危惧するのは「地方分権制」である。彼は立憲国家に移行するためには、兵権や財権の統一が必要であることを強調していたが、日本では「維新匆々、七百年来の封建制を廃して、所謂廃藩置県を断行した、是が立憲制度の第一歩」であると、「封建制」を克服することの必要性を指摘していた。

このように大隈は、中国の立憲国家への移行準備について論評する一方で、日本にいる中国人留学生たちを相手にしばしば講演を行っていた。中国人留学生を相手に大隈が行った講演のすべてを調べることはもちろん不可能であるが、新聞で報道されたり、雑誌に内容が掲載されたりしたいくつかの講演の事例を見ると、趣旨はだいたい共通していたようである。中国人留学生の団体である中国青年会は、一九〇七年四月に大隈を招いて講演会を開いた。大隈は青柳篤恒を通訳として「東西の一致」という題目で講演を行った。そのなかで大隈は、東に伝播した文明は日本に、西に伝播した文明はアメリカに止まっていたが、「輓近に至り遂に西行の文明が亜米利加より日本に及び此處に於て東西の文明始めて相接触し」[49]と、開港によって東西の文明が日本で融合したことを指摘していた。それから約一年後、中国人留学生に対して同じ神田青年会館で講演を行ったが、通訳はやはり青柳であり、題目は「再び東西文明の調和を論ず」というものであった[50]。

清朝が立憲政体採用の意思を表明した一九〇六年には、大隈は中国人留学生の団体である政法学会の求めに応じて、憲政準備への参考を意図した講演を行った。この講演の記録は最初に『太陽』の第一二巻第一四号に、「日本政党史論」として掲載されたが、続きは「続日本政党史論」として同誌の第一二巻第一六号、第一三巻第四号・第一二号に掲載された。ただし第一二巻第一六号からのものは、すべて漢訳されている。大隈は第一三巻第四号に掲載された部分で、中国が自国を改造するにあたって参照すべきものに言及し、「ただ旧来の国家を改造するのに、様式はたいへん多い。英米独の三国のごときは、良くないわけではないが、すでに旧い。最新の材料で欧州立憲国家の構造様式を採用し、折衷・咀嚼して国家をつくったのは日本である」と、日本の近代国家形成の最新性を誇ったうえで、さらにその由来について述べている。

大隈はヨーロッパの長い歴史と、その過程におけるさまざまな流血の事件を指摘し、このたび重なる困難を経験して今日の国家がなったと説いたうえで、世界の文明史における日本の特殊な位置を、次のように指摘している。

故に欧州諸国の歴史は実に古いが、この古い歴史を有する国家の制度がひとたび東洋に入ると、日本は西洋文明の真髄を咀嚼し、東西の文明を調和させた。五十年の間に日本帝国の国家組織を革新し、世界の強国の地位に達したのは、幸いに時勢が天才を日本に降し、ここに至らせたのである。今、諸君が、この天才が日本国家を改築一新して今日を致した経歴を見て、五千年の歴史を有する支那国家を改造せんと欲するなら、必ず大いに資するところがあると思う。諸君が日本で学ぶのは、決して偶然ではないのである。

ヨーロッパの長い歴史のなかで培われた文明の真髄を、日本は短期の間に摂取して東洋文明と調和させたのであり、大隈から見れば、その日本は中国の近代的改革のための格好の手本であり、手本にしたがって学ぶのが留学生の使命であった。

四　大隈重信の自国史認識と「封建」論

中国の立憲国家への移行にあたって、しばしば明治維新以来の日本の経験の参照を求めていたように、大隈は二〇世紀初頭の日本の到達点に対して強い自信を抱いていた。大隈は日露戦争のさなか、早稲田清韓協会において演説を行った。この早稲田清韓協会という団体は、青柳篤恒と同大学の「清国語科」の学生有志の発起によって創設されたものであり、一九〇四年五月に発会式が開かれた。会長には犬養毅が、幹事長には青柳が就任した。協会の「会則」によると、目的は中国・朝鮮事情の調査・研究と両国における事業経営者の連絡にあった。(51)

清韓協会での演説は、明治三七年一〇月二七日から三〇日の『報知新聞』に「大隈伯対清意見」として連載された。その最初の二七日付に掲載された分に、「露国は根の枯れた巨樹」という小見出しがついた部分がある。そのなかで大隈は、「日本は中古の封建専制の弊を改め憲法を定め人文の自由を尊み近世の国家組織に副ふ所の適者」であると、日本を進化の適者に位置づけ、反対に、「此新勢力に対して不適者たる露国の勝て様筈が無いのは進化の理法から見ても明瞭疑ひの無い事実である」と、ロシアを進化の不適格者と位置づけていた。ロシアとは異なって、日本が適者として生存できると強い自信をもって指摘した大隈は、その理由の一つとして「中古の封建専制」の克服をあげていたのである。

近代への移行にあたって「封建」は克服されるべき制度であるという大隈の認識は、『東邦協会会報』(一五〇号)や『早稲田学報』(一五一号)に掲載された講演の記録でも示されており、後者には講演の漢訳も載せられていた。この講演に関して先に言及した部分は、『報知新聞』に連載された「大隈伯座談」でも取り上げられており、その一三回目の「日清行政の比較(下)」において、ほぼ同趣旨のことが述べられている。(52)このような社会進化論的発想からの大隈の「封建」論は、日清戦争の頃から見られる。「健全活潑なる政治機関の運用」のためには「封建制度を打破して郡県制を敷」くことが必要だと指摘した大隈は、(53)次のように世界の政治制度史を要約している。(54)

時の古今を問はす、地の東西を論せす、荀くも国を建て邦を成すものは、必らす、一たひ封建の制度を経歴せさるなし。経歴して漸久なるに至れは、時の移るに従ひ、世の進むに連れ、其制度廃仆し、転して郡県の制度と為り、進んて立憲の政制と為るを見るに至る。

この大隈の歴史認識からすれば、世界のいずれの国でも、「封建」から「郡県」へさらに「立憲」へと、制度の進化をたどることになる。

さらに大隈は、「広く東西の歴史を閲し、深く古今の情勢を察するに、政制の変転して立憲の政制を見るに至るは、宇内の原則、変遷の常道」であるとも述べている[55]。このような発想からすれば、一九〇六年の清朝の立憲準備の上諭に対して、大隈が「自然の趨勢、天地の理法」という観点から賛意を表したのは、当然のことであった。だが大隈の歴史認識について注意しておく必要があるのは、この日清戦争の頃でも、社会進化論的な「封建」評価で終始していたわけではないことである。彼は立憲制への移行は世界史的な必然であるとの認識を示したすぐ後で、「其速かに今日あるを致せし者、実に封建制度の賜と謂はさるへからす[56]」と、日本が急速に立憲国家へと移行できた要因を「封建制度」の存在に求めていた。

二〇世紀に入ってからの大隈は、すでに述べたところからもわかるように、なお社会進化論的な歴史認識を示していた。だがむしろ重要なのは、「封建」への再評価の姿勢が顕著になったことであり、この再評価を通して日本の歴史の固有性が強調されるようになった。載澤一行が政治視察を終えて日本を出国してから数カ月後、大隈は早稲田の中国人留学生を相手に講演を行った[57]。この講演は『早稲田学報』にも掲載されたが、東京で発行されていた中国語の雑誌である『法政雑誌』（第一巻第六号）にも、「日本大隈伯于我国留学生之警告」と題して漢訳が掲載された。したがってこの漢訳を通して、大隈の講演の内容は中国人留学生全般に広く知られることとなったであろう。

この講演のなかで大隈は、「日本が封建になった後は恰も支那の春秋戦国の時代で、案外活発な世の中になった、単純な豪傑が輩出すると同時に文飾を専らとする学者文人は零落を極めた」と、「封建」の下での社会の活性化と文治主義の衰退を指摘した。大隈にとって「封建」に移行する以前の日本は、中国の政治文化の影響を強く受けていたと見なされているが、この時代には積極的な評価が与えられていない。「日本でも曾て千年以前には唐の科挙の制が這入って来て稍々其弊に陥った、夫れ故に千年前に非常に政治を文飾し太平の有様を文飾して殆んど堯舜の世などと称した時がある」と、中国の科挙制を受け入れた時代は、政治の実際よりは虚飾が追求されたとして、否定的に扱われているのである。

大隈によれば、中国と異なってこの日本を救ったのは「封建」であった。

支那と日本と同じく孔夫子の教を奉ずる国であるのに、さう云ふ違ひの起った原因は日本は封建で活気を得、支那は封建を去る二千年、段々悪くなった（中略）要するに支那は次第々々に学芸は進んで来たが精神は衰へて来た、封建が去って以来支那には競争が尠くなった、隣国は皆劣等の国であるから支那の精神が次第に衰へて来た、所が日本は反対に七百年来封建が続いた、此封建で競争的精神が余程盛んになって来た、封建の競争に依って国民の国家的観念も反って発揮して来たのである

中国とは反対に、日本では虚飾を追求した時代から「封建」へ移行し、しかもそれは長期にわたって継続した。そして日本の歴史を近代へと進展させることを可能にした「封建」に内在する活力として、大隈が注目したのは競争の精神であった。

日露戦争期から戦後にかけての時期に、大隈重信が編纂した著名な書物として、『開国五十年史』がある。[58] 以下、『五十年史』と略称するこの書物は、当初の計画では、一九〇四年五月に日英米三カ国で同時に英文で出版し、その後、日本語版と中国語版を出版する予定であったといわれている。しかし出版が実現に向かわないままに、やがて大隈の事業として継続されることとなり、一九〇九年の一〇月から一一月にかけて英文の『五十年史』が出版され、欧米の元首や有力な政治家・学者等に献呈された。『五十年史』出版の意図は、開港以来の日本の発展の軌跡を跡付け、日本が国際社会の一員にふさわしいことを、とくに欧米諸国に対して主張することにあったとい

われている。[59] だが英文・和文のみならず、あえて中国語版が出版されたことは、中国に対する日本の優位性の強調も意図されていたのではないかと思われる。『五十年史』の編修兼発行者である副島八十六の「例言」によると、日本語版とは異なって、英文と中国語版は当初から出版が予定されていた。

実際に、英文版とほぼ同時に中国語版も出版されており、副島八十六が中国にわたって摂政王の載灃をはじめ中国朝野の著名人に献呈した。[60] このことを報道した日本の新聞は、献呈を受けた摂政王は『五十年史』にたいへん興味を抱き、日本の発展の軌跡の研究に余念がないことを指摘していた。中国における『五十年史』についてさらに重要なことは、上海商務印書館が民間に販売したことである。版権の問題など詳しいことはわからないが、上海商務印書館は『申報』（一九一〇年五月四日）に販売広告を掲載している。その広告文は、本書は明治維新以来の日本の政府や社会の改革を叙述しており、日本が一朝一夕に富強に至ったのではないことがわかるとし、中国の改革のために朝野ともに手にする価値があると述べている。

実際にこの『五十年史』が中国社会でどの程度普及したかはわからないが、副島が献呈したことの記事が新聞紙上に掲載されてから間もなく、中国の雑誌に大隈の「漢訳開国五十年史自序」とともに書評が掲載されている。[61] 書評にはさしたる内容がないが、大隈はこの「自序」のなかで、中国が自立する道は「我が日本の開国進取」に見習う以外にはないとしていた。実は大隈は、編纂の途中からすでに清朝の官員に『五十年史』を参考にするように勧めていた。清朝が立憲準備の上諭を発してから間もなく、各省の提学使等の一行三〇名あまりが早稲田大学の視察に訪れた。[62] この一行に対して大隈も応対にあたったが、湖北提学使紹箕興の「日本教育の勃興は其の由来を那辺に基けしや」という質問に対して、大隈は日本の教育の歴史を四期に分けて説明した後、『五十年史』を紹介し、西園寺公望、田中不二麿、加藤弘之、天野為之等の所論が中国の教育改革にとって参考になるであろうと指摘していた。[63]

この中国の教育改革に関する大隈の発言からもわかるように、『五十年史』は分担執筆の形式をとっていた。先の「例言」によると、多くの原稿は日露戦争中にできていたが、大隈がそれに目を通して修正を加えた。大隈自身は上巻において、総論に相当する「開国五十年史論」を執筆するとともに、同じ上巻で「徳川慶喜公回顧録」、「本邦教育史要」を執筆し、また「政党史」を板垣退助、浮田和民と共同で執筆している。下巻では、最後の「開国五十年史結論」を執筆している。このなかで大隈の自国史認識を明確に示しているのは、予想されるごとく「開国五十年史論」であり、日本の歴史における彼の「封建」の位置づけもこれによって知ることができる。したがって以下の論述は、この「開国五十年史論」に基づくものであり、（ ）で示した頁数は『開国五十年史』上巻のものである。

「今世界の学説に封建衰へて王権盛んに、然る後法治の時代に入るとは、社会進化の通則となす所なれど、四十年前まで封建を継続し、俄に勃然として興起したる日本歴史には、別に必ず新理の存するを発見するなるべし」と（二五〜二六頁）、大隈は日清戦争の頃には自らの所論でも採用していた社会進化の普遍的法則性を排除している。そのうえで大隈は、日本の歴史の「新理」を示すが、それは「封建」が通底する歴史であり、「法治」＝立憲制にいたる以前の歴史が、「古封建時代」、「過渡時代」、「新封建時代」の三期に分けられている（二六頁）。「古封建」とは、各地に割拠する首長の間で競争が展開した時代を指しているが、この時代は律令の制定とともに王権の盛んな「国郡制」の時代に入るとする。

ただ大隈は、この「国郡制」を京師から見た法制上のこととし、「事実上は封建を継続した」と見なしている（三四頁）。それは京師でこそ「藤原氏の集権となり、貴族間に競争絶えしより、漸く文弱に流れ」たが、「地方士族は之に反して、益々競争の度を加へ、其間に武勇を砥礪して、次第に京師に勢力を展ばし」ていたからである（三八頁）。「過渡時代」の終焉と「新封建時代」の開始は、源頼朝による鎌倉幕府の開設を契機としている。この

「新封建」の制度は「四十年前」まで、すなわち明治維新まで続くのであるが、その前の江戸時代について大隈は、「太平無事」、「游惰逸楽」によって戦国時代のような進取果敢の気風が失われようとしていたことを指摘し、「内部に於て若し郡県一統の制度を有せしめなば、此間に士気全く消磨し去りて、文弱の弊或は収拾すべからざるものあらんとす」としたうえで、「当時の封建制度」こそが、この運命を免れさせたと述べている（五六頁）。対外的緊張関係が欠如した環境の下で、国内の制度が「郡県一統」ではなく「封建」であったことが日本を救ったと、大隈は見なしているのである。

続けて大隈は、「我戦国時代は欧州の中世に於て列国が干戈を以て相争ひたるが如く、徳川時代は今代の列国が外交、国防を以て互に国威を発展せんと努むるが如く、軍費の為に経済上の発達を阻害したりと雖、此競争に因って、太平の惰眠を警醒し、士風を鼓舞し、智力を磨礪し、元気を振作し、英雄崇拝の観念を昂騰し、以て能く武士的精神を維持したるは、其状宛然欧州列強国際競争の縮図に髣髴たるものあり」と述べている（五七頁）。大隈は「大小二百六十有余の諸侯」の存在をヨーロッパの列強になぞらえ、その間の競争が日本を衰微に至らしめなかった要因であるとしているわけである。

「開国五十年史論」は、「世界人口の過半を占むる東洋の諸民族は、沈淪して殆ど国家的滅亡に瀕せるに、日本帝国が独り勃然として興隆」し、ロシアとの戦争に勝利しえたことについては、「必ず他の亜細亜民族と異なる伝説と歴史とを有し」ているはずであるという書き出しで始まっている（一頁）。アジアのすべての国を含むような普遍的社会進化の見通しをなくした大隈は、日本の歴史の固有性を「天地人の三大綱」に要約した。そのうちの「人」とは「封建割拠の競争中に民族の智能を磨礪せること」を指している（二頁）。大隈にとって歴史を進歩させる活力は競争であり、この競争を生み出す「封建」は、アジアにおいて日本の歴史にのみ長期に存在する制度であった。

おわりに

早稲田大学での中国人留学生の教育や、留学生や清朝の官員を相手とする大隈の講演等は、当時の中国における立憲改革に対する一定の方向づけの意図をもって行われていたように思える。それは簡単にいえば漸進的改革であり、大隈が明治政治史を歩んできた道にも符合した。清末の立憲改革については近年評価の見直しが進み、日本との関係についても研究の成果があがりつつあるが、政治学の伝播や人材の養成といった実態的関係のレベルでは、まだ極めて不十分である。明治憲法の解釈論争をふまえた政治学の伝播という問題については、本論中でもふれた論文で、近代内閣制度を中心に若干のことを明らかにできたが、早稲田卒業の中国人留学生については、中華民国初期の政治史も含めて、その役割をあらためて追究する必要があろう。

中国の立憲改革に対する大隈の所論はもともと単純なものであり、簡単にいえば明治維新以降の日本において行われてきた政治制度整備の模倣であった。このような所論の前提をなしていたのは、社会進化の普遍的で法則的な理解であり、「郡県」は「封建」の克服と立憲政体への移行を可能にする中央集権体制として評価されていた。大隈は中国の立憲改革に対して、中央集権が必要なことを繰り返し指摘していたが、彼がいうほどに日本の経験の模倣は容易ではないし、また模倣が必ずしも有意義でないことは、日本で留学教育を受けたり、政治視察を行ったりした人々が認識するところであった。

ところで「郡県」と「封建」という視角から大隈の言論をながめると、評価がひどく一定していないことがわかる。この振幅は大隈の歴史認識の変化ともとらえられなくないが、二〇世紀初頭においても言論は矛盾している。だが大隈が学者や思想家ではなく政治家である以上、それはやむを得ないことでもあったろう。とりわけ厳密な推敲の過程を経ない講演や演説の場合は、その端々の用語に対する評価は慎重である必要があろう。しかし

『開国五十年史』は違う。それは日本の文明化完遂を世界に示すための満を持しての出版であったし、大隈自身の長文の論文を含んでいるからである。

憲政の確立に見られる文明化の完遂と日露戦争の勝利による自信は、『昔日譚』で示したような社会進化の普遍性に対する認識を薄れさせ、日本の歴史の固有性を大隈に追究させることになった。衰退するアジアのなかで、日本の今を可能にした歴史的淵源として大隈が発見した制度こそが、「封建」であった。大隈が歴史を進歩させる活力だと考えたのは競争であったが、この競争を刺激する制度が「封建」であったのに対して、「郡県」はそれを萎えさせるものとして対蹠的な評価が与えられるようになったのである。

（1）『汪栄寶日記』（沈雲龍主編、近代中国史料叢刊三編、文海出版、一九九一年）。
（2）「北京早稲田大学校友会」（『早稲田学報』第一六六号、明治四一年一二月）。
（3）「校友清国人の動静」（『早稲田学報』第一六七号、明治四二年一月）。
（4）拙稿「清末の憲政準備と日本での官制改革論」（孫文研究会編『辛亥革命の多元構造』汲古書院、二〇〇三年）。
（5）「大清憲法案」（『国家学会雑誌』第二三巻第九号、明治四二年九月）。
（6）拙稿「清末の政治・憲政視察団と日本」（曽田三郎編著『近代中国と日本――提携と敵対の半世紀――』御茶の水書房、二〇〇一年）。
（7）「依藤」は「伊藤」の間違いであろう。これらの人名からわかるように、当時の中国では相対立する日本の憲法学説が参考の対象とされていた。君主を統治権の主体と見なすのか、それとも国家最高の機関と見なすのかといった、当時の日本の憲法論争の具体的な論点を汪栄寶が理解していたかどうかはわからないが、彼も関与した中華民国建国当初の憲法案作成過程では、このことが話題になっていた。憲法論争は「天皇主体派」と「天皇機関派」の間のこととされ、前者は穂積亡き後は上杉が、後者は美濃部が中心であるが、ドイツ留学から帰国した市村が前者から後者に移ったことなどが、知られていた（「日本憲法学派最近趨勢」『憲法新聞』第八期、一九一三年六月）。
（8）「海外政治視察団の派遣決定過程と日露講和問題」（『広島東洋史学報』第八号、二〇〇三年一一月）。

(9) 「政務調査員派遣ニ関シ報告ノ件」(内田康哉公使から桂臨時外務大臣宛、明治三八年八月九日)、外務省記録『政務視察ノ為メ清国大官ヲ各国ニ派遣一件』(一―六―一―二〇)。
(10) 前掲拙稿(『広島東洋史学報』)。
(11) 『大阪毎日新聞』明治三八年一二月二四日。
(12) 『都新聞』明治三八年一二月二七日。
(13) 『大阪毎日新聞』明治三九年一月一三日。
(14) 『大阪毎日新聞』明治三九年一月一八日、一九日、二〇日。
(15) 『東京日日新聞』明治三九年一月二二日。
(16) 『大阪毎日新聞』明治三九年一月二八日。
(17) 前掲拙稿(『近代中国と日本――提携と敵対の半世紀――』)。
(18) 『東京日日新聞』、『報知新聞』明治三九年二月三日。
(19) 『考察政治日記』(光緒三四年、実藤文庫本)七。
(20) 『東京朝日新聞』明治三九年二月三日。
(21) 「清国皇族載澤殿下来校」(『早稲田学報』第一三〇号、明治三九年三月)。
(22) 『考察政治日記』二一。
(23) 『考察政治日記』九。
(24) 『考察政治日記』一三~一四。
(25) 『考察政治日記』一六。
(26) 注(17)に同じ。
(27) 「出使各国考察政治大臣載澤等奏在日本考察大概情形暨赴英日期摺」、故宮博物院明清檔案部編『清末籌備立憲檔案史料』上冊、中華書局、一九七九年。
(28) 注(17)に同じ。
(29) 『報知新聞』明治四三年一〇月二六日。胡維徳は李家駒の間違いで、胡は李の後任の駐日公使である。
(30) 『報知新聞』明治四一年四月二七日。「清国憲政大臣来校」(『早稲田学報』第一六〇号、明治四一年六月)。
(31) 阿部洋『中国の近代教育と明治日本』福村出版、一九九〇年、五七~五八、七一、八五頁。

(32)「第二十七回得業式に於て」(『早稲田学報』第一八六号、明治四三年八月)。
(33)「清国留学生部始業式」(『早稲田学報』第一二四号、明治三八年一〇月)。
(34)「早稲田大学校賓招待会」(『早稲田学報』第一四七号、明治四〇年五月)。
(35)「清国留学生部豫科第二回卒業式」(『早稲田学報』第一五〇号、明治四〇年八月)。
(36)注(32)に同じ。
(37)「清国留学生部報告」(『早稲田学報』第一八六号、明治四三年八月)。各科の卒業生数を合計すると一一八六人となり、計算が合わない。
(38)「清国学部試験」(『早稲田学報』第一六五号、明治四一年一一月)。
(39)「校友清国人の動静」(『早稲田学報』第一六七号、明治四二年一月)。
(40)『東京朝日新聞』明治四二年一月二四日。
(41)『報知新聞』明治三八年九月二〇日。
(42)『都新聞』明治三九年二月二五日。
(43)『報知新聞』明治四〇年七月三〇日。
(44)「清官の行政法研究に就て」(『東邦協会会報』第一五〇号、明治四〇年八月)。「清国の行政改革に就て」(『早稲田学報』第一五一号、明治四〇年九月)。『早稲田学報』の同じ号には、「論改革清国行政」という講演の漢訳が掲載されている。
(45)『大阪毎日新聞』明治三八年一一月六日。東邦協会創設の趣旨や「規約」、それに『東邦協会会報』発行の目的については、『東邦協会会報』第一号(明治二七年八号)、第二号(明治二七年一〇月)を参照。
(46)拙稿(『辛亥革命の多元構造』)。
(47)『東京日日新聞』明治三九年九月四日。
(48)『報知新聞』明治四一年九月四日。
(49)『東京朝日新聞』明治四〇年四月三日。
(50)『報知新聞』明治四一年三月三一日。
(51)「早稲田清韓協会の設立」(『早稲田学報』第一〇一号、明治三七年六月)。
(52)『報知新聞』明治四〇年一〇月一一日。

(53)日本史籍協会編『大隈伯昔日譚』一（続日本史籍協会叢書、東京大学出版会、一九八〇年）、二六九頁。
(54)日本史籍協会編『大隈伯昔日譚』二（続日本史籍協会叢書、東京大学出版会、一九八一年）、三九〇頁。
(55)『大隈伯昔日譚』二、四三九頁。
(56)同右。
(57)「清国留学生の覚悟」（『早稲田学報』第一三三号、明治三九年五月）。
(58)『開国五十年史』上巻・下巻（編修兼発行者副島八十六、開国五十年史発行所、明治四〇年一二月・明治四一年二月）。
(59)泉正人「英版『開国五十年史』出版の経緯」（早稲田大学大学史編集所編『大隈重信とその時代——議会・文明史を中心として——』早稲田大学、一九八九年）。
(60)『東京朝日新聞』明治四二年一二月一九日。
(61)書評は、滄江「読日本大隈伯爵開国五十年史書後」（『国風報』第一年第一号、宣統二年正月）。
(62)「清国提学使の本大学参観」（『早稲田学報』第一四一号、明治三九年一一月）。
(63)「各省提学使諸氏大隈伯を訪問す」（『同仁』第四号、明治三九年九月）。

日文研共同研究「『封建・郡県』論を巡った中国と日本における思想連環
――漢字文化圏における他国認識と自国改革――」研究会開催一覧

第一回（二〇〇三年一〇月一一日）
1 張　翔　「封建・郡県」論における思想連環についての問題提起
2 園田英弘　「封建」・「郡県」概念は東アジア産の社会科学の主要概念になりうるか

第二回（二〇〇三年一二月二〇日）
1 佐藤慎一　封建・郡県問題を考えるためのポイントについて
2 笠谷和比古　幕藩制国家における「封建」と「郡県」

第三回（二〇〇四年四月一七日）
1 頼　祺一　近世知識人の「封建」・「郡県」のイメージはどのようなものであったか――古賀精里と頼山陽の場合――
2 本郷隆盛　幕藩制後期の政治改革構想と封建・郡県論（一）

第四回（二〇〇四年五月二二日）
1 林　文孝　明末清初の封建・郡県論――顧炎武を中心に――
2 前田　勉　近世日本の封建・郡県論のふたつの論点――日本歴史と世界地理についての認識――
3 本郷隆盛　幕藩制後期の政治改革構想と封建・郡県論（二）

第五回（二〇〇四年六月二六日）
1 権　純哲　朝鮮王朝の体制と改革論
2 曽田三郎　中国の立憲改革と大隈重信の「封建」論――他国の政治改革をめぐる自国史認識――

3　陶　徳民　内藤湖南の「支那論」――民国初期の行財政改革に関する処方箋――

第六回（二〇〇四年七月一七日）

1　中山富広　近世日本の国制と公儀領主制

2　中田喜万　「封建・郡県」論からみた政治学――人材論との連関を踏まえつつ――

3　杉山文彦　清末封建郡県論と人民観

第七回（二〇〇四年七月一八日）

1　溝口雄三　中国近世の封建論（地方分権論）

2　水林　彪　国制史からみた「封建」と「郡県」――「封建」「郡県」概念の普遍的可能性――

3　総合討論

杉山文彦（すぎやま　ふみひこ）

1945年山口県生．一橋大学大学院社会学研究科博士課程単位取得退学．東海大学文学部教授．『中国人の日本人観百年史』（共著，自由国民社，1974年）「譚嗣同の変革思想と近代認識―清末中国の近代認識の一側面―」（『文明』1号，東海大学文明研究所，2003年）「西順蔵と教学世界」（『西順蔵著作集別巻』，内山書店，1995年）「洋務運動と『近代史の基本線』問題について」（季刊『中国研究』7号，中国研究所，1987年）

佐藤慎一（さとう　しんいち）

1945年千葉県生．東京大学法学部卒業．東京大学大学院人文社会系研究科教授．『近代中国の知識人と文明』（東京大学出版会，1996年）『近代中国の思索者たち』（編著，大修館書店，1998年）

前田　勉（まえだ　つとむ）

1956年埼玉県生．東北大学大学院博士後期課程単位取得退学．愛知教育大学教育学部教授．『近世日本の儒学と兵学』（ぺりかん社，1996年）『近世神道と国学』（ぺりかん社，2002年）『先哲叢談』（共訳注，平凡社東洋文庫，1994年）『新編日本思想史研究―村岡典嗣論文選』（平凡社東洋文庫，2004年）『兵学と朱子学・蘭学・国学』（平凡社選書，2006年）

田尻祐一郎（たじり　ゆういちろう）

1954年茨城県生．東北大学大学院文学研究科博士後期課程単位取得退学．東海大学文学部教授．『太宰春台』（明徳出版社，1995年）『水戸イデオロギー』（共訳，ぺりかん社，1998年）「鈴木朖『論語参解』私注（1）～（10）」（『東海大学紀要　文学部』75～84輯，2001～05年，連載中）「『神代巻藻塩草』におけるスサノヲ像」（『國學院雑誌』104巻11号，2003年）

中山富広（なかやま　とみひろ）

1956年長崎県生．広島大学大学院文学研究科博士課程単位取得退学．広島大学大学院文学研究科教授．『近世の経済と地方社会』（清文堂，2005年）『広島県の歴史』（共著，山川出版社，1999年）「近世後期における豪農商の経済倫理と地域社会認識」（『芸備地方史研究』243・249・252号，2004・2006年）「近世後期地域市場の一断面」（『近世近代の地域社会と文化』清文堂，2004年）

松田宏一郎（まつだ　こういちろう）

1961年広島県生．東京都立大学大学院社会科学研究科博士課程単位取得退学（法学博士）．立教大学法学部教授．「福沢諭吉と『公』・『私』・『分』の再発見」（『立教法学』43号，1996年）「『亜細亜』の『他称』性―アジア主義以前のアジア論」（『年報政治学1998　日本外交におけるアジア主義』岩波書店，1999年）‘Social Order and the Origin of Language in Tokugawa Political Thought’（『立教法学』63号，2003年）「知識の政治資源化―近代初期統治エリート形成と能力主義の定義」（『明治国家の政策と思想』吉川弘文館，2005年）

曽田三郎（そだ　さぶろう）

1948年島根県生．広島大学大学院文学研究科博士課程単位取得退学．広島大学大学院文学研究科教授．『中国近代製糸業史の研究』（汲古書院，1994年）『中国近代化過程の指導者たち』（東方書店，1997年）『近代中国と日本―提携と敵対の半世紀』（御茶の水書房，2001年）「清末的預備立憲和日本人」（『辛亥革命史叢刊』第11輯，2002年）「海外政治視察団の派遣決定過程と日露講和問題」（『広島東洋史学報』第8号，2003年）

執筆者紹介（掲載順）

張　　翔（Zhang Xiang）

1957年中国上海市生．中国教育部の試験選抜で派遣留日，広島大学大学院文学研究科博士課程修了．中国復旦大学歴史系教授．中外現代化進程研究センター研究員．「田口卯吉における市民社会像」（広島史学研究会『史学研究』173号，1986年）「文明開化のコース：福沢諭吉と田口卯吉」（同，180号，1988年）『日本史辞典』（共編，復旦大学出版社，1992年）「幕藩体制的危機与儒学」（復旦大学日本研究センター『日本研究集林』1999年１号）「『万国公法』与東亜知識人的文明観」（『近代中国的国家形象与国家認同』上海古籍出版社，2003年）

園田英弘（そのだ　ひでひろ）

1947年福岡県生．京都大学教育学部卒業．東京大学大学院博士課程中退（教育社会学専攻）．国際日本文化研究センター教授．『西洋化の構造―黒船・武士・国家―』（思文閣出版，1993年）『「みやこ」という宇宙』（NHK ブックス，1994年）『士族の歴史社会学的研究』（名古屋大学出版会，1994年）『世界一周の誕生』（文藝春秋社，2003年）『逆欠如の日本生活文化―日本にあるものは世界にあるか―』（編著，思文閣出版，2005年）

水林　彪（みずばやし　たけし）

1947年山形県生．東京大学大学院法学政治学研究科修士課程修了．一橋大学大学院法学研究科教授．『封建制の再編と日本的社会の確立』（山川出版社，1987年）「比較国制史・文明史論対話」（『比較国制史研究序説』柏書房，1992年）「西欧近現代法史像の再構成」（『法の科学』26号，1997年）「西欧法の普遍性と特殊性―比較法史学的考察―」（『比較法研究』65号，2004年）「土地所有秩序の変革と「近代法」」（『日本史講座』８，東京大学出版会，2005年）

中田喜万（なかだ　よしかず）

1972年東京都生．東京大学大学院法学政治学研究科博士課程修了．学習院大学法学部助教授．「新井白石における「史学」・「武家」・「礼楽」」（『国家学会雑誌』第110巻11・12号，1997年）「家塾と学問所の隆盛―近世日本儒学の場とつながり」（伊原弘・小島毅編『知識人の諸相』勉誠出版，2001年）

林　文孝（はやし　ふみたか）

1965年東京都生．東京大学大学院人文科学研究科博士課程単位取得退学．山口大学人文学部助教授．「「宋」は「明」なのか？―王夫之のいわゆる「非正統論」について」（『山口大学哲学研究』９巻，2000年10月）「欧陽脩の正統論と歴史叙述」（『中国―社会と文化』18号，2003年６月）「中国における公正―生存と政治」（『イスラーム地域研究叢書４　比較史のアジア　所有・契約・市場・公正』東京大学出版会，2004年）

本郷隆盛（ほんごう　たかもり）

1945年青森県生．一橋大学大学院社会学研究科博士課程修了．宮城教育大学教育学部教授．『近世思想論』（編著，講座日本近世史９　有斐閣，1981年）「荻生徂徠の公私観と政治思想」（『日本思想史学』22号，1990年）「藤田幽谷『正名論』の歴史的位置―水戸学研究の現在―」（『近世思想史研究の現在』思文閣出版，1995年）「日本と中国における公私研究・序説」（『宮城教育大学紀要』36巻，2002年）

「封建《ほうけん》」・「郡県《ぐんけん》」再考《さいこう》――東《ひがし》アジア《あじあ》社会体制論《しゃかいたいせいろん》の深層《しんそう》――

2006（平成18）年 7 月10日発行

定価：本体6,500円（税別）

編　者　張翔・園田英弘
発行者　田中周二
発行所　株式会社　思文閣出版
〒606-8203 京都市左京区田中関田町2-7
電話 075-751-1781（代表）

印刷
製本　株式会社図書印刷同朋舎

 ISBN4-7842-1310-4　C3020